■ 小学 幼儿园教育教学研究丛书

小学 幼儿园 教育研究与实践

广东省小学、幼儿园名师培养对象优秀论文集

曾用强　主编

·广州·

图书在版编目（CIP）数据

小学、幼儿园教育研究与实践：广东省小学、幼儿园名师培养对象优秀论文集/曾用强主编. —广州：华南理工大学出版社，2019.4
（小学、幼儿园教育教学研究丛书）
ISBN 978-7-5623-5949-4

Ⅰ.①小…　Ⅱ.①曾…　Ⅲ.①小学教育-教育研究-文集　②学前教育-教育研究-文集　Ⅳ.①G622.0-53　②G610-53

中国版本图书馆 CIP 数据核字（2019）第 051714 号

Xiaoxue You'eryuan Jiaoyu Yanjiu Yu Shijian——Guangdong Sheng Xiaoxue You'eryuan Mingshi Peiyang Duixiang Youxiu Lunwenji

小学、幼儿园教育研究与实践——广东省小学、幼儿园名师培养对象优秀论文集

曾用强　主编

出 版 人：卢家明
出版发行：华南理工大学出版社
　　　　　（广州五山华南理工大学17号楼，邮编510640）
　　　　　http://www.scutpress.com.cn　E-mail: scutc13@scut.edu.cn
　　　　　营销部电话：020-87113487　87111048（传真）
策划编辑：黄冰莹
责任编辑：黄冰莹
印 刷 者：广州市新怡印务有限公司
开　　本：787 mm×1092 mm　1/16　印张：17.75　字数：455 千
版　　次：2019 年 4 月第 1 版　2019 年 4 月第 1 次印刷
定　　价：59.00 元

版权所有　盗版必究　印装差错　负责调换

编委会

主　编：曾用强

副主编：方坚伟　梁祖菲　张　燕

编　委（以姓氏笔画为序）：

　　　马永建　李　青　陈子杏　钟　蔚

前　言

在学校教育中，教师可以说是教育实施过程中的核心与灵魂。日本教育学家永井道雄说："办好教育的关键，第一在教师，第二还在教师。"为什么教师具有如此重要的地位？原因就在于教师能够对学生的生活、成长乃至思想观念施加影响，进而影响社会的发展。正如习近平总书记于2014年教师节前夕同北京师范大学师生代表座谈时的讲话中指出："……教师的工作是塑造灵魂、塑造生命、塑造人的工作。一个人遇到好老师是人生的幸运，一个学校拥有好老师是学校的光荣，一个民族源源不断涌现出一批又一批好老师则是民族的希望。"

那么，如何成为一位优秀的教师呢？其秘诀就在于不断地学习与积累经验。德国教育家第斯多惠曾提醒我们："一个人不教育好自己，就不可能去教育别人；学生所受的教育和教养程度，取决于教师所受的教育和教养程度。学校是儿童受教育的场所，也是教师接受教育的地方；教师要通过一切环境和活动来教育自己。自我教育是教师的终身任务。"简单地说，教师要让学生善于学习，首先自己就要成为学习者。教师，是一个需要不断学习和积累经验的职业。这种经验的积累，一方面是通过实践，在和学生进行教学互动的过程中不断成长；另一方面是从专家的引领、同行的交流以及书籍的阅读中领悟教育的智慧。

由广东省外语艺术职业学院（以下简称"我院"）承办的广东省新一轮"百千万人才培养工程"小学、幼儿园名教师培养项目就汇聚了这样一批优秀的教师，他们虽然来自不同的地区、不同的学科，但是都具有一种共同的品质，就是热爱教师岗位，善于学习，乐于研究。他们深知：教学是一门艺术，要使这门艺术臻于极致，一方面需要依靠教育技能的掌握和运用，另一方面需要不懈地研究和探索。所以，一名普通教师若要成长为"名教师"，其关键就是要学会做一名发展型、思想型和研究型的教师。

而这也是我院在制定广东省小学、幼儿园名教师培养方案时的基本出发点，即强调教育理念、科研与实践的三位一体，使名师培养对象朝发展型、思想型和研究型教师的目标不断前行。我院通过有针对性的开阔视野、专家指导、任务驱动、个人研修等方式，为名师培养对象搭建一个成长、交流与展示的平台，挖掘名师培养对象的潜能，引导他们重视个人教育理念的反思与凝练，重视创新意识与创新思维的培养，促进培养对象教改科研与教学实践能力的提升。

这套丛书是小学、幼儿园名师培养对象学习与成长足迹的重要记录。其中包括名师培养对象赴台湾地区及澳大利亚研修学习后撰写的研修报告的合集，从这些研修报告中我们不难看出名师培养对象看待国内外教育的独特视角。他们从教育理念、教学方法、教学管理等诸多方面对国内外教育进行认真的审视与比较，并结合自身的教育教学实践进行反思，探寻自身的教育成长之路。另外，作为一位优秀的教师，名师培养对象最重要的舞台还是在课堂上，本丛书还包括体现他们教学理念与教学水平的优秀教学设计合集，也从一个侧面反映了他们作为名师培养对象的研修成果。

我院项目组将这些内容结集出版，一方面，是考虑到更大限度地发挥名师培养对象研修成果的示范辐射作用，因为作为有着丰富教学经验以及乐于探索的优秀教师，其思考与实践对于教育界的同行们无疑是有启发意义的。另一方面，这套丛书也是我院承办广东省小学、幼儿园名教师培养项目的重要成果之一，有助于我们对名教师培养工作进行总结和反思，从而继续深化和完善小学、幼儿园名教师培养工作。

曾用强

目 录

小学篇

003　穗港小学英语教材整合使用的个案研究 / 肖　靓
010　核心素养下小学体育教学中渗透德育的实践与探索 / 邹美文
015　整合与多元 / 赵韶亮
020　阅读教学知识从共享到创新 / 姚燕涣
025　为学岂应萌老态　做人需要具童心 / 吴秉健
029　基于本土资源开发分析小学语文教学的革新途径 / 吴夏梅
032　基于思维品质发展的小学英语阅读教学策略探索 / 岳　旭
036　2012—2016 年罗湖区义务教育阶段学生体质变化趋势分析 / 向苏龙
049　小学数学教学中示范的教学原则与策略探析 / 刘占双
053　小学科学自主学习型课堂的建设与管理 / 李　彤
070　让"音乐 + 戏剧"游戏走入小学音乐课堂 / 叶　梅
074　对比香港内地差异　优化乘法教学 / 高红妹
081　回归语文教学的原点 / 陈郭恒
089　潮汕地区小学语文阅读教学与写作训练相结合方法研究 / 黄嘉碧
093　小学数学教学中渗透转化思想的研究与实践 / 吴燕娜
098　评价的构建：为了口语交际教学品质的提升 / 赖李真
102　特殊学校班主任队伍建设的实践与探索 / 马善波
109　小学音乐教学培养学生创新能力的策略研究 / 谢国刚
114　基于思维导图在小学英语读写教学中的应用研究 / 梁婉清
119　立足课堂　推进课外阅读 / 冯婉霞
122　春风化雨　润育无痕 / 陈丽丽
125　我思故我写 / 李上青
136　在数学应用中提升学生的数学核心素养 / 曾德统
141　变革语文课堂四维度 / 周彩霞
146　洗去铅华　返璞归真 / 李思娜
151　语篇情境在 Phonics 教学中的运用 / 陆梅红
155　小学生几何直观能力培养策略浅谈 / 邹小婷
158　用绘本滋养孩子们心田 / 林淑媛
162　基于核心素养下的概念教学策略 / 李　浩

167	小学数学"综合与实践"课程的基本特征	/ 林焕好
173	品读,让语文课堂更精彩	/ 余美珍
177	"问题"引领学生"深度"思考	/ 林 琛
181	数学文化育全人的教学实践探究	/ 王金发
187	澳大利亚 NAPLAN 评估项目及其启示	/ 陈晓燕
191	由"实验"走向探究	/ 蔡敏胜
196	例谈阅读教学中"主问题"设计的策略	/ 卢小娟
200	从实践视角剖析教育理论的应用价值	/ 李宇韬
203	人教版小学数学教材"综合与实践"部分修订前后的对比分析与启示	/ 陈树德
208	创课,走向创客大众化的通途	/ 黄伟祥
215	大道至简　方得灵动丰盈	/ 高 飞

学前篇

223	幼儿教师如何把握好"教"与"不教"的尺度	/ 吴冬梅
227	提升幼儿在运动中的主动保护能力	/ 辛小勇
231	台湾地区幼儿园情绪领域教育及其启示	/ 许 凯
236	浅谈音乐艺术的特殊性与幼儿音乐教育	/ 蔡 君
240	"每日小任务"活动的实施与操作	/ 麦 榴
247	小游戏　大智慧	/ 杨 梅
252	守望教师的专业成长	/ 王艺澄
255	家园共育激发幼儿的早期阅读兴趣	/ 黄怡珊
258	开展手工制作活动　培养孩子工匠精神	/ 赵崇锐
262	"年例"节日教育的实践与思考	/ 陈洪樱
266	幼儿心理教育探究	/ 黄少慧
269	如何构筑现代家园共育	/ 冯 虹
271	浅谈如何巧用幼儿绘本提高班级主题装饰效果	/ 王 维
273	论幼儿园早期阅读教育的实施策略	/ 周玉坚

小学篇
xiao xue pian

穗港小学英语教材整合使用的个案研究

华南师范大学附属天河实验小学　肖　靓

摘　要：本文阐述华南师范大学附属小学英语学科在课程改革的理念指导下，在教改实践中整合使用粤港两地小学英语教材。通过陈述和展示引进境外教材的政策依据、使用背景、实施模式、解决实际问题策略以及使用效果，表明在有条件的学校使用多种教材既有优越性，也有可行性；既有利于满足学生的个性发展，也符合家长和社会的需求。

关键词：教材整合的可行性　实施模式与策略

一、引进境外优质教材的政策依据

我国《义务教育英语课程标准（2011年版）》中指出："在满足课程标准基本要求的前提下，教材应尽可能灵活多样，满足不同学生的需要。在必要的情况下，应及时更新教材。学校还可以适当选用国内外优质的教学资源或开发适用的校本教材，以补充和丰富课堂教学内容。"

二、穗港小学英语教材相结合的背景条件

通过对比，我们发现由于内地学生起点和发展的不平衡性，使得香港小学英语课程比内地具有明显优势：首先，香港小学英语教学课程更强调培养学生运用英语的能力。它把英语视为个体在香港地区生活，与外界交流及继续学习的必需语言，故特别重视在真实的语境和语篇层面培养学生英语技能。内地的英语教学则仍限于"基础知识"层面，考试内容方面还保有一些纯词汇题（如单词拼写或按要求写出单词等）和纯语法的题目（如单项选择、对句子画线部分提问等），实际运用英语的机会偏少。其次，香港小学英语教材在语言能力的运用方面要求比较高，开始时间早，每周课时多，教材内容注重跨学科知识的整合，重视词汇和语法的复现率，把各项语言技能由始至终综合培养，重视培养学生思维能力、阅读能力、字母自然拼读和自学能力。而内地英语教材的内容及对学生语言运用能力的要求都低于香港英语教材的内容及要求，比如口语不够地道、词汇和语法点过多、对话和短文过多、语言材料不真实、活动不够吸引学生，都不利于学生智力的发展和学生能力的培养。

目前，华南师范大学附属小学（以下简称附小）使用的是广州版小学英语教材（Success With English）。这套教材具有一定的本土特色，也结合了广州市学生的现实情况。2000年，附小在低年级开展了"儿童英语故事教学法新探"的课题实验，通过六年的实验探索，取得可喜的成绩。2006年该课题成功结题，这是附小第一轮英语课程改革实验。2002年11月天河区教育局批准附小为"天河区英语特色学校"，2004年和2009年附小英语科组两次被广州市教育局评为"广州市小学优秀英语科组"，2014年又被广东省

教育研究院评为"广东省中小学英语示范教研组优秀成果学校"。教育以学生为本，学生的需求是学校的第一目标，家长、社会对于学校课程教育的期望以及教师自身对于专业发展的渴求都是促使教材不断更新的动力。在这样一所旨在培养卓越人才、追求特色发展的高品质学校中，广州版的英语教材显然难以完全满足现行教学的需要。2008年4月，在选择补充教材之前，附小做了前期铺垫工作，给全校24个班级的1122名家长发放关于附小使用香港朗文英语教材实验计划的告家长书，并做了是否愿意使用香港朗文英语教材的前期调查，95.1%的家长同意使用，并愿意自行支付教材费用。家长反映：广州市最早使用香港朗文教材的是一家培训机构，他们将孩子送往培训机构学习的学费是每年1万多元，一周一次课，效果并不明显。如今香港朗文教材被附小选用作为主教材进入课堂，他们感到欣喜，因为他们只需要每年支付几百元的教材费用给供应商，他们的孩子却可以每天"享受"这种英语课，且学校的课程设置要比培训机构更系统、更到位，目标更明确。此外，学校对于教师的培训提升工作能力也是系统化的，学校的师资力量有保障，孩子们的学习效果将是显著的。

因此，基于学生的需求，结合家长与社会对学校教育的期望，附小认为补充合适的国际性教学材料势在必行，既能拓展附小的英语课程与教学资源，也能全面提升英语的教学质量，形成国际化的英语教育理念。附小选择了香港朗文英语教材（Longman Welcome to English）作为学校的补充教材，该教材有以下七个方面的优势：

（1）朗文公司是英国的专业图书出版公司，香港朗文公司出版的教材是面向整个亚洲编写的。从选材来看，教材贴近现代生活，富有较强的时代信息，有利于提高学生的人文素养和口语能力的培养。

（2）本教材主要根据香港教统局2004年颁发的English Language Curriculum Guide（Primary 1 to 6）编写。内容充分满足该课程标准列出的各项要求，可全方位学习。

（3）从思维角度来看，教材有助于采用启发式教学方法，激活学生的思维，调动他们已有的知识和经验，变被动学习为主动参与。它强化了学生的思维能力（协作能力、沟通技巧、创造力、批判性思考能力、运用资讯科技能力、运算能力、解决问题能力、自我管理能力、研习能力），并培养正确的价值观及态度。

（4）该教材内容具有系统性、科学性、趣味性和人文性。从一至六年级，学习内容是逐层深入、从易到难、螺旋式上升的。尤其是单词的复现率高，语法内容多次反复，遵循了语言学习的规律，跨学科整合的特点明显。

（5）教材编写符合孩子年龄特点。在一至三年级有系统的教授字母拼读法（Phonics），以该课出现的生词为例，教授基本语音。如：1A-3B每个Chapter出现自然拼读，适合低龄段学生学习字母、单词，通过自然拼读方法记忆单词。而在四至六年级就没有自然拼读，因为学生们到了四年级，已经初步掌握通过自然拼读记忆单词的方法，他们不再需要自然拼读这个"拐杖"。四至六年级的故事内容与一至三年级的比较，变长、变复杂了，并加入了训练学生思维的元素，设置了训练学生批评性思考和创造力的练习。如4A第五单元的关于"海中动物选首领"的故事，学生需要边读、边判断、边思考。

（6）该教材配套学习资料齐全，注重行动学习。教材中设计了大量的任务、活动、表演、游戏、歌曲、小诗、歌谣等行动方式，将学生的身心发展和语言发展结合起来，让学生在课堂上通过实际行动来接受语言、体验语言、习得语言，并发展多元智能。

（7）教材编排注重任务型教学，鼓励项目制作。完备的教师支持系统、网络支持、丰富的文体，在 tasks, reading sections, language practice 和 activities 中，非常有趣且贴近学生生活的主题，系统深入的阅读教学及拓展，扎实递进的基本写作能力培养，平衡地涵盖了语言技能、通识和其他技能等。

三、整合教材的实施模式与策略

附小目前采用的是广州版小学英语教材和香港朗文英语教材相结合的模式。

香港朗文英语教材对师生的要求都比较高，而附小一直在追求特色发展之路。因此，学校从学生学习英语的规律出发，充分信任并发掘学生学习语言的天赋和潜能，从一年级起便对学生提出"听说领先，读写跟上，四会并举"的要求，全面提高学生的综合语言运用能力。这一教学要求难度大、标准高，但它以掌握和积累单词为基础，使学生学习英语成为有源之水。引进朗文教材后，广州版教材和朗文教材并存使用，相互补充。采用的方法是：以活动为基本途径，面向全体学生，倡导体验参与。拓展学生的阅读与写作，全面提高学生综合运用语言的能力。附小的英语课程定位为：把英语的地位提升为接近母语的地位，英语课时设置与中文课时设置接近（每周六七节课），以提供学生纯正地道的语言发音、系统的语言基础知识、初步的英语学习能力、出色的交际能力为目标，培养学生的综合素质，最后实现"英语能力强，其他学科和谐发展"。具体做法如下：

（一）大班与小班结合

大班教学指的是以自然班（班额 50 人左右）为单位进行教学（图 1），主要由中国英语老师上课，一至四年级使用香港朗文教材，五六年级以广州版教材为主，朗文教材为辅。小班教学则指的是将自然班分成 AB 两个组，每组 25 人。每逢单周，A 组的学生到外教课室上课（图 2），B 组的学生留在原课室上英语自然拼读课或英语课外阅读课。每逢双周，A 组的学生上英语自然拼读课或英语课外阅读课，B 组的学生上外教课。

图 1 大班教学　　　　　　　　　　图 2 小班教学

（二）中教与外教结合

前面已提及，大班教学是由中国英语老师开展的。在常规课时的基础上，每班每周各开设一节外籍教师课（图 3），外教课使用朗文 Tops 教材和剑桥英语教材。附小于 2008 年开始就聘请了外籍教师。外籍教师就如同一部"活字典"，为师生解疑释惑。他们来自美国、英国、丹麦、德国、澳大利亚等国家，对提高学校英语教学的质量，拓宽国际视野等方面起到了积极的促进作用。在与外教一起游戏、学习活动中，学生感受了原汁原味的英语及其交流作用，并培养了国际意识，而英语教师的专业能力也在与外教的交流中得到了提升。

（三）常规课与特色课相结合

常规课即完成国家课程标准要求的课程。常规课堂包括上述的中教课堂和外教课堂。除此之外，附小还开展了一些特色课程，如演读课、自然拼读课、课外阅读课，等等。

图 3　外教课堂

1. 演读课

演读课在一至三年级开设。演读课主要是利用学校的第二课堂时间上课（图 4），每个年级选出大约 15 个学生，都是综合能力较强的孩子。每周上课一次，内容包括：朗读英语课文、讲英语故事、说唱英语诗歌、排演英语话剧、主题演讲等。我们选择了朗文故事阅读材料 Bright Readers 和《轻松英语名作欣赏》，教学目标定位在让学生把一个个生动有趣的故事讲出来，或将它们作为英语剧排演出来（图 5），甚至让学生读完故事后改编故事，给故事重设结尾或进行故事续写，等等。我们的实践结果表明，采用英语故事或短剧表演的形式来进行英语教学，效果非常好。这主要是因为：①它能创设出轻松愉快的学习气氛。短剧中生动直观的语言情境，丰富的情感能吸引学生进入教学情境；短剧中滑稽形象的肢体语言，使学生在轻松、愉快的氛围中自然而然地理解了短剧内容，极大地激发了学生的学习兴趣；②它能发展学生的语言技能，提高其英语口语交际能力。学生在倾听短剧的过程中能准确模仿，用流利和优美的英语发音，有利于培养学生的英语语感，而在表演短剧、创编短剧的过程中则提高了语言运用能力；③它能发展学生的综合语言运用能力。学生在表演短剧的过程中，体验到交流和倾听，学会了互相关心、互相帮助，一场成功的表演展现的是集体的力量。通过续编、创编等活动还激活了思维，发展了综合语言运用能力、表演能力和创造力；④它有利于陶冶学生的情操，丰富他们的生活阅历。许多短剧中蕴含着深刻的生活哲理，这使学生在学习英语的同时也懂得了人生道理，陶冶了情操，提高了文化修养，丰富了生活阅历。

图 4　学生上演读课

图 5　英语剧表演剧照

2. 自然拼读课

在一至三年级每周上一节自然拼读课,它属于小班教学课程之一,由中国老师执教。自然拼音法是目前国际上最推崇的英语教学方法,也是美国儿童语言启蒙所采用的方法。它是一种完整的英语学习法,建基于字母和发音的关系之上。通过自然拼音的学习,可以让孩子建立起字母与发音之间的直觉音感,看到单词可以立即直觉反应出发音,同样,听到发音亦可直觉反映出单词拼写。这种以发音为切入点的教学法,让学习者跨越音标,直接认识字母及其所代表的音源,从最基本的音及音的组合开始,通过反复练习来建立字母与发音的直觉音感。因此,它避免了让孩子学习音标的烦恼。通过生动活泼的反复训练,让学习者掌握这套系统的学习方法,能直接对单词进行拼读和拼写。目前,附小使用的教材有 *Phonics For Kids* 和朗文 *Phonics Fun* 1～6。经过实践探索,教师们发现,自然拼读教学对学生学习单词的确有很大的帮助,还能帮助学生建立良好的语音语感。

3. 课外阅读课

在当今信息爆炸时代,英语作为承载和传输信息的一种国际化语言,越来越受到重视。一个人英语阅读能力的高低,往往决定了他吸收各种有用信息的数量与质量。苏联教育家苏霍姆林斯基曾说过:"让学生变聪明的方法,不是补课,不是增加作业量,而是阅读,阅读,再阅读"。教师需要重视阅读对于语言学习的重要作用。不断地鼓舞学生多学多用,因为学生不是等一切都准备好了才开始阅读,而是从阅读中不断地积累学习。

从一年级开始学校就推行英语阅读计划(Primary Literacy Programme Reading),目的在于提升学生阅读英文书籍的兴趣,并学习各种阅读技巧,如认识封面资料,看图画猜故事内容等。为配合阅读计划的推行,学校设有专门的英语学习室,学生能阅读英语故事书、玩英语游戏、猜英语字谜、听有声书本等。

在四至六年级每周开设一节,同样是小班教学课程之一,由中国老师执教。在阅读课室,学生按照老师的安排有计划地自由选择英语图书进行自主阅读,并在 *Rainbow Reading Project*(彩虹阅读手册)上做好读书笔记(图6)。*Rainbow Reading Project* 记录分五个项目:Title(书名),Writer(作者),My Words Bank(单词银行),Sentences I Like(我喜欢的句子),I Want to Share Favorite Character(我最喜爱的人物)。二年级的孩子可以阅读《体验英语少儿阅读文库》第二级,每本书约230个词汇。

随着科技的飞速发展和社会的进步,英语的新词汇源源不断地出现。而新词汇的最广泛、最直接表现途径就是报刊,因此,英文报刊丰富多彩,具有很强的适用性,阅读英语报刊是直接接触现代英语脉搏的一个途径,这是

图6 二年级学生的英语读书笔记

传统教科书所望尘莫及的。因此，学校还让学生进行英文报刊阅读，三至六年级学生订阅《21世纪英文报》。英语报刊阅读，作为一种新型的英语阅读教学方式被引入课堂，丰富教学资源和语言知识，提高学生语言的运用能力及发现问题、解决问题的自学英语能力，同时激发学生学习英语的动机及兴趣，并在师生的学习和生活之间架起一座桥梁，为师生搭建了一个获取各种英语信息资源的平台。

华南师大附小英语课外阅读课安排表

年级	课外阅读课	内容
一、二年级	Phonics and Reading （每周一节小班上课）	1. *Phonics Fun* 1～3 2. *Bright Readers* 1、2级 3.《轻松英语名作欣赏》1 4.《体验英语少儿阅读文库》1、2级 5.《培生儿童英语分级阅读》1～3级
三、四年级	Phonics and Reading （每周一节小班上课）	1. *Phonics Fun* 4～6 2. *Bright Readers* 3、4级 3.《轻松英语名作欣赏》2 4.《体验英语少儿阅读文库》3～5级 5.《培生儿童英语分级阅读》4～7级 6.《21世纪英文报》
五、六年级	Speaking, reading and writing （每周一节小班上课）	1. 口语提高训练（分话题训练） 2. *Bright Readers* 5～6级 3.《轻松英语名作欣赏》3、4 4.《体验英语少儿阅读文库》6～9级 5.《培生儿童英语分级阅读》8～12级 6.《21世纪英文报》 7. 主题写作训练

四、启示和反思

在香港，英语是正规教育所必需的语言工具，亦是谋生工具。因此，掌握英语成了学习多数科目的必备前提，通过教学使学生尽可能最大限度地提高英语的学习能力。内地的官方语言是普通话，英语只是一门外语，对学生英语运用能力的要求低于香港。内地的英语教学大纲是针对全国范围的学生的，要求掌握的仅限于基础知识，各地的师资、教学设备、学生素质等方面差异很大，使用的教材也相差无几，这样不利于学生智力的发展和学生能力的培养。目前，内地也在努力探索英语素质教育的方向，但香港与广州的小学英语教学，在教学理念、英语课程要求、教材编写内容和方法、教学方法和教学测评等方面仍存在比较大的差距，如何缩短两地之间的距离是值得我们教育工作者不断思考的。

参考文献

［1］Longman Welcome to English, Student Book 1A-6B; Teacher's Book 1A-6B.

[2] 中华人民共和国教育部.义务教育英语课程标准［S］.北京：北京师范大学出版社，2011.

[3] 梁欣哲、郑品,香港英语教学的六大特点［EB/OL］.［2006-10-24］.

[4] 何惠,刘文玲,潘艳华,梅倩,杨倩,陈娟.小学英语学科中外籍教师合作教学模式及成效的研究［EB/OL］.［2012-3-5］. http://jyky.whjy.net/CubeWHEDU/kyzy/kycgtj/201203051000250146.html.

[5] 王桂春.为小学英语插上"多彩的翅膀"［J］.宁夏教育,2008（10）:61-62.

[6] 李富强.香港小学英语教育教学概况介绍——兼谈与珠三角地区的对比［J］.英语教师,2010（4）:15-17.

核心素养下小学体育教学中渗透德育的实践与探索

■ 广州市越秀区执信南路小学　邹美文

摘　要：采用文献资料法和逻辑分析法，对"核心素养""德育"等相关概念进行梳理，阐述了德育的内涵。在小学体育教学中，通过具体案例，指出渗透德育的实践路径：①提高学生的运动能力，培养其心理素质；②规范学生健康行为，养成良好的锻炼习惯；③发挥"游戏"育人功能，培育学生具有良好的体育品德。针对小学体育教学而言，应充分了解学情，结合教学内容要进行全面的分析，从多维的角度，找到切入点，多采用"游戏""活动"的形式渗透德育。

关键词：小学　体育教学　德育　核心素养　实践与探索

以习近平新时代中国特色社会主义思想为指导，着力培养师德高尚、业务精湛、结构合理、充满活力的教师队伍。《学校体育工作条例中》指出："对学生进行品德教育，加强组织纪律性，培养学生的勇敢、顽强、进取精神。"学校体育的特殊性，有利于在教学中渗透品德教育，促进德育的开展和功效。因此，体育教学中丰富德育的内容，是德育实施的路径之一。但现实教育过程中，出现了重"智"轻"德"、重"智"轻"体"的现象，体育教学中渗透德育工作未引起足够的重视。司马光曾说过："才者，德之资也；德者，才之帅也。"这句话指的是才学是德的资本，而德行是才学的统筹。德才是素质的基础和灵魂，以德为先，力求德才兼备。而教育中的重"智"轻"德"，必然会导致青少年道德素质的缺失，给社会发展和人的全面发展带来危害。《大学》有言："大学之道，在明德，在亲民，在止于至善。"我国古代教育的目的是求德求善，为现代教育提供明鉴和方向。在深化体育教学改革中，尤其重视德育，是体育教学的任务之一。正如蔡元培先生所说："完全人格，首在体育"。核心素养是教育方针的具体化，指引学校教育解决"立什么德，树什么人"的根本问题，是育人模式变革和课程改革的重要举措。在核心素养的背景下，探讨体育教学实践中渗透德育，为学生体育学科核心素养的培育与构建提供一定的参考和借鉴。

一、对体育与健康学科核心素养的认识

体育与健康学科核心素养是学科育人价值的集中体现，是通过本学科学习而逐步形成的关键能力、必备品格与价值观念。体育与健康学科核心素养是一种综合的素养，可以根据具体内容在教学中的落实，教学中尽量考虑学生的综合能力，提升学生的综合素质，以及促使学生向德智体美全面发展，有利于落实立德树人的根本目标。教育部制定的《普通高中体育与健康课程标准（2017年版）》指出，体育与健康学科核心素养主要包括运动能力、健康行为和体育品德。体育与健康学科核心素养需要我们在实践中践行和总结经验，通过体验、整理、归纳，形成实践经验与指导理论。关于体育与健康学科核心素养的研

究，季浏认为体育与健康课程是通过运动的手段培养学生的学科核心素养，课程的本质是健康育人，促进学生的全面发展。于素梅指出体育与健康学科核心素养是通过体育学科学习，学生所能掌握与形成的终身体育锻炼所需的、全面发展必备的体育情感与品格、运动能力与习惯、健康知识与行为。尚立沛、程跟银归纳了勇于探究，社会责任、健全人格、珍爱生命是体育与健康学科核心素养的基本要点。上述学者对于体育与健康学科核心素养的理解，虽然各个学者侧重的方面略有不同，但归根结底体育与健康学科核心素养的培育是为了完善人的发展和提高人的健康水平，体育与健康学科核心素养包含的范围是有针对性的，是中国学生发展核心素养的重要组成部分。基于体育学科而言，我们要结合德育进行实践和探索，寻找切入点、关联点、结合点，进行有机整合、融合，使之成为有机整体，相互促进，最终为体育教学服务，提高教学质量。

二、德育的内涵

德育是对学生进行道德、心理健康、思想政治和法律的教育。德育对学生健康成长成才具有导向作用，是学校教育的保障，与智育、体育、美育等密切协调、彼此渗透。秦海生阐述了体育教学具有持久的、特殊教育功能，培养学生勇敢顽强、不怕累、不怕苦的精神，使学生的身体素质、文化素质以及思想全面发展。彭蕾提到，体育教育渗透中德育，利于学生形成正确的体育观、价值观、人生观。国外关于体育教学中渗透德育，Proios M、Athanailidis I和Gi-annitsopoulou E指出体育教学渗透德育，对个人的社会品德的形成、生活习性、性格气质、道德观念具有重要的影响，体育与德育相互促进。Romance T.J、Weiss M.R和Bockoven J等学者对小学生体育课渗透德育进行了教学实验，证实实验组在社会、心理发展、德道以及教育综合得分明显高于控制组，具有显著性差异。

从上述国内外研究中可知，学校体育渗透德育，已成为培养全面发展的人的重要路径之一，国外学校开始把生活教育融入体育教学中。基于体育学科而言，体育教学中渗透德育的意义在于：①体育教学凸显的教育性和趣味性，有利于体育教学渗透德育，促进学生身心发展，适应社会环境；②德育规范学生规则意识，让学生遵纪守法；③体育教育是对身体的教育过程，促进体魄强健和人格培养；④弘扬体育精神，有利于培养学生的意志品质和团队意识、集体精神；⑤体育教学中渗透德育，有利于培育学生的思想品德，妥善处理体育教学中的突发事件。体育教学中，渗透德育需要一定的载体运转，此过程中要进行融合渗透。如以体育游戏为载体渗透德育，让学生在游戏中感受思想品德教育，提炼品德教育的方法和策略，让学生在玩中乐、乐中学、学中悟、悟中得。教学形式及操作上尽量体现竞争氛围、合作氛围、积极参与的氛围，为学生搭建自我提高、自我教育、自我发展的平台。

三、小学体育教学中渗透德育的路径

（一）提高学生的运动能力，培养其心理素质

运动能力是体能、技术能力和心理能力等在身体活动中的综合表现，是人类身体活动的基础。

在体育课堂教学中，根据具体的教学内容，设计符合学生身心特点、趣味性强的游戏，为学生创建轻松愉快的学习氛围，激发他们学习运动技能的兴趣，从而提高运动能

力。在此基础上进行思想品德教育，让学生保持持续学习的浓厚兴趣并使其适应环境，提高心理素质。在设计跑、跳、投的教学内容时，应把相对较枯燥技术动作进行分解，然后将分解的内容融入游戏，引导学生参与其中，感受游戏带来的情感体验。例如，"红绿灯"游戏，将跑的技术动作，先分解成手摆臂和脚的抬、跑技术动作。比如将摆臂融入"红绿灯"的游戏中，其游戏规则：红灯停，绿灯行。即将学生分成四组，教师扮演交通灯，学生见灯信号做出相应的动作。组内有一位闯红灯者扣所在组一分，两位扣两分，以此类推，累计加分，计算在其组总分，扣分少的组为胜。该游戏学生为了团队的得分和赢得游戏胜利的欲望，他们的关注点会投入在看游戏信号灯上，生怕做出错误动作违反交通规则，学生很投入，忘记了身体的疲劳。在反复获取信号灯信息的过程中，动作得到了强化，运动密度、运动负荷、运动强度中得到加强和提高，无形中提高运动能力。同时，强化了学生适应其游戏环境的能力，学生在失误中总结经验，仍然坚持看老师的信号灯，完成相应的动作，即使有的学生非常疲劳了，但为了不使小组团队丢分继续坚持，毅然做出正确动作，学生在这样的环境下提高了意志力。最终在此过程中，学生练习过程情绪高涨、情感投入，较好地增强了学生胜不骄，败不馁的心理素质。

在这游戏中，要想取胜，关键在于学生的注意力和控制手脚的执行能力及动作的协调性。在教学中，我们可以用类似的例子，转移学生的注意力，在练习中强化学生的练习密度、练习负荷、练习强度，并在此过程中营造竞争的氛围，培养学生的意志力和情绪等心理素质。

（二）促进健康行为，养成锻炼习惯

健康行为是增进身心健康和积极适应外部环境的综合表现，是提高健康意识、改善健康状况并逐渐形成健康文明生活方式的关键。

在体育教学中，关注个体差异，让每一个学生都能获得发展，这是新课程的理念，也是素质教育的核心目标。例如，关注肥胖学生，让他们从心理阴影中走出来，给其制定运动处方计划，通过运动干预、心理干预、行为习惯干预、营养干预，帮助他们降低体重，提高体能素质。在教学中，让肥胖学生感受到老师对他们的关爱、鼓励和他们经过自己的努力获得同学的关注，产生积极锻炼心态。随着时间的推移，肥胖学生通过测量，体重下降了，身高也增长了，随之经过体能测试，各项指标由不合格变为合格，甚至有的会变优秀。由此，肥胖学生能真实地感受到那份成功的喜悦与自信，增进其身心健康。他们如果每天锻炼，坚持一年或两年，对于他们来说，战胜疲惫已不是什么大问题，这也许意味着疲惫作为一种常态，已被身体自然而然地接纳了。干预之前，学生体重没得到降低时，学生可能会以各种理由请假，不愿意参加集体练习，产生自卑感。老师应根据学生个体差异，减少里程，助其消除恐惧心理，增强其自信心，使其渐渐融入班集体中规定的练习，并能较好地完成老师布置的练习任务。学生在融入和参与练习中，慢慢地适应了既定的教学环境。肥胖学生这种适应环境的能力在教学中进一步得到强化，持之以恒自然形成了一种良好的体育锻炼习惯。可见，具体的操作干预能让学生在此过程中受益，获得成功感和满足感；能提升学生的身心健康，同时通过具体的教学案例或教育实践活动，让学生循序渐进地适应环境能力，养成良好的锻炼习惯。

（三）发挥"游戏"育人功能，促进学生养成良好的体育品德

体育品德是指在体育运动中树立良好的社会风尚、维护社会规范、遵循行为规范，以及形成的价值追求和精神风貌。体育品德包括体育精神、体育道德和体育品格三个方面。

以"运球接龙"游戏为例，游戏目标是发展控球能力和运球的节奏感，培养合作意识和体育品德。游戏规则：将学生分成四组（人数若干），每组人数相等，组与组、人与人间隔一定距离，四列横队成四边形面对面站立，每一组取名红豆、黄豆、绿豆、黑豆。游戏开始，指定先由其中的红豆运球，红豆一边运球一边唱着儿歌："红豆运、红豆运、红豆运完黑豆运"，接着由黑豆运球，依次进行，每支派一位队长最后指定某队的名字，该队重复运球并按前面的节奏进行，该队有一人跟不上节奏或有人控球失败的队伍淘汰出局，最后剩下的一支球队为胜（图1）。

图1 运球接龙

运球在这个游戏当中显得尤为重要，要顺利完成小组运球必须节奏一致，一旦有一位同学没有完成，该队就得出局，所以成员必须团结合作、动作一致。刚开始执行游戏时，很快就见了分晓，主要原因在于队员动作很难达成一致，于是暂停，让学生思考如何达成一致性的动作，两分钟思考之后，继续进行游戏，游戏得以顺畅进行，经过几个回合之后，终于见了分晓，完成了游戏的目标要求，然后笔者乘胜追击问了每个组是如何提高本组动作一致性的。A（红豆）组说"听完指令后，将'红'字拖长音，将注意力集中之后，同时运球"。B（黄豆）组说"听完指令后，先做运球抬手动作，看大家抬平之后，马上说'黄'字统一运球，保持了运球一致"。C（绿豆）组是听完指令后，要求统一左脚向前一小步，目光看齐之后，说"绿"字马上开始运球。D（黑豆）组说"听完指令后，保持运球高度的统一，与膝盖高度为标准保持节奏的一致性"。通过几轮较量，大家积极开动脑筋，体现团队的集体智慧，展现了较好的合作能力，在游戏过程中，学生通过探讨，较好地体现了求胜欲望和积极进取的精神。

在此游戏中，学生遵循游戏规则，虽然求胜心切，但能在精诚合作的基础上寻找最好的方法取胜，而不是通过投机取巧，他们通过公平竞争的途径获得了成功感，体现了好的体育精神、体育道德，塑造了良好的体育品德。当然在这个过程中，教师作为裁判的执行者，也要做到公平、公正，判法尺度标准一致，成为正义的典范，潜移默化地影响学生。

可见，体育品德的培养是多方面的综合体现，我们在实践教学中，要给学生思考，给足留白的空间，促进学生之间的合作能力，同时要兼顾体育精神和道德的融合，让学生的体育品德得到综合的提高。

四、结论与建议

（一）结论

（1）培育学生体育与健康学科核心素养，是体育教学中渗透德育的实施途径之一。

（2）体育教学中渗透德育，能促进立德树人的总体目标的实现，培养学生成为全面发展的人。

（3）关注学生个体差异，以全员育人为原则，采用一定的干预，促进学生健康行为，养成良好的锻炼习惯。

（4）通过"游戏"教学，发挥游戏育人功能，提升学生的运动能力，提高学生的心理素质，培养其良好的体育品德。

（二）建议

（1）对学情应有充分了解，尽量做到满足学生的需求，并对教学内容要进行全面的分析，从多维的角度，找到切入点以渗透德育。

（2）对小学体育教学而言，多采用"游戏""活动"的形式，渗透德育，寓教于乐，同时，兼顾其他学科知识的融合，更全面地渗透德育。

（3）加强师德建设，提高教师的素质，做学生的楷模，凸显良好的师德风貌，让教师的言行举止，潜移默化地影响学生。

参考文献

［1］季浏.学科核心素养中国健康体育课程模式的理论与实践——第四届全国学校体育联盟（体育教育）大会主题报告摘登［J］.体育教学，2018（4）：6-8.

［2］中华人民共和国教育部.普通高中体育与健康课程标准（2017年版）［M］.北京：人民教育出版社，2018.

［3］于素梅.中国学生体育学科核心素养框架体系建构［J］.体育学刊，2017，24（4）：5-9.

［4］尚立沛，程传银.基于发展学生核心素养的体育单元教学设计［J］.体育学刊，2018，25（1）：98-103.

［5］秦海生.德育在中学体育教学中的渗透［J］.教育探索，2012（4）：141-142.

［6］彭蕾.学校体育德育功能的实现［J］.教学与管理，2016（7）：40-42.

［7］Proios M, Athanailidis I, Giannitsopoulou E. The Impact of Physical Activities on the Development of the Females Character［J］. J. Hum. Sport Exerc. 2010（5）：485-494.

［8］Romance, T.J., Weiss, M.R., Bockoven, J. A Program to Promote Moral Development Through Elementary School Physical Education［J］. Journal of Teaching in Physical Education, 1986（5）：126-136.

［9］黄宁波.例析体育课堂突发事件的解决策略［J］.中国学校体育，2018（4）：69.

整合与多元
——多元智能视野下的信息技术整合于美术学习的评价策略研究

广州市海珠区瑞宝小学 赵韶亮

摘　要：与信息技术整合的美术学习能发挥学生的主体作用，在现实美术教学中与信息技术整合越来越广泛。而评价是课堂教学的重要部分，本文在多元智能理论的指导下，就如何在学习评价中发挥与信息技术整合的优势，以多元评价的策略切入进行研究，并从内容、形式、互动、标准等方面去探讨，希望能给当前与信息技术整合有关的学习评价活动研究工作提供一些思路。

关键词：多元智能　与信息技术整合　美术学习　评价策略

一、引言

"多元智能理论"是美国哈佛大学教授、发展心理学家霍华德·加德纳于20世纪80年代在《心智的结构》一书中提出的，对人的智能进行了探索和研究。加德纳研究得出，人的大脑共有8种智能：语言智能（语言、写作）、数理智能（逻辑、推理）、节奏智能（音乐、节奏）、空间智能（方向、绘画、设计）、身体活动智能、人际交往智能、个人控制感情和体察他人情绪的智能。各种智能既能独立地发挥作用，又能相互协作，在每个人的身上表现有强有弱。人与人的差别，主要在于所具有的不同的智能组合。

在信息技术已经迅猛进入了课堂的今天，我们是否可以在学习评价中发挥与信息技术整合的优势？在多元智能理论的指导下，笔者进行了信息技术整合于美术学习的评价策略研究。

二、美术学习评价的现状

虽然课堂教学改革已经进行了多年，广大学者、教师进行的美术课堂教学实践中也涌现了诸多可以参考和借鉴的教学模式与策略，但是美术学习评价始终没有找到操作性、有效性强的方法和形式。目前，美术课堂中对学生的学习评价往往还采用比较单一的形式与标准。例如，过分注重知识目标的达成，忽视对学习过程的评价；过于机械化，评价中没有考虑情感与个人审美经验；重视标准化，没有针对学生的个性；过分注重作品效果的好与坏，忽略学生的整体表现。这样的课堂评价方式并没有着眼于多元智能的视角，也与学生素养发展的目标相违背。所以，美术学习评价必须着眼于学生的素养发展，进行多元评价，从而提升美术学习评价的有效性，发挥学习评价的作用。笔者开展的信息技术整合于美术学习的评价策略研究就是一种尝试。

三、信息技术整合于美术学习的实践情况

与信息技术整合的课堂中,强调的是学生的感悟和体验,能让学习者参与到实践活动,在实践和体验中获得认知、感悟,以及获得新的知识和技能。

学生能在信息技术环境所创设的活动中得到比较充分的体验。由于信息技术环境展示出较好的图像效果和传导出较明显的声音效果,从视觉、听觉都能得到较为接近真实的效果,而且便捷、灵敏的人机互动操作也能让学生得到较为深刻的活动体验,这些体验也能更好地促进学生进行知识的探究和学习。这种体验学习也是探究学习,在学习过程中,老师往往没有给学生提供问题的答案,只创设了活动探究的情境,激发其探究作品的动力,让学生在游戏中共同去寻找答案,共同完成学习任务。同时,小组同学也共同担负起向其他小组发出挑战的任务,在游戏任务的驱动下,学生充满探究的激情。

这种形式的学习有别于传统的教学。目前,在美术教学中大多数采取的是终结性评价方式,在课堂教学结束以后,由教师直接给学生的作业进行分数或等级评定,这样的操作直接简便,但弊端也非常明显——不能对学生学习进行全面的评价。运用多元智能理论对现有的评价方式进行重构,是目前必须解决的一个问题。

四、基于多元智能理论的与信息技术整合的评价策略

理想的评估可以包括3个方面:①内容和技能的评估;②来自同伴、家长或知识共同体成员的人际交往的评估;③来自负责评估自己成就的学生的自我评估。因此,学习评价不能只由老师"一锤定音",不能只关注结果而忽视过程,而是要融合多种评价方式,进行多元结合。多元结合包括过程性评价与终结性评价的结合、自评与互评的结合、师评与生评的结合、集体评价与个人评价的结合、口头评价与书面评价的结合、评"写""说"与评"做"的结合。

(一)"内容多元化"评价策略

多元智能理论认为,人的智能是可以通过后天的努力来发展的。教育应该在全面开发每个人大脑中的多种智能的基础上,给每个人以多样化的选择,使其扬长避短,从而激发每个人潜在的智能水平,充分发挥每个人的个性。利用信息技术创设出不同的评价内容,根据不同需要以适应学生的差异,让不同心智的学生,从不同的评价内容中正确认识自己,在自己的基础上有所发展。

1. 在不同的活动中为不同的智能特质者创设不同的评价内容

多元智能理论认为,每个人都有自己较为突出的智能领域。以多元智能理论为指导,我们应通过多种渠道、多种方式对学生进行评价,使得每个学生都能通过适合其智能特点和学习方式的途径,展现自己的知识和能力。因此,对于不同层次的学生应该设置不同的要求,只要能达到符合自己层次的要求就应该得到肯定。利用信息技术设置不同类型的评价内容让不同特性和特长的学生去尝试,可以让学生在课堂学习中找到自我,发挥自己特长。比如,逻辑智能型的同学可以在"连一连"的游戏活动中挑战;空间视觉智能型的同学可以在"画一画"活动中展示;语言智能型的同学可以在"你说我说"活动中展现思维和口才。信息技术能在美术课堂上创设分层次评价的机会,能让不同特质的同学都获得机会和成功感,同时也使学生认识自己的优点和不足,让不同潜质学生获得不同程度的

发展。

2. 在同一活动中为不同的智能特质者创设不同的评价内容

在同一活动中也能让不同的智能特质者发挥自己的特长，设计活动或任务让学生想办法解决问题就是其中的一种方法。完成任务的过程可以分层推进，比如，为了探究解决某一问题，可以在与信息技术整合中有"做一做""拼一拼""画一画"的体验，有"说一说""写一写"的练习等形式供学生选择。例如，在三年级《家乡的山林》一课中，笔者组织了一个互动游戏，在课件中提供"移动的树"的游戏，请两位同学上讲台演示，以重叠遮挡的方法把作品变得茂密，其他同学进行观察及思考，并且把想到的话写下来，活动结束后，由大家进行互评，目的是促进对"相似形重叠"这个知识点的理解。

同时，教师也要指导学生在小组活动中分工协作，让不同的智能特质者在不同的分工中发挥价值。比如，组织一个探究活动，并设计相关的任务卡，为了更好地完成探究活动，大家根据自己的特长、优势分工完成这些任务卡，最后由组长或者协调者把这些任务卡统一起来进行汇报，课后让学生对各人的任务完成情况进行评价。当然，正如加德纳说，只要大脑没有受伤，如果有机会接触利于培养某一种智能的环境和条件，几乎每个人都能在那一智能的发展上取得非常显著的效果。因此，我们也鼓励学生在小组协作中要常常交换分工，以促进学生能均衡发展各项智能。

（二）"形式多元化"评价策略

评价的形式通常包括自评、互评和师评几种形式。与信息技术整合的课堂里，可把以上的几种评价形式整合到不同的教学活动中。下面列举对集体的评价和对个人的评价两种方式，并融合其他多种方式加以分析。

1. 对集体的评价

集体评价是重过程的一种评价方式。基于信息技术环境的小组竞赛，利用信息技术营造的"小组比赛"情境，及在此情境下的师生互动活动为课堂提供独特的反馈和鼓励。比如，笔者在三年级《春天的消息》一课中，就在计算机平台上设计了"长树叶"这样的比赛情境：哪一个小组能积极参与活动的、思考问题有独特见解的、小组学习能协作的，都能让自己小组的"树"上"长出树叶"。

"闯关"是另外一种形式的集体评价。随着学习活动的推进，每过一关实质上就是对全部同学的一次肯定。

2. 对个人的评价

在某些内容的教学中，不少老师会采用"学案"这种形式。信息技术环境下互动活动往往也会以学案、习题进行配套，增强学习的有效性。这是书面评价的一种，老师在课后会对这些学案进行审阅、评价，还会写下一些赞赏、鼓励的话语，或者提出一些建议。

在美术课堂中，终结性评价往往结合成果展示来进行，但美术课时往往有限，如果全班进行展示，逐一评价是不可能的，如何在有限的时间里进行这种评价方式，并且发挥其有效性？采用信息技术整合能提供多种可选的方式，比如高年级可以采用课后通过QQ群邮件（各班级一般都建有班群）、上网跟帖等形式参与展示并相互点评；低年级可以在课堂内由老师利用计算机随机抽选学号，选中学号的学生展示其作品等；老师采用课堂智能终端，把部分学的作品（在不同的课时里分组分批）上传到课室大屏幕上展示，请大家进行评议；当然，还可以结合其他方式，比如先由小组成员互评，推选优秀作品进行全班小组之间互评。

需要指出的是，在对个人评价时要注重纵向评价。尹少淳教授说，所谓纵向评价启示是鼓励学生将自己的学习情况做纵向的前后比较，从而发现自己的进步，获得自信。因此，老师评价或引导学生进行自评时，要及时对照学生之前的学习情况，让每一位学生在自己的基础上获得准确、公平、适度的评价。

（三）"互动多元化"评价策略

加德纳认为，除非把评价置于现实生活和社会环境联系中，否则，我们要怀疑它能否恰当地代表人类的智能表现。因此，在相应的互动情境中进行多元评价是符合这个理念的。

利用信息技术创设不同的互动情境进行评价。这些互动情境包括师生互动、生生互动、人机互动。老师作为学习的引导者，要做的是提出学习任务，提供学习资料和互动所需要的媒介——信息技术的环境。学生在信息技术所创设的活动中进行相互质疑、解答、挑战等互动活动，并且直接通过电脑鼠标、屏幕进行即时的点击、反馈、检测，实施评价和反馈。例如，在六年级《多姿多彩的民族服饰》一课中，笔者让学生在计算机中对影响民族服饰特点的成因进行选择，并由计算机判断答案是否正确。

互动还包含合作和竞争两种形式。在有效运用信息技术的美术课堂，能给学生提供合作的机会。互动活动往往需要同学之间、小组之内或小组直接的合作。比如讨论一些问题以求更好地完成任务，共同完成学案、作业单等任务。为了更好地完成任务，学生往往展示出协作、积极的学习态度。在小组内合作，不同智能表现的同学可以发挥每个人的特长，通过分工协作共同完成任务。因此，在设计小组评价表的时候，根据具体情况要把这些因素考虑进去。如下表所示：

评价项目	讨论	画草图	汇报	其他
参与同学学号				
实施效果评价				

在有效运用信息技术的美术课堂，还能给学生提供竞争的机会，在美术教学中的常见的竞争活动是由各小组之间进行比赛——小组合作完成任务，看哪个小组更出色；在不同的活动环节中由小组派组员进行比赛，等等。对于这些竞争活动，如果采用与信息技术整合的学习形式开展，学生积极性会更高，取得效果会更加明显，评价时把这些"积极参与活动"的因素也考虑进去，是体现对过程性评价的重视。

（四）"标准多元化"的评价策略

由于信息技术环境下学生学习的自主化以及学生个体智能的多元化、智能的个体差异性的特征的存在，需要设计出多元、弹性的评价标准。在与信息技术整合的课堂里，能创设情境有效地激发学生的感受。教学中要注重让学生抒发自己的感受，尤其是设计一些开放性的问题引导学生说出自己的感受。在评价学生回答的时候，要明确"感受没有对错之分"。

为了培养学生创新精神和独立思考能力，美术学习过程中不能扼杀学生的真实感受和个性。因而教师应尊重学生的不同的智能倾向，鼓励学生大胆发言，尊重、爱护学生发自内心的真实感受。在四年级《向大师学习装饰画》里的"猜猜猜"游戏中，谜底出人意料，集三个角度于一身，有的同学说"有趣"，有的同学说"奇怪"，甚至有的说"丑陋"，等等。每位不同的发言者都可能有自己思考问题的角度，或者说他们大脑的不同智能在发挥作用。因此，老师应尊重学生的任何真实感受，让学生在描述作品时畅所欲言，鼓励学生积极思考，鼓励学生将未成熟的想法和老师、同学讨论。因为感受无对、错之分，只有初步感受与深刻感受，所以在《向大师学习装饰画》中对学生发言的评价，笔者说"老师很欣赏你新颖的想法""你的感受很深刻"。

在结合成果展示的终结性评价中，也要考虑学生的个体差异性。对学生的一件作品分别从创新意识、情趣、技法等方面去定位，突出每件作品的优点及不足，等级不需分得太多太细。如前文所述，作品评价可以用课堂内、网络上的上传作品的形式组织开展，也可以引导学生根据实际情况以不同的标准进行评价。在评价中，老师可以设计不同的奖项，比如"最佳构图奖""最佳创意奖""最有情感奖""最佳进步奖"等等，让学生从不同的角度和标准展开自评和互评的活动。如果放上网络，学生还可以用"点赞"、跟帖的方式进行投票和评议，提高了学生参与评价积极性和有效性。这些都是由以往量化评价到实质性评价的转变。

五、结语

在信息技术整合于美术学习的评价中，我们把多元智能理论和与信息技术整合的美术课堂教学充分结合起来，真正发挥了评价的作用，提高了学生参与评价的积极性，也让学生在评价中获得自信，明确目标的方向。同时，我们发现信息技术整合于美术学习的评价策略研究中还有很多细节需要细化，还有待进一步的深入研究。

参考文献

［1］［美］Linda Campbell, Bruce Campbell, Dee Dickinson.多元智能教与学的策略［M］.霍力岩，莎莉，孙蔷蔷等译校.北京：中国轻工业出版社，2015.
［2］张晓峰.对传统教育评价的变革——基于多元智能理论的教育评价.教育科学研究［J］，2002（4）:28
［3］［美］霍华德·加德纳.多元智能［M］.沈致隆译.北京：新华出版社，1999.
［4］尹少淳.小学美术教学策略［M］.北京：北京师范大学出版社，2010.
［5］宋正国，刁秀丽.多元智能与信息技术环境下的学习评价［J］.教育技术导刊，2006（1）:14.
［6］葛晖.基于多元智能理论的美术评价方法［J］.广西职业技术学院学报，2010（10）:34.

阅读教学知识从共享到创新
——记天河区某一语文学科区域集体备课团队的四度探求[①]

■ 广州市天河区龙口西小学　姚燕涣

摘　要：本文以广州市天河区一个语文区域集体备课团队为例，描述了该团队对阅读教学进行四度探求的过程，并从中得到启示：一是明确区域集体备课的价值在于"通过群体智慧，创新教学知识，努力提升教师的课堂教学效能"；二是总结出实现价值的基本路径：问题反思、群体阅读、总结提炼及实践反思。

关键词：四度探求　区域集体备课　教学知识共享　教学知识创新

四度探求，是以小学高年级语文教学为研究内容，帮助教师诊断阅读教学问题，分享和改进阅读教学方式或策略，实现阅读教学知识创新的区域集体备课的过程。四度探求实践，让我们进一步思考了区域集体备课的价值取向及其实现价值的基本路径。

一、关于区域集体备课的四度探求

该区域集体备课团队围绕阅读教学进行了四度探求。现做详细的陈述。

（一）一度探索：挖掘阅读教学问题之根源

阅读教学中，我们为何而教？为了进一步明确存在的教学问题，集备组先进行"说说我的教学困惑"的网络研讨活动，要求每个成员分享一份自己最满意的阅读教学设计，以及说说自己主要的教学困惑。我阅读了每个老师提供的"较为满意"的教学设计，发现每份教学设计基本都是按照这样的教学思路设计：初读课文，把握课文主要内容——品析词句，体会中心思想——拓展延伸，感情升华——总结全文，突出中心。教学重点是课文内容的理解和中心思想的感悟。

随后，我们听了3名老师的课，他们执教的是人教版三年级上册《灰雀》一课，发现3名教师的教学设计大同小异，基本上是按照以下的思路进行：
（1）初读课文，想想课文写了一件什么事？
（2）学习描写灰雀的语句，指导朗读，读出喜爱之情。
（3）默读课文，找出相关语句，体会列宁对灰雀的喜爱之情。
（4）品读列宁和小男孩的对话，体会男孩的诚实和列宁对男孩的尊重和喜爱。
（5）总结全文。

从阅读老师们"较为满意"的教学设计，到观摩老师们的课堂，我们发现：老师们注重课文内容的理解和情感体验，但是在语言实践运用上稍有欠缺。问题的根源在于没有准

[①] 本文系广东省教育科研"十二五"规划2011年度研究项目"知识管理理论在小学语文学科区域集体备课中的应用研究"（项目编号2011TJK228）的研究成果之一。

确地把握语文课程的性质。语文课程是提高学生学习和运用我国语言文字的学科。语文学科的根本性质是提高学生语言的运用能力。教师如果对语文学科性质把握不准确，不知道"为何而教"，当然就不知道"怎么教"了。

这次区域集体备课的探索，从教师教学实际出发，寻找并确定现阶段教师最需要解决的教学问题。找到阅读教学问题的根源，便找到了我们区域的方向，我们的集备组继续沿着这个方向，不断寻求与分享教学知识。

（二）二度探索：从"语言"到"言语"，小学语文阅读教学的导向转变

为了进一步了解语文学科性质，集备团队成员开始群体阅读活动，多方涉猎名师名家的教学智慧，并开展了阅读交流活动。大家阅读的内容涉及发展心理学、言语教学理论、名师教学实录以及大量关于语文阅读教学文献。其中，有一篇文章这样写道："语文学科需要解决的是如何运用一定的言语形式去表达一定的语言内容，通过言语形式理解语言内容，进而凭借对语言内容的把握，品味言语形式的妙处，获得言语形式运用规律、技巧及言语本身。"在语文教学中，教师不仅引导学生学习语言，还要引导学生进行言语学习，从而提高学生的表达能力。

围绕这个方向，我们继续以《灰雀》一课为例，开展集备研讨。我们先认真研读教材，发现这篇课文在表达上很有特点：通过对话来展开故事情节，同时在对话中体现人物的特点。这不正是教学价值的体现吗？

按照这个思路，我们继续开展网络集备活动，有的老师谈到如何挖掘文中的言语训练点；有的老师认为把握住言语训练点后，还要进行层次性的练习；有的老师认为，学习语言知识，要实践运用，才能内化为语言能力……经过大家的热烈讨论，我们的思路更加清晰，并最终确定了本课教学设计。具体如下：

环节一：阅读男孩和列宁的对话，理解人物的内心世界。

环节二：你喜欢列宁和小男孩吗？为什么？

环节三：拓展阅读。

环节四：对话变式练习。

（1）从这几句对话的形式来看，你发现了什么？（对话的形式不一样）

（2）你能改变一下对话的形式吗？（变式练习）

环节五：实践运用。

（1）下面的对话已经开了头，请你接下去写。

①在盛饭的时候，我不小心把一个饭团掉在地上。这一下，奶奶又开始唠叨了……

②小红在马路边捡到一个钱包，她气喘吁吁地奔到岗亭边，踮起脚跟，把钱包交给了警察叔叔……

③天色渐渐地暗下来了，办公室只剩下我和张老师。张老师耐心地辅导我做作业……

（2）布置作业：观察并记录家人之间的对话，给对话加上恰当的神态、动作描写，用上不同的对话格式。

教学设计完成后，我们便进行了课堂教学实践。实践证明，这是特别"新"、特别"扎实"的一节课，"新"表现在以学生言语实践为导向的教学思路。"扎实"表现在这节课的教学目标明确：让学生学会人物的对话表现，进而引导学生在理解课文内容和体会人物思想感情基础上，进行了扎实的语文文字的训练：环节一通过分析，知道阅读人物对话能了解人物的内心世界；环节二概括总结人物的特点，再次强调对话的作用；环节三提供类似的阅读材料进行拓展阅读，让学生明白内容，写好对话，可以通过人物自己说的话来表现性格特点和思想感情，这样，人物的形象也更加鲜明了；环节四设计了对话变式练习，从语言的表现形式来学习对话，总结对话的不同形式，加强对话形式的认知；最后设计语言实践练习，在实践中内化言语知识。

通过这样探究，我们对语文学科的性质有了较为清晰的认识。只有准确把握语文学科的根本性质，我们才明白要"教什么"，进而才知道我们要怎么教。这样的区域集备活动，为大家解决了教学困惑。

（三）三度探索：形成"以言语实践为导向的阅读教学方式"

前两轮的区域集体备课后，我们并没有停止探究的步伐。我们在思考，能否进一步进行提炼，总结出一定的教学规律，或者某一种教学流程，可以迁移运用到其他课文的教学中呢？于是，我们进行了第三轮的区域集体备课。

这一轮区域集备，我们先回顾这节课的教学思路，然后对每一个教学环节的设计意图和教学设计的行为进行了思考与提炼，并归纳出"以言语实践为导向的阅读教学方式"。即"依据课文，习得新知——拓展阅读，巩固新知——专项训练，强化认知——生活实践，内化知识"。

此外，为了使老师们更加容易理解和运用，我们还对每个环节进行了解读："依据课文，习得新知"引导学生依靠文本，学习和获取语言表达的方法；"拓展阅读，巩固新知"要求学生运用相关的阅读方法，阅读同类文章；在阅读同类文章的同时巩固言语知识的学习；"专项训练，强化认知"指通过精心设计练习，读写结合，强化训练；"生活实践，内化知识"指从课堂学习回到生活中，把获取的言语知识运用到生活中，在运用中提高言语能力。这一阅读教学方式的确立，是我们区域集备组教学智慧的体现。有了这种教学方式，教师们就知道该"怎么教"了。如何把"以言语实践为导向的语文阅读教学方式"变成教师自觉运用的教学方式？我们区域集备团队进行了第四轮的集备探索。

（四）四度探索：以言语实践为导向的语文阅读教学实践

这一轮研讨的目的是改变教师以往"以课文理解和思想体会为主"的阅读教学模式，逐步领悟"以言语实践为导向的阅读教学方式"。从教师知识管理的角度看，这一轮研讨就是力求把显性的教学知识转化成个人隐性知识，即改变教师本身的教学知识结构，形成新的教学知识结构。我们所采用的是课堂教学实践与反思的方式进行。每个备课组成员，运用团队集体归纳的"以言语实践为导向的阅读教学方式"引领本校备课组教师开展集体备课活动。活动主要采用实地研讨、课堂演练、课后反思、网络研讨等方式进行。

这次集备的内容是《呼风唤雨的世纪》一课。刚开始，我们先研读教材，挖掘出三处言语训练点：一是作者运用比较的方法，巧妙地揭示了科学技术对人类生活的意义；二是运用列举实例的方法，展现现代科学技术的成就及其给人类生活带来的便利；三是引用名言警句，说明现代科技发展的成就之大、范围之广。这些独特的表达方法，都是学生学习的好材料。

于是，我们确定第二课时的教学目标是：①了解20世纪科学技术给人类带来的巨大变化，理解"忽如一夜春风来，千树万树梨花开"的现象。②了解文章的说明方法，在读中学写。

如何实践本课教学目标？我们继续讨论着，有的老师说："可以尝试运用读写结合的方式开展教学。学生在领悟了这些说明方法后，再仿写一段话，介绍科学技术的发展给我们带来的变化。学以致用，在语言实践运用中再次感受说明方法的作用。"有的老师提议："为了降低练习难度，教师先列出示范。"文学功底深厚的小刘老师提出："可以给学生提供相关名言警语，如'欲上青天揽明月''千里江陵一日还'等，让学生有素材可用"……

我们对这些"金点子"进行了梳理，并形成教学设计。主要包括以下几个教学环节：

（1）课题切入，直奔中心。你能用一句话说说对题目的理解吗？（找出中心句）

（2）立足文本，朗读中感悟言语。指导学生学习做比较、举例子和引用等表达方法。

（3）拓展阅读、强化言语认知。

（4）学习方法，进行仿写。设计练习：请仿照第3、4自然段的说明方法写一段话，介绍科学技术的发展给我们带来的变化。

（5）推荐阅读：《科学改变人类生活的100个瞬间》和《五光十色的新科技》。

接着，杨老师向全体语文老师呈现了她的课堂：

学生通过文本的阅读理解，领悟了并做比较、举事例和引用等表达方法后，设计了小练笔：请你用上这些说明方法，介绍科学技术的发展给我们带来的变化。为了降低练习难度，教师先出示如下范例：

古时候人们"欲上青天揽明月"，希望飞到月亮上去看看，苦于登天无门，只能在神话"嫦娥奔月"中来寄托自己的美好愿望。在20世纪之后，人类的飞船登陆月球，并且做了很多实验。古代人们的愿望都变成了现实，现在咱们是想上天就上天，想入海就入海，我们有这么幸福的日子全靠现代科学技术啊！

接着，让学生阅读思考：文中运用了什么说明方法。随后，教师还提供一些名言警句，如"欲上青天揽明月""千里江陵一日还"等。让学生写完后交流：运用了什么说明方法？是否恰当？

整节课紧紧围绕"言语实践"这一教学重点开展读写结合的教学活动。"读"是为了认知言语知识，"写"是为了巩固言语知识，通过这节课的学习，学生能准确地运用作比较、举事例以及引用名言警句来进行表达。实践证明，这样的课是有意义的、有价值的语文课。通过这节课的教学实践，杨老师已经领悟"以言语实践为导向的阅读教学方式"的核心理念。

课后，全体语文老师和集体备课成员围绕这节课、这个专题进行新一轮的网上研讨，进一步促进其他教师理解这一教学方式，以此来影响和改变教师的阅读教学理念和方式，并逐步成为教师个体的教学知识。这不就是我们区域集备团队所追求的效果吗？

二、基于四度探索的教学启示

（一）对区域集体备课的价值取向思考

在实践中，我们深刻体会到，如果区域集备产生出来的仅仅是一篇教案或教学设计，只是适合这节课的教学，那么，这样的教学知识是没有价值的。区域集体备课的价值不仅仅是分享个人优质的教学知识，也不只是产生出一份又一份优秀的、完善的教学设计或方案。区域集体备课的价值应当体现在通过群体智慧，创新教学知识，努力提升教师的课堂教学效能,促进学生学习质量的提升,进而提升整个区域集体备课团队知识的价值。这里的"创新知识",不是具体的某一教学内容的教学设计或者教学方案,而是在一定的教育教学理论引领下,具有普遍性的,或教学模式,或教学方式,或教学主张,或教学理念,能够指导老师应用在同类的课堂教学中,能在备课中"举一反三"。这样的教学知识才具有一定生命力,这也是区域集备的价值所在。

从知识管理的角度看区域集体备课中的知识创新。我们认为,这里的"知识创新"是指教师教学知识的创新,是指教师通过各种教学实践活动和持续地学习,经过内隐和外显的互动,在知识分享的过程中,不断建构个人知识系统,并将个人知识扩散至整个区域组织,再通过群体智慧,进一步提升教学知识的价值。知识的创新能提升教师自身专业知识的广度和深度。

(二)区域集体备课价值实现的基本路径

再次回顾四度探索的过程:以语文阅读教学为研究内容,从"挖掘阅读教学问题之根源"出发,开展教师阅读活动,分享教学知识,转变阅读教学观念,促使"语文阅读教学的导向转变",构建"以言语实践为导向的阅读教学方式",最后开展"以言语实践为导向的语文阅读教学实践",构建教师新的教学知识结构。在这个过程中,我们发现,每一度探求,都有一个"关键点",分别是"问题反思""群体阅读""总结提炼""实践反思"。这四个关键点有一定的逻辑关系。基于这点,从知识管理的视角,我们进一步总结出实现区域集体备课价值的基本路径,见下图所示。

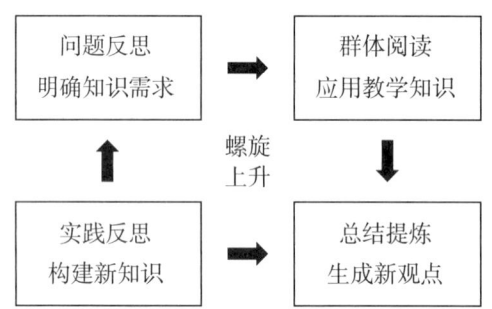

四度探索的基本路径包含四个基本环节:先从教学问题出发,明确教师对教学知识的需求;然后通过群体阅读方式,获取和应用教学知识;在应用和实践教学知识的基础上,积极寻求新的解决方案,进而创新语文教学的方式与模式,并生成新观点;最后通过课堂实践反思,逐步成为教师知识系统的一部分。前一轮的四度探索结束后,将促进下一轮的教学知识探求,促使教师教学知识不断增强,实现质的飞跃。

为学岂应萌老态 做人需要具童心
——全人教育研究综述

■ 韶关市教育科学研究院 吴秉健

摘 要：本文以大陆教师赴台研修全人教育为切入视角，介绍全人教育的起源、课程理念、整合学习的概念等跨学科的学习。通过对自然环境、文化环境、技术环境、人文环境、思想和情感环境，满足社会变迁和社会需求进行分析，阐述了全人教育特征的七个转向。

关键词：全人教育 整合学习 环境教育 知识观 课程观

20世纪70年代，北美一些教育理论激进派受人本教育学派理论的影响，借用生态学、神话学、系统理论、西方精神理论传统等概念，发展出"以人的完整发展"为核心概念的教育理论，并使用全人教育（holistic education）作为自己的理论旗帜。全人教育的生态学、整体论哲学背景以及它对人与自然和谐关系的强调使环境教育在它的理论体系中占有至关重要的地位。全人教育是在对传统教育目的提出激烈批评的基础上形成的一种教育思想，它反对将工具性目的凌驾于个人发展的目的之上，认为个人的发展应优先于社会需要。

一、全人教育的课程理念

全人教育的课程设计理念（张东海，2007）强调为环境教育创造一个全景式、全球性的框架，强调全景式的学习（Contextual Learning）。也就是说，首先必须使学生理解自然、社会、文化、技术、人等等之间的复杂关系，并以此为背景达到对人与自然的关系的理解。我国各级学校的环境教育往往更热衷于开设课程、编制教材，试图通过单纯的课堂教学来培养学生的环境意识。但是，环境知识的掌握并不等同于具有环境意识。在全人教育的整体论思维看来，缺乏背景的知识是毫无意义的，只有背景才能赋予各种知识以意义。因此，环境教育和课程的设计应该注重背景的提供。

成功的教育都必须包括环境教育，环境教育必须在人与自然的对话中进行，通过人与自然平等的对话唤起人的"栖居"意识，养成生态人格（Ecological Literacy）。所谓的生态人格是指：充分地理解他自己与周遭的各种存在（包括生命体与非生命体）处于密切的联系之中，并对它们抱以深切的关怀。理解、关怀、行为是生态人格的三个要素，即人、社会、自然界三者之间的关系，并以一种持续的态度（关怀）和行动来对待三者。要养成生态人格，就要理解人类在自然进化过程中的地位，理解人类的健康、美好乃至生存都必须依赖自然的力量，而不是与之对抗；必须充分地认识到人类面临的生态危机，以及造成这种危机的原因是由于人类自身对自然环境的破坏。因此，环境教育不能仅仅局限在课堂和学校。学校的一切物质、文化氛围，如校园布局、建筑设施、园林绿化等，都构成了一种隐性课程，并对学生形成潜移默化的影响。课外活动，乃至家庭、社区生活在环境教育中的作用也不可忽视。

全人教育提出的环境教育是一种全新的概念框架，它不是指某种单一课程的学习，而是一种整合的学习（integrative learning），是一种多学科的教育。在这种整合的观念看来，环境是"自然环境、文化环境、技术环境、人文环境、思想和情感环境"，因此，环境教育必须成为任何学科教学的组成部分，它涉及从幼儿园到研究生院的所有教育层次。

从全人教育角度看，教育不仅仅是为企业培养雇员、为国家培养人才，教育还应充分发掘人的潜能，培养人的完整发展，使人在身体、知识、技能、道德、智力、精神、灵魂、创造性等方面都得到充分发展。

从理论与实际两个层面看"全人教育"取向教育心理学的涵义（张春兴，1993）：①学校教育的目的是多元的、实施五育并重的教育，以学生的全人格成长为取向；②教师教学目标也是多元的，除了教导学生读书求知之外，也须教导学生为人处世的道理；③理想的教师角色取决于其全人取向教育心理学的素养。

台湾师范大学张春兴提出称职教师至少需具备三个条件：①有教学科的专科学识；②有了解学生个体发展、心理需求以及学习原理等心理学的专长；③有综合学科知识与学生心理特征二者灵活适用与教学的修养。

二、全人教育取向的需求分析

（1）从社会变迁和教育需要出发，分析不同观点，教育心理学以全人教育为取向，不但有必要，而且有可行性。

①学生生理成熟提早而心理成熟延后，在身心发展失衡的情形下，其行为的自我控制能力自然缺乏。

②学生由儿童到青年，子承父业与师德相传的职业准备传统不复存在。导致新生代存在发展危机，只有靠具有全人取向教育心理学素养的教师随时予以辅导，才有化解的可能。

（2）从工业化职业家庭生活教育出发，父母对子女的生活教育无法跟学校所订立规范相配合。教师在教学之外，无形中也兼代了学生父母的角色。因此教师也必须具有全人取向教育心理学的素养。

（3）从学校实际教育困难出发，主要陷入三大困境中：

①教育因普及而导致个体差异加大，统一形式的教学绝对不能满足学生的需求。学习困难者增多。

②学生受社会不良风气的污染，学校教育环境也有待净化。

③因应试升学的误导，导致学校教育为升学而出现学生学习提前两极分化。学生兴趣与性格出现窄化。

（4）从新兴融合教育的理念看，从20世纪60年代开始认知心理学和人本主义心理学两种思想的相互激荡，终于在教育上产生了一种将知、情、意三者融为一体的融合教育（Confluent education）新思想。

三、全人教育特征的转向

全人教育（Guy Claxton, 2016）教师要驾驭各种随心所欲的方法对学习环境进行设计。任何聚焦学习环境的行为都认可传递知识、培养技能和端正态度以及获得自我价值的认同。传播媒介就是讯息，而且一直在产生影响，你不可能对习惯或价值始终保持无动于衷的中立倾向。从众多随心所欲的习惯和价值判断中做出自己的选择，形成明晰的道德准则。

全人教育中的"全人"是指有什么特征的全人？全人特征要自主实现七个转向：从保守转向好奇、从害怕风险转向具有冒险精神、从奴性思维转向批判性思维、从好记性转向富有想象力、从依赖转向自主、从竞争转向协作、从焦虑转向自信。

通过情感教育贯穿潜在与正式课程、提供丰富多元的探索环境与互动情景、注重学生建构的经验与整合学习（见下图）。

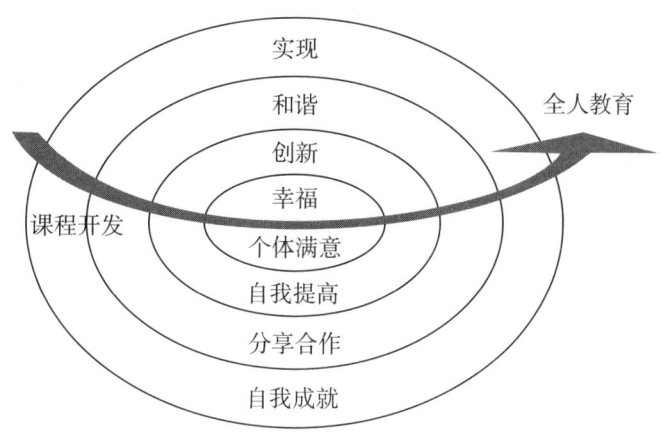

课程开发愿景图

四、全人教育课程观

知识观决定课程观（谢安邦、张东海，2011）主要有演绎法的知识观与归纳法的知识观。塔巴（Hilda Taba）提出知识有四个层次划分，包括：①思想；②概念；③观点；④事实。通常想象力诗歌可能触及较多的是思想和观念；逻辑思维的科学触及较多的可能是概念和事实。思想可选择，可事实却无法回避。人文精神与自然科学的交互应该就是概念理解和观点碰撞。知识的四个层次划分，顺向是演绎法的课程观，逆向是归纳法课程观。我们传统课程观是逆向的归纳法，以大量灌输事实性知识为主要目的，观点和概念的探索和思想的选择太滞后了。难怪常有异口同声的说法，应试教育忽略思想和观点的碰撞，教育仿佛丢了"魂"似的。

全人教育的学者隆·米勒认为全人教育的课程扎根于欧洲启蒙运动时期的浪漫主义教育理论，虽然经由阿尔科特、帕克、蒙台梭利和斯坦纳等人的发展，在教育内容的侧重点和在教学方法等方面有自己的独特诠释，但两者之间的共同点是："认识到人与宇宙之间的本质联系……认为人的发展是从其内部展开的，且由一种神圣的、创造性的、超验的资源所引导。"

五、全人教育融合了东西方教育价值观

台湾师范大学赖明德认为中华民族传统的全人教育，其意义在教导人们天人合一、内圣外王、仁民爱物三项道理。孔子主张志道、据德、依仁，在实践上倡导文学和历史并重，哲学和艺术兼赅，待人接物的礼节和安身立命的素质兼顾。

台湾中原大学和明新科技大学在张光正校长的引领下坚持四平衡理念：强调培养学生的国际视野和外语能力，使学生能够清晰思考和写作；对自然和社会人文学科有批判性了解；对世界其他地区的历史文化有一定认知，能了解并思考道德伦理问题。以对某一领域有深入研究为培养目标。

钟启泉认为全人教育强调关联、和谐、包容、创造、生命、灵性、可持续发展的观念，与老子的"生""和"思想是遥相呼应的。

全人教育提出以现实社会中存在的问题和人的心智机理为依据。王胜利指出，全人教育是完善人类生命活动的需要，是矫治现代文明病症，解决社会、文化发展失衡的需要，它充分尊重人的发展的潜在可能，充分利用人的素质发展具有由教育与实践去推动的可能性和现实性这一心智机理，充分发挥了人的潜在智力和能力。

全人教育十大原则：个体发展优先于国家经济发展、尊重每个学习者、重视体验性学习、注重教育的整体性、重新认识教师的作用、尊重学习者选择的自由、为参与式民主社会而教、为培养地球公民而教、求得共存的生态教育、重视培育人的灵性。

参考文献

［1］张东海，谢安邦.全人教育理念下的环境教育及其对课程改革的意义［J］.外国中小学教育，2007（9）1-4.

［2］谢安邦，张东海.全人教育的理论与实践［M］.上海：华东师范大学出版社，2011.

［3］张春兴.教育心理学的困境与出路——全人教育取向教育心理学的构想［J］.心理发展与教育，1993（2）：32-38.

［4］Guy Claxton Whole Person Education and the Design of Powerful Learning Environments［EB/OL］，2017-8-20.

基于本土资源开发分析小学语文教学的革新途径

韶关市翁源县实验小学 吴夏梅

摘 要：本文首先对小学语文教学现状中存在的问题进行了简要分析，并依据问题产生的原因，着重对基于本土资源开发的小学语文教学革新方向进行研究。从开发本土历史资源、开发本土文化资源以及开发本土自然资源三个层面对小学语文教学的革新策略进行了研究与论述，并提出了具体的策略实施途径。

关键词：本土资源开发 小学语文教学 改革途径

在小学语文教学活动中对本土资源的教育价值进行开发，不仅能够提升小学语文教学内容的丰富性，更能使小学语文教学与学生的生活实际建立衔接，增强小学语文教学的实践性和系统性。进而实现通过小学语文教学培养小学生文化素养和道德观念的教育目的。同时也锻炼了学生的自主学习积极性和热爱家乡的积极生活态度。

一、小学语文教学现状中存在的不足

小学语文教学在小学生群体综合素质培养中具有重要且特殊的作用，不仅向学生传授基本的语文知识，更重要的是培养学生运用语文知识理解现实生活的能力，帮助学生建立正确的生活观念并培育学生树立正确的人格。要实现小学语文教学活动的教学目的，就必须合理运用实践教学策略，将语文知识的内涵与学生的生活实际相衔接，使学生掌握语文知识的实践应用，并通过语文实践教学活动更加了解实际生活。而当前小学语文教学活动在实践教学中存在着与学生生活实际脱轨的现象，使语文教学活动局限于课堂教学的书本之内。这不仅难以调动学生的自主学习积极性，而且使学生难以掌握语文知识的实践性。另外，程序化、机械化的教学方式不仅会使学生产生对语文知识学习的消极心理，死记硬背的学习负担还会影响学生的生活态度。

二、基于本土资源开发的小学语文教学革新方向

（一）调动学习热情，学习过程自主化

小学生群体由于处于心理成长阶段，在学习过程中具有情绪化的心理特征，很容易出现厌学的情绪。但是如果针对小学生的心理特征进行科学的引导式教育，不仅能够激发学生的学习积极性，而且能够帮助学生挖掘自身的潜能，培养学生多项优秀的综合素质。首先应充分认识到学生自主学习能力的重要性，尊重不同学生之间的差异性。针对学生的实际特点进行合理的引导，使学生的学习积极性与学习目标建立连接。挖掘教材内容中的兴趣点与关键知识点，并进行有机融合。使学生的学习过程变成学生对语文知识内容的主动探索过程，在教材内容的挖掘之外，开发现实环境中的语文教学资源，丰富语文教学的实践性与趣味性。调动学生的参与感与体验感，使学生在寓教于乐的过程中掌握语文知识并

培养了正确的生活态度。

（二）开发本土资源，教学内容生活化

将语文教学活动走出语文课本的局限，使语文教学活动与学生的实际生活相衔接，进而从小学语文教学活动的角度实现对学生的综合素质培养，是小学语文教学的重点革新方向。转变传统小学语文教学的教学方式，最大化地发挥小学语文教学的学科特点。以小学语文教学活动为桥梁，建立学生对家乡的正确认知和情感，并提升学生的语文知识实践能力、加深学生文化素养和热爱现实生活的积极态度。

小学语文教学应以理论基础知识教育为基础，以实践教学活动为主导，强调语文教学内容的实践性，才能真正实现培养学生综合素质的教育目标。而小学语文教学的实践性就体现在语文知识内容与学生生活实际的连接上。只有将小学语文知识内容与学生生活实际相衔接，学生才能够认识到小学语文知识的价值和意义，并积极地自主学习。本土资源的开发就是对学生现实生活环境的融入，学生对其家乡具有一定程度的感性认知，但是没有深层的理性认识。所以通过语文教学活动，利用学生对家乡的情感来建立学生对家乡深层内涵的理解，不仅能够全方面培养学生的语文应用能力，还能树立学生正确的生活观念。所以开发本土资源，使小学语文教学内容生活化，是小学语文教学改革在教学内容层面的核心方向。

（三）完善考评机制，发挥评价导向性

小学语文教学的革新，不仅需要在教学理念上树立以学生为本的导向、在教学内容上对本土资源进行融入，同时也需要建立并逐步完善小学语文教学的考评机制。小学语文教学考评机制不仅能够起到对教学策略和教学结果的信息反馈作用，更重要的是能够起到对学生学习心态的引导作用。传统的小学语文教学考评侧重于对学生的学习成绩进行评价，这不仅使学生形成机械化学习的错误学习观念，而且不利于激发学生自主学习能力的培养。科学的小学语文教学考评机制应侧重学生在语文学习过程中的学习能力和内在素质表现，引导学生积极挖掘自我和发挥自我。并弱化语文评测成绩对学生的影响力，保护学生的自主学习积极性和学习自信。建立科学而合理的小学语文教学考评机制，是转变传统小学语文教学观念的重要标志，也是小学语文教学改革方向的科学性体现。

三、基于本土资源开发的小学语文教学革新策略

（一）开发本土自然资源

在本土资源的教育价值开发中，最为基础的就是对本土自然资源教育价值的开发。家乡的魅力是无须教育活动来表现的，特别是对于好奇心较强的小学生群体而言，家乡的自然景物是学生了解最多、最全面的知识内容。同时学生家长也会经常带领学生进行游玩活动，这些都为小学语文教学活动展开本土自然资源教育奠定了一定的基础。从学生自身对加强自然景观的了解以及来自学生家庭层面的教育，都可以丰富学生对于自然景观本身的知识。而小学语文教学则是对自然景观中的人文情怀进行挖掘，向学生展示祖国大好河山的精神内涵和文化意义，进而实现对学生进行素质教育的教学目的。所以在小学语文教学活动中对于学生家乡的本土自然资源开发是基本的教学革新策略。

（二）开发本土历史资源

小学语文教学活动是小学教育领域中对学生进行中华优秀传统文化教育的核心途径，

而中华优秀传统文化是从历史的演进中传承下来的，利用小学语文教学活动对学生进行家乡本地的历史传承教育，是培养小学生群体热爱家乡，提升道德素养的有效教育策略。小学生群体由于社会阅历较浅，虽然生活在家乡，时刻感受着家乡文化的熏陶，但是难以形成对家乡文化内涵的真正认知和理解。小学语文教学活动应以学生家乡历史为本土资源开发的突破口，通过实践教学活动与课堂教学活动的途径建立学生成长与本地历史资源开发之间的衔接。

小学语文教师首先对本地历史的发展进程进行系统化分析与研究，提炼出能够适应小学生认知能力的历史教育内容，并融会贯通到小学语文的教学实践当中。对本地具有教育意义的重大历史事件进行解读，对本地历史文物进行研究。并将开发出来的教育内容与小学语文教学规划进行融合，通过在课堂教学活动的讲解向学生进行教育。组织学生参观本地历史古迹、博物馆、抗日战争以及解放战争纪念馆等实践教学活动，通过学生的切身体验来向学生进行优秀思想教育和道德品质教育。在实践活动后要求学生对实践活动过程进行学生间的感悟交流探讨，使学生在交流互动中丰富对历史意义的理解。同时要求学生在作文创作中进行文字层面的表达，利用写作的过程巩固学生对家乡历史的认知和理解。

（三）开发本土文化资源

本地文化资源对小学语文教学具有重要的教育价值。文化的熏陶能够潜移默化，特别是对处于身心成长阶段的小学生群体而言，得到本地优秀文化价值的教育至关重要。小学语文教学活动是实现这一文化育人教育策略的重要教育手段，同时开发本地文化并融入小学语文教学活动中对小学语文教学也是极具创新意义的改革策略。

小学语文教育层面的本地文化资源开发，主要是指对本地风土人情教育价值的挖掘与利用。首先，文化资源是涵盖范围较为宽泛的教育资源而且内容也相对深刻，而本地文化资源中的本地风土人情部分是小学生群体认知能力容易接受的本地文化资源。其次是本地风土人情的文化氛围影响着小学生群体的认知，小学生群体本质上每天都在接受着本地风土人情的"教育"，只不过这种自然形成的文化影响模式不够具体，也不够科学。小学语文教学活动将本地风土人情中的具有较高教育价值部分进行开发，并针对小学生群体的认知能力特点进行合理地教学规划设计，使小学生群体能够真正地、深入地、系统化地了解家乡的人文情怀，进而实现培养学生文化内涵的教育目的。特别是在具有本地化的节日活动中，教师应组织学生进行文化的实践体验，并对本地节日或庆典中的文化意义向学生进行讲解，在学生进行实践参与后要求学生进行作文形式的感悟体现。从文化的角度对小学生群体进行教育，这并不是要求学生掌握多少文化知识，而是通过文化活动的实践参与使学生能够加深对家乡的认识以及提升对生活的热爱，为学生的健康人格形成奠定坚实的文化基础。

参考文献

［1］王学林.基于本土文化资源开发的小学语文综合性学习的实践［J］.现代中小学教育，2011（5）：32-34.

［2］高爱.基于乡愁理念的本土教育资源开发利用［J］.江苏教育研究，2014（22）：19-22.

［3］赵浩.开发小学语文课堂动态生成性教学资源的策略探讨［J］.广州广播电视大学学报，2016（6）：28-30.

基于思维品质发展的小学英语阅读教学策略探索

■ 深圳市福田区狮岭小学 岳 旭

摘 要：具有思维含量的小学英语阅读教学需要深入地对文本进行解读。建立在文本解读基础上的小学英语阅读，可以通过设计有趣的主线、有趣的导入方式、有趣的活动形式来激发学生学习的兴趣。同时，可以通过语篇的处理、语言的输出和策略的借助使课堂变得高效，从而培养学生思维品质，发展语言综合运用能力。

关键词：小学英语 文本解读 教学策略

《义务教育英语课程标准（2011年版）》指出，英语课程承担着培养学生基本英语素养和发展学生思维能力的任务。因此，英语教学不仅要让学生习得语言知识，形成语言技能，还要培养学生的思维品质，进一步促进他们思维能力的发展和英语素养的养成。

阅读是语言和思维交互作用的过程，具有发展语言和思维的特殊功能，是培养阅读习惯和增强思维能力的有效途径（黄远振，兰春寿，黄睿，2016）。而有些老师在进行阅读教学时，要么将阅读课上成阅读理解课，由学生阅读文本，读完之后完成练习，然后校对答案；要么上成语法课或翻译课，教师逐字逐句讲解分析。这些活动并不能激发学生的学习兴趣，有效地发展学生的思维品质。阅读文本本身并不生动有趣，尤其当没有幽默的情节、语言或出人意料的结局时，教师授课压力就更大了。因此，如果能够在充分解读新课标和教材的基础上，对阅读文本进行适当的改编或整合，将会让阅读教学变得更加有趣和高效。

笔者结合自己在广东省小学英语优秀教学案例评比中获一等奖的课例 Where do people live，谈谈如何通过对文本进行处理，在英语阅读教学中培养学生的思维品质。

策略一：让阅读变得有趣

1. 设计一条有趣的贯穿始终的主线

课堂教学中我们经常会结合学生的生活经验为学生设计语用任务，其实在阅读课上同样适用。在教此课时，因为文本是属于类似于说明文性质的文章，学生虽然在日常生活中有所接触，但并不是他们非常了解的，更不是他们想要去了解的，学生对文本本身缺乏足够的期待。怎样让学生对文本感兴趣，这是首要解决的问题。在进行课程的设计时，笔者先后进行了三次尝试。

第一次设计：借用教材上的卡通形象 Koko 到地球上参观，第一站来到深圳看到了两种房子（house 和 flat），接着又去了蒙古、格陵兰岛和德国，看到了三种房子（Mongolian tent, igloo 和 castle）。他用录像机将这五种房子拍了下来并带回自己星球介绍给他的家人（口语训练），同时在回家前，他还制作了明信片寄给他的几个好朋友（写作训练）。这看上去设计思路清晰，但高年级学生对 Koko 这个人物并不感兴趣，无法激发学习的热情。

第二次设计：设计了虚拟人物长江七号来到地球，认识了两个朋友：星崽和小胖，长江七号问他们的住处，他们向长江七号介绍自己的家；接着长江七号又去参观了其他的房子，也类似于第一种设计，试讲后发现学生对这样的故事情节同样不是很感兴趣。

第三次设计：当时正在热播大片"功夫熊猫"，因此将功夫熊猫和老虎大师作为老师的两个朋友向学生介绍，从他们的住处引出 flat 和 house，然后功夫熊猫坐直升机去参观其他的房子，并拍摄录像。当学生熟悉的电影场景（人物、音乐、语言）出现的时候，整个课堂气氛顿时轻松起来，学生的眼里除了高兴、欣喜还有惊奇，"太好了，看电影啰！"事实证明选用这个卡通形象来作为主线人物是明智之举。

2. 设计一个有趣的导入主题的方式

这一部分其实就是激发兴趣，激活背景知识，激发学生与阅读内容相关的语言储备。要强调的是，从上课开始，教师就要注意自己的每一个教学步骤的设计都是为教学内容服务的，所以导课是非常重要的，它的目的是：深入浅出地引出课题。在教此课时，笔者首先和学生进行日常的对话，设计的问题是：① What's the weather like today?（我们都知道我们居住的房子是和当地的外部环境，比如气候是有密切关系的）② Where do you live?（关于这个问题，学生可能出现 n 个不同的答案。有学生回答：I live on the earth. I live in Shenzhen. I live in Futian. 学生在第五册学习了有关住址的表达法，此课进行了展开，主要是把问题向 flat 和 house 方向靠。如：Do you live in a flat? Is your flat big or small? What's in your flat? How many bedrooms are there in your flat? 等问题其实是书中关于 flat 语篇中的内容）然后让学生来向教师提问，因为有前面的铺垫，学生问的问题直接就是 Where do you live? 这个时候，如果教师再把自己住的 flat 重复介绍一次，对于学生的兴趣和教学内容来说都是不可取的，所以教师撒了个"谎"，让学生猜教师住在什么地方。教师用了一个简笔画：一个三角形、一个正方形、一个长方形、一个圆形，边画边让学生猜教师住的地方，学生猜出了教师住在 house 里，然后通过展示教师的家的照片，一边看一边向学生介绍书中 house 语篇中的有关内容。通过有趣的方式导入，并层层递进，让学生通过问答、猜测等方式，在教师的引导下进行更好的思考。

3. 设计多种有趣的教学活动形式

阅读课一定要用问题来检查学生对阅读文本的理解程度和对文章细节的把握程度。教师考虑的是设计活动形式让学生感兴趣。竞赛是学生喜欢的活动之一。新课程改革的重要内容之一是培养学生的质疑能力和创新思维能力。有创新思维能力的学生首先是有问题意识的学生。日常的小学英语课中大量的现象是学生等着回答教师的问题，没有主动提问题的意识。在这堂课上，设计了让学生在阅读后写出自己想知道的问题或想去问别人的问题。然后小组讨论选择五个问题，选择问题的过程就是一个合作学习的过程，学生必须对自己的问题进行辨别（对语法错误的问题进行订正、排除重复的问题和不是重点的问题等）；同时为了活跃课堂气氛，充分调动学生主动性，在学生回答其他组的问题这个环节采用了一个"功夫熊猫爬梯坐直升机"的比赛活动，答对一个问题功夫熊猫就往梯上爬一步，看哪组最先爬上直升机（这也是从大片"功夫熊猫爬上山去看武林大赛"片断中受到的启发），这样避免了"一问一答"模式的枯燥。不仅给学生提供了展示自己写作能力的机会，而且培养了学生思考问题意识和小组合作能力。

最后本节课制作了一个近两分钟的五种房子的录像，这个录像对于学生来说也是很具有吸引力的，它将书上的知识"立体"和"形象"起来，扩大了学生的眼界，让学生实实在在感知了五种房子。观看完录像后，再让学生去介绍描述时，他们会有话可说。

策略二：让阅读变得高效

1. 语篇的处理

在教学一个语篇时，如果生词不多，教师可采用听力的方式引入语篇，这对培养学生的听力非常有帮助。对于此课的五个语篇，不能采取平分秋色的方法，也没有时间一一细讲，必须进行详略处理。考虑到学生对 flat 和 house 相对比较熟悉，语篇中的生词不多，对于这两个语篇，可以采取读问题、听对话的方法，有层次地处理了文本，分散了难点，有效地提高了学生的听力理解能力。在介绍完功夫熊猫和老虎大师后，又给学生提问题：Where do they live? Do you want to know? Let's listen and answer. 根据文本录制了两段对话。之后要学生回答问题，为了考查学生对文本的了解程度，还补充了一些细节性的问题，如：How many bedrooms are there in Kongfu Panda's flat? Is Master Tiger's house big or small?

而对于稍微复杂的语篇，可以采取梳理—深入的方法，使得教学过程变得丰满并富有条理。在后面三个语篇中，就采取阅读—检测—再阅读—再检测的方法，第一次阅读前提出三个简单问题 Can Mongolian people take their tents easily? What is an igloo? Are castles new or old? 让学生进行快速阅读，而这三个问题的答案恰恰是每段的中心意思；第二次阅读，让学生自己写问题、提问题，学生之间互相回答问题、解决问题，更进一步了解文章的细节（甚至有些问题是书本上解决不了的，让学生在课后通过询问他人、翻阅报刊、上网查找等方式找到问题的答案）。在这个过程中教师注意一定要自己准备一些需要学生掌握的细节方面的问题，因为很可能学生在他们的提问中并没有涉及。

2. 语言的输出

阅读课并不是读懂这个文本就算完成任务，而是要将所学的知识与学生的生活密切联系，提炼整理升华。在教此课时，最后要学生来介绍录像，任务是"帮功夫熊猫将其中的一种房子介绍给他的朋友"。课后反思觉得这个作业设计有点牵强，应该联系学生的生活实际，谈论 which house do you want to live？让学生对其中一种房子进行描述。教师在示范时将文本内容进行提炼为：I want to live in a/an _____. It's_____. _____ live in it. It is _____.（介绍房子名称，它的外形特点，什么人住在里面，它还有什么特点等）说完之后，再把这部分的练习当作家庭作业进行写作训练。

还有一点值得注意的是：本节课是一个涉及文化意识的课，要让学生意识到由于受环境影响，不同地方的房子是不一样的。如何得出这个结论，用了两个教学设计：一是拓展了一些其他类型的房子，让学生认识到房子的多样性；二是促使学生思考为什么在深圳没有蒙古包、没有冰屋？最后引导学生得出结论：People in different places live in different houses.

3. 策略的借助

在阅读教学中如果提供给学生有效的阅读策略和阅读技巧也能起到事半功倍的作用。如 KWL 教学法，阅读中的默读、快速浏览（scanning/skimming）、借助图片或上下文来理解文本中的生词等策略。这也能加深了教师对小组合作学习的认识。我们在组织学生进行小组合作学习时，总觉得秩序乱、学生随意讲中文，从而让活动非常低效。事实上，大多都是因为教师在交代这个活动时指令不清晰，所以在活动前向学生说明操作步骤是保证活动能顺利进行的保障。如在开展小组"问答"活动时，可以给学生提出如下合作流程：Step1: Give your questions to your group leader. Step 2: Choose five questions. Step 3: The group leaders reports. Step4: Answer the questions of the other groups. Step 5: If your answer is right, your group will get one point. 当把要求交代清楚后，学生在进行小组活动时一点都不乱，整个活动非常有序。

综上所述，我们在教学设计中侧重展示阅读过程和方法，强调学生阅读的过程，对学生探索新知的经历和体验给予了肯定，让学生的思维品质在课堂上得到发展，虽然可能花费大量的时间和精力，但却是一个人在阅读过程中所必须经历的过程，是一种难以量化的、难以言说的丰厚回报，因为阅读过程中的体验和对一些阅读方法的尝试本身就是目标的实现。

参考文献

[1] 深圳市基础教育英语教材编写组. 朗文香港教育，义务教育课程标准试验教科书英语学生用书第五册Primary English for China 9 [M]. 深圳：外语教学与研究出版社，广东教育出版社，2002.

2012—2016年罗湖区义务教育阶段学生体质变化趋势分析

■ 深圳市罗湖区人民政府教育督导室　向苏龙

摘　要：本文通过对罗湖区义务教育阶段的学生体质健康进行研究，试图探究2012—2016年罗湖区义务教育阶段学生的体质变化趋势及原因，探讨提高学生体质健康水平的方法与对策。研究方法：从罗湖区国民体质测试数据库调出2012—2016年义务教育阶段7～14岁25 048名中小学生体质数据进行动态比较分析研究，并通过对320名中小学生的体育运动情况进行问卷调查，分析学生体质变化的原因。结论与建议：2012—2016年学生体质整体处于稳定趋势，但情形并不乐观。2016年学生体质总体处于一个较低水平，特别是台阶实验、50米跑、立定跳远等身体素质指标。学生的课业负担重，学生意志品质薄弱，缺乏参与锻炼的兴趣和运动技能，场地缺少运动后换洗配套设施等是阻碍学生体育运动的主要原因。体育运动不足直接造成学生体质水平较低。学校应切实减轻学生课业负担，严格控制各门课程的作业总量与总时长，从而保证学生睡眠时间和体育运动时间。充分利用现有场地，合理规划建设场地。政府要动员全社会的力量都来关心青少年学生的体质健康，积极推动社区体育场地与场馆向学生体育教学、活动的免费开放。学校体育教学要积极培养学生的意志品质、体育运动兴趣和学生体育运动专项技能。老师要多关心体育运动较差同学的学习情况。

关键词：罗湖区　义务教育　体育锻炼　学生体质

一、研究目的

党的十八大以来，党中央对学校体育教育改革提出了具体要求，把学校体育上升到一个从未有过的高度，强调全民健康的重要性和急迫性。十八届三中全会对学校体育教育改革提出了具体要求，指出"强化体育课和课外锻炼，促进青少年身心健康、体魄强健"。面对日益严重的学生体质健康问题，各级政府部门出台了许多规格高、要求严的文件。然而据相关媒体报道，学生体质健康水平并没有得到有效提升，全民体质健康水平仍然整体下降。2016年深圳国民体质测定结果显示，全市中学生（13～18岁）的体质综合达标率为79%，相比2012年下降了7.5%。

本文通过对2012—2016年罗湖区义务教育阶段的学生体质健康动态研究，探究义务教育阶段学生的体质变化趋势及原因，探讨提高学生体质健康的方法与对策。

二、研究对象与方法

（一）研究对象

本文以2012—2016年罗湖区义务教育阶段学生体质健康数据。根据2012—2016年中小学生的测试项目规定，共分析了25 048名中小学生体质数据（表1）。

表1 2012—2016年罗湖区中小学学生体质测试样本

年份（年）	学校数（所）	总人数（人）
2012	9	4953
2013	10	4561
2014	8	4657
2015	7	5924
2016	6	4953

（二）研究方法

1. 文献法

通过中国知网输入关键词"学生体质""体质"，就有1620条相关文献资料，但通过近5年的数据对比，研究学生体质变化趋势并进行分析提出建议的论文极少。

2. 实验法

根据2012—2016年中小学生的测试项目规定，本文选用其中的身高、体重、BMI、肺活量、台阶试验、50米跑、立定跳远、握力共8项体质指标。

3. 调查法

（1）调查问卷编制。

问卷主要参考"青少年体育锻炼现状与影响因素"调查问卷、"中学生体育行为习惯"的调查问卷。内容包括饮食结构和习惯、体育锻炼行为、日常与课余生活三部分，涉及18项调查内容。

（2）问卷信度检验。

为了检测调查问卷回答内容的真实性和可靠性，随机抽取12份有效问卷(抽取样本数的10%)进行二次调查。抽查检验结果表明，学生回答问卷的前后一致性达到95.3%。

（3）问卷发放与回收。

在罗湖区中小学进行随机抽样，分别对小学生、初中生进行问卷调查（表2）。

表2 罗湖区中小学"青少年体育锻炼现状与影响因素"调查问卷发放与回收统计

	发放份数	回收有效份数	有效率（%）
小学生问卷	160	157	98.13
初中生问卷	160	155	96.88
总数	320	312	97.5

4. 数据统计法

运用SPSS20.0统计分析软件对2012—2016年罗湖区义务教育阶段学生体质数据进行统计分析。

三、结果与分析

（一）学生体质变化情况

1. 身体形态

（1）身高。

身高作为身体形态特征的一项基本指标，不仅反映了青少年儿童的骨骼生长发育的基本特点，而且可以较为准确地反映青少年儿童的身体纵向生长发育水平。

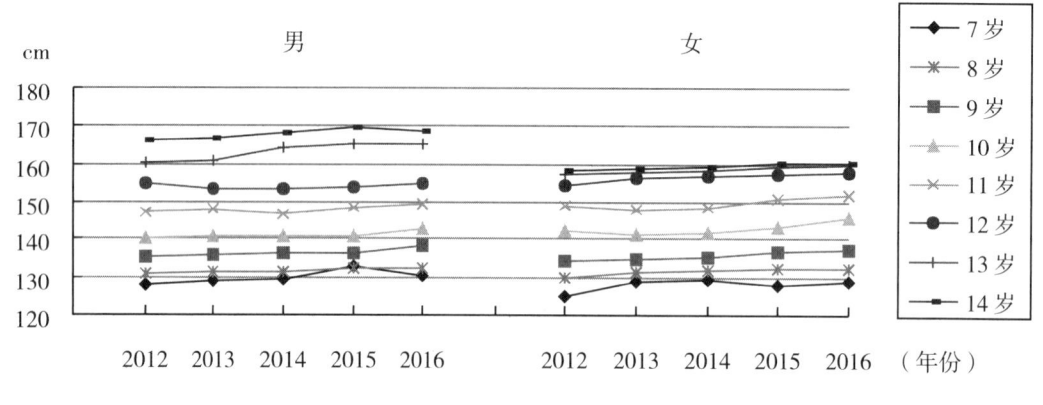

图 1　2012—2016 年身高平均数趋势图

表 3　2012—2016 年 7～14 岁男、女生身高增长值（cm）

年龄	男			女		
	2012年	2016年	2012—2016年平均增长值	2012年	2016年	2012—2016年平均增长值
7	127.944	130.086	2.142	124.873	128.975	4.102
8	130.688	132.087	1.399	129.742	132.198	2.456
9	135.225	137.953	2.728	134.19	137.116	2.926
10	140.019	142.508	2.489	141.851	145.806	3.955
11	146.505	149.367	2.862	148.724	152.096	3.372
12	152.535	154.969	2.434	153.155	157.85	4.695
13	161.254	165.105	3.851	157.646	159.721	2.075
14	166.313	168.821	2.508	158.676	160.405	1.729
平均值	145.060	147.612	2.552	143.607	146.771	3.164

由图 1 和表 3 可见，2012—2016 年 7～14 岁各年龄段男、女生身高随着年龄的增长快速增高，呈现长期加速生长的变化趋势。5 年中 13 岁男生和 12 岁女生身高平均数增加

最快,其增长值分别为 3.851cm 和 4.695cm。2012 年与 2016 年 13 岁男生和 12 岁女生的增长值,经检验均为差异性显著(p < 0.01)。同岁女生身高均比男生增长值大,表明身高快速增长女生比男生提早一年。

(2)体重。

体重是反映人体横向生长及围、宽、厚度及重量的整体指标。它不仅能反映人体骨骼、肌肉、脂肪及内脏器官的发育状况和人体充实度,还间接反映人体的营养状况。

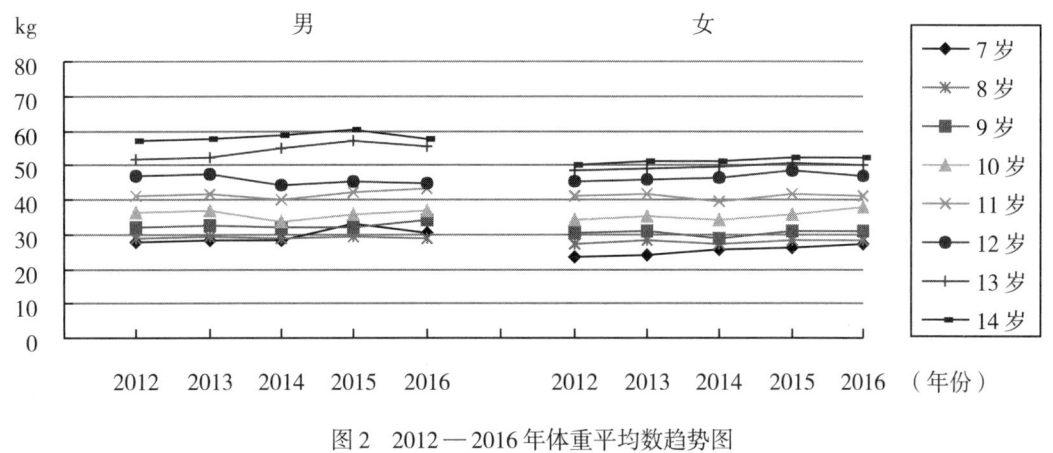

图 2 2012—2016 年体重平均数趋势图

表 4 2012—2016 年 7～14 岁男、女生体重增长值(kg)

年龄	男			女		
	2012年	2016年	2012—2016年平均增长值	2012年	2016年	2012—2016年平均增长值
7	27.496	30.343	2.847	23.45	27.325	3.875
8	28.649	28.625	−0.024	27.387	28.498	1.111
9	32.1	34.204	2.104	30.329	30.746	0.417
10	36.459	36.97	0.511	34.314	37.623	3.309
11	40.483	43.117	2.634	41.144	41.145	0.001
12	43.849	45.014	1.165	43.784	46.794	3.01
13	52.898	55.337	2.439	49.201	50.216	1.015
14	57.515	57.746	0.231	50.458	52.175	1.717
平均值	39.931	41.420	1.488	37.508	39.315	1.807

由图 2 和表 4 可见,2012—2016 年 7～14 岁各年龄段男、女生体重变化与身高变化趋势一样,各年龄段呈快速增长。从 2012—2016 年 5 年间,7～14 岁各年龄段男、女生体重平均增长值分别为 1.488kg 和 1.807kg。5 年间,7 岁的男、女生体重平均数增加最

快，其增长值分别为 2.847kg 和 3.875kg。2012 年与 2016 年男、女生 7 岁体重的差值，经检验均为差异性显著（p＜0.01）。

（3）BMI。

BMI 指数，即身体质量指数。BMI= 体重（kg）÷ 身高（m）的平方。

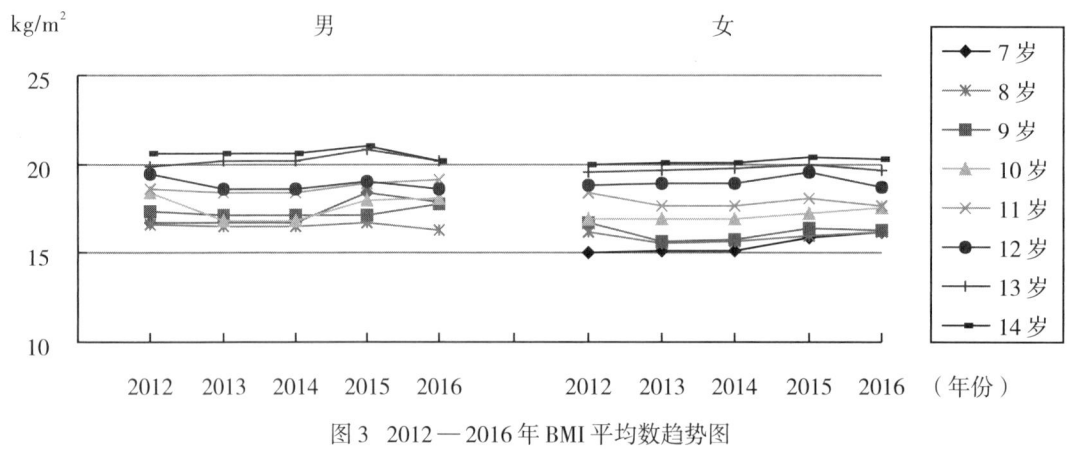

图 3　2012—2016 年 BMI 平均数趋势图

表 5　2012—2016 年 7～14 岁男、女生 BMI 增长值（kg/m²）

年龄	男			女		
	2012年	2016年	2012—2016年平均增长值	2012年	2016年	2012—2016年平均增长值
7	16.678	17.836	1.158	15.014	16.215	1.201
8	16.628	16.294	−0.334	16.178	16.21	0.032
9	17.345	17.808	0.463	16.718	16.279	−0.439
10	18.384	18.049	−0.335	16.875	17.595	0.72
11	18.641	19.138	0.497	18.371	17.68	−0.691
12	19.411	18.589	−0.822	18.858	18.724	−0.134
13	19.897	20.184	0.287	19.572	19.647	0.075
14	20.635	20.174	−0.461	20.004	20.237	0.233
平均值	18.452	18.509	0.057	17.699	17.823	0.125

由图 3 和表 5 可见，2012—2016 年 7～14 岁各年龄段男、女生 BMI 变化较小，表明体型保持较好。从 2012 到 2016 年 5 年间，7～14 岁各年龄段男、女生体重平均增长值分别为 0.057kg/m² 和 0.125kg/m²。5 年间，7 岁男女体重平均数增加最快，其增长值分别为 1.158 kg/m² 和 1.201 kg/m²。

2. 身体机能

（1）肺活量。

肺活量是反映呼吸机能的一项指标，它与身高、体重等形态指标的发育密切相关。

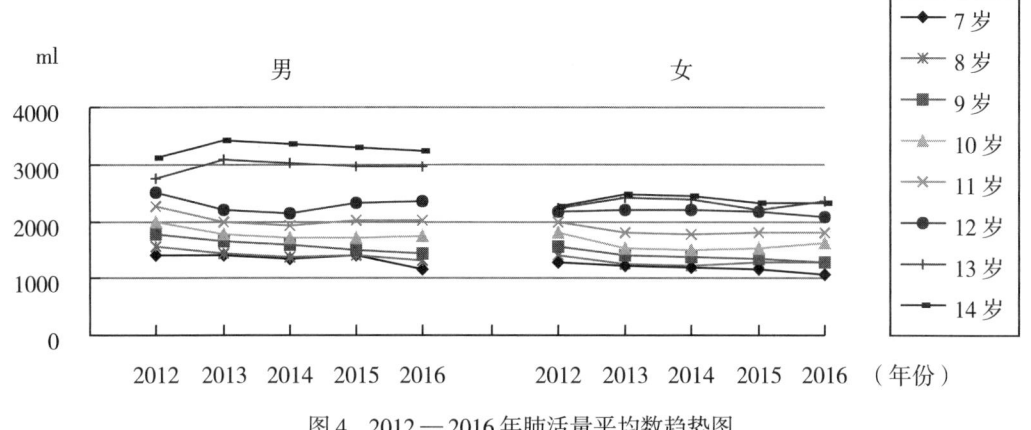

图4 2012—2016年肺活量平均数趋势图

表6 2012—2016年7～14岁男、女生肺活量增长值（ml）

年龄	男			女		
	2012年	2016年	2012—2016年平均增长值	2012年	2016年	2012—2016年平均增长值
7	1418.63	1173.643	−244.987	1268.636	1064.25	−204.386
8	1560.891	1313.25	−247.641	1412.609	1286.184	−126.425
9	1780.926	1441.231	−339.695	1550.4	1275.544	−274.856
10	1979.803	1750.605	−229.198	1802.293	1619.984	−182.309
11	2255.274	2008.652	−246.622	1992.331	1787.347	−204.984
12	2499.206	2340.833	−158.373	2175.041	2085.853	−89.188
13	2746.831	2972.144	225.313	2240.793	2350.237	109.444
14	3124.024	3231.607	107.583	2254.089	2334.741	80.652
平均值	2034.509	1857.194	−177.315	1777.443	1638.486	−138.958

由图4和表6可见，7～14岁男、女生肺活量平均数随年龄的增长而逐渐加大。2016年7～12岁男、女生肺活量平均数均低于2012年，经检验有显著性差异（$p < 0.01$）。其中9岁男、女生差值最大，其值为−339.69ml和−274.86ml。13～14岁男、女生高于2012年，有显著性差异（$p < 0.01$或$p < 0.05$）。

（2）台阶实验。

台阶实验是通过测定三分钟台阶运动后的三次心率计算出的用以评价心血管系统机能水平的指标，台阶指数值越大，则反映心血管系统的机能水平越高。

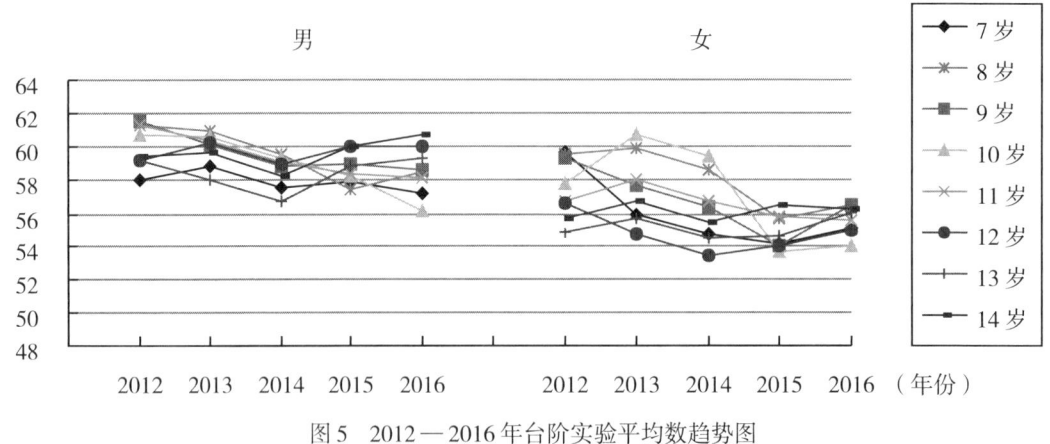

图 5　2012—2016 年台阶实验平均数趋势图

表 7　2012—2016 年 7～14 岁男、女生台阶实验增长值

年龄	男			女		
	2012年	2016年	2012—2016年平均增长值	2012年	2016年	2012—2016年平均增长值
7	58.07	58.907	0.837	59.736	55.997	-3.739
8	61.339	60.912	-0.427	59.538	59.909	0.371
9	61.491	60.153	-1.338	59.331	57.665	-1.666
10	60.726	60.633	-0.093	57.848	60.692	2.844
11	61.33	60.378	-0.952	56.744	58.04	1.296
12	59.262	60.241	0.979	56.6	54.673	-1.927
13	59.239	58.044	-1.195	54.716	55.689	0.973
14	59.43	59.624	0.194	55.699	56.747	1.048
平均值	60.111	59.862	-0.249	57.527	57.427	-0.100

由图 5 和表 7 可见，7～14 岁年龄段，8、9、10、11、13 岁男生 2016 年低于 2012 年（$p<0.05$ 或 $p<0.01$），12、14 岁男生 2016 年高于 2012 年（$p<0.05$）。其他年龄段无明显差异。2016 年 7、9、12 岁女生低于 2012 年，8、10、11、13、14 岁女生高于 2012 年（$p<0.01$ 或 $p<0.05$）。

3. 身体机能

身体素质是人体在运动中所表现的力量、速度、耐力等身体基本能力，是体质的重要组成部分。

（1）50 m 跑。

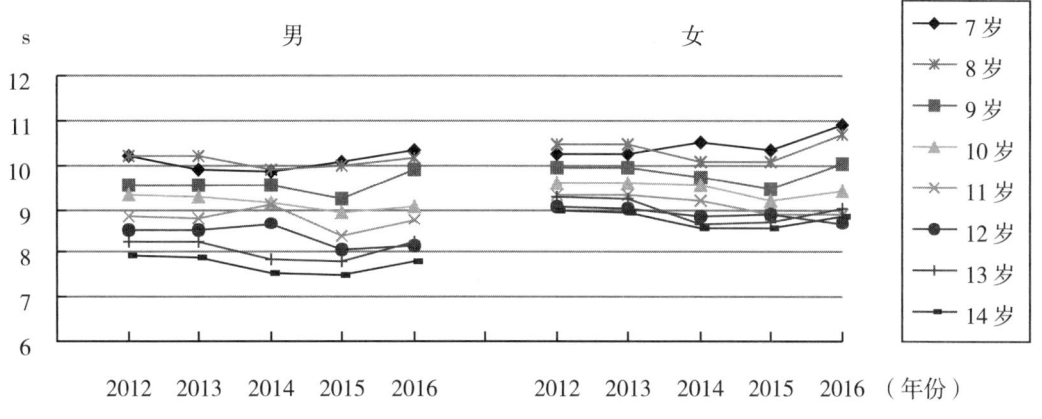

图6　2012—2016年50m跑平均数趋势图

表8　2012—2016年7～14岁男、女生50m跑增长值

年龄	男			女		
	2012年	2016年	2012—2016年平均增长值	2012年	2016年	2012—2016年平均增长值
7	10.196	10.314	0.118	10.255	10.905	0.65
8	10.22	10.162	−0.058	10.459	10.708	0.249
9	9.561	9.877	0.316	9.953	10.041	0.088
10	9.324	9.07	−0.254	9.604	9.437	−0.167
11	8.839	8.758	−0.081	9.318	8.878	−0.44
12	8.518	8.167	−0.351	9.052	8.653	−0.399
13	8.235	8.225	−0.01	9.27	9.038	−0.232
14	7.915	7.774	−0.141	8.963	8.829	−0.134
平均值	9.101	9.043	−0.058	9.609	9.561	−0.048

由图6和表8可见，7～14岁男、女生50m平均数随着年龄的增长，奔跑的速度加快，年龄越大成绩越好。2016年9、10、12、14岁男生50米平均数与2012年相比差异性显著（$p < 0.05$），其他年龄段均无明显差异。7、11、13岁女生50m平均数与2012年相比有显著性差异（$p < 0.01$ 或 $p < 0.05$）。

（2）立定跳远。

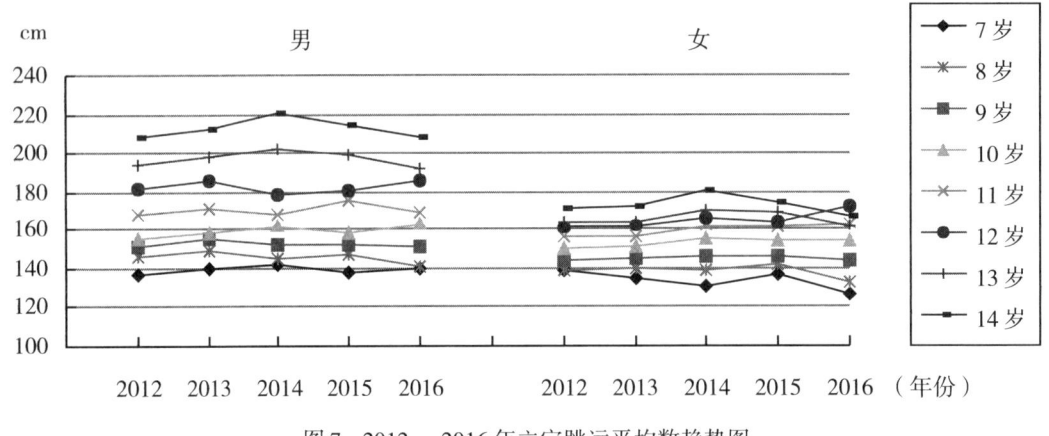

图 7 2012—2016 年立定跳远平均数趋势图

表 9 2012—2016 年 7～14 岁男、女生立定跳远增长值

年龄	男			女		
	2012年	2016年	2012—2016年平均增长值	2012年	2016年	2012—2016年平均增长值
7	136.37	139.77	3.4	138.909	135.109	−3.8
8	145.515	148.915	3.4	138.72	139.52	0.8
9	151.309	154.709	3.4	143.858	144.658	0.8
10	154.689	158.089	3.4	150.483	151.283	0.8
11	168.497	171.897	3.4	155.871	156.671	0.8
12	182.061	185.461	3.4	161.737	162.637	0.9
13	194.246	197.646	3.4	163.956	164.856	0.9
14	7.915	7.774	−0.141	8.963	8.829	−0.134
平均值	142.575	145.533	2.957	132.812	132.945	0.133

由图 7 和表 9 可见，7～14 岁立定跳远平均数均随着年龄的增长而提高。2016 年与 2012 年相比，除了 9 岁男生立定跳远平均数有显著性差异外（$p < 0.01$）。2016 年 7、8、14 岁女生立定跳远平均数低于 2012 年，有显著性差异（$p < 0.01$ 或 $p < 0.05$）。11、12 岁女生立定跳远平均数高于 2012 年，有显著性差异（$p < 0.01$ 或 $p < 0.05$）。

（3）握力。

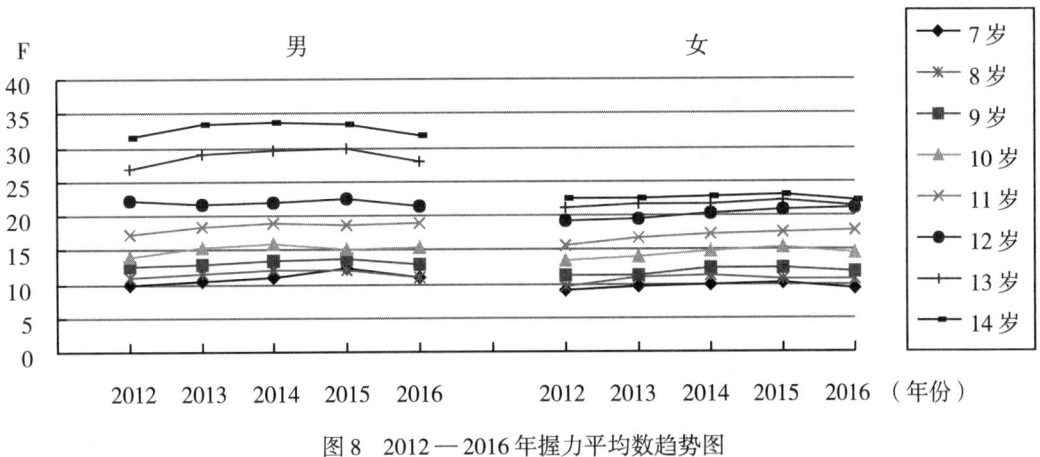

图8 2012—2016年握力平均数趋势图

表10 2012—2016年7～14岁男、女生握力增长值

年龄	男			女		
	2012年	2016年	2012—2016年平均增长值	2012年	2016年	2012—2016年平均增长值
7	9.741	10.537	10.937	8.909	9.55	9.988
8	10.884	11.52	0.796	9.676	11.003	0.641
9	12.566	12.933	0.636	11.229	11.23	1.327
10	14.052	15.407	0.367	13.452	13.98	0.001
11	17.294	18.444	1.355	15.729	16.8	0.528
12	22.097	21.509	1.15	19.052	19.55	1.071
13	26.818	29.154	-0.588	21.137	21.67	0.498
14	31.639	33.31	2.336	22.409	22.45	0.533
平均值	18.136	19.102	0.965	15.199	15.779	0.580

由图8和表10可见，7～14岁男、女生握力平均数均随着年龄的增长而加大。2016年10、11岁男生握力平均数高于2012年，有显著性差异（$p < 0.01$），其他年龄均无明显差异。2016年8、10、11、12岁女生高于2012年，其他年龄无显著性差异。2016年与2012年相比，男生握力平均数变化不大。

（二）学生体育运动情况调查结果

1. 小学生调查结果

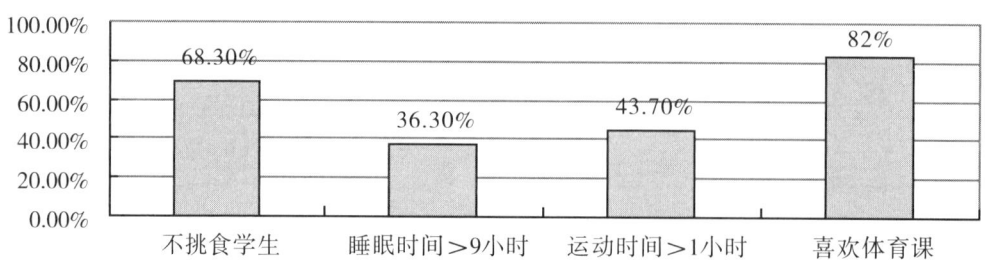

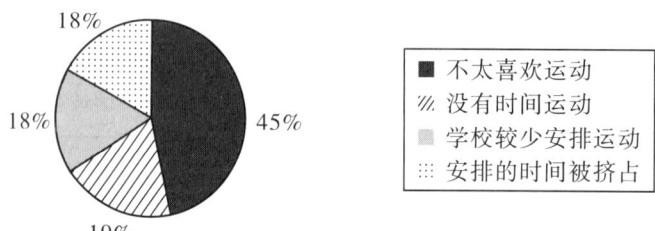

图9 小学生调研结果

经调查问卷结果分析图9显示：68.30%的小学生认为自己不挑食；只有36.30%的学生睡眠充足；82%的学生喜欢体育运动；但每天运动时间超过1小时的仅有43.70%。调查显示，阻碍学生体育运动的原因主要是作业多，学业负担重，业余时间大部分都是在室内上网游戏、看电视、看书等，造成运动时间较少。

2. 初中生调查结果

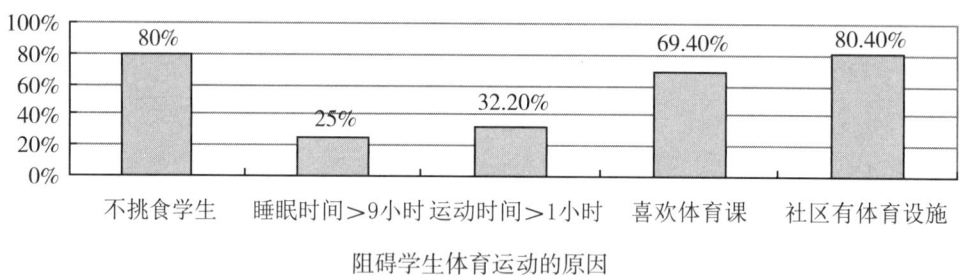

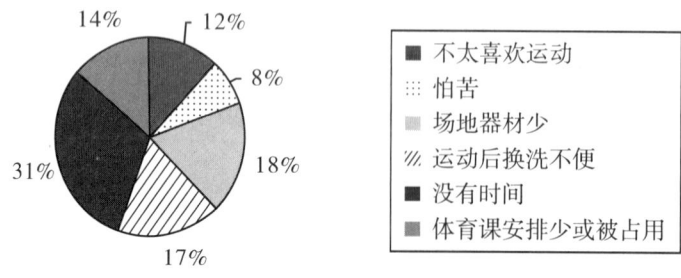

图10 初中生调研结果

经调查问卷结果分析图10显示：80%的小学生认为自己不挑食；80.40%的学生喜欢体育运动；只有25%的学生睡眠充足；但每天运动时间超过1小时的仅有32.20%；比小学生更少。调查显示，阻碍学生体育运动的原因主要是作业多，学业负担重，造成运动时间较少。

四、结论与建议

（一）结论

（1）2012—2016年学生体质整体处于稳定趋势，其中2016年学生体质总体在一个较低水平，特别是台阶实验、50米跑、立定跳远等指标增长值为负值，有下降趋势。

（2）各年龄阶段身高具有稳定或上升趋势；BMI、握力与体重变化具有一致性，女生各年龄阶段较平稳，2016年12~14岁男生的体重和BMI在5年中较最大值有所下降。

（3）身高、肺活量、握力三项指标随年龄的增加而增长，呈现长期加速生长的变化趋势。除BMI、台阶实验两项，其余各项指标随年龄的增长男生快于女生，特别是13~14岁男生。

（4）学生的课业负担重，学生意志品质薄弱，缺乏参与锻炼的兴趣和运动技能，场地缺少运动后换洗配套设施等是阻碍学生体育运动的主要原因。体育运动不足直接造成学生体质水平较低。

（5）中小学生每天仍然缺少体育运动，阳光体育一小时没有真正落实。

（二）建议

（1）切实减轻学生课业负担，严格控制各门课程的作业总量和学生每天课外补习的总时间；保证学生睡眠时间和体育运动时间。

（2）充分利用现有场地，合理规划建设场地，在体育场馆配套建设运动后的换洗室。

（3）学校体育教学要积极培养学生的意志品质、体育运动兴趣和学生体育运动专项技能。老师要多关心体育运动较差同学的学习情况。

（4）政府要动员全社会的力量都来关心青少年学生的体质健康，积极推动社区体育场地与场馆向学生体育教学、活动免费开放。

参考文献

[1] 甄凌.以运动为主综合干预对超重、肥胖少年儿童生长发育的影响[D].北京：首都体育学院，2010.

[2] 臧坤.营养知识、态度、行为干预对肥胖小学生饮食行为、生活习惯影响的研究[D].上海：上海师范大学，2013.

[3] 孟昭桓.对儿童少年肥胖判定方法的评价[J].中华预防医学杂志，1998，32（3）:185-186.

[4] 王斌，唐传喜，王和兴，等.上海市部分小学生肥胖类型影响因素分析[J].中国学校卫生，2015，36（3）:402-405.

[5] 贾俪挺，王黎荔，山若青，等.温州市小学生超重肥胖现状及其影响因素分析[J].卫生研究，2013，42（2）:270-272.

[6] 顾昉，章荣华，李丹，等.浙江省儿童青少年单纯性肥胖影响因素分析[J].中国学校卫生，2015，36（2）:231-234.

[7] 张文静，魏咏兰.行为危险因素监测质量评价方法探索[J].中国慢病预防与控制，2001，9（2）:50-51.

［8］杨凡.上海市某区小学生的超重肥胖综合干预效果评价［D］.上海：复旦大学，2013.

［9］张云峰.中学生体育行为习惯与体质健康相关研究—以天津市实验中学初中生为例［D］.天津：天津师范大学，2010.

［10］教育部关于2002年学生体质健康监测结果的公告［J］.中国学校体育，2004,24（1）:5-7.

［11］张亨菊，李耀.单纯性肥胖儿童体质状况调查分析［J］.预防医学文献信息，2003（11）:139-140.

［12］吕平，王健.学生参加课外体育活动的影响因素及对策［J］.教学与管理，2010（9）:95-96.

［13］刘丽.吉安市学生课外体育活动调查研究［J］.体育文化导刊，2009（12）:88-94.

［14］石文韬.重庆市中小学生体质健康状况与体育锻炼行为的关系研究［D］.重庆：西南大学，2011.

［15］曾桢.简述儿童少年单纯性肥胖的影响因素分析［J］.中国卫生产业，2014（9）:17-18.

小学数学教学中示范的教学原则与策略探析

■ 深圳市蛇口育才教育集团育才三小 刘占双

摘 要：良好的学习和思维习惯是学习效果的前提和保障，其形成和培养有赖于教师长期的示范性教学；小学数学要求严谨、科学的学科特点使"示范"的影响更为深远；数字化手段既为教学演示提供了便捷，也为教学示范带来了挑战。本文旨在引起同仁对数学"示范"传统的重新重视，并系统地思考如何在常态化教学中践行。本文首先分析了当前小学阶段数学教学中"示范"存在的问题及对数学教学的不利影响，在此基础上指出应重视教学过程中的示范作用，并提出了"示范"的教学原则和操作策略，进而结合具体的教学案例，阐述了具体的操作过程，以期为相关实践者提供参考。

关键词：小学数学教学 示范

一、引言

古往今来，在引导学生探索知识的路上，教师的首要作用都是"表率"，正所谓"师者，人之模范也"。在课堂教学中教师对重要的学习内容进行示范，可以起到事半功倍的效果。

综观近年的教学现实，一些教师认为创新就是洗脑、抛弃过去，一味迎合学生。如分数、百分数你喜欢怎么写就怎么写，分数、百分数如何读，也让学生去探究，充分留给学生想象和表现的机会。于是学生自创个性读法，只要是学生想出来的，只要与传统不一样，就是创新，爱怎么读就怎么读。当我们静下心来思考时，会觉得老师们的观念发生改变了，强调培养学生的创新精神和实践能力，强调"数学思想以及表达形式的个性化""算法及解题多样化"等，但老师们淡化了教学的示范作用，这种对创新实质的歪曲和对传统教学盲目的否定，值得我们深思。如何在小学阶段以教学示范为切入点，培养学生的学习能力显得尤为重要。

二、当前小学数学教学中"示范"存在的主要问题

首先我们要对示范的内涵进行梳理。示范就是做出榜样或典范，供人们学习。小学数学学习内容中约定俗成的无须学生探究，即使安排学生进行探究也无太大意义。由教师或学生直接示范反而能节省课堂时间，并利于促进学生的数学理解和数学应用。

笔者根据自身教学实践及近几年来对180节数学常态化课堂的观察，特别是在深圳市数学示范性科组评选活动中，通过深圳市6个区15所学校30节不同年级的小学数学课的观察，对其中存在的问题进行了长时间的思考和深入的分析，发现从"示范"的角度来看，主要存在以下问题：

1. 教师教学语言不严谨

语言是人们表达意思、交流思想以及思维的工具。数学语言是以数学符号为主要词汇，数学法则、定理、公式等语法规则构成的一种科学语言。小学数学语言，抽象性是特点，科学性是原则，准确性是"灵魂"。然而，数学语病却时有发生。例如，一位教师执教"圆锥的体积"，课堂上学生利用等底等高的圆柱和圆锥形容器进行实验，并发现了它们的体积之间存在一定的倍数关系，但在接下来的总结中，很多学生都忽略了"等底等高"这个前提条件。几个学生都是这样总结的：通过实验，我们发现圆锥的体积是圆柱体积的。教师却听而不闻，甚至在接下来的教学中，教师也说成了"圆锥体积是圆柱体积的1/3"。数学知识是数学语言的内涵，学生对数学知识的理解、掌握，实质是对数学语言的理解、掌握。因此，在平时的教学中每位数学老师都要注意使用规范的数学语言，教师自身语言的规范化和技巧的运用直接影响学生语言发展。因此，应注重教师语言表达技巧的示范作用。

2. 教师示范操作不严谨

人们通过自己的发现、创造的过程来掌握现成的技能，一般来说是比较难的，也是很费时间和精力的，因此人们学习技能，特别是各种基本技能一般都是通过模仿来进行的。在数学教学过程中，模仿的意义可以用波利亚的一段话来说明："解题，就好像游泳一样，是一种实际技能，当你学习游泳时，教练先示范标准的动作，你再模仿教练的手足动作，并最后通过实践（实际练习游泳）来学会游泳。"

教师示范的作用是帮助学生更直观地学习，使学生在原来的水平上得到新的发展，所以就要求教师要研究每个活动的重点、难点并着重进行示范。低、中、高年级的学生应根据具体情况来定。低年级在学习新的内容时应在示范的同时加以清楚的讲解，示范动作要缓慢、到位。尽量避免多余的动作，以免引起孩子的误解。高年级的学生由于年龄稍大，自主判断的能力较强，可以在示范的时候采取多种形式，让学生自己去理解、模仿。当发现学生有错误的地方，教师再加以指出，着重讲解，这样既可以培养学生的独立性，也可以总结出大多数学生在自我学习过程中容易在什么地方产生偏误。

然而，在我们日常教学中，不规范的演示是比较常见的。如教师在黑板上歪歪斜斜地贴图形、画几何图形不用尺；口算训练时，教师拿着口算卡片在全班同学间穿梭；进行课件演示时遮挡部分学生的视线等等。不规范的操作看似不影响学生对知识的理解，但对学生学习习惯的养成产生的不良影响是值得广大老师关注的。我们常说学生马虎不认真，作为教师，课堂教学行为的点点滴滴更应该要科学、认真、规范。

3. 板书不规范

不难发现，在一些公开课或观摩课中，教师几乎一律没有板书。即便不可或缺的一行课题也由小黑板挂出或用纸片贴上。造成这种现象的原因不仅仅是因为课件的使用，更重要的是板书的功能已被教师忽视。教师要板书，数学课堂更应规范板书。

板书就是要把每节课主要的教学内容或重要的知识点写在黑板上，使有声的口头语言以浓缩的方式书面化、视觉化，具有提挈要点、强化记忆的功能，有助于学生在消化知识的过程中，随时解读。当然，课堂教学的板书还涉及板书的时机等问题，执教者要做到时机恰到好处，书写给予学生示范、启发，颜色粉笔使用要凸现学生注意的焦点等规范问题。我们千万不可忽视板书的教育功能，这是任何教学手段不可替代的。

三、小学数学中"示范"的教学原则

为什么会出现上面的问题,是因为在小学数学教学中,缺少对"示范"教学环节的原则指导,所以在小学数学教学中,首先需要对"示范"应遵循的原则进行系统和科学的梳理。

1. 目的性原则

示范必须服务于教学目的,有利于突出教学的重点、难点,不能单纯为引起学生的兴趣而进行。要提高示范的教学效果,最重要的是要引导学生进行积极的思考。这就要求学生明确示范的目的和观察的要求,并能对有关演示材料、操作步骤、观察到的现象进行积极的思考,把观察到的现象与已有的生活经验、认知经验建立起必要的联系。而且启发他们对观察的现象和测得的数据进行分析,经过抽象和概括,总结和归纳,得出规律,透过现象认识本质。

2. 科学性原则

教师示范的过程展示要清晰,结果分析要准确,使课堂教学生动、活泼,达到优化的目的。示范所反映的内容必须是真实科学的,所提供的感性材料一定要准确无误,具有典型性、全面性、可信性。

3. 规范性原则

教师操作要规范、正确。规范、正确的操作是示范成功的基础,也是提高示范效率的前提。示范过程是在学生注意力高度集中的情况下进行的,教师的一举一动都会给学生留下深刻的印象,这对学生的影响是很深远的,一旦效仿,很难改正。所以,示范一定是标准的、正确的,要能为学生起到潜在的楷模的作用,使学生获得正确的知识,并掌握正确的操作要领,同时,养成严肃认真、实事求是的科学态度。

四、小学数学中"示范"教学的操作策略

围绕相关的教学原则,在具体的教学实践中,如何使教师的示范更加科学有呢?笔者认为可以从以下几个层面进行落实。

1. 示范操作时应有恰当的讲解

小学生好奇心强,他们容易被直观形象的实物、模型所吸引,但他们的观察往往很概略、模糊。对于数学学习来说,观察技能弱会使学生难以在教师的演示中,洞察到图形间的大小、位置、变化、对应关系,难以发现演示中渗透的数量关系,这对于他们理解数学的基础知识、基本原理、基本关系必然造成困难。为此,教师在示范演示时要教给学生观察的方法,引导学生按照一定的顺序观察,或指明观察的重点,或提出思考的方向等。

我们既反对教师一开始就滔滔不绝,把全部内容全盘托出,让教师的示范、学生的观察变得索然无味;也反对教师故弄玄虚,不做任何讲解,使学生在观察中不得要领,浪费教学时间。教师在示范时用简洁的语言适时地去组织、引导和启发,可以使学生更好地掌握所观察的内容。

2. 板书示范切忌多而杂

板书往往是把本节教学中的重要知识、主要思路、解决问题的方法按照一定的次序呈现在黑板上,有时还会用重点符号加以强调。这对于学生及时地进行学习总结,把握本节

要点，建构系统的数学知识至关重要。板书中，无论是教师的粉笔字，还是张贴的图片、画的图一定要有条理，将重要的知识呈现在突出的位置，将重要的方法突出。在某种意义上说，教师的教学理念往往可以体现在板书中。重视基础知识、重视结果的教师，会突出数学的结论；重视知识的形成过程，重视数学问题解决策略的老师，会突出问题的提出—解决—反思的过程及数学思想方法。

3. 画图演示应与讲解同步进行

在教学实践中，我们经常发现相对简单的题目学生也容易出错，实际上这并不完全是粗心导致的。小学生的想象能力还存在一定的局限性，有时，仅仅依靠学生的想象去考虑问题，就会出现这样或那样的不周密性，从而影响解题的正确性。

数学课堂教学中，教师准确、简洁、美观的画图示范，并结合恰当的讲解，不仅可以吸引学生注意力，而且可以突出学习重点，突破难点。但有的教师在分析问题时，把图一股脑地画完，然后再逐一给学生讲解。如在讲相遇问题时，把路程、运动的物体、方向、速度、时间等全部画了出来，再和学生共同对照原题观察线段图。显然，这种做法是无助于学生分析与解决问题的，而且学生难以形成画图的意识和技能。画图是解决问题的一种有效策略，这种策略只有掌握在学生手中，才有助于他们解决问题能力的提高。为此，教师要把握好一个基本的原则，即教师画图不仅是为了辅助讲解，重要的是帮助学生掌握画图的技能。

学生认识数学是一个从具体到抽象的过程。他们需要借助各种直观的材料，形成必要的感性认识，才能逐步抽象、概括出数学概念、原理和方法。在这个过程中，直观的教学手段起着重要的作用。学生的形象思维只有在教师示范演示、学生直观操作以及观察和想象中才能逐步建立起来。

参考文献

［1］波利亚.怎样解题［M］.上海：上海科技教育出版社，2007.

［2］郑毓信.文化视角下的中国数学教育［J］.课程.教材.教法，2002（10）.

［3］韦程东.《数学分析》［J］.教学中的数学阅读示范.高教论坛，2013（5）:57-61.

［4］强振宇.小学数学课堂教学规范的分析及思考［DB/OL］.https://www.360doc.cn/article/7370332_145907520.html.

小学科学自主学习型课堂的建设与管理

深圳市福田区南华小学 李 彤

摘 要：教师的教是为了不教，学生必须从被动型的接受学习参与者转变为积极型的自主学习实践者，在这个过程中体验科学的本质、提升探究的能力，为终身学习奠定基础。教师要勇于思考和创新，打破传统课堂教学模式，创设适合的教学环境，营造和谐的师生关系，改进教育教学策略，努力创建自主学习型课堂，有目的、有计划地引导学生以强烈的探究欲望、自律意识和自控能力积极主动地参与学习，从而获得全面而和谐的发展。

关键词：小学科学 自主学习 课堂

自主学习是一种突破以往以教师为中心的教学方式，转而以学生的自觉学习为中心的教学理念，学生全身心地致力于自主学习是推动这种理念顺利进行的主要因素。联合国教科文组织出版的《学会生存》一书中说道："未来的文盲不是不识字的人，而是没有学会怎样学习的人。"而终身学习多数时间不在学校里进行，也没有教师陪伴在身边，全靠一个人的自主学习能力，所以在学生的终身学习过程中，自主学习是必须要掌握的一种学习能力；对于教师来说，也是他们在教学过程中必须教导的一项重要内容，自主学习理念贯穿于学生学习的各个阶段。对于小学科学课来说，由于小学生年龄尚小，且处于教师的引领阶段，基本不具备独立、自觉的学习习惯。基于此种现实情况，要想使小学生成功地培养起自主学习观念，小学科学教师就应该因材施教，针对不同学生的个性特征，在教学的过程中给予针对性的指导，并且通过切实可行的课堂教学引导小学生养成自主学习的习惯。自由开放的学习环境、教师的正确引领以及同学的互帮互助都能起到积极的推动作用。

一、自主学习的特点

什么是自主学习，历年来国内外研究者对此进行了众多的探究与调查。实际上，自主学习理念早已产生，而明确将这一理念实施到教学过程中则是从20世纪70年代开始。

通常情况下，自主学习主要是指学生在教育条件和教师主导作用的影响下，自觉产生接受教育的内在动机，灵活运用自我学习的技能，有目的、有计划地主动获得全面和谐发展的学习活动。换句话说，学生想要使自己的学习顺利完成，就必须在学习的过程中充分调动自身的各种因素，积极主动地全身心投入到学习活动中，借助教师的引导，结合自身的个性特点与长处，充分发挥自身作用，推动学习活动顺利地进行。

人们根据学生学习途径与规模的差异，认为自主学习有狭义与广义之分。狭义的自主学习通常是指，基于教师在课堂教学活动中的正确引导，使学生能够借助创造性的教学活动，能动地进入到学习活动中去，推动自主学习活动的进行。相对于狭义的自主学习，广义的自主学习范围更广，它不再限定于特定的课堂教学，只要学习的环境与各种条件齐全，人们就可以自主进行学习，至于学习的内容、方法以及效果则完全由个人决定，实现自主学习的目的。我们所说的自主学习，通常情况下指的是狭义的自主学习。

与此同时，还应该注意一点，自主学习理念是相对的，而不是绝对的。相对性的自主学习理念可以从以下三点来理解。

第一，自主学习理念往往是在教师的正确指导下进行。在自主学习过程中，教师始终承担着引导者的角色，引导学生树立正确的学习观念，积极关注学生的学习情况，对于不利于学习顺利进行的各种阻碍给予及时清除与纠正。在此过程中，教师与学生的密切交流与合作是至关重要的。

第二，自主学习不是随意的、散漫的，在自主学习的过程中，责任感往往发挥着重要的作用。自主学习的前提是学生应该具有较强的责任感，责任感越强的学生，他的自主学习能力也就越强。在自主学习的过程中，学习对象的选定、学习对策的执行、学习阶段的衔接以及学习效果的评判，都是需要学生自己进行的事情，也都需要学生自己的责任感作支撑。

第三，自主学习与自学有着显著的差异。自学，顾名思义，就是完全不借助任何外力的帮助，仅仅以独立的教科书为载体，学生自己独立完成学习的整个活动过程，学生必须借助自己极强的自我控制能力才能推动自学活动顺利地进行。相对于只有学生个人、只有教材的自学活动，自主学习的外在条件要比自学丰富得多，它并不局限于学生个人独立的学习，而是要以社会、学校、课堂等一系列环境因素作为辅助，借助教师正确的引导，借助各种教学资源以及学生之间的互动，在教师与学生相互之间的交流中获得有利于自身学习的资源，推动自身自主学习活动的顺利进行。在自主学习的过程中，外在的各种学习资源起着至关重要的辅助推动作用，而学生的学习活动也不是自己一人独立完成的。

由此可见，通常情况下，自主学习的特点可以归纳为以下几点：①独立性。在这一学习过程中，学习对象的选定、学习对策的执行、学习阶段的衔接以及学习效果的评判，都由学生一人独立完成。②主动性。学生凭借自己极强的责任意识，自觉主动地进行学习活动；这种主动性也表现在学生对于学习强烈的兴趣和极大的求知欲。③自信性。在自主学习过程中，学生应该对自身的学习充满信心，面对困难，迎难而上，不轻易被失败打倒。④创新性。学生应该根据个人独特的特性特征，选择最有利于个人的学习方式，进行创造性的学习；在学习过程中善于发现问题，并能够进行思维发散，用新颖巧妙的方法解决问题。

二、自主学习型课堂

（一）自主学习型课堂的定义

随着新型课程的兴起，自主学习课堂越来越成为教师与学生共同认可的教学方法。基于传统教学以教师强制性传授为中心、侧重学生死记硬背的教学弊端，自主学习型课堂将中心由教师转向学生，教师只是起到引导的作用，在课堂学习中，学生可以根据自身的个性特征与学习能力选择适合自己学习的方法，以更加积极主动的态度投入到学习过程中去。自主学习型课堂包括自学课、讲评课、展示讨论课、反馈课、习题课、复习课等等。在自主学习型课堂上，教师仅仅为学生提供自学提纲，学生在教师的引导下、在与学生进行交流探讨的过程中，进一步展开自主学习活动，在此教师属于引导者角色；在讨论课上，教师常常处于鼓励者位置；而在反馈课上，教师又属于总结者范畴。总而言之，在整个自主学习过程中，让学生成为自主学习的主体。

（二）自主学习型课堂的环境构成要素

自主学习往往建立在自由活跃的课堂教学上，在这种课堂教学中，学习的中心由传统的教师转向学生，在教师的积极引导下，学生积极参与自主学习活动，进一步培养自己的自主学习能力。素质教育的核心就是培养学生的综合能力，从而使学生得到全面的发展。在《基础教育课程改革纲要》中指出，教师的课堂教学重要的是培养学生的自主学习能力，使学生能够以更加积极主动的态度对待学习，并能够结合自己的个性特征与学习能力选择最适合自己的学习方法。所以，与传统以教师为中心的教学模式相比，自主学习型课堂有了巨大的突破，学生成为学习活动的中心，学生不再是被动接受来自教师传授的知识，而是以更加积极主动的态度进行学习。所以，在自主学习课堂中，学生的权力远远大于教师，学生在学习中的主动性远远大于教师在教学中的强迫性，这对于学生的学习无疑具有至关重要的推动作用。

借助对于学生和教师在自主学习型课堂上的作用，可以归纳出自主学习型课堂所具备的一些因素：

（1）学生的内在因素：学生的个性特征与学习能力。

（2）学习环境：轻松自由的学习氛围以及和谐融洽的师生关系等。

（3）组织环境：主要是指课堂教学的活动计划以及进程方案。在这种环境中，教师、书本、多媒体以及学生多方面的因素都会影响到组织的形式与效果。而究竟以何种组织方式为主，除了考虑上述因素之外，还要将它们之间的关系考虑在内。教师与学生之间的关系直接影响到教师的教学方案以及学生的学习模式，但归根结底，教师只起到引导作用，而学习的主体依然是学生本人。

（4）课堂进程环境：自主学习型课堂应当是一个自由活泼的课堂，在这一课堂中学生能力的发展将是无可限量的。

（5）课堂生活环境：学生综合素质的培养、学习能力的训练以及学生长期的个性发展，都是课堂生活环境必须关注的。

（三）自主学习型课堂的基本特征

美国教育学家布鲁姆说，学习的主体原本就是学生本人，教师只是知识的传授者，而学生才是知识的学习者。因此，学生不是被动地接受教师传授的知识，而是借助极强的自律意识和自控能力积极主动地参与学习，由此可见，自主学习课堂的基本特征可以总结为以下几个方面：

1. 落实学生主体地位

对于传统教学来说，教师在课堂教学中起着核心的作用，教师往往忽视学生的个性特征与学习能力，强制性地将知识传授给学生，课堂教学多呈现为死记硬背、机械传授的特征，学生的学习往往处于被动状态，自身的主动性无法得到正常的发挥。在"满堂灌"的教学模式下，学生只是被动地接受教师传授的知识，没能对知识深入地了解。所以，基于这种情况，应该改变单向的以教师为主的课堂教学，从培养学生的自主学习意识出发，将学生作为学习的主体。

2. 学生自主意识浓厚

要想自主学习型课堂顺利进行，培养学生的自主学习意识成为教师教学的重点。在课堂教学中，教师应该积极发挥引导作用，使学生成为学习的主体，教师的教学方式应该充分考虑学生的个性特征，制定符合学生学习特性的教学方案。学生仅仅机械式地接受教师传授的知识，死记硬背地获得知识，并不能真正了解知识，学生在学习的过程中，应该积极主动地培养自己的自主学习意识，培养自身的自律意识与自控能力，并在这种自律意识与自控能力的引导下进行自主学习，从而真正地掌握所学的知识，也只有这样，自主学习型课堂的建构才能成为现实。

3. 开发应用优质课程资源

自主学习型课堂的建构不仅需要教师的正确引导和学生的主动配合，课堂资源的开发也同样值得注意。一般我们所讲的课程资源通常是指教材，除此之外还有书报、互联网信息、教学环境，甚至包括教师的个人经历等等。教师在教学的过程中应该合理地利用这些教学资源，使课堂教学更加生动。与此同时，教师还应该充分考虑学生的个性特征，选择适合学生学习习惯的教学方案，引导学生以更加积极主动的态度参与到自主学习活动中去，并且在教师与学生、学生与学生的互相交流与探讨中，在将书本理论与现实经验的紧密联系中，加深对所学知识的了解，推动自主学习型课堂的顺利完成。

4. 评价体系多元化

学生评价体系主要是用来评价学生的学习效果，在评价的过程中，同时也能反过来推动学生的进一步学习。但是，传统的评价体系往往将学生的学习成绩作为评价的重点，仅仅以成绩的优劣来评价学生，这种评价体系过于片面，严重影响了学生其他能力的培养。因此，评价体系趋于全面成为自主学习型课堂教学着重关注的问题，在自主学习型课堂中，评价体系应该以学生的综合能力为核心，不仅对学生的个性特征进行评价，而且要考虑到学生的长期发展进行全面的评价，也积极鼓励教师与学生、学生与学生之间的互相评价，评价手段也应更加多元化。

（四）自主学习型课堂的基本组织形式

1. 以学定教

传统的教学模式常常将教师的教作为教学的重点，教师教什么，学生就学什么。但是，这种教学多呈现出教师的机械式教学与学生的死记硬背式学习，整个的学习效果不理想。自主学习型课堂改变以往"以教定学"的教学模式，转变为"以学定教"的新型模式。学习的主体始终是学生本人，学生是获得知识的主体，而教师只是传授知识的客体，教学的最终目的也是使学生能够掌握知识、培养学生的综合能力。因此，教师在教学的过程中，应该从学生的角度出发，根据学生的个性特征、学习习惯以及学习能力制定合适的教学方案，在此过程中，重点不在于教师教什么，而在于学生学什么，学生的学习需要是教师教学的前提。所以，在自主学习型课堂中，教师仅仅起到引导的作用，而学习的真正主体为学生本人。

2. 少教多学

教师在根据学生的学习需要制定教学内容之后，应该发挥自身的引导作用，引导学生自己积极主动地进入到学习活动中去，因此，教师应该将重点放在学生的学而不是教师的教。在自主学习课堂上，教师应该以学生的自主学习为中心，尽量减少自己的教学容量，而更多地将课堂放在学生的自主学习上，尽可能地使学生在课堂中多学、多练，使学生在同教师以及学生彼此之间的交流探讨中获得知识。"教"与"学"的关系是自主学习型课堂中必须首先明确的关系，"教"与"学"的主次之分直接影响到教师与学生在课堂活动中的主次之分，但应当注意的是，在自主学习型课堂中，学生永远是学习的主体，因此，"学"也就成为课堂的重点。

3. 学教互动

一方面，学教互动在自主学习型课堂中主要表现在教师与学生之间的交流互动。在教师与学生彼此之间的交流互动中，教师可以充分地了解学生的个性特征与学习要求，学生也能够充分了解教师的教学特征与教学习惯，通过交流建立起平等的师生合作关系。课堂教学突破传统的单向式的教学模式，转化为双向度的交流与互动。另一方面，学教互动还表现在学生与学生之间的交流互动。学生在彼此之间的交流中可以放松心态，通过交流学习方法与学习心得丰富自身的学习，同时可以培养学生的创新意识，在交流与合作中密切彼此之间的关系，推动一个和谐活跃课堂的建立。

4. 精讲精练

顾名思义，精讲精练的重点主要就在于"讲"与"练"，而"讲"主要面向教师而言，"练"主要面向学生而言。

对于教师来说，在将学生作为主体的自主学习型课堂中，教师应该缩减自己的教学容量，但在缩减的同时又不能忽视教学，因此教师的教学就应该更精。所谓"精"，就是指教师在教学的过程中，对于所讲的内容、方式等都应该具有针对性，对于知识的重点、难点应该着重讲解，而对于不太重要的知识点应该仅作参考、不应花费大量的教学时间，要提高教师的教学效率。

对于学生来说，知识的学习只有在反复的训练中，将理论充分运用到实践中，才能真正地掌握知识，因此，"练"就成为学生必须进行的工作。正如教师教学的"精"一样，学生的练习也贵在"精"，学生应该将练习的重点放在更加重要的、更加本质的知识上去。

与此同时，"讲"与"练"的关系同样对应于自主学习型课堂中教师与学生的关系。由于在自主学习型课堂中，学生是学习的主体，因此，在"练"与"讲"的关系中，"练"更加重要。

（五）自主学习型课堂中学生自主学习的主要表现

1. 学习目标自我确定

学生完全可以自行决定自己的学习内容以及学习进程。教师在课堂教学的过程中，可以积极引导学生去了解自己对于学习的要求，在了解自身个性特征的基础上，在认识自身对学习的热情的程度上，确定自己独特的学习目标，以更加积极主动的态度学习自己想学的知识，进一步推动自身知识的丰富及能力的提高。

2. 学习方法自我选择

对于不同的学生来说，他们的学习方式各有不同。对于性格内向、安静的学生来说，他们更愿意进行独立思考；对于性格外向、活泼的学生来说，他们更喜欢通过与同学之间的交流进行学习。对于前者来说，在独立思考中独立性起着重要的作用；相反，对于后者来说，他们更多地表现出一种依存性。不同的学习方式对学生认知能力的发展并没多大的影响。事实上，由于每个人的个性特征、生活环境等各不相同，他们对待事物的态度与行为也就各有千秋，因此对于学生来说，他们也有自己独特的学习方式，教师应该因材施教，不应强求所有的学生都采取相同的学习方式。

3. 学习过程自我调控

由于自主学习是以学生为主的学习活动，因此，教师在课堂教学中，应该根据学生的特点进行教学，教师只是起到引导的作用。由于每个学生的个性特征、学习能力各不相同，因此，他们在学习过程中所选用的方法也各有区别。在实际的学习过程中，对于自身学习过程的审视，对于学习过程中出现的问题做出及时调整，能够更好地推动学生自主学习活动的顺利进行。

4. 学习成效自我评价

使学生作为评价主体，依据一定的评价标准和量规对自己在学习过程中的行为表现、目标的达成情况以及合作水平、学习态度等方面进行全面的判断与评估。自我评价有利于学生认识自我、树立自信，有利于学生反思和调控自己的学习过程，有利于学生自我分析和自我完善，从而促进他们的学习水平不断提升。

三、自主学习型科学课堂的现状

经过长期的调查研究发现，目前小学科学自主学习型课堂的实施取得了一定的成绩，受到了师生的广泛欢迎，但也存在着一些问题。

（一）部分教师对课堂改革缺乏热情

一些教师认为，是否进行课堂改革并不重要。开展课堂改革需要付出很大的努力，自己的工作能在评价上得到充分的体现；没有改革，自己的工作在教师评价上也得到充分的体现。其他教师认为，在进行自主学习型课堂后，学习成绩落后的学生仍然得不到提高，学习的热情仍然无法被激发出来。班主任将学生分成若干个小组，分组要在上课前由任课教师划分吗？这些都应该是班主任老师工作的内容，班主任应该创造一个和谐融洽的自主学习氛围。由此可见，许多老师并不认为做好课堂改革是自己的事情，而是在课堂改革中依靠其他老师做基础工作。

一些教师的课堂改革意愿不强，仍然坚持自己的教育信念，进行课堂改革的积极性不高。年长的教师在这方面的问题尤为明显，曾有一位老师指出，课堂改革已经进行了这么多年，每天都在变化，却从来没有被明确过，课堂改革就是换汤不换药，教学就是让学生读、背、写。该教师进行教学的信念就是，"学生做得好就等于满分，做了一半就等于没做、等于零"。

（二）教师对自主学习课的意义认识不够

大多数教师对自主学习型课堂的过程进行了界定，但对自主学习课堂的深层含义缺乏认识。大多数教师将"自主学习"理解为教师提问、学生自行解答；教师放松教学、学生自行学习。

一些老师认为，自主学习型课堂的理念很好，但是很难实施。教师讲解知识点后，学生无法真正理解，更不能自己解决新获得的知识点，推动学习任务的完成。其他教师认为，自主性是指学生根据教师制定的学习计划和教材内容进行自主学习；合作是指教师提出问题，小组讨论解决问题，在相互交流的课堂环境中共同解决问题，或者学生向他人寻求帮助解决问题。教师可以了解学生自主学习的进程，自身也可参与小组活动，帮助学生及时解决问题。

教师过多地体现了学生的主体地位，会忽视了自己在学生学习中的引导作用，过于放任学生的学习。相反，在教师的学习平台的帮助下，学生无法更好地促进自己的学习，达不到理想的学习效果。

无论是以斯金那纳为代表的操作主义理论，还是以班杜拉为代表的社会认知学派，都没有否认外部环境对自主学习的影响。学生的自主学习离不开教师的指导，但他们认为外部环境对学生的影响程度却略有不同。从这个角度来看，教师对学生的指导应该把握尺度，合理分配时间，熟悉自省的形式。在学习目标的指导下，要让学生意识到不同层次的学生自主选择合适的学习内容和合适的学习方法。这样，学生才能真正独立学习。

（三）学校缺乏切实可行的推进策略

在现有的教师评价体系中，一些教师觉得是否进行课堂改革无关紧要。学校的教师评价体系中没有这样的评价内容。经过研究调查发现，学校缺乏切实可行的推进策略主要体现在以下方面。

一些教师认为，课堂改革的实施是一个长期的过程，课堂改革作用也许需要长时间的运用才能得到发挥。在很长一段时间的运用中，不是每个人都会使用它，而且实施过程又非常艰难，它的持续时间最多不超过一年。还有教师认为，在开展自主学习型课堂后，学习成绩落后的学生仍然得不到提高，学习的热情仍然无法被激发出来。教师们并不认为做好课堂改革是自己的事情，而是在课堂改革中依靠其他老师做基础工作。

许多老师遇到了很多问题，产生各种疑问，又无法顺利解决，学校也没有及时帮助老师解决。这不利于进一步深化课堂改革，不利于自主学习课堂的进一步实施。

（四）学生缺乏相应的学习能力

自主学习型课堂能够促进学生在合作中培养自主学习的能力，推进学生的进步，但也对学生的学习能力提出了更高的要求。一些教师认为，在新型教学中，学生的互动意识和互动能力不强。虽然一些学生或小组可以在组长的组织下进行自由的交流，但是问题讨论的效果是不同的，浮在表面上，挖掘不出深度，独立见解少。其他教师认为，在小组合作学习中，学生经常花费大量的时间去解决问题，无法完成教学任务，由于缺乏合作学习能力而影响学习进度。

（五）教师操作不当，课堂效果不理想

在自主学习课堂中，存在着许多实施问题，不利于课堂的有效性发挥。这些问题主要表现在：

1. 小组划分不够合理

在目前的自主学习型课堂教学中，大部分的小组合作学习形式都是按照传统秧田式布置的座位，大多表现为4～8人一个小组，学生的身高是座位布局的主要标准。在分组时，教师只注重学习结果的互补性，忽视了小组成员的不同学习方式、不同性格、不同认知水平，未能实现学生的互补性和相互促进。不同学科的学习情况是不同的，但是有些老师上课前不会重新划分小组，很难真正做到小组之间的相对平衡，这给有效的合作学习带来了一定的困难。

2. 小组成员在小组学习活动中参与不均等、不主动

大部分教师和学生认为成绩优秀的学生和性格开朗的学生在小组学习中表现最活跃。在小组学习活动的过程中，因为学习成绩优异的学生有良好的学习基础的优势、较强的理解能力，能快速接受新知识，他们通常比学习成绩平平的学生更加活跃，处在小组活动的重要位置。在大多数情况下，小组合作是学习成绩好的同学说，小组其他同学听、记，缺少互动。因为有学困生不想让别人知道他们的想法，或者因为即使他们这么说，也没有人同意他们所说。长期下来，学困生对小组学习的热情越来越低，即使有问题，也不再提问；只充当观众的角色，更缺少主动思考，做一些与学习无关的事情。这导致了学生参与学习的不平衡，不能让每个学生都感受到学习的乐趣，优等生和后进生的区别越来越严重。

3. 课堂气氛活跃，但秩序混乱，课堂效率不理想

这一点是老师们最担心的问题。在课堂上，许多老师提出问题，让学生通过在小组中进行合作交流来解决问题。然而，大多数情况下，学生们往往只关注自己的表达，而不愿听别的同学的见解，讨论的也多是远离问题。此外，一些学生不主动学习，利用这段时间谈论与学习无关的事情或开玩笑；一些小组合作程度不够，只有一两个人在说话，并且彼此都不能认真听取别人的观点，无法真正进入到小组合作学习活动中。

产生这种现象的主要原因是：合作学习中缺乏明确的责任分工，教师不能对合作技能进行合理的讲解。学生不了解什么是合作学习，更不知道如何进行合作学习，不能快速准确地选择最合适的学习起点，尽快找到解决问题的策略。

4. 学生合作学习形式化严重

一些教师在课堂教学中未能把握自主学习的本质，片面追求学习方法的多样化，忘记了合作学习的真正目的，从而白白地浪费教学时间和学生的学习时间。

首先，学生合作的时机不合适。教师在课堂教学前缺乏对合作学习的整体设计，忽视了教学内容的特点和学生现实的学习情况，对合作学习内容的选择不当，合作内容具有很大的随意性，往往想在哪里合作就在哪里合作；部分教师的问题设计要么太难，要么太简单，缺乏讨论的价值；此外问题不能激发学生的讨论兴趣，不能培养学生的思维能力，浪费教学时间，教学效率不理想。

其次，学生合作的时间太短。当老师提出问题后，他们不能给学生留出独立思考的时间。两三分钟后，学生合作活动尚未完成，老师就停止了学生的合作活动。由于学生在合作前缺乏独立思考和独立学习的机会，合作学习的针对性会降低，困难也就无法真正得到解决。学生来不及表达对组内不同意见的观点，也不能根据合作的结果来反思自己的观点。合作学习激情的发挥很容易受到阻碍，甚至引起学生的反感，使学生养成不良的学习习惯。

5. 评价不完整，学生学习的积极性得不到最好的发挥

在合作学习的影响下，教师忽视了学生的个体评价，导致学生参与合作学习的积极性下降。同学们认为不管我怎么努力，因为有几个同学的学习进程过慢，我们小组总体的学习效果也好不到哪儿去；另外，学困生认为自己就算不学习，我们组的成绩还是一样的，与自己并没有多大的关系，即使自己努力了也不会改变什么。同时，评价的针对性差，忽视对学习过程和方法、学习态度、学习习惯、创新意识和实践能力的评价，不能调动学生的学习积极性,不能很好地发挥评价的激励作用,学生的学习过程就难以顺利进行。

四、自主学习型课堂实施中问题的原因分析

通过对自主互助合作学习型课堂实施现状的分析,笔者认为,可以得出以下影响自主学习型课堂实施的因素。

(一)学校大环境的影响

1. 班额限制

在我国,受多种条件的影响制约,学校的班级人数多,如果4人一组的话,每班大约有12个小组以上。老师很难在课堂上照顾好所有的学习小组,当教师参与某个小组的学习和交流时,另外的小组的学生就利用这个机会做一些与学习无关的事情,导致学习质量下降。教师的教学任务繁重,学生的学习内容加大,也使得进行自主性学习的活动机会大为减少。

2. 教师工作的限制

伴随着新课程改革的进一步发展,虽然教学质量不再是学校的唯一评价标准,但考试仍然是学校、社会和家长关注的重点。学生的期末学习成绩是教师评价的重要依据。每天,除了进行各种繁忙教学工作外,教师还面临着学生成绩、课题研究等各种各样的工作压力。

3. 学校的制度也影响着自主学习型课堂的推行

实施新教学模式是推进课程改革的重要途径。为了使教师改变他们熟悉和易于操作的教学方法,学校系统的指导是必不可少的。在我国,无数的事实证明,成功的改革是自上而下,教育领域的课程改革也应该是自上而下的改革,如果学校缺乏相应的教师评价体系,将会导致改革的实施困难。自主学习课堂的实施不是一个老师或某一个部门的单独行动,而是整个学校必须促进的工作。

相应的学校制度的改革是自主学习型课堂推行的助推器。它具有引领教师实施意愿、监督教师实施进程、督促教师教育教学能力提高的作用。尤其是教师评价制度的改革必须与新的教学模式的实施同步进行。

(二)教师自身教学观念、教学习惯和教学能力的影响

1. 教师教育观念和教学习惯的影响

(1)教师的教育教学观念影响教师的教育教学行为,制约自主学习课堂的实施。教学质量一直是学校的生命线。老师和学生最关心的是考试成绩,教师一直在探索如何在有限的课堂时间内教会学生快速理解和掌握学习内容,并检验出最好的结果。新课堂模式的实施需要一个磨合期,从学生的学习习惯到学习能力的提高需要一段时间,学生自身的情况也会影响到课堂效果,我们不能要求在课堂上尽快地看到效果。自主学习课堂的本质由于尚未被认识清楚,因此难以有效地应用于课堂中。传统的教学思想在潜意识中也强烈地影响着我们的课堂教学行为,出现了"穿新鞋走旧路"的现象。一些教师仍然采用填鸭式教学,形成了巨大的惯性,难以逆转,使自主学习课堂变得形式化,效果大大降低。

(2)教师的教育教学观念影响教师课堂价值观的确立。在课堂教学中,教师更注重教学任务的完成和学生知识的掌握而忽略学生情感和心理的变化。但学生的情绪和心理变化对学生的学习有很大的影响,无论是积极的还是消极的。在教师心目中,自主学习只是实

现学生知识目标的工具，一旦使用这种教学模式影响到教学进度，教学效果遇到困难就会造成失望和困惑，这影响教师进一步实施这种模式的意愿和信心。

（3）教师对教育、教学的信念影响教师课堂角色的定位。儒家文化主张人际关系的建立和等级制度的维持，这对我国教师教育的尊严有着重要且深远的影响。许多教师在自主学习中不能正确定位自己的角色。教师是学生学习的向导，教师应该重视小组成员之间的交流，鼓励和培养寻求差异和创造性的思维，而不是仲裁员。教师应该使用标准的答案来评估学生的不同结论，不应该催促学生提前设计计划或程序，应该及时解决学生遇到的问题。

教师的教育观念和教育教学素质是最关键的影响因素，影响着自主学习型课堂模式的实施力度和课堂实施的质量。

2. 教师现有教育教学能力的影响

教师目前的教育教学能力与教师自主学习课堂的要求存在差距，尤其是教师缺乏课堂管理的技能和方法。在这种情况下，教师的课堂环节往往处理不当，不能获得理想的课堂效果。

传统教学主要采取传递和接受的教学方式，表现为老师说学生听。教师是教学过程中的主导角色和权威。在大多数情况下，教师考虑如何呈现知识，课堂教学的主体由教师承担。与传统的课堂教学相比，自主学习型课堂教学的中心逐渐转为学生个人，学生成为课堂活动的主体，教师在课堂上的教学时间逐渐减少，但这并不意味着削弱教师的作用。事实上，自主学习型课堂对教师提出了更高的素质和控制课堂能力的要求。教师需要根据学生的实际情况，设计课前学习计划，设定目标、创设情景、设计合作问题、选择任务。只有贴近学生，才能更好地激发学生的学习兴趣，提高学习效率。课堂不再按照教师事先制定好的框架和计划，而是从预置课堂到更有生动性的课堂，突发事件的数量，教师管理和控制课堂技能的难度和技巧来提高，更多的教师需要教育智慧。但教师的教育智慧是以教师的高等教育和教学能力为基础的，这也是许多教师感到课堂难以控制、教学秩序混乱、教学效果不理想的根本原因。

3. 教师的实践缺乏教育理论的指导

许多教师对自主学习课堂的内涵缺乏正确的把握、理解、应用和反思，理论指导不了实践。在自主学习型课堂的实践中，大多数教师都是模仿自主学习活动的过程步骤，而很少考虑活动背后的理论指导。实践不能与理论联系起来，容易出现无效或低效的环节。

（1）教师对自主学习的理解模糊，操作不当，使学习效果不理想。根据调查研究发现，大多数教师认为自主学习是指学生在老师布置学习任务后进行自己的学习，无须老师的监督和指导。根据华盛顿大学齐默尔曼教授的研究，他认为自主学习离不开教师的指导和帮助。而现在大多数学生都有自主学习的意识，认为自己是学习的主人，学习是自己的事情，只要付出努力，自己的学习就能够得到进一步的提高；不理解的知识，可以借助老师的指导，在学生之间的相互帮助下进一步掌握。然而，学生的自我管理能力和自我调节能力与之并不匹配，在学习过程中容易受到外界环境的诱惑和影响。有时候学生只有想法却不能付诸行动，或者毅力差，注意力不集中，容易受到干扰，面对困难缺乏信心和动力，需要别人的帮助和监督。

（2）教师不能理解合作学习的内涵，增加了实施的难度，不能达到预期的教学效果。

例如，教师不能合理地划分小组，明确合作任务的划分，充分发挥小组学习评价的作用，合理地分配优等生和学困生的角色。小组分工的不合理会进一步影响学生学习活动的顺利进行，影响学生学习任务的顺利完成；不合理的评价会降低学习的积极性，导致学习目的错误；分组不合理会导致学习参与不平衡，容易造成评价不公平，影响学习效果。

（三）学生缺乏互助学习意识与能力

1. 缺乏内在的合作学习意识

学生在合作学习过程中不友好、不分享的主要原因之一是自主合作学习的意识淡薄。现在大多数学生都是独生子女，他们习惯了以自我为中心的家庭生活，在他们看来，别人必须与自己合作，而不是自己去与别人合作。在学习上，学生普遍缺乏合作意识和机会，与他人的合作意识相对较弱。学生和同伴之间的交流更多的是因为老师的要求和安排，这种情况导致合作伙伴在合作学习中不知道如何合作和沟通。在升学压力的影响下，学生之间的竞争是明显的。竞争的价值观影响学生的行为，他们因为害怕会落后于别人，并逐渐形成一个不好的竞争观念。

2. 缺乏学习合作的能力

在学生合作学习中，课堂秩序混乱，学生们为了表达自己的观点而争吵不休，不能有效地围绕重点进行合作，很难抓住学习的重点，学习过程不仅耗时严重，还不能按时完成任务。由此可见，学生缺乏一定的自主合作学习能力，此时教师在调节课堂能力方面没有起到很好的作用。虽然80%的学生认为教师参与了与学生的小组交流，但从课堂现状分析来看，教师如果不传授学生自主合作学习的策略，合作学习活动就会处于混乱状态；15%的学生认为教师仅仅是站在离讲台很远的地方监督学生的合作学习，而不是深入到合作学习活动中与学生共同进步，另外5%的学生认为老师忙于自己的工作。这说明老师没有给学生一个很好的自主合作学习的示范。

在传统竞争价值观的影响下，很多学生没有形成一定的自主合作学习能力，教师在教学中也忽视了学生对合作学习的态度和合作技能的培养。在学生成绩显著的背景下，教师倾向于将自主学习课堂作为提高课堂效率的教学手段，而忽视学生的自主学习和合作学习能力其实也可以提高课堂效率。许多教师是在传统的教育制度下长大，不善于学习，自身的合作技能有限，不能有效指导学生的合作学习，无法促进合作学习的有效性。

3. 竞争的价值观影响学生的行为表现

在传统教育模式和升学压力的影响下，学校教育竞争更加激烈，合作很少被提及。在这种氛围的影响下，学生越来越倾向于竞争和独立的学习方法，把别人的成功视为自己的失败。在学习上，他们也会互相提防，担心自己会落后于别人，逐渐形成一种不健康的竞争意识。学生逐渐处于独立的、互相竞争的学习环境中。相互独立和竞争必然导致一种"强弱分化"的现象。如果学生之间，特别是小组之间没有合作关系，教师的"精讲"会更快地导致"强者更强，弱者更弱"的局面。组间的竞争，包括组内的竞争自然会发生。适度的竞争会提高学习效率，但不能强化这种竞争，过度的竞争会使学生之间的合作变得不可能。

（四）缺乏合理的课堂学习评价机制

只有少数学生认为在课堂上，老师会根据学生答题的正确率奖励小组。在课程结束时，统计小组成绩，以小组成绩作为奖励的标准，与学生的综合素质评价相结合。我们可以看出，课堂评价的主体是教师，评价主体过于单一。教师作为学生学习的唯一评判者，容易造成评价不完整，不能更好地激发学生的学习热情。

根据学生回答问题的正确率，教师给他们的小组进行适当的奖励。教师的评价主要基于最终的结果，较少考虑学生的进步。结果评估大于过程评估，这样，学生在学习过程中的积极性和努力就不能得到及时地肯定和奖励，不利于学生的主动学习。

教师在课堂结束时，统计小组成绩，以小组成绩作为奖励的依据，注重小组评价，忽略个人评价。学生的个人努力不够，容易导致个人成败的泛化，对于一些学生的学习热情的激发产生严重的阻碍。

教师课堂评价的目的是激发学生的学习积极性，使学生在学习中更加活跃。教师应转变评价观念，明确评价目的，建立合理的课堂学习评价机制，不断调整学生的各种行为规范，引导学生更好地发展。

五、小学科学自主学习型课堂的管理策略

《国家中长期教育改革和发展规划纲要（2010—2020年）》明确指出："注重学思结合。倡导启发式、探究式、讨论式、参与式教学，帮助学生学会学习。激发学生的好奇心，培养学生的兴趣爱好，营造独立思考、自由探索、勇于创新的良好环境。"科学课堂不再仅仅局限于知识的传授，教师的教学任务逐渐转向培养学生的自主学习能力。但是，如何才能真正实现培养学生自主学习能力的目的，经过长时间的研究与探讨，有以下几点策略。

（一）打破传统课堂模式

1. 打破传统模式

传统的小学课堂教学模式以教师为中心，教师往往采取强制性的手段传授知识，学生只能被动地接受，教学模式往往是单向的，在这种模式下学生获得的学习效果往往是很低的。因此，打破传统的小学课堂教学模式成为现行教学的重要任务之一。

在新的课程标准颁布之后，自主学习型课堂越来越受到教师与学生的欢迎。在自主学习型课堂中，教师不再是教学的主体，仅仅起到引导学生学习的作用，是引导者；学生逐渐成为学习的主体，学生往往根据自己的个性特征和学习能力选择适合自己的学习方法，在自主学习中掌握教师传授的知识。以小学语文教学为例，传统的教学模式往往是教师机械式地对文章进行整体的教学，然后设置问题引导学生在阅读文章的过程中寻找答案，通过问题的解决来完成对文章的学习。现如今，这种机械式的教学方式逐渐被自主性的学习方式所取代，在自主学习型课堂中，教师将学习的主体归还给学生，学生自主进行对文章的阅读，对文章中不懂之处提出问题，然后通过与教师和学生之间的交流解决问题。整个课堂的教学都以学生为中心，无论是知识的传授还是问题的解决都以学生的要求为主，这有利于提高学生的学习能力，推动学生的进步。

2. 建立评价标准

不是所有的小学课堂模式都能够对推动学生的进步起到巨大的推动作用，这就需要教师对各种教学模式进行合理地评价。在传统的教育模式下，教师的教学水平和学生的学习效果完全取决于学生的考试成绩，这种片面式的评价标准不利于教育的顺利进行。所以，在构建自主学习型课堂时，必须打破这种传统的评价标准。在传统评价体系中，教师的评

价起着至关重要的作用，教师对于学生的认可能够激发学生的学习兴趣，而教师对于学生的否定则会打消学生学习的积极性。相反地，在自主学习型课堂中，不仅教师评价的标准呈现出多元化，评价的主体也发生着巨大的改变。在现有的小学课堂中，除了教师的评价之外，同学之间还可以相互评价，而且学生自己也可以对自己的学习效果进行审视与评价。以小学语文作文课教学为例，在课堂上，教师拟定一个写作题目，学生自行对作文的内容进行思考与写作。在写作完成之后，教师将学生的作文在班级中进行展阅，由其他学生给予各自不同的评价，说出各自的喜欢之处以及认为有待改进的地方，同时引导学生对自己的作文进行评价，最终由教师总结评价结果。这种在教师与学生之间的互评当中，学生可以更加容易地发现自己的长处与不足，从而有针对性地进行学习。由于在这种互评模式中，每个学生都能够参与到评价环节，激发了学生的热情与主动性，也就进一步推动了自主学习型课堂的建立。

3. 和谐师生关系

教学活动是教师与学生共同参与的活动，因此，教师与学生的关系也就成为教学活动中值得注意的问题。在传统的教学活动中，教师与学生的关系过于僵化，彼此之间缺乏必要的沟通，教学模式也相应地呈现出由教师向学生的单向流动。然而，在自主学习型课堂中，教师与学生的关系较之传统关系来说不仅有所缓和，而且逐渐建立起一种平等和谐的互助关系。教师不再具有不可逾越的威严，教师往往运用各种途径来加深与学生之间的关系，积极参与到学生的学习活动中，与学生一起学习，共同进步。以小学语文教学为例，对于汉字结构的学习往往是学生学习的难点，又由于对汉字的学习多出于硬性记忆，因而学生的学习兴趣并不高。因此，教师往往采取一些趣味有效的方法，如汉字游戏、词语接龙、记忆比赛等方式来进行教学。这些教学方式凭借自身的独特趣味激发学生的学习兴趣，使学生以更加积极主动的态度参与到对于汉字的学习，不仅使得学生的学习速度逐渐加快，而且对于学生自主学习能力的培养也起到着重要的作用。除此之外，教师可以与学生一同加入到游戏活动中，使教师与学生的关系更加的融洽。

4. 改进教学策略

（1）教师备课要刻意安排。

怎样才能推进自主学习活动更加有效地进行？学生应该投入多长时间进行自主学习？应该如何展开？这都需要教师抛弃以往死板的教学模式，以引导者的身份鼓励学生进行自主学习，将学生作为学习的主体，以学生的需求为中心进行教学，这需要教师做到以下三点：第一，教师的教学进程应该行之有效。教学过程的制定应该本着学生的接受程度来进行，根据学生的学习能力与接受效果来确定教学的流程以及教学的重难点，也可以鼓励学生对自己的学习进程进行安排。第二，时间分配应得当。自主学习是以学生为中心的学习活动，因此，教师在教学过程中，应该将更多的时间留给学生，重在学生的自主学习，而不是教师的强制性传授。第三，教学素材应该准备齐全。在科学课堂中，学生学习不可避免地需要各种教学材料的运用，因此，教师应该充分准备这些材料。

（2）教师语言要准确有效。

教师作为知识的主要传授者，对于语言的运用必须要求准确与规范，不能有误，同时应该更加生动形象，从而使学生更加容易接受。除此之外，教师的语言也应该具备启迪学生的作用，只讲授知识的表面现象，引导学生去探讨背后的真谛。由于自主学习是以学生为中心的学习，因此，教师应该将重点放在学生的学上，在课堂教学中尽量少讲、精讲，将更多的时间给予学生进行自主学习活动。所谓"少讲""精讲"，就是指教师在教学的过程中，对于所讲的内容、方式等等都应该具有针对性，对于知识的重点、难点应该着重讲解，而对于不太重要的知识点应该仅作参考，不应花费大量的教学时间，提高教师的教学效率。教师的语言越准确精练，学生进行自主学习的时间就会越充足，学习效率也就会越高。

（3）教学过程要适度开放。

传统的满堂灌教学模式，由于过分强调教师在教学中的主导性作用，以教师的强制性教学为主，学生失去学习的主动性，只能被动地接受来自教师传授的知识，学生的学习效率低下，不利于学生学习任务的完成。所以，在自主教学活动中，教师应该发挥适当的引导作用，将学生作为学习活动的主体，教师的教学不能过于拘谨，应该适度开放，从而为学生营造一个自由活跃的学习氛围。基于此，教学过程的开放可以从三个方面入手：第一，书本的开放。教师在教学过程中从生活经历入手，从生活引入教学，激发学生对知识需求的欲望，进一步促使学生积极主动的从书本中获得所需的知识。第二，教学环境的开放。教师在教学的过程中不能仅仅依靠书本，同样，学生的学习也不能仅仅依靠书本，教师应该积极引导学生进入各种环境中，使学生通过身临其境而提高学习的接受度。第三，相关性的开放。教师在教学的过程中，并不能够进入所有知识涉及的环境，这就需要培养学生能够举一反三，根据相应的环境想象出对应的状况，使学习更加生动有趣，同时也能够进一步培养学生的自主学习意识，提高自主学习能力。

（4）探究实验要梯式递进。

梯式递进就是指，教师在课堂教学中设置问题应该层次鲜明，能够根据不同层次学生的情况设置不同难易度的问题。在这里主要从三个方面分析梯式递进：第一，由浅入深。在科学探究课堂中，教师应该引导学生由易到难，从简单的问题开始进行探究，使学生打好科学课堂知识的基础，这种方法也为能力较低的学生提供了一个较好的进步台阶。第二，循序渐进。基础的奠定固然重要，但是在夯实基础之后学生不能故步自封，教师也不能仅仅把夯实学生基础当作教学的全部，同时还应该在学生基础奠定之后引导学生向更深层次发展。在由浅入深的基础上进一步循序渐进，增强学生的学习兴趣，不至于故步自封，停滞不前。第三，激发延展。教师在完成科学知识的教学任务之后，还需要培养学生的道德情操。教师应该将教学的内容与实际的生活充分联系在一起，引导学生将理论充分运用到生活实践当中，真正做到理论与实践相结合。

（5）学习过程要指导到位。

在自主学习课堂教学中，教师的教学进程应该弛张有度，应该以教育现状以及学生的学习现状做出及时的调整，教师的教应该更加精准，学生的学也应该更加精练，这就需要教师注意以下两点：第一，教师的引导要准确得当，不能有误。教师在引导学生进行自主学习的过程中，应该积极指引学生自己发现问题，并在彼此之间的交流中自行解决问题。当然，问题应当围绕教学内容展开，而不是想问什么就问什么，异想天开。与此同时，教师应当引导学生掌握各种解决问题的方法，提高学生的学习效率。第二，教师应该引导学生进行延伸学习，举一反三。在自主学习课堂中，学生可以在自律意识与自控能力的指导下，充分发挥学习的主动性，此时学生的思维处于发散状态，学生的学习避免了传统的机械式、死记硬背的状态，而更具张力。借助自主学习课堂的这种有利形势，教师应该顺势而为，积极引导学生进行发散思维，使学生的学习不再局限于课堂，能够延伸学习范围，与实际生活相联系，做到举一反三，进一步培养学生的发散思维能力与自主学习能力。

5. 创设适合的教学环境

（1）创设民主、和谐、自由、活泼的学习氛围。

自由活泼的学习氛围主要靠融洽的师生关系来维护，只有师生之间能够以更加亲近的方式进行交流，才能使学习氛围更加放松。在这种关系中，教师与学生是处于平等的地位，彼此之间相互尊重，在相互交流与沟通中达到共同进步。在课堂教学中，教师往往承担着引导者的角色，教师借助课堂教学、教学资源引导学生积极参与到学习活动中，并且将整个学习活动的中心放在学生身上，使学生成为学习的主体，鼓励学生以更加积极主动的态度参与学习，而不是被动地接受来自教师传授的知识，这就避免了学生对于学习的厌倦情绪。以社会学理论为依据，日本教育学者片冈德雄认为教师与学生的关系可以分为两种，即支持型与防护型。在支持型的师生关系中，教师与学生之间更多的是信任、互动，学生相信教师引导的正确性，教师相信学生学习的主动性，相互鼓励、共同进步。防护型的师生关系则多表现为传统型的以教师的教学为主强制性，教师多进行强制性的教学，学生多被迫地接受教师传授的知识，课堂教学过于死板，学生学习的积极性不高。在自主学习型课堂教学中，教师与学生的关系多呈现为支持型的关系，在这种和谐融洽的师生关系的支撑下，学生的学习积极性将会更高，学习效果也将会更加显著。

（2）创设敢提问、重探究的学习平台。

学生学习的动机在于对于知识的好奇，对于某种事物的疑虑，由此才会产生疑问，提出问题，迫切用各种方法来解决问题。因此，学生学习的中心就在于提出问题，然后运用各种方法技巧来解决问题。对各种事物都充满好奇心的人，对于知识的渴求就会越强烈，在学习的过程中就更容易激发自身的自主学习意识，更容易进入自主学习状态。因此，教师在教学过程中，要想培养学生的自主学习意识，使自主学习课堂更加顺利地进行，可以借助多问题、多探究的学习平台的创设，激发学生的学习兴趣，促使学生在探究中掌握各种学习方法，以更加积极主动的态度参与问题的解决。进入21世纪以来，课堂教学逐渐摆脱传统的机械、被动式教学，自主学习型课堂越来越受到教师与学生的欢迎。在自主学习型课堂中，教师多采用合作探究式的教学方法，创造一种自由活泼的学习氛围，使学生的学习不至于枯燥无味，而是更加充满乐趣，引导学生去发现学习的乐趣，引导学生发现知识的美感。所以，在自主学习型课堂中，学习的主体应该是学生本人，课堂的重点也应该是学生的练而不是教师的教，只有这样才能充分激发学生的学习兴趣，使学生以更加主动的态度参与到自主学习活动中去。

（3）引导学生学会反思。

反思是学生对自己学习效果的一种评价，学生通过反思自己的学习成效，对于不正确的地方及时做出纠正，能够更好地推动学习自身的学习，促进自身的发展。在自主学习型课堂中，教师应该给予学生一定的时间使学生进行自我反思，主要在于让学生了解自己的学习情况，使学生自己对知识的掌握有一定的了解。哪些是已经充分掌握的？哪些还未充分掌握？教师应该积极鼓励学生经过反思认识自己的学习效果，并将自己难懂的问题提出来，教师做进一步的讲解。深入的反思和总结对于学生学习能力的培养也起着至关重要的作用。另外，反思不是概括式、笼统式的回忆学习过程，而是对于学习的每一个环节都进行仔细地审视，包括学习起始阶段目标的制定、学习方法的选择、学习进程的把握以及学习效果的检验都应包括在内。

实际上，学生的学习过程是伴随着认知过程与实践过程的活动。所以，学生在学习过程中，不仅需要重视对知识理论的掌握，同时还应该掌握对于所学知识的运用，能积极地运用到实践生活当中去。只有这样，才能真正实现学习的目的；也只有这样，才能更好地培养学生的自主学习能力，推动学生的综合发展。

（4）提高小组合作学习的有效性。

如何使自主学习型课堂更加有效地进行，这自然要借助自由活泼的学习氛围，而小组合作学习正好为自由活泼的学习氛围提供了条件。与传统的以教师强制性教学相比，在自主学习型课堂中，学生成为学习的主体，课堂教学的重点不再是教师的教，而是转变为学生的学。与此同时，学生之间的相互交流更能增强学生学习的主动性，在这种情况下，小组合作学习就成为自主学习型课堂教学的重要形式之一。然而，小组合作学习并不意味着整个学习过程都由学生自行展开，教师的引导同样起着至关重要的作用。在小组合作学习中，教师应该充分发挥组织作用，对合作学习提出一个中心要求，使学生围绕这个中心要求进行学习，从而使小组合作学习可以更加有序、有效地进行。另外，要想使小组合作顺利地进行，合理的分组是必须关注的问题。在分组的过程中，应当保证每个小组的实力保持平衡，小组学习任务的分工应当均衡，考虑到每一个学生的学习能力进行合理的合作学习。在小组合作学习结束之后，教师应该积极引导学生对于自己的学习情况做出总结，引导学生对于学习中的重难点做出合理的把握，不懂的问题积极地提出。然后，教师根据学生的小组合作结果、合作中出现的各种问题做出合理地评价并及时解决。由此可见，小组合作不仅仅局限于学生之间的交流学习，还应将教师的引导包括在内，只有在教师正确的引导下，学生的小组合作学习才能更加顺利地进行。

（5）多媒体的合理使用能让自主学习型课堂更高效。

在传统教学中，教师的教学与学生的学习仅仅围绕教材进行，使得整个学习过程过于死板。随着信息技术的发展，多媒体逐渐深入到社会生活的方方面面，同时越来越深入到教学活动中。多媒体具备声、光、色、形等多重因素，它能够借助更加具体的形象充分刺激学生的感官，吸引学生的注意力，从而激发学生对学习的兴趣。同时，多媒体还可以借助生动的形象来说明一些对于学生来说较难懂的知识。多媒体教学可以扩充课堂教学的容量，拓展学生的眼界，因此深受教师与学生的欢迎。

在自主学习型课堂中，仅仅依靠课本很难激发学生的学习兴趣与主动性，多媒体的合理使用，对于提高学生的学习兴趣、增强学生学习的主动性、培养学生的自主学习能力、推动学生的综合发展都起着至关重要的作用。

综上所述，在新的课程标准下，学生学习主动性的提高与学习能力的增强都离不开自主学习型课堂的影响。在自主学习型课堂中，学生是学习的主体，学生在教师的正确引导下发挥学习的主动性，在更加积极主动学习活动中提高自身的综合能力。自主学习型课堂越来越受到广大师生的认可，成为小学科学课堂所广泛采用的实际有效的教学方法。

参考文献

[1] 国家中长期教育改革和发展规划纲要（2010-2020年）.

[2] 林崇德.21世纪学生发展核心素养研究［M］.北京：北京师范大学出版社,2016.

[3] 胡卫平,韩琴,严文法.科学课程与教学论研究［M］.北京：高等教育出版社,2007.

[4] 李小丽.新课程实施难点与教学对策［M］.南京：江苏美术出版社,2011.

[5] 杨黎芳.小学科学自主探究的课堂教学的实验研究［J］.科学中国人,2014,17（05）:208-208.

[6] 汪靖霞.初中科学课教学中引导学生自主学习的策略初探［D］.武汉：华中师范大学,2011.

[7] 索南措.浅析小学科学教学方法选择与应用策略［J］.考试与评价,2017（08）:99.

让"音乐+戏剧"游戏走入小学音乐课堂

■ 深圳市翠竹外国语实验学校 叶 梅

摘 要：随着国家对人才培养核心素养和关键能力的提出，学校教育越来越重视培养学生的综合艺术素养，广大音乐教师更清楚地意识到义务教育阶段的音乐教育不是精英教育、更不是专业教育，其教育的真谛是让受教育者通过音乐的学习，受益终身，用音乐塑造人的灵魂，美化心灵，陶冶情操。许多音乐课堂出现将戏剧游戏融入音乐的学习中，充分利用学校有限的音乐课堂让学生有更多的艺术感受和体验，丰富音乐课堂教学的内容，活跃音乐课堂教学的气氛，让学生在轻松、快乐的环境下，不由自主地热爱音乐，在音乐的世界里挖掘更多有趣的知识。本文探究的是"音乐+戏剧"游戏在小学音乐课堂中的具体应用。

关键词：音乐+戏剧 游戏 小学音乐

英国杰出的作家、戏剧家莎士比亚说：游戏是小孩子的"工作"。高尔基也曾说过：游戏是儿童认识世界的方法，也是我们认识世界的工具。的确，它是适合于儿童年龄特点的一种独特活动方法，也是促进儿童心理发展的一种最好的活动方式。本文提出的"音乐+戏剧"游戏，实则为包含音乐与戏剧两种艺术元素在内的游戏，是为学生们主动学习，寓教于乐，量身打造的小学音乐课堂游戏，它是打造音乐创新课堂有效的途径和方法。

一、以游激趣，寓教于乐

笔者记得在师范学校学习期间，遇到了生命中的"贵人"，湖北省特级教师、武汉市武昌实验小学的许正老师，那时她虽已50多岁了，但充满了童心童趣。她在课堂上就像是一只老母鸡带着一群小鸡，一个老顽童带着一群小猴，一位慈祥可亲的奶奶带着一群孙子辈们，在歌声中快乐地嬉戏……走进她的课堂，轻松有趣，令人忘记了时间，忘记这是课堂，忘记了是在上课。我第一次上她的音乐课，就被深深地吸引住，就这样结下师徒缘，她带我走入了音乐唱游的世界，教会我运用游戏带领孩子们学习音乐，深深地影响着我的音乐教学观……

后来笔者走上音乐教学工作岗位，发现游戏并不会发生在每个课堂上，它是非主流或者说是比较奢侈的教学手段，更多的是出现在我们的比赛课或公开课上。对于年轻教师，更是"谈游色变"。问及原因，有的老师说，学生一听到玩游戏就亢奋、激动不已，甚至忘乎所以，咱们班额大，人数多，游戏中孩子们天马行空，不受约束令人头痛，很费劲。有的老师说，每月、每周、每天教学内容都是计划好的，玩游戏会影响我的教学进度，很费时。也有的老师觉得，要自己找适合教学的游戏素材，需要做一些道具、学具、备课花工夫，很费事。因而我们的课堂大多是以听为主，少动少说，比较沉闷。

2018年我作为广东省第二批名师培养对象到澳大利亚研习，零距离地感受国外小学课堂，感触最深的就是孩子们在课堂上快乐和放松的样子。游戏是教学中非常自然且时常发生的事情，可谓是游戏即学习，所以学生课堂表现出课堂学习状态是：积极主动、民主平等、富于创造，具有游戏精神，真正做到了寓教于乐。

在我的音乐课堂，游戏教学已成为课堂学习主要渠道，比如结合教育戏剧设计的音乐模仿游戏、肢体表演游戏、反应力练习游戏、感官知觉回唤游戏、角色扮演游戏、想象游戏、控制游戏、专注练习游戏、即兴表演游戏等等，在这些游戏中学生学会如何专注听音乐、如何对听到的展开想象、如何用肢体或是语言去表达音乐。课堂上没有后进生，没有差生，没有捣蛋生，学生都盼望着上课。其实我认为只要我们掌握了游戏管理的方法，不怕麻烦，愿意付出时间和精力去琢磨和实践，就一定会发现多做游戏的音乐课堂师生关系较亲密，其乐融融，再也不会有学生说喜欢音乐而又不愿上音乐课。

二、以游促教，获取技能

2011年音乐新课标出台后，我们看到小学音乐课堂，学生个性张扬，教师大胆创新，随着学科的融合，课堂教学呈现出勃勃生机。但静下心来，我们常常会发现一个矛盾：注重兴趣，往往缺失技能支撑，而注重知识的传授又显得趣味不够。而"音乐+戏剧"游戏，恰到好处地寻找兴趣和技能的学习融合点，在有限的音乐课堂培养学生综合艺术素养，发挥课堂学习的最大效率。

例1　身体音符

游戏目标：①帮助学生学会安静聆听音乐；②感受歌曲情绪、内在律动和不同的音乐形象；③解放学生天性，增强学生肢体表达能力。

游戏准备：①相对宽敞的音乐教室；②钢琴。

游戏规则：①跟随音乐的节奏任意在教室漫步，并记住自己听到的重复的主题旋律，要求不能讲话、发出笑声或互相交流，音乐停止原地坐下；②教室弹奏不同主题旋律，请学生听辨，并说出自己对这段旋律的想象，创编一个动作；③教师播放音乐，学生听到相应的主题旋律做出相应的动作。

音乐课堂运用此游戏，建议：①此游戏可用在欣赏课中，将教师讲学生听的枯燥欣赏模式变为学生的主动聆听体验和肢体的主动表达；②此游戏也可以运用在唱歌课中，帮助学生在行进的过程中学会聆听歌曲并稳定地打拍，听辨歌曲结构，在相同或相似的句子中做出同样的动作。（游戏设计者：深圳市叶梅名师工作室　吴茜）

例2　跳格子

游戏目标：训练学生的注意力和反应力；②听辨二拍子、三拍子、四拍子。

游戏准备：①课室内，教师按人数把学生分成5或6人的若干小组，用2分钟的时间每个小组在地面上画出不同形状的三个格子，格子里分别写着二拍子、三拍子、四拍子。②钢琴及准备弹奏的二拍子、三拍子、四拍子音乐或歌曲若干。

游戏规则：教师弹奏一首音乐或歌曲，每组学生先听辨是几拍子？如果是二拍子，小组就选出2人跳到二拍子的格子里共同摆一个造型。小组其他成员用身体部位拍打出二拍子的强弱规律，如果是四拍子，就需要4个小伙伴跳到四拍子的格子里，摆一个造型。小组其他成员用身体部位拍打出二拍子的强弱规律，如果是三拍子就依此类推。摆好造型，游戏完成后，由师生共同对拍子听辨的对错，身体部位拍打强弱规律的对错，及各组造型完成情况参与评价。评价结束，游戏重新开始。

例2是培养学生感受音乐节拍和打开肢体的"音乐+戏剧"游戏。这种通过游戏达到一定的教育目的，也称教育游戏。索尼在线娱乐的首席创意官拉夫·科斯特对游戏定义是：游戏就是在快乐中学会某种本领的活动。"音乐+戏剧"游戏走入小学音乐课堂，学生在玩中学，做中学，想中学，主体参与，自主发展。以游促教，获取音乐知识和能力。

三、以游育规，培养精神

让"音乐+戏剧"游戏进入小学音乐课堂，不仅能以游激趣、以游促学，同时还可以以游育规，让学生领会游戏精神，它不在于谁是赢家，谁是第一，而是在游戏中建立一种伙伴关系、协作精神。树立一种规则意识、契约精神。这都是通过游戏自学自悟，自我教育的成果。

例3

一次在课堂上，正组织分组比赛游戏时，有一组同学因为没有遵守游戏规则，大声说话，被（临时裁判）罚出局，退出了比赛。其他组的同学在接下来的比赛中不敢违规，安静不语，游戏进展得非常开心、顺利，提早退出比赛的那一组没精打采地看着其他组欢天喜地，玩得酣畅淋漓。心里很不是滋味，也不甘心，一名代表走近身边说："叶子老师，我们小组知道错了，能不能再给我们一次机会，我们请求再来一次，我们也想参加游戏"。听到孩子们真诚的语言，我由衷地为孩子们高兴，他们有了规则意识和契约精神。我爽快地答应了他们的要求。

例4

一次在学生们进行小组模仿游戏比赛前，我给各小组2分钟的时间各自练习比赛时要用到的一组节奏，各小组得到指令后摩拳擦掌地练习起来，我发现其中一组的学生居然运用游戏方法进行练习，首先是大家一起拍打，谁打错谁出局，直至决出胜利者。本局结束，再开始新的一局。这样，这一组的同学们用最快的速度做好了与其他小组比赛的准备。

例5

记得初玩抱团游戏时，学生们在音乐中按节奏行走或做即兴表演都不成问题，问题恰恰出现在音乐一停，老师喊3人或5人时，他们反应太迟，不能快速抱成团，或者出现抱不成团的现象。比如一组有7人，当老师报5时，有一组居然就是停留在一边3个人，一边4个人；老师报6时，一组7个人推来推去。看到这样的情况，我及时让孩子们原地坐下，问问他们为什么会这样？孩子们反思说：因为她们四个是女孩子，我们三个男孩子都不愿意过去。还有的说老师报6，我们这组7人，谁都不想落单，不愿退出。我接着问学生：这样的情况你怎么看，你有什么好建议？这时孩子们会七嘴八舌，有的说这样不好，有的说如果这样，我会主动退出，我会做减法，成全我的团队。于是我趁热打铁，让每组对前段游戏中的得失展开讨论总结经验，想想在接下来的抱团游戏中小组如何取胜。然后各小组再准备新一轮的抱团游戏比赛。结果这一次游戏玩得非常成功，不论是音乐中的专注倾听，有节奏的行走还是音乐停后的迅速抱团，2人，3人，4人，5人，6人，7人……他们进退自如，谦让或替补，都沉着应对，体现出无我的团队精神。游戏活动堪称完美，各组表现不分上下。

随着国家对人才培养核心素养和关键能力的提出，学校教育越来越重视学生的综合艺术素养，广大音乐教师更清楚地意识到义务教育阶段的音乐教育不是精英教育、更不是专业教育，其教育的真谛是让受教育者通过音乐的学习，受益终身，用音乐塑造人的灵魂，美化心灵，陶冶情操。而今我也从事音乐教育工作近30年，有幸成为以自己名字命名的深圳市叶梅名师工作室的主持人。工作室有一群有理想、有干劲、有才华的年轻人，自工作室成立的那天起，我们就有了诗意的语言："让生命之河在音乐中缓缓流淌。"2015年当音乐遇见戏剧，我们便一起成为"音乐+戏剧"课堂研究的探路者，大胆尝试将教育戏剧游戏融入音乐的学习中，充分利用小学有限的音乐课堂，让学生有更多的艺术感受和体验，丰富音乐课堂教学的内容，活跃音乐课堂教学的气氛，让学生在轻松、快乐的环境下，不由自主地热爱音乐，在音乐的世界里挖掘更多有趣的知识。广西幼儿师范高等专科学校刘峰教授说："多用游戏的课堂不会沉闷。"我要说：游戏即学习，让"音乐+戏剧"走入中小学课堂，"抓住"学生，发展规则意识、创新思维，契约精神及综合艺术素养，让学生终身受益。

参考文献

[1] 百度百科．游戏．[DB/OL] https://baike.baidu.com/item/%E6%B8%B8%E6%88%8F/33581?fr=aladdin.

[2] 张晓华.创作性戏剧教学原理与实作 [M].北京：中国戏剧出版社，2017.

对比香港内地差异 优化乘法教学[①]

■ 深圳市罗湖区洪湖小学 高红妹

摘 要：香港教育多元化，有着中西合璧的文化背景。本文主要参考香港的"新一代"数学教材和内地的"新北师大版"数学教材，对两地乘法教学的异同展开对比分析，发现内地学生乘法口诀不如香港那样从学生认知规律去科学呈现，先呈现最容易的2、5乘法口诀，再呈现有倍数关系的4、8、3、6、9的乘法口诀，最后是0、7的乘法口诀，这样编排更有利于学生获取最好的乘法口诀学习效果。

关键词：香港 内地 优化 乘法教学

香港小学数学教学具有鲜明的东、西方文化融合的特点，既有东方传统的知识体系架构、重视基础知识学习，同时又有西方教育重视学生自主探究、合作学习的特点。如何科学、合理地安排乘法知识的呈现顺序，一直是数学教学研究者关注的重点。

一、两地乘法教材编写对比

香港和内地的小学数学教材都各有多种不同版本，本文主要以内地北师大版小学数学二年级教材与香港新一代数学（第二版）二年级上册B教材进行对比。

"北师大版"安排在二年级上册学习乘法，用了三个单元，分别是第三、五、八单元。其间，还穿插了图形的变化、测量、除法等单元的学习。这样的内容编排既能让学生有更多时间去理解和掌握已经学过的口诀，主动运用口诀解决问题，深刻领悟和多方体验每一块内容，又能让已经对"编口诀—口诀"这一学习模式产生了审美疲劳的学生得到缓冲和过渡，一举两得。

"新一代数学"也是安排在二年级上册B学习乘法，用了整整一个单元，使得基本乘法的学习更加系统化和有连贯性。两套书各有侧重，体现了各自不同特色。编排的顺序也不同，香港教材是先学2、5和10的乘法口诀，再学习3、4、6和8的乘法口诀，然后学习7、9、1和0的乘法口诀，最后是乘法的应用。内地则先安排"1-6乘法口诀"，再学习"7-9的乘法口诀"。如下表所示：

[①]国家社会科学基金"十二五"规划2015年教育学一般课题"香港内地小学数学教材对比研究"（BHA150120）。

内地 "北师大版"二年级数学	香港 "新一代"二年级数学
三、数一数与乘法 有多少块糖 儿童乐园（乘法初步认识） 有多少个点（加法改写成乘法） 动物聚会（加法与乘法的对比） 练习二 五、2-5的乘法口诀 数松果（5的乘法口诀） 做家务（2的乘法口诀） 课间活动（巩固2、5乘法口诀） 需要几个轮子（3的乘法口诀） 小熊请客（4的乘法口诀） 回家路上（巩固2-5乘法口诀） 练习三（巩固2-5乘法口诀） 整理与复习（巩固2-5乘法口诀） 八、6-9乘法口诀 有多少张贴画（6的乘法口诀） 一共多少天（7的乘法口诀） 买球（8、9的乘法口诀） 做个乘法表（1-9乘法口诀整理复习）	小眼睛看世界（乘法的书写） 乘法的意义 2、5和10的乘法 3、4、6和8的乘法 7、9、0和1的乘法 乘法的应用 单元温一温 综合练习（三）超级市场 小眼睛看世界

（一）香港教材的编写特点

香港教材编写比较突出的特点有：

1. 加强学习活动

香港教育署辅导视学处数学组编写的《数学学习活动参考资料》指出：数学学习活动是指学生通过某些活动获取一些数学概念、知识或技能的活动。它包括动态活动和静态活动两种，活动和教学是不能分割的。在乘法的学习范畴里，十分强调学生在活动里获得知识。

2. 密切联系生活

香港教材很多章节都安排有"生活中的数学"。在数的安排上，学了一种计算方法之后，就有安排实际问题的解决。一般教材编写安排由易到难，由简单到复杂。可以看出，香港的小学数学教材十分重视拓宽知识，学以致用，培养能力。

3. 形象思维明显

教材纸质精美，颜色鲜艳，图文并茂，深受小学生喜爱，且老师的教具和学生的学具非常多。教材常常是通过图形和数柱等进行计算和解题。例如二年级下册，表内的乘法学完以后的乘法复习课，通过"数鸡的只数"的填空活动复习乘数是2的乘法；通过"三格跳"游戏图复习乘数是3的乘法；通过数柱的演示把抽象的计算数理形象化，让学生看得见、摸得着，使学生在轻松、快乐的活动中学习乘法计算。

（二）内地教材的编写特点

内地教材编写比较突出的特点有：

1. "情境＋问题串"的教材呈现方式

通过这种呈现方式实现了课程内容的展开过程与学生的学习过程、教师的教学过程与课程目标的达成过程四位一体，实现了数学教材呈现方式与实际学与教的过程同步对接。例如，三年级上册乘法"蚂蚁做操"一课的教材，上面是蚂蚁做操的情境，下面设计了3个问题形成问题串。这样把情境和问题串设计有机地结合起来，其中"问题串"就是基于情境、围绕一定目标、按照一定结构精心设计的一组问题，并通过一个个问题指向数学知识、方法、思想等发生发展过程，从而引领学生的学习过程，有效地实现学习目标。

2. 强调计算法则和简便计算方法

很好地结合了纯理论问题和实际应用，明确地给出了分数与整数、分数与分数的运算法则，以及两种约分方法，注重基础知识的巩固，以步骤单一的简单计算题为主，生活化的案例丰富且生动，尽可能让学生在生活中感受到分数的运用，呈现分数在现实生活中的使用价值。

（三）两地教材编写对比

在乘除法内容安排上两地区别就比较大，内地是分两段教学乘法口诀，穿插相应的口诀求商；第一段教学1-6乘法口诀及用2-6口诀求商，第二段7-9乘法口诀和相对应口诀求商；而香港则是先完整教学0-10乘法口诀及乘法应用，再学习除法意义及计算，这样能让学生对乘法完整的认识，但相比之下，对于口诀的记忆就没有向内地那样分段应用到除法效果好，因为学生在应用口诀求商时，又巩固了学生对乘法口诀的掌握，逐渐达到熟练程度。

而在乘法口诀教学时，内地的安排是"1、2、3、4、5、6""7、8、9"简单地按数的大小顺序来编排。而香港教材则先学习2和5口诀，因为学生2个2个一数和5个5个一数容易；然后在此基础上成对学习如"3和6乘法口诀""4和8乘法口诀"，学了3再想3的2倍的6，学了4再想2倍的8；最后学习7、9、0和10的口诀。这样编排更符合学生的认知规律。

在除法竖式计算时，学生容易把商的位置写错，尤其是不够商1就商0，通常把0忽略了。相比之下，内地比较重视有关0的乘除法。此外，内地也重视简便计算，在教学乘除计算后，都安排相关简便计算的教学，既有利于提高学生计算熟练程度，又能帮助学生形成较强的计算技巧和浓厚的学习兴趣。

二、两地乘法口诀教学对比

1. 两地的乘法口诀教学相同点

都是在学生理解乘法的意义后依次安排各个数的乘法口诀，教学特点都是从生活情境中引入、概括乘法口诀；以5的乘法口诀作为起始内容进行教学；提供学生探索的空间；安排了形式多样的练习；注意通过直观模型帮助学生理解口诀之间的内在联系。

2. 两地的乘法口诀教学不同点

乘法口诀的编写，比如2的乘法口诀：2×1=2，香港教材编的口诀是"二一得二"，内地则习惯小的数放前面"一二得二"；香港教学还出现2×10=20，二十得二十，内地口诀教学则不出现此类口诀，也不教学此部分。也就是说香港教材出现了"2×1，2×2，2×3，2×4，2×5，2×6，2×7，2×8，2×9，2×10"10个式子和口诀，所以内地用的是小九九表，香港用的是大九九表，内地的乘法口诀表是梯形的，香港的是长方形的，内容比较多，相比之下，内地学生在记忆这块就简单多了，同时不影响知识的应用。

3. 香港乘法口诀教学

香港乘法口诀教学按照2、5、10、3、4、6、8、7、9、1、0的顺序学习乘法，其中，2、5、3、4、6、8、7、9、1的乘法是有乘法式和乘法歌，10和0的乘法只有算式。并在10的乘法中，得出了"在5的倍数中，个位的数必定是0或5；在10的倍数中，个位的数必定是0"这一北师大版是安排在高年级才学习的知识。

例如教学2的乘法口诀，结合丰富的图画、一一对应的"小耳朵"和"方格"以及倍数知识，得出2的1倍、2的2倍、2的3倍的算式……是2×1=2，2×2=4，2×3=6……再编制乘法歌。香港乘法口诀教学的课后练习相对较少，更多的是集中在学习完全部口诀后，一个总的练习与复习。也常以图文结合和生活化的形式去呈现题目，从而让学生感受到"数学与生活密切相连"的这一原理。

4. 内地乘法口诀教学

内地乘法口诀教学分两个单元进行教学，先学习5的乘法口诀，再依次学习2、3、4、6、7、8、9的乘法口诀以及做个乘法表。

例如教学5的乘法口诀，先用学生自身现成的学具5根手指数数，在5个5个数的过程中体验5的乘法口诀和特点，有利于学生探寻和发现规律，掌握口诀的编制方法，由简到难。

练习部分采取一课一练的形式，在乘法口诀的编写、理解和应用的过程中，更注重对口诀的运用。并常以看图写算式、数线图、点子图的形式呈现题目，从而渗透"数形结合"的思想，体现数学源于生活，服务于生活的本质。

5. 两地乘法口诀教学对比

（1）乘法口诀记忆是比较难的，内地乘法口诀教学安排了学生口诀的观察和记忆，让学生学会根据自己熟悉的口诀推算忘掉的口诀，培养学生类推的数学思想方法。香港乘法口诀教学则恰恰忽略了这一点。

（2）内地教学在2-5的乘法口诀后面紧接着安排了"分一分与除法"，让学生在用2-5口诀求商的过程中，进一步巩固2-5的乘法口诀；在6-9的乘法口诀后也对应安排了用6-9乘法口诀试商和乘除法的综合应用，让学生再次体会到乘法和除法之间的逻辑关系，巩固了乘法口诀的记忆和应用，逐渐达到熟练的程度。香港乘法口诀教学是系统让学生完整学完所有的乘法口诀，再来学习用口诀求商，相比之下学生的记忆负担相对显得重。

（3）内地乘法口诀教学基本都是从小到大顺序编排，如，2的乘法口诀、3的乘法口诀、4的乘法口诀、5的乘法口诀等等。香港乘法口诀教学则先学最容易的乘法口诀，如，2的乘法口诀、5的乘法口诀、10的乘法口诀，这些知识早在"一年级两个两个数，二年级学5个5个数"中做好了铺垫；10又是2和5的倍数。再教学有倍数关系的乘法口诀：4的乘法口诀、8的乘法口诀；3的乘法口诀、6的乘法口诀、9的乘法口诀；最后是7、0、10的乘法口诀。这样把有倍数关系的口诀放一起的编排，便于孩子理解和记忆口诀，又符合学生的认知规律。

三、两地乘法竖式教学对比

两地乘法竖式计算的教学差别比较大，内地是从右边乘起，学生也只会从乘数的个位乘起，再把两次乘得的积加起来。香港则从左边乘起，由于香港是一个国际化都市，学生来自世界各地，各种文化和思维的差异导致课堂上学生的计算会出现以下几种情况。

→	↔	←	←	←	← 内地
23	23	23	23	151	151
× 151	× 151	× 151	× 151	× 23	× 23
2300	1150	23	3020	453	453
1150	2300	1150			
23	23	2300	453	3020	302
3473	3473	3473	3473	3473	3473
从乘数的百位（左边）乘起	从乘数的十位（中间）乘起	从乘数的个位（右边）乘起	从被乘数的十位（左边）乘起	先调换乘数与被乘数的位置再从乘数个位（右边）乘起	

（注：内地把0省略不写）

仔细比较，我们不难看出，内地乘法计算的竖式更简便，计算的步骤是先从乘数的个位乘起，先用乘数个位上的3去乘，乘得积的末位对齐个位；再用乘数的十位上的数去乘，乘得积的末位对齐十位。这种方法好处是竖式简便，但学生要小心处理数位的对位问题，否则容易出现数位写错而造成计算的错误。香港的计算，在竖式里还要添0再计算，虽然看起来书写复杂了，但是学生在计算时书写数据的数位不容易错。内地教材借鉴香港教材，从2015年秋季的改版教材开始就强调可以添0也可以把0省略不写。同时香港教材从乘数的高位乘起，恰好符合估算、速算的习惯，所以从高位乘起来，便于学生把握乘积的位数个数，从而提高学生计算的准确性。这部分内容各有优劣，两地教材可以根据学生的思维情况选择相应的教法。

四、乘法教学优化建议

（一）内地乘法教学优化建议

1. 加大活动课程的设计

内地教材比较偏重思维性，很多教学内容都是引导学生思考得出结论为主，对于中下层学生来说难度较大，可以借鉴香港教材多设计活动课程，让学生通过活动获取一些数学概念、知识或技能，降低难度。

2. 密切联系生活实际

拓宽知识面，学以致用，培养学生运用所学知识解决问题的能力。近年来内地教材已经在不断加大这部分内容的设计，但对比香港教材还是偏少，需要不断增加。

3. 给学生提供尽量多的学习用具

香港的小学教室里面配备了学生必用的教具和学具。出版社提供的教具非常丰富，学生的用具也是五彩缤纷。例如学生用书上的"粘纸图"，节省了学生的剪纸时间。

4. 删减部分教学内容或降低教学要求

内地赴港学习的小学生和家长普遍反映香港教材的难度没有内地大，而且比较接近生活实际，学生学起来比较轻松。内地教材应该结合生活实际和学生实际不断调整教学内容和难度，注重学生基础知识、基本技能的掌握，凸现学习目标的落实，注重学生学习目标的达成。

5.改变乘法口诀编排顺序

不再是简单的从小到大编排乘法口诀学习的内容，而是先呈现最简单的内容"2的乘法口诀""5的乘法口诀"然后是他们的倍数"10的乘法口诀"，接着呈现有倍数关系的口诀"3、6、9乘法口诀""4和8乘法口诀"，最后学习7、0和10的口诀。这样编排更符合学生的认知规律。

（二）香港乘法教学优化建议

1.注意教学情境的统一性

香港教材同一课时的教学内容可能呈现若干个不同的情境，学生的思维要在不同的情境中转换和跳跃，不利于思维的连贯性。而内地教材是同一个情境+问题串的呈现方式，学生可以集中思维在问题本身。

2.增加数理和算理知识的编排

香港教材比较注重实践，对数理知识的编排较少，所以学生动手能力比较强，但思维深度远远弱于内地学生。

（三）两地乘法教学优化建议

通过对两地教材的对比分析发现，两地各有优点，也存在不足。两地若相互借鉴，则效果更佳。比如乘除计算教学的编排，要有香港乘法口诀顺序的呈现方式，又要有内地教材同时穿插相对应口诀求商的教学内容，这样学生学习就能记忆和应用，达到轻松学习之效。

1.*充分尊重学生已有的生活经验，利用倍数深刻理解乘法的意义*

生活中有很多乘法的实物模型，让学生去生活中寻找，在寻找中提炼乘法模型。从两套教科书的对比发现，教师可让孩子结合着"倍数"知识去理解乘法，再结合着生活模型，在真实而具体的生活情境下学习与应用口诀。既让已经会背诵的孩子去发现口诀背后更多有趣的数学知识，也让还不会背诵的孩子通过学习更好地去理解乘法的意义。

2.*创设丰富多彩的生活场景，在应用中去记忆和理解乘法口诀*

为期至少两个星期的口诀学习时间，单调重复的课堂模式，只怕会让部分孩子心生厌倦。那么，教师在教学过程中便可结合具体的生活实例，让学生在应用中去理解背诵口诀，如，5的口诀教学可以结合手指的个数、2的可以结合单数和偶数、7的可以结合每周的天数，而8和9的口诀则可以利用前面的口诀进行推理。教师创设接地气的生活模型，既沟通了不同口诀之间的关系，又提升了学生理解口诀的效率。

3.*注重对口诀的运用，让孩子感受到拥有口诀的神奇魅力*

两套教材都体现了多应用乘法口诀，让学生在应用中感悟乘法口诀的奇妙。乘法是加法的简便运算，多让学生在日常生活中恰当地运用乘法口诀解决问题，并且和家长一起分享乘法口诀的学习，感悟口诀在我们生活中的广泛应用。从而引导孩子从生活中发现数学，把学习的数学知识运用到数学生活中去，解决身边的生活问题，体会数学在现实生活中的运用价值。

参考文献

[1]刘坚.义务教科书·数学二年级上[M].北京:北京师范大学出版社,2016.

[2]朗文.新一代·数学第二版2上B[M].香港:朗文出版社,2010.

回归语文教学的原点

■ 珠海市平沙镇连湾小学　陈郭恒

摘　要：自新课程改革以来，目前小学语文课堂教学仍然存在不少高耗低效的现象，教师教得苦，学生学得累。回归语文教学的原点，教师在课堂上删繁就简，实实在在地教，是打造高效课堂必由之路。教师要在教学上使用"减法"：减去盲目的教学目标，精简力求一课一得；减少朗读技巧的传授，珍视学生的独特体验；减去形式主义的讨论，重视学生的主体感悟；减少完美精彩的过渡，重视语言文字训练；减去漫无目的的拓展，重视学生对文本的解读；减少习作指导中的写法套路，重视习作主题下的个性张扬。

关键词：语文教学　高效课堂　教学目标　朗读　语言文字训练

新课程改革已经推行了很长一段时间，当前小学语文课堂教学出现了很多让人欣喜的变化，同时也或多或少地带来了使人困惑的问题：活跃的课堂背后，形式主义的东西多了。热闹的课堂上语文本质的东西少了，关于语文衍生物多了。不少语文课堂教学越来越"水肿"，导致教师呕心沥血地教，学生苦不堪言地学。如此高耗低效的课堂教学与新课程标准的理念极不吻合。要让教师教得轻松，学生学得扎实，语文教学就必须正本清源，回归原点。笔者结合教学实践，谈谈怎样在小学语文教学中删繁就简，打造高效课堂。

一、减去盲目的教学目标，力求一课一得

如今，部分的小学语文课堂教学存在着目标过多、过全、过虚的现象。不少教师恨不得在一堂课内拼命地往孩子的小脑袋灌输自己的毕生所得。实际上40分钟的一堂课其承载能力是有限的，我们不可能在一节课内完成过多的教学任务，面面俱到只会造成语文教学举步维艰，老师声嘶力竭地讲，学生疲于奔命地学。教师希望学生受益匪浅，实际上不少孩子却学有所困，学有所惑，无法消化。

中国教育学会小学语文教学专业委员会理事长崔峦曾说："语文教学一定要删繁就简，要返朴璞归真，简单实用，提倡简简单单教语文，本本分分为学生，扎扎实实求发展。"对于语文教学，特别是阅读教学，蕴含了字、词、句、篇、语、修、逻、文，可挖掘的东西太多，如果这也想要，那也舍不得丢，哪怕用几节课的时间都不一定能把一篇课文讲完。有些课看似博大精深，实则是教学目标预设过多或者是教学目标错位。结果是教师累、学生苦，接受能力强的学生勉强还能应付，但能力中等及以下学生学得云里雾里，苦不堪言，时间一长，难免开小差、搞小动作，厌学就这样不知不觉地慢慢地滋生了。学生一旦厌学，必然造成了课堂教学的高耗低效。

所以，作为语文教师非常有必要知道语文课应该教什么。崔峦在全国第九届青年教师阅读教学观摩活动开幕式上的讲话明确指出："落实年段学习目标，就是要在阅读教学中增强课标意识、目标意识、年段意识，所上的课是哪个年段的，就要符合哪一类课型的、

符合哪一种文体特点。"只要语文教师心存年段学习目标，课堂教学就有了方向，教学内容就有了取舍，内容的深浅就有了参照。教师要非常清楚在这个学期要让学生掌握哪些知识、习得哪些能力、启迪哪些智慧、培养哪些情感与品质；其次要准确理解教材的地位和作用，在理解教材的地位和作用时要有大语文的视角，要把它放到整个单元、整册教材甚至整个小学阶段教材的范畴去看；最后要根据自己对教材的解读，根据本班学生知识基础及学习能力，大胆地取舍，把复杂的内容变得简明，让拖沓的教学过程变得简捷，使花哨的教学方法变得简单，每堂课突出一点，抓实一点，力求做到重点突出、一课一得。这样的教学，学生才易于接受，才学有所得，这样的课堂才是高效的。

例如对于优美抒情的课文，可重点训练朗读，积累好词好句；对于写作方法精巧的课文，可重点体会写作手法；对于故事性强的，则可训练复述，归纳主要内容；对于人物描写传神的，可抓住关键词句去体会人物形象和情感；对于细节描写生动的，不妨鼓励学生练笔，尝试模仿与借鉴……把年段学习目标分解到各单元，落实到每一篇课文当中，即可避免呆板单一的教学模式，又因目标任务相对简单，具备充足的时间，训练落到实处，学生必然快乐学习，学有所得。

为了确保语文课堂"低碳"高效，要牢牢把握年段学习目标，钻研教材，找准单元训练点，力求一课一得。现以处理高段略读课文为例，谈谈如何落实一课一得。高段略读课文篇幅比较长，为了提高课堂效率，一般采用一课时来完成教学任务，这就需要做到长文短教。略读课文是对精读课文教学中所学得的阅读方法的迁移和运用，需要找准迁移点，进行针对性地设计，力求一课一得。关于迁移点的选择则需要老师在教学之前与文本、编者进行深度对话，比如执教五年级上册的略读课文《学会看病》，根据单元"导语"，明确单元教学目标：

（1）立足语言训练点，进一步学习通过一定的描写方法表现父母对子女的关爱。

（2）围绕单元主题"父母的爱"，根据读写结合的原则，设计三次练笔，充分利用略读课文的文本资源：

①先从课题出发，引导学生思考母亲"到底是不是一位冷漠的母亲"，让学生结合预习，批注个人观点。

②教学中，让学生选择看病前、中、后的一个片段，站在儿子的角度，用第一人称的口吻改写文章，主要是学习抓住心理活动的描写，表现情感的变化。

③在课堂末段时间，让学生思考"母亲让儿子学会看病，其实更是希望儿子学会什么？"请学生用一两句话写下来。

以上设计，有运用、有迁移、有升华。教师只要紧紧地抓住年段学习目标，有单元意识，有一双慧眼，学生能读懂的不教，学生能感悟的不教，根据学生的学情需要、学生学习能力的强弱，对教学知识点进行取舍，这样才能教得轻松，学生也易有所获。

二、减少朗读技巧的传授，重视学生的独特体验

朗读是小学语文课堂教学中教师普遍采用的方法之一，实际上在教学实践中的朗读却存在着很多问题。教师对于朗读的指导不到位，甚至出现本末倒置的现象，大多重视声音表现形态，忽视学生内心的真实体验；只重视传授生硬表层的技巧，忽视了语言文字的内蕴。我们在很多公开课、优质课中，常听到一些教师直截了当地告诉学生，把某些字词读

得重些或轻些，把某些句子读得快或慢些，学生的朗读沦落为单纯对教师腔调的模仿，实际上这样的教学忽略了朗读表情达意的真正意义。所以，许多学生一遇到感情比较强烈的带有感叹号的句子，就使劲重读，而不知道有时重音轻读，表达的韵味更为传神。那些刻意造作的模拟式朗读，常常搞得怪腔怪调，甚至阴阳怪气，让听众感到不舒服，这不但削弱了语言本身的表现力，还误导了文本原有的情义。在教学中，教师不应生搬硬套，应该让学生自己读书、自己思考，读出自己的真实感受，并且大胆质疑或提出困惑。对于关键的句段，必须边读边想边议。学生带着自己的生活体验，自然朗读，进而逐步理解课文。在朗读中，教师要充分尊重和珍视学生独特的朗读体验，这才是正确有效的朗读指导方法。

本人曾有幸聆听了特级教师严杏老师执教的《观潮》一课，其教学设计匠心独运，朗读指导如大象无形，令人叹为观止。

首先，严老师从课文里摘录了一大组词语，让学生自由读。通过随意地自由朗读，有助于轻松培养学生积累词汇的习惯。随后，严老师巧妙地把这一大组词语划分为三小组：风平浪静、人山人海、昂首东望；闷雷滚动、人声鼎沸、白浪翻滚、齐头并进、浩浩荡荡、山崩地裂；漫天卷地、风号浪吼、恢复平静。这三组词语的描述恰好是课文的三个场景：潮来前、潮来时、潮退后。严老师让学生用自己喜欢的方式朗读词语，初步帮助学生在脑海里有了若隐若现的感性联想，同时对课文的整体结构有了初步印象。

接着，根据第一组词语引入"潮来前"的教学，让学生观看相关视频片段，谈谈观后感。凭借动感十足的声像效果让学生身临其境，引发他们丰富的想象，产生鲜明的"内心视像"，激起了学生朗读的兴趣。教师让学生自由朗读第三、四自然段，用自己喜欢的方式反复读最喜欢的句子。通过投影重点句子，用各种形式的让学生放声朗读。随后，教会学生朗读课文时，脑海里就像放电影一样，这种方法就叫作"历历在目"。接着，让学生以此方法学习后面的课文内容。

学到浪潮越来越近的片段时，严老师用引读的方式，师生合作读书，老师引读以下关键词语"午后一点左右，从远处……过了一会儿……再近些……浪潮越来越近……"，学生顺应接着读文。老师走到哪里，周围的学生就站起来加入诵读的队列，诵读的声音也越来越壮，宛如潮水之势越来越猛。让学生从诵读中轻易地感受到潮势的逐渐变化，此举非常巧妙。

最后，总结全文，再次呼应学习课文前的三组词语，让学生带着学文后的新体验再读再悟，让学生再次感受中国语言文字的魅力。

纵观整节课而言，严杏老师的朗读指导非常成功，使学生处于跃跃欲试的读书"愤""悱"状态，从而在想象中读，在读中想象，达到理解文本的最佳效果。在严老师的诵读课堂上，学生的朗读是自然而然，教师的指导是顺势而为的，孩子们的感悟更是水到渠成的。

三、减去形式主义的讨论，重视学生的主体感悟

课改后，我们常在观摩课、公开课的课堂上看到这样的热闹的场面：教师提出一个问题后，随即宣布分小组讨论，瞬间教室里如热闹的街市，两三分钟后，教师指名学生反馈，学生对答如流，使听课的老师叹为观止。然而，一堂课上看不到扎实的训练，听不到

朗朗的读书声，学生又有何收获呢？

众所周知，小组合作探究是实现学生自主合作学习的一种很好的途径。然而，学生在小组讨论的过程中，有的只是致力于阐述自己的观点，对于同伴的观点充耳不闻，置之不理；有的则对同伴的观点全盘接受，拿来己用，不动脑筋；有的刚刚分好组，没讨论几句，就被教师制止安排下一项内容了。合作学习显得匆忙、零乱，形同虚设，学生从中收获甚少。为了让讨论真实有效，在实际教学过程中，应抓住以下环节开展教学，笔者以《草船借箭》一课为例：

（1）让学生在学习新课前进行预习，尝试分别评价诸葛亮、周瑜、鲁肃、曹操的人物性格特点。上课时先让学生在小组内汇报预习情况。

（2）解读课文内容时，需要学生重点感悟的地方，先让学生自主学习，随后再让他们在小组内进行交流感受，如"诸葛亮'草船借箭'成功的原因是什么？"让学生通过自学与合作探讨得知诸葛亮知天文、懂地理、识人心是成功的关键。

（3）学课文后，创设让学生相互提问质疑、共同解疑等环节。这时，学生也许会提出"鲁肃为什么会答应诸葛亮的请求？""大雾漫天时曹操为什么不敢出兵？"诸如此类的问题，往往能拓宽学生的思路，加深学生对文本的理解，提高课堂教学的效益。

这些环节都应该充分尊重学生的独特感受，让每个学生在小组内都有收获，促进全体学生参与学习过程，共同得到提高。学生进行小组间的交流，训练口才的同时，还要注意交流中学生听力的培养，注重听的质量。

四、减少完美精彩的过渡，重视语言文字的训练

平时，我们看到某些课堂教学，甚至一些示范课和公开课，看上去仿佛完美得无可挑剔。让听者印象尤其深刻的是教者那精彩的导入语、近乎完美的过渡语，足见教者深厚的文学功底、卓越的语文素养。但如果把课堂当作是炫技的场所，学生容易沦为冷眼旁观的看客，只有被动地学习，无奈服从的现象屡见不鲜。短短的40分钟时间，不是教师展示个人才华的时候。教师应该站在学生的角度思考问题，想方设法把课文转化为学生学习语文的情境，淡化教师的教法，强化学生的学法，让学生在学习语文的过程中，关注课文呈现出来的独特的语言现象，体会语言文字的韵味，揣摩语言文字的分寸和美感，探索语言文字的运用规律。教师的任务是引领学生去品味语言文字，理解语言文字，训练学生表情达意的能力。在这个过程中，需要给学生足够的时间和空间，让学生主动参与，最终实现教学目标。

那么在教学实践中如何进行有效的语言文字的训练呢？语言文字训练内容包括很多方面，有拼音、识字、写字，还有听话、说话、阅读、习作等。训练形式也是多种多样的，可以口头的，也可以是书面的，可以是词语的迁移运用，也可以是句式的运用，还可以是表达方法借鉴与模仿等有机训练。教师要根据年段学习目标及学生知识基础水平来找准语言文字的训练点。

低年级应注意汉语拼音、识字、写字、听话、说话的训练。如，二年级的一篇课文《从现在开始》，某教师授课时引导学生过分剖析故事的发生、发展、经过、结果。这样的教学明显与低年级的语言文字训练的要求不相符。低年段的课文应该通过关键的字、词去理解课文，再让学生通过朗读训练达到积累好词、好句的目的，还可以通过分角色表演

读,进一步领会课文的思想内容。

中年级可通过句式模写训练法,将重点句中的关键词保留,让学生改写,或发挥想象自由仿写。例如三年级下册《荷花》,原文有这样的描写"有的才展开两三片花瓣儿。有的花瓣儿全都展开了,露出嫩黄色的小莲蓬。有的还是花骨朵儿,看起来饱胀得马上要破裂似的。"教师可以让学生用"有的……有的……有的"进行"造句训练"。甚至有些情况,还可以通过"改句训练""扩句训练""缩句训练"等来加强语言文字训练。

高年级则可通过段落模仿进行练笔。课文段落的结构表达的方式,选取的材料都很有特色,教师可以引导学生举一反三、触类旁通,相机进行写话训练。例如,《我爱故乡的杨梅》一课,可鼓励学生学习课文描写杨梅方法,从形状、颜色、味道等方面描写自己最喜欢的一种水果。又如在教学《新型玻璃》时,在学生读懂课文内容后,不妨设计"新型玻璃自述"的练笔,根据说明文的特点,要求学生以自述的方式,练写一种新型玻璃。这种表述不是简单复述,需要改变人称,带有一定的童话色彩,还有一些广告特色,颇能激发学生的习作欲望。通过这样的设计,有助于学生吸收课文的语言材料和表达方法。

另外,语言跟我们的生活密切相关,我们应该将语言训练延伸到校园、社会,给学生提供听、说、读、写的机会,促进所学语言的全面内化,从而达到小学语文语言文字训练的目的。

五、减去漫无目的的拓展,重视学生对文本的解读

《义务教育语文课程标准(2011年版)》要求"努力建设开放而有活力的语文课程",要求语文课堂教学能对教材进行文本拓展。但是,在教学实践中,许多教师抛开教材和课本,进行漫无目的的瞎拓展、空拓展、乱拓展,将语文课上成了思想品德教育课、影视音乐欣赏课等,这些现象都与课程标准的理念相违背的。课堂中文本的有效拓展应该既是对教材的拓展,同时又是反哺对教材的感悟。从某种角度来看,拓展文本是基于教材、服务于教材的,拓展的是教材深藏着的意蕴,是教材包含着的内涵。因此,有效的文本拓展须符合以下要求:

(1)"以人为本"的原则。所谓"以人为本",就是要充分考虑到小学生的身心发展规律及其特点,还要根据学生的接受能力,有针对性地进行拓展。例如:某教师执教《林冲棒打洪教头》,竟要求学生回家后通读《水浒传》原著。若按《水浒传》一百二十回本来算,《水浒传》的字数约有96万字,而课标规定的五六年级的课外阅读总量不少于100万字。要孩子读完这大部头的名著确实不容易,就学生的阅读能力而言根本无法"消受"这样厚实的名著。所以教师在进行扩展时不但要立足于学生情感、兴趣,还得考虑学生在时间上、能力上是否可接受。只有恰当的扩展,才真正有利于发挥学生的主体性,激发他们主动学习,提高课堂的效益。

(2)"以本为本"的原则。曾听到一位教师上《桂林山水》一课,只用20分钟就完成学生读课文、总结出桂林山水特点的教学任务,然后向学生呈现经过整理的有关桂林山水的传说、桂林风景介绍和一些山水图片等等,对于课文如何运用语言文字描绘美景的写作技法,则不再研读、品味,这做法显然是舍本逐末,有悖于课标理念。任何拓展都应是在教材基础上的拓展,任何拓展都不能背离教材的"规定",即拓展要遵循"以本为本"的原则。所谓"以本为本",就是要求教师在带领学生进行拓展时,要深挖教材,紧扣课

本，以教材、课本为中心，向四处辐射、发散，以教材、课本为基础，求高、求新、求深。基于以上原则，可从创设情境、解读文本、提升主旨、学习技法等方面进行有效拓展，既能达到教学目的，又节约教学时间，使课堂内的教学效果延伸到课外。拓展要符合学生的身心发展规律，符合教材的需要，符合语文学习的规律，为课堂教学目标的实现服务，为学生语文素养的提高服务。

六、减少习作指导中的写法套路，重视习作主题下的个性张扬

我曾经执教过习作指导课例《爸爸/妈妈，我想对您说》，在习作方法的指导方面，为"如何有效地把人文性和工具性有效统一"一事伤透脑筋，后来读了特级教师管建刚的《我的作文教学革命》一书，管老师曾在书中反思作文教学"作文重在自我写作的实践，而不是教师滔滔不绝地进行所谓的指导。""作文重在自我情感的倾诉，而不是按照规矩条文去写应试文。"这一番话让我茅塞顿开，整理思绪后，顿生以下想法。

《义务教育语文课程标准（2011年版）》不管在哪一学段的习作中，都要大力提倡学生不拘形式地乐于表达自己的真情实感。每个单元的习作都具有鲜明的主题特点，习作应该张扬文本个性与学生个性。统一模式下的所谓工具式习作教法（适合大多数题材的习作套路），只会欠缺自然，抹杀个性，埋没学生创造力的提高，抑制学生情感的自然流淌。因此，习作指导时，没有把大量的时间都安排在生搬硬套的习作方法的指导中，而是着力引导学生如何用心体会、引发共鸣，如何循序渐进地表情达意、真情流露，如何大方自然地张扬个性。习作中，让学生用心感受主题中心，个性化发散思维，想怎么写就怎么写。

至于习作方法的传授，我认为应该更多地在平日的阅读教学中去学习和借鉴，而不是单凭短短的一个单元仅有的一次习作课去渗透。单元习作是平日学习的综合性运用，是张扬个性的最佳手段。此时不宜过多强调写法，应该紧扣主题，发展个性，鼓励孩子们不拘形式地表达，让学生在领悟习作主题后，自然挥洒，学以致用。写作方法乃是情到浓时的自然流露，如在分享习作中，引发孩子的共鸣，加深对主题中心的认识。师生点评建议时，各抒己见，形成互补，自然汲取习作方法。情感的渲染本身就是一种无形的催化剂，"情"动了，"法"亦水到渠成，无论是建议评价，还是汲取方法都将是润物无声，滋润人心。课堂效率既事半功倍，同时使学生情感能自然流露。

以下是我调整思路后，经过反复思量，最后把习作指导课例《爸爸/妈妈，我想对您说》的教学方案拟定如下：

教学目标：

（1）引导学生通过换位思考，共同交流，加深对父母的了解。

（2）教会学生如何用心用情，循序渐进地表情达意，大方真切地袒露心声，表达对父母的真情实感。

教学重点：唤醒学生对生活的回忆，鼓励学生敞开心扉，抒发对父母最真实的心里话。

教学依据：根据《义务教育语文课程标准（2011年版）》对于小学高段习作明确提出的要求"①懂得写作是为了自我表达和与人交流。②珍视个人的独特感受。③能不拘形式地写下自己的见闻、感受。④愿意将自己的习作读给人听，与他人分享习作的快乐。"设计本课教学方案。

教学准备：①每个学生准备一张与父母的合照。②音乐渲染，让抒怀更自然、更温情。③课前制作本课多媒体课件。

教学过程：

1. 谈话导入，激发情趣（设计意图：轻松谈话，预设学习悬念。）

2. 角色转换，感受辛劳

（1）变形记——让孩子们当一回家长："请问将来你的孩子出现以下情况，你该怎么办？例如，你的孩子沉迷网络游戏，上课打瞌睡，还经常缺交作业"。（设计意图：让学生通过角色转换，换位思考，感受做父母的不容易。）

（2）引导学生进一步思考，我们将来做家长还会有什么问题要面对。

如：A 工作上问题；B 健康问题；C 管教孩子的问题；D 其他。（设计意图：学生扮演父母角色进行解决问题时，教师尝试从学生角度去碰撞他们的方法、措施，让学生明白做父母的艰难，也因此明白自己日常行为存在的一些错误。通过换位思考，通过沟通交流，学生更能体会做父母的艰难，深感管教子女的不容易。）

3. 敞开心扉，吐露心声

（1）让孩子们对着父母的照片好好倾诉。（设计意图：通过前面两个环节，学生的心灵受到渲染后，再伴随着和缓的旋律，激发真情流露的欲望。）

（2）教师观察学生，安抚激动的学生，并鼓励说出对父母的心里话，建议平日加强与父母的沟通。

（3）个别分享，直抒心声，教师从旁指导（（2）（3）设计意图：鼓励孩子们敞开心扉，诉说对父母的心声，如感恩父母的；向父母道歉的；向父母提出建议的；向父母忏悔的，请求父母原谅的；向父母表决心，许下诺言的，立下远大志愿的……）

（4）让学生上台板书概括归类自己心声，如感恩、请求、建议、许诺、立志……（设计意图：让学生明白，由于所处的身份位置不同，人们看问题和思考的角度也不同，有时，要站在爸爸妈妈的立场去看问题，要学会理解爸爸妈妈。感受到天下所有父母都是爱自己的孩子的，只是他们爱的方式不同，作为子女要学会体谅。）

4. 借笔抒怀，鸿雁传书

鼓励孩子们把埋藏在心里最想对爸爸妈妈说的话写出来，不管写什么话题，只要敞开心扉，真情流露，表达出自己的真情实感。（设计意图：作文是学生自我表达，真情流露的最佳手段。作文的生命在于"真"，引导学生以真性情与人交流、真心抒怀。）

5. 分享心声，师生点评

（1）教师把刚才巡视学生习作中发现的几类典型文章，进行集体分享。

（2）师生评议，提出宝贵意见。

（3）小结：真情实感，最扣人心弦。

（4）分享题目及开头。（设计意图：鼓励学生将自己的习作读给人听，分享习作的快乐。学会聆听，尊重他人的独特感受。感同身受，各抒己见，共同进步。）

6. 感情升华，激情总结

"谁言寸草心，报得三春晖。"伴随音乐《烛光里的妈妈》，教师激情总结，温情呼吁。学生的情绪被推向高潮，达到共鸣敞开心扉，真情流露，深爱父母，感恩父母。

7. 布置作业，课外延伸

完成习作，修改后，把作文给爸爸妈妈看，或者深情地读给爸爸妈妈听。

板书设计：

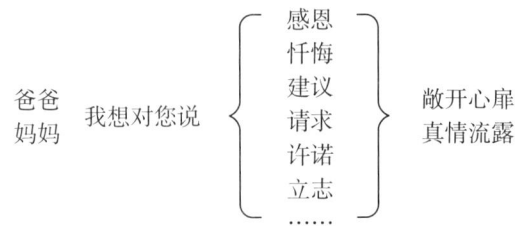

在语文教学中，习作是最具个性的，是学生情感释放、流露心声的最佳手段。如果教学中一味强调习作技巧的传授，就会相对减弱甚至忽略了单元习作本身的特色，不能很好地引导学生真情流露、张扬个性、自由表达。这样，无形中也削弱了学生对习作的兴趣，加重了习作的心理压力，习作的目的在孩子们心中最终变成枯燥的应付了事，完全变了味儿。《义务教育语文课程标准（2011年版）》指出："懂得写作是为了自我表达和与人交流。"而这两点都必须建立在学生真性情的基础上才能很好地完成，所以"真"是习作的生命，作文教学的核心就应该是唤起学生的真性情，呼唤孩子们写的欲望，从而达到张扬自我，真心交流的目的。试问，世间有哪一类文章能比真情流露下的心声更美、更自然、更扣人心弦呢？因此，强烈呼吁习作技巧应该在阅读教学中，巧妙地借文本进行渗透教学，注重阅读教学的读写结合，为习作的自然挥洒、真情流露，奠定水到渠成的强大后盾。

综上所述，真实的课堂应该是朴实有效的，不该作秀表演。本色的教学应该倡简务本，不该奢华铺张。语文课堂要拒绝华而不实的秀课之风，回归语文教学的原点。教师应该简简单单、扎扎实实地教，不过分追求教学环节的完美，不过分强求面面俱到，多向学生授之以渔，多让学生动脑、动口、动手，掌握读法、写法、学法。教师要保持清醒的课程意识，紧扣年段学习目标，遵循学生的身心发展规律，根据学生的知识基础和能力水平，在教学上要化繁为简，把非语文、泛语文的元素剔除，力求精讲多练，有效地提高学生的语文素养，打造小学语文的高效课堂。

参考文献

［1］杨再隋.课文课程的目标·理念·策略——《义务教育语文课程标准（2011年版）》导读［M］.长沙：湖南教育出版社，2012.

［2］朱志英.论小学语文课堂教学效率的优化［J］.科教文汇（中旬刊），2011（04）.

［3］颜永平.提高小学语文教学效率的方法研究［J］.新课程学习（综合），2010（10）.

［4］许晓.小学语文朗读中的情感培养［J］.现代阅读（教育版），2013（10）.

潮汕地区小学语文阅读教学与写作训练相结合方法研究

■ 汕头市珠厦学校 黄嘉碧

摘　要：对于北方方言地区的学生来说，由于日常交际语言与书面语言表达差距不大，对语言文字的运用相对较为得心应手。然而，潮汕地区的学生，因为日常交际语言基本上是闽南方言，受到方言的影响，无论在课堂上用普通话进行交流或者是书面语言进行写作，都比北方地区的孩子显得力不从心。写出来的作文，词不达意、语句不通、使用方言词汇的现象比比皆是。这和语文教学中要求用规范字、规范词、规范句子是不相符的。鉴于这种情况，笔者认为，潮汕地区小学语文教学，在落实识字写字教学、提高学生阅读能力的同时，着力培养学生语言文字表达能力显得尤为重要。

关键词：潮汕地区　读写结合　教学方法研究

　　汕头电台主持人许秋源在讲到潮汕话知识的时候提到过：潮汕话难说、难学，无论是词汇还是句式，都与普通话有很大的差异。以一些日常生活用语为例：潮汕人把萝卜叫"菜头"，荸荠叫"钱葱"，菠萝叫"番梨"，荔枝叫"莲果"，肥皂叫"饼药"等等。不少潮汕人在讲普通话时张嘴就来"潮汕普通话"，就连本土的小品，也经常拿潮汕人说普通话当成笑料。而作为一名老师，在笑声之余摇头感叹的正是这种方言的影响，让我们的学生在文字理解、文字叙述方面比北方方言地区的孩子多下了不少的工夫。对于北方方言地区的学生来说，由于日常交际语言与书面语言表达差距不大，对语言文字的运用相对较为得心应手。然而，潮汕地区的学生，因为日常交际语言基本上是闽南方言，由于受到方言的影响，无论在课堂上用普通话进行交流或者是书面语言进行写作，都比北方地区的孩子显得力不从心。写出来的作文，词不达意、语句不通，使用方言词汇的现象比比皆是。这和语文教学中要求用规范字、规范词、规范句子是不相符的。

　　鉴于这种情况，笔者认为，潮汕地区小学语文教学，在落实识字写字教学、提高学生阅读能力的同时，着力培养学生语言文字表达能力显得尤为重要。

　　然而，目前小学语文课堂的现状是：一方面，教师在教学过程中过于看重阅读与写作的课型区分，把阅读教学与写作教学割裂开来；另一方面，大多数的课堂采用以朗读感悟为主的阅读教学模式，整节课学生声情并茂地朗读，确实让学生收获了知识，有了独特的体验和感受。这样一节学生情绪高涨、节奏紧凑、热热闹闹的课堂，在大量的师生口头对话和合作交流之外，留给学生练笔的空间是少之又少。

　　叶圣陶先生曾说："……阅读是吸取，写作是倾吐。""语文教材无非是个例子，要使学生能够举一反三，练成阅读和作文的熟练技巧。"叶老的教育思想在当今的语文教学中仍是有借鉴意义的，他给我们的启示就是：让学生在阅读教学中领会到写作技巧，并用学到的知识去写作。教师结合阅读教学，指导学生进行写作学习，才能达到提高学生写作能力，最终提高学生语文素养的目的。

朱作仁教授在其著作《阅读心理》中，曾把阅读定义为"一种从书面言语中获得意义的心理过程"，并指出这种"意义"不但指阅读材料内说的"是什么"，对于学生来说，更重要的是"作者是如何表达的"。阅读不仅是自外而内意义的吸收过程，更是写作的基础。

从新课标语文教材的每一册的内容编排来看，阅读课文课后就包含了"小练笔"的训练题，这就意味着编者对"在阅读教学的同时组织写作教学"的重视，也为我们进行阅读教学与写作训练相结合的研究提供了途径。

一、在阅读中培养学生积累语言材料，学习语言形式

潮汕方言带有浓郁的地方特色，潮汕话中量词较少，但可以做到"以一当十"。普通话说"一笔款、一座桥、一首歌"，此中量词有三个。潮汕方言只用一个"条"字就可以涵盖以上三个量词：一条钱、一条桥、一条歌。普通话说"一架飞机、一匹马、一头牛、一只猫、一台拖拉机、一条腿、一张凳、一辆车"，一共用了八个不同的量词，潮汕方言统一用"只"。还有些词语写法与普通话相同而意义不同，比如"得失"。这个词在《现代汉语词典》中有两个义项，一是指"所得和所失"，二是指"利弊"。潮汕话口语"得失"一词却作为"得罪"解释。比如讲："你办事情要小心，别得罪了人。"潮汕话是说："你做事着细心，勿得失人"。遇到如上的情况，需要教师纠正由于闽南方言影响造成的用词不当的问题，把语言运用能力培养的落脚点放在词语的积累和运用能力的提高上。

与此同时，精心设计、创造"说"的机会，在相互交流中训练说话，从而培养流利的、规范的普通话表达。对文中准确优美的词语，生动鲜明的语感，奇特严谨的结构，通过进行多种形式的朗读、背诵、摘抄，掌握语气、节奏、句式、格调，揣摩其中蕴藏的情趣和意旨，培养学生学作者的语言，学作者的遣词造句，学作者的神气、音韵。

二、精心选择读写结合点，有效进行写作训练

阅读教学中的课内小练笔是进行语言文字训练的最灵活、最有效的方式。不仅可以促使学生加深对文本内容的理解，消化吸收作者的表达方法，同时也能减缓作文的难度，提高学生的习作能力。

所谓小练笔就是密切配合课堂讲解，根据教材内容特点进行的仿写、缩写、续写、扩写等。小练笔切入点小，难度低，内容多样，形式灵活，能全面挖掘课内外读物和日常生活中的习作资源，有效引导学生习作，为写作奠定夯实的基础。

下面，笔者就以人教版现行小学语文教材中的课文为例，谈谈在教学当中的一些做法。

1. 学习句子与仿写句子相结合

句子是课文的基本构件，是课文主题的基本载体，是阅读教学的着力点，对那些用词准确、描述生动、形式特殊的句子进行仿写，是引导学生积累词句、锤炼语言能力的最佳方式。在教学过程中，教师要善于捕捉佳句，及时加以揣摩、仿造，引导学生从仿写中发现和掌握各种句子的词语搭配关系以及句式的特点，有效建立句子的概念，提高学生遣词造句的能力。比如，《灰雀》一课，在写列宁很喜欢灰雀时，是这样叙述的："列宁每次走到白桦树下，都要停下来，仰望这三只欢快的灰雀，还经常给它们带来面包渣和谷

粒。"课文用上了连词"每次……都要……经常……",我让学生仿照课文句式造句来表达对某件事物的喜爱。一个学生表达对牵牛花的喜爱之情是这样仿写的:我每次走到阳台,都要看看牵牛花,还经常给它们浇水。

又如《花钟》一课,课文中用拟人的修辞手法来写鲜花的开放:"凌晨四点,牵牛花吹起了紫色的小喇叭;五点左右,艳丽的蔷薇绽开了笑脸;七点,睡莲从梦中醒来……",我设计了填空式的仿写,让学生继续填写几种花朵开放时候不同姿态的语句。如:菊花舒展开优美的身姿。向日葵绽放灿烂的笑脸。这样做既可以达到训练的要求,又降低了模仿的难度。

《秋天的雨》一课中,有两个比喻句,写得特别优美,"黄黄的叶子像一把把小扇子,扇啊扇啊,扇走了夏天的炎热。""红红的枫叶像一枚枚邮票,飘啊飘啊,邮来了秋天的凉爽。"我让学生展开联想,仿照这两个句子写比喻句。只需教师加以点拨、指导,学生写出来的句子同样很有诗意:洁白的雪花像一片片小纸片,飘啊飘啊,带来了冬天的寒冷。落叶像一个个淘气的娃娃,跑啊跑啊,投入了大地母亲的怀抱。

2. 体会情感与倾吐抒发相结合

人教版语文教材体现着浓厚的人文性,许多文章都带着强烈的情感色彩,敬佩、赞叹、憎恨、热爱……在强烈的情感背后,需要的是宣泄,需要的是倾诉。我抓住情感宣泄作为练笔点,延伸文本,达到由表及里的情感体验。

教《普罗米修斯》一课时,当所有的学生都在为宙斯的残忍而感到义愤填膺,为普罗米修斯的大无畏感到五体投地的时候,参照教案设计了小练笔:这个时候,你的心里肯定涌动着一种情感,能不能用自己的文字表达出来呢?

学生深受故事感染,个个深情满怀,表达了自己内心最独特的感受:"宙斯,你太残忍了!你的身体里根本没有心,最严厉的惩罚应该用到你的身上,因为你是一个没心没肺的人,就算不长回来也没关系。而普罗米修斯,我们需要他,尽管他的地位没你高,法力没你强,但他永远是我们心目中最完美的神!"

此时的写作训练给了学生一个宣泄的窗口,让他走进故事,抒发情感。

3. 想象与延伸写作相结合

教材中,常常会有"余音缭绕不绝于耳"的情况出现,一个省略号就会把我们的思绪引向远方,久久不能回环,而这也是写作训练的好机会。《风筝》一课结尾处"我们向那房子跑去,继续寻找我们的幸福鸟……"我顺势引导:"孩子们是怎样寻找幸福鸟的,幸福鸟找到了吗?请说一说,再写下来。"经过一番讨论,学生写道:幸福鸟飞啊飞,飞到了小溪旁,落在小溪里,孩子们刚要拿,一阵风吹来,把风筝由带到天上,孩子们失望了,垂头丧气地回到村里,突然,他们欣喜若狂,在一棵大树上,他们找到了幸福鸟。

《清明上河图》中的人物有500多个,文中讲"有长胡子的道士、有走江湖的医生、有摆小摊的摊贩、有官吏和读书人……"我指导学生仔细观察课文插图,把课文中没描写的人物写下来。通过观察,学生把捕鱼的渔夫、唱戏的戏子、划船的船工描绘得生动活泼,惟妙惟肖。

4. 代入角色与表达体验相结合

学生有自己的视野,也有自己的感悟。尊重学生,就该引导学生进入文本,进行角色体验,彰显文本的魅力。又如《灰雀》一文,面对列宁每一次说的话,小男孩都是"不敢讲""低着头",表明他因为自己的错误而感到惭愧。这时,我提问:"如果你就是这个小男孩,心里会怎么想?我们拿起笔,把心里的想法写下来。"学生进入了角色,情感也就油然而生:"列宁这么喜欢灰雀,我真不该抓走它。我一定要把灰雀放回树林!"

5.解析篇章结构与模仿架构写作相结合

在教学中遇到一些描写精彩生动,或与学生写作结合紧密、有代表意义的段落,尤其是课文的开头、结尾、立意、构思、布局谋篇,都可以用来进行仿写。从段落的仿写中让学生了解按事情发展顺序、按时间顺序、按空间顺序、按先总结后分述、按先分述后总结、按并列段式等段的构成方式,逐步形成段的概念。并从段落的仿写中让学生掌握开门见山、直奔主题、制造悬念、引人入胜,写景状物、渲染气氛等作文开头形式,掌握篇末点题、提升思想,反照前文、首尾呼应,提出问题、发人深思,戛然而止、令人回味的结尾技巧。

三、探索阅读教学与写作训练相结合的教学模式

课文是阅读教学的载体,从课文中精选出一个或几个"训练点",在每个训练点上组织有层次的一系列听说读写训练,进而成为一个训练板块。教学中,笔者初步形成:"疏通文意—重点导读—体会表达—课堂练写—交流反馈"的教学模式。

将阅读与写作紧密地结合在一起,做到立足于"读",着眼于"写"。以学生易于接受和乐于接受的方式组织阅读,在学生读通、读透,有所感悟和体会的基础上,进行"写"的训练的迁移,学生就能"夸夸其谈",也就能"下笔有神"了。

在大力推动教育资源均衡布局,努力缩小学校与学校、城郊与城区的差距的教育背景下,抓住区域的差异,根据学生的特点,探索出行之有效的教学方法,将让每一个孩子都能享受更加优质的教育。

随着时代的不断进步发展,潮汕地区与全国各地区之间的交流将会越来越紧密。找到一条内化文本语言,有效训练表达的新途径,引导学生扎扎实实地打好语言表达的基础,有利于潮汕地区学生个人自身的发展。

参考文献

[1] 徐桂梅.随文练笔巧设计文思泉涌笔生花[J].学生之友(小学版),2011
[2] 龚敏.找准落点,笔下生花——浅谈阅读教学中如何依托文本进行随文练笔[J].作文成功之路(下),2012(4).

小学数学教学中渗透转化思想的研究与实践
——"在小学数学教学中渗透转化思想的案例研究"课题研究中期报告

汕头市教育局教研室　吴燕娜

摘　要：数学思想是数学的灵魂。转化思想是解决数学问题的一种重要思维方法，在小学数学教学中应用广泛。随着国家课程标准总目标从"双基"到"四基"的转变，数学思想在小学数学教学中倍受关注。在这背景下，笔者主持开展了广东省教育厅教育科研"十三五"规划重点课题（2016ZQJK007）——"在小学数学教学中渗透转化思想的案例研究"的课题研究。经过一年多的实践研究，我们立足课堂、深挖课程资源、触及知识本质、孕育思想方法，探索出相应的课堂实施策略，让师生在具体的学习中体会化难为易、化繁为简、化陌生为熟悉、化抽象为具体的转化策略，感受到转化思想的真谛，从而发展成为一个"具有数学思想和眼光"的人。

关键词：小学数学　转化思想　实践研究

一、问题的提出

新一轮课程改革极大地促进了我国基础教育的飞速发展，人们对学科知识和学科素养空前关注，并积极探索行之有效的教育培养途径。数学是人类文化的重要组成部分，数学素养是现代社会每个公民应该具备的基本素养。通过义务教育阶段的数学学习，学生能获得适应社会生活和进一步发展所必需的数学知识、基本技能、基本思想、基本活动经验。新课程标准总目标从"双基"变"四基"，强调了数学思想的重要性。转化思想是一种常见的数学思想，是解决数学问题的一种重要思维方法，在小学数学教学中应用广泛。但由于《义务教育数学课程标准（2011年版）》（下称《课标》）实施时间不长，汕头市使用的人教版新教材（一到六年级）也是2015年春季才整套修订完成，教师和学生对转化思想的认识是零散的、粗浅的，存在"数学思想"是很高深的理论知识、是数学研究专家思考和研究的领域、离他们很遥远、跟他们关系不大的认识偏差，研究调查时也显示出"在小学数学教学中逐步渗透重要的数学思想"课标要求落实不尽人意。为此，近几年来我们着力进行小学数学教学中渗透转化思想的研究与实践。其目的就是致力于改变教师一谈"数学思想"就色变的畏惧心理，积极地、深入地、系统地了解转化思想，自觉地、潜移默化地渗透到常规的课堂教学中，最终内化为教师一种常用的教学策略和学生的一种学习方法，从而提高师生的思维能力和数学素养。

二、研究对象与范围

数学思想是对数学知识的本质认识、理性认识。史宁中教授也曾说过："数学思想是统领整个数学及数学学习的思想，是数学科学的基石。"转化思想是由教育部颁发的《课标》中三个较高层次的基本数学思想，即抽象思想、推理思想、建模思想中的推理思想演变、派生、发展出来的较低层次的数学思想，是数学中最常用的思想，其实质就是在已有的简单的、具体的、基本的知识的基础上，把未知化为已知、把复杂化为简单、把一般化为特殊、把抽象化为具体、把非常规化为常规，从而解决各种问题。

本课题案例研究定位为：从本市小学数学课堂教学出发，针对人教版一至六年级教材内容有渗透转化思想的案例，组织教师钻研教材，理解教材的编排意图和特点，用探究、发展的眼光进行系统、深入的研究，帮助学生更好地理解、掌握，并运用该思想方法解决问题，升华对"解决问题从某种意义来说就是不断地转化求解的过程"辩证思想的理解，培养学生用数学的思维分析世界、发展逻辑推理能力的核心数学素养。

三、教学研究与实践

（一）研读教材，结合课例，研究转化思想在教材中的运用

数学思想要以教材为载体，通过数学知识得以彰显。在现行的小学数学教材中，无论是哪个版本都存在着两条主线：一条是明线（显性地写在教材上）即数学知识，一条是暗线（潜藏在教材中）即数学思想方法。明线容易理解，暗线不易看明。教师只有深刻地领悟了数学思想方法，才能从整体上、本质上理解教材；只有深入挖掘出教材中的数学思想方法，才能科学地、灵活地设计教学过程，有效落实《课标》提出的系统地、有步骤地向学生渗透基本的数学思想的目标，体验数学的魅力，使数学课堂教学成为有思想的教学。有了思想才有了课堂的生命，真正使得"人人学有价值的数学，不同的人在数学上有不同的发展"。

根据《课标》的课程编排，按"数与代数""图形与几何""统计与概率""综合与实践"四个领域。在汕头市六区一县范围内遴选并成立8个子课题研究基地，各子课题对本研究领域中各个年级有渗透"转化思想"的教学内容做深入的学习研究，从纵向和横向两个方面把"转化思想"内容表格化、系统化，帮助教师理解教材，用好教材，更好地落实《课标》提出的"使学生获得数学的基本思想"的重要目标。

正由于思想方法是以暗线（即隐性）的方式呈现，所以需要将结构化的描述进行显性化的描绘，即以表格将教材（各知识点）分布的转化思想方法可视化，这样较好地厘清了显性知识与隐性知识的转化关系，帮助教师系统理解教材编排意图，注重培养学生的知识建构能力、转化能力、应用能力。更缓解了"不少学生觉得数学好难，怕数学，有时还抱怨每天有做不完的数学题，一旦考试，题目又做不出来"的困惑。

例1：下面表1以转化思想在"数与代数"知识领域的主要应用为例，把一年级有关渗透转化思想的知识点、所在单元或节点、应用举例、转化的具体策略等内容列表如表1所示，帮助教师直观地、系统地理解1～100以内数的意义、数的组成和数的加减之间的联系与区别，懂得运用转化的策略组织教学，摒弃传统机械的口算训练，采用直观教学、情景教学法，重视算理的分析、数感的培养和学习兴趣的培养，提高了学生的运算能力和思维能力。

表1

年级	知识点	单元、节点	应用举例	转化的具体策略
一年级上册	数的认识	第一单元准备课	1~10各数的直观认识，用实物操作和直观图	化抽象为直观
一年级上册	数的认识	第三单元"1~5的认识和加减法"比大小	根据实物数量的多少来比较数的大小；引出"="">""<"经历符号化过程，感受符号的简洁	化抽象为直观，化繁为简
一年级上册	数的认识	第六单元"11~20各数的认识"	运用小棒图和计数器理解十进制计数原理	化抽象为直观
一年级上册	四则运算的意义	第三单元"1~5的认识和加减法""加法"	让学生逐渐从具体情境中过渡到抽象的加法算式，从而理解加法的含义	化抽象为直观
一年级上册	解决问题	第五单元"6~10的认识和加减法"第46页"解决问题"	让学生学会分析"求一共有几只"就是要把"几"和"几"合并起来，根据加法含义列式解答	化实际问题为数学问题
一年级上册	四则运算	第八单元"20以内的进位加法""9加几"	让学生经历"实物直观——图形直观——数学符号"的过程，把9加几转化为9+1+?，从而掌握、理解凑十法	化抽象为直观、化未知为已知
一年级下册	四则运算的法则	第二单元"20以内的退位减法"例1	十几减9的计算，用实物操作和直观图帮助理解算法	化抽象为直观
一年级下册	数的认识	第四单元"100以内数的认识"例1	100以内数的认识，用实物操作，10根（块）10根（块）地数，从直观无结构的学具到直观有结构的学具，体会十进制计数法，认识新的计数单位"百"	化繁为简
一年级下册	数的意义	第四单元"100以内数的认识"例3	100以内数的认识，用小棒表示数，用计数器表示数，理解100以内数的组成和意义	化抽象为直观
一年级下册	解决问题	第四单元"100以内数的认识"例7	用数一数、画一画、推理等多种策略解决问题	化实际问题为数学问题
一年级下册	四则运算的法则	第六单元"100以内的加法和减法"第二小节例1	两位数加一位数、整十数的计算，用实物操作，加强甄别，理解"相同数位上的数才能直接相加"这一算理	化未知为已知 化抽象为直观
一年级下册	四则运算的法则	第六单元"100以内的加法和减法"第三小节例2	两位数减一位数（退位）的计算，用实物操作，建立直观表象，理解"退位"减法的算理，最后明确先算什么，后算什么，突出算法	化抽象为直观，再从具体到抽象
一年级下册	解决问题	第六单元"100以内的加法和减法"第三小节例3	用实物直观操作，列式采用不同的算法，算一算、说一说，理解引入"小括号"的必要性	化一般问题为特殊的数学问题

（二）开课交流，名师引领，推动校际联动研究，形成区域内研究成果

自 2016 年 6 月本项目立项通过后，项目核心成员及时研究制定实施方案，召开开题报告会，建立实验基地，制定各板块研究工作计划，明确任务与职责，开始初步实验探索。各知识领域负责人制定各实验基研地究计划、组织本区域实验教师培训、加强实验教师的理论学习。各子课题研究每学期开展两节以上课题实验公开课、组织案例专题研讨、聘请省市小学数学专职教研员和教科研专家莅临指导，通过深入研课磨课，形成较好案例，期末举行优秀教学设计及优秀论文交流评比活动，把优秀课例在本区域内同一知识领域或不同知识研究领域学校交流展示。通过展示交流，发现和培养一批优秀青年教师，并吸纳进研究团队，不断充实课题研究队伍，优化队伍结构，以便更深入地开展课题研究工作，积累更多的研究经验。同时，建立"在小学数学教学中渗透转化思想的案例研究"微信公众号，利用网络平台，推送案例点评、课后反思、总结报告，构建网络教研平台，形成资源共享的有效机制，助推区域现代化教育科研水平。

四、阶段性研究成果

（1）初步把教材中"数与代数""空间与图形""统计与概率""综合与实践"四个知识领域，按年级从纵向和横向两个方面把有渗透"转化思想"的内容表格化、系统化。

（2）有 50 多篇以"转化思想"为主题的教学论文、教学设计、教学案例，30 多个教学PPT、课堂实录（光盘）、微课（光盘）、课件等研究成果获国家、省、市评比一二等奖，其中10 多篇论文发表在国家、省、市级教育期刊上。

（3）有 7 人次骨干教师获得全国数学核心素养大赛观摩课评比、省说课和优质课比赛一二等奖，100 多人次获市级的数学教学基本功比赛、教学能力（含解题、微课制作）大赛一二三等奖，课题研究提升教师数学素养，促进教师专业发展效果明显。

（4）利用网络平台、微信公众号等现代手段，并借助四个市级子课题的研究，深化省级课题研究的范围和教师的参与度，提高课题研究的广度和深度，一年多来，在汕头教育信息网和微信公众号上发布课题研究报告20 多篇，反映良好。

五、存在问题及努力方向

（1）教师对如何在"统计与概率""综合与实践"知识领域渗透转化思想感到有诸多困惑，难以实施。

（2）存在孤立的看待"转化思想"，硬贴标签，牵强转化的现象。

（3）对课堂中有效渗透"转化思想"的教学时机与方法把握不大准确。

（4）一线教师走出去对外交流学习机会较少，对本研究领域的前沿理念了解不多，理论水平和教科研能力有待进一步提高，影响课例研究向纵深发展。

接下来，我们将结合课题指导专家组的建议，抓重点、求落实、树典型，以案例研究为抓手，以"用科研促教研"的方式，以点带面，以一节课带动一个板块，几节课带动一个领域，实行"科研—教研—备课三结合"的研究思路。摒弃孤立看待"转化思想"的片面认识，把转化思想与符号思想、建模思想、猜想思想、假设思想、等积变化思想、数形结合思想等相结合，丰富学生的认识结构，启迪学生的思维，让学生获得更多的思维方法，培养学生的独立思考能力和解决问题的能力；多争取提供教师走出去学习的机会，开

阔教师视野、理解教育新理念，重点研究如何帮助教师掌握运用"转化思想"组织课堂教学的时机和策略，形成一批可操作性和借鉴意义较强的教学设计、教学实录、板书设计、PPT课件设计、微课实录和教育教学论文、研究报告等，浓郁汕头市教育科研氛围，促进小学数学教学质量的进一步提高。

参考文献

［1］中华人民共和国教育部.义务教育数学课程标准（2011年版）［S］.北京：北京师范大学出版社，2012.

［2］史宁中，数学思想概论（第1辑）：数量与数量关系的抽象［M］.长春：东北师范大学出版社，2008.

［3］王永春，小学数学与数学思想方法［M］.上海：华东师范大学出版社，2014.

［4］曹培英.跨越断层，走出误区："数学课程标准"核心词的解读与实践研究［M］.上海：上海教育出版社，2017.

［5］郑毓信.数学方法论入门［M］.杭州：浙江教育出版社，2006.

［6］顾泠沅，主编.数学思想方法［M］.北京：中央广播电视大学出版社，2004.

评价的构建：为了口语交际教学品质的提升
——浅谈如何构建口语交际评价体系

佛山市禅城区教育局教研室　赖李真

摘　要：语文学科具有实践性、体验性的特点。通过小学语文学科学习，提升学生口语交际等综合素养的培育十分重要。近年来，统编教材对口语交际教学目标更加明晰，但对口语交际的研究却不多见。为了更好地推动口语交际教学，有效地提高学生口语交际能力，笔者在本文从以下三个方面开展口语交际评价的研究：立足课堂评价主阵地，规范口语交际评价标准；拓展口语交际训练时空和评价范畴，激发学生口语交际兴趣；科学评定期末口语质量，形成完整评价体系。以达成通过"评价的构建，提升口语交际教学品质"的效果。

关键词：评价构建　口语交际品质　提升

《义务教育语文课程标准（2011年版）》明确指出：口语交际能力是现代公民的必备能力。随着课改的深入开展，重视口语交际的教学已成为有远见的学校及教师们的共识，口语教学研究已呈蓬勃之势。近年，统编教材对口语交际教学目标更加明晰，佛山市禅城区自2017学年第一学期在全区一、二年级的期末质量检测分数中各设置了10分口语交际能力，掀起了口语交际教学研究的热潮，形成了浓浓的教研氛围，取得了喜人的成绩。笔者大胆探索"口语交际评价体系"研究，取得了一定的成效。

笔者认为，现代信息社会，随着人们生活水平的提高，人际沟通越来越重要，人际交往越来越多，日常生活中的口语交际随处可见。特别是身处粤语地区学生，由于粤语不仅在语音、词汇，而且在语法上都与普通话相差较大，如何提升学生口语交际能力，保障口语交际质量？为了更好地推动口语交际教学，有效地提高学生口语交际能力，笔者从以下三个方面开展口语交际评价的研究。

一、立足课堂评价主阵地，规范口语交际评价标准

口语交际是人与人之间的交流和沟通，它是一个听方与说方双向互动的过程，不是听和说的简单相加。在课堂教学中，老师条理清晰的讲述、学生的相互质疑、学生间的讨论交流以及会话等等，都是口语交际的良好渠道，老师要把握住课堂教学这个主阵地训练学生的口语交际能力。那么，对评价课堂口语交际能力怎样评价呢？笔者着重抓好课堂"朗读""答问"和"小组讨论"等评价，具体评分细则、权重和赋分见表1。

表1 评价表一

班别		姓名		学号		最后得分		
项目	评分细则				权重			得分
朗读	1. 普通话正确				3	2	1	
	2. 语音准确清晰、流利，声音响亮				3	2	1	
	3. 有感情地朗读、背诵				2	1	1	
	4. 态势语运用恰当得体				2	1	1	
答问	1. 普通话正确				5	3	2	
	2. 表达有条理，语气、语调适当				5	3	2	
	3. 语言文明，举止大方				5	3	2	
小组讨论	1. 听他人发言认真耐心				8	4	3	
	2. 表达有条理，语气、语调适当				7	4	3	
	3. 乐于参加讨论，敢于发表自己的意见				5	3	2	
	4. 能抓住要点，作简要小结				5	3	2	

此评价表明确提出了课堂中各项口语训练的目标。评价时以学生自评为主，老师适时进行引导。学生在自评的过程中进一步明确了目标，自觉地以目标来规范自己的口语训练，从中获取成功体验，更激发了学生口语交际的热情。长此以往，规范要求学生口语交际，规范评价学生口语交际，必能促进学生提高口语交际的能力。

二、拓展口语交际训练时空和评价范畴，激发学生口语交际兴趣

口语交际训练重在实践，在交流中学会交际。《义务教育语文课程标准（2011年版）》关于一至六年级阶段听人讲话、听故事、复述、讲述、转述等要求，都是重在交际过程中的实践能力培养。同时，还强调以贴近生活的话题或情境来展开口语交际活动，重视日常生活中口语交际能力的培养，而不是传授口语交际知识。因而拓展口语交际训练十分必要，充分利用小学生课堂之外的日常生活的交往活动，挖掘口语交际内容，丰富口语交际训练内容，对提高学生口语交际能力是很有益处的。笔者在具体教学实践中，抓住学生课堂之外的生活大胆地拓展学生口语交际训练时空。具体有：①自我介绍、自我推荐、解难释疑；②人物采访；③经验介绍、读书及活动体验交流；④讲故事、评故事；⑤转述、安慰、鼓励、劝告、请求、咨询等在特定情境下的对话；⑥解说、介绍等。

拓展训练，必须设计与之相应的评价范畴。对日常生活的口语交际的评价，笔者主要采取以学生自评和小伙伴互评为主。每名学生发给一张评价表（表2），以一周评价一次最为合适。一周后由老师组织学生汇报小结，在老师的指引下在小组内评出总评分数，最后把评价表放到每名学生的档案袋作为期末总评依据。同时，配合学生自评和互评，组织

学生评出口语交际的每周一星、每月一星等，并且绝不流于形式，每次颁奖时策划好颁奖会，给这些同学颁发证书。证书一式两份，一份带回家向家长汇报，一份摆在班上。使学生产生自豪感，在自豪感的激励下进一步激发学生口语交际的兴趣，提高表达能力。另外，将"他评"纳入评价范畴。"他评"主要是根据口语交际对象和场合来确定的，其中有家长、科任教师及其他参与交际的对象。评价的具体范畴如下：

1. 内容适中、语言规范（20分）

口语交际要严格使用标准、流畅的普通话，说话要有完整性，不啰嗦，不带语病，不加口头禅，抵制不文明的用语，禁止使用方言。

2. 思路清晰、有条理（20分）

说话时内容清楚，有条理性；边想边说，不断地把自己的意思的情感完整、清晰地表达出来。

3. 谈吐、举止得体（20分）

要求：①姿态自然，举止大方；站，自然站正，不颤腿，不绞衣角；坐，自然挺胸，全身放松；说话时，眼睛不游离，不躲闪，不目中无人，面带微笑，不伸舌头，不做鬼脸；②用语得体，能根据交流的对象和场合说恰当得体的话，辅以体态语。

4. 积极参与（20分）

乐意主动与交流的对象沟通，说出自己的感受和想法，努力用语言打动对方。乐于参与讨论，敢于发表自己的意见。

5. 认真倾听（20分）

热情微笑地注视他人说话，安静倾听，边听边想。

表2 评价表二

内容适中、语言规范		思路清晰、有条理		谈吐、举止得体		积极参与		认真倾听		总评
自评	他评	自评	他评	自评	他评	自评	他评	自评	他评	

三、科学评定期末口语质量，形成完整评价体系

期末口语交际成绩评定，是口语交际评价体系中重要一环。课堂教学中的口语交际评价和课堂之外的口语交际评价既是结果评价，也是过程评价，而期末口语交际评价更侧重于结果评价。因此，期末口语交际成绩评定需要科学准确，操作性强。对此，笔者设计出以下评价简案。

评价范围包括朗读和说话，朗读分为必读和选读。必读内容选自教材，教师从课文中摘选100字左右文字材料提供给学生朗读；选读内容由学生自定，字数同必读字数，选读材料必须思想健康，适合学生年龄、心理和知识水平。说话，其实就是口头作文，说话的题目贴近学生生活，便于学生思考表达（表3）。

评价中，必读要求：①语音准确清晰；②语调自然流畅；③礼貌大方。选读要求：①内容贴切健康；②语音清晰准确；③语调自然流畅。说话要求：①语言规范得体；②表达恰当有序；③语气表情自然。

表3 评价表三

内容	朗读		说话（40分）	总分
	必读（30分）	选读（30分）		
评分细则	语音准确清晰10	内容贴切健康10	语言规范得体10	
	语调自然流畅10	语音清晰准确10	表达恰当有序20	
	礼貌大方10	语调自然流畅10	语气表情自然10	

在近两年的实践中，笔者深深地体会到，通过科学完整的评价体系来促进学生的口语交际能力的提高，效果是显著的。

首先，从评价的结果来看，学生的口语水平提高了，体现在：

（1）普通话语言较规范。说话有完整性和条理性，基本不啰嗦，不重复，不带语病，不加口头禅。

（2）反应迅速，能在较短的时间内考虑好说话的内容，选择好语句，语气、语调适当。

（3）能根据交流的对象和场合，做恰当的发言。

（4）谈吐举止得体。表现在：①姿态自然，举止大方；②用语得体，使用礼貌用语。部分同学辅以体态语。

其次，根据家长的反映，学生回家后能主动用普通话与父母交流，并乐意做社会的"小小推普员"。

另外，有一批表现突出的同学能较出色地担任校内、区内甚至区外等各项大型活动的主持、司仪；常有上级领导、兄弟单位及广大家长来佛山禅城区参观，对学生的口语交际赞不绝口，在佛山市图书馆举办"小小故事家"活动中，成绩尤为突出。

参考文献

[1] https://guoxue.baike.so.com/query/view?type=phrase&title=%E8%AF%B4%E8%AF%9D.

特殊学校班主任队伍建设的实践与探索

■ 佛山市禅城区启智学校 马善波

摘　要：培智学校作为特殊儿童学习生活的重要场所，与普通学校班级管理有相同之处，但因服务对象的差异而有特殊性。本文通过分析培智学校班主任工作的特点及其现状，试图通过构建支持性系统，以本校班主任专业发展中的实施探讨加强班主任队伍的对策，以提高班主任专业能力，满足学生群体生活需要，以更好地实施个别化教育服务，提升特殊孩子的生活质量。

关键词：培智学校　班主任　途径

近年来，我国已确立了以大量设置在普通学校的特殊教育班和随班就读为主体，以一定数量人数特殊教育学校为骨干的，适合中国具体情况的特殊教育发展格局。许多地区也已形成了以随班就读为主体、特殊教育学校为骨干、送教上门等多种教育形式为补充的特殊教育格局。

特殊教育格局的变化，教育对象从单一障碍到严重障碍、多重障碍。尤其是智障教育，从单纯的智力障碍发展为智障、脑瘫、自闭症等的多重障碍。而班级是学校中最基本的组织形式，特殊教育班级是特殊学生离开家庭开始团体生活、步入社会的第一站。学生个体的变化为班级管理带来许多新变化和新要求。

班主任，作为班级管理中的灵魂，是教育者，也是班级领导者和组织者，肩负着组织管理和教育指导班集体的重任，是学校贯彻国家的教育方针，促进学生健康成长的骨干力量，是整个教师队伍的中坚。但是，目前特殊学校班主任工作状况不容乐观，面对越来越多元化的学生，不少班主任感到困惑，对于学生的问题处理表现得经验化、表面化。班级建设时又常常以所带学生特殊为借口，不愿主动或无力探索适合特殊学校班主任发展的经验，往往在繁琐的日常班务中抱怨。因此，加强培智学校班主任队伍的建设，让班级管理成为培智班主任与特殊儿童一起共同谱写的教育诗篇，就显得十分必要和迫切了。

一、培智学校班主任工作的特点

特殊教育班级管理与普通班级管理有相同之处，但因服务对象的差异而有特殊性，除满足学生群体生活需要、提供学习场景与学习条件以外，还实施个别化教育服务，以促进特殊儿童的发展与成长。

（一）具备好心态，付出更多的爱心与热情

作为特殊学校的班主任，面对教育对象的多元化，首先要学习相关特殊教育理论，充分了解所教学生的特殊性（通常在入职培训前已经有所接触），从内心接受他们的障碍，坦然面对学生的各种好与不好的行为。特别是年轻的班主任，可容许不专业但不能没有爱心，可以没有经验但不能缺乏热情。有爱心才会用心观察学生的一言一行，有热情才会与

孩子整天呆在一起不觉得烦躁。并用真心、爱心、诚心、耐心去挖掘学生的潜能，善于集各方力量给予特殊孩子支持性教育，提升孩子的生命质量。

（二）具备班级管理知识，进行班集体建设

良好的班集体是开展教育教学的保障。在班级建设中，班主任要时时刻刻树立一种"看别人的书，想自己的事"的心态来学习普通教育的管理经验。要根据班级实际情况，正确引导不良行为，给予学生更多的行为建树，孩子虽然特殊，但终究要融入社会。

（三）具备专业综合知识，注重个案研究

教师专业知识主要是"理论性知识与实践性知识两类"。培智学校班主任不仅要具有精深的学科专业知识，而且还要掌握广泛的文化科学知识，成为知识的"杂家"。具备专业的综合知识，才能在班级管理中结合学生的心理及生理特点，做到因人而异、因材施教，进行班级中个别化服务教育。

二、培智学校班主任队伍建设存在的问题

教育对象的多元化，使班主任的工作特点发生了转大改变，每所特殊学校对班主任队伍建设的重视程度不同，每位班主任的心态和管理水平也参差不齐。因此，在实际工作中存着许多问题。

（一）工作任务繁重，生活质量不高

培智学校班主任队伍的年龄结构和性别结构存在较大不足。多数特殊学校的校史不长，年长有经验的教师一般都脱离了班主任岗位，班主任普遍年轻化，整体的成熟度不高。班主任队伍中女性居多，工作与生活两方面压力经常让人"喘不过气"。而且班主任工作的内容、责任没有边际，这如同一个"无底洞"，如同一个不断加压的水压机。日复一日的工作对体力、精力耗损大，机体长期处于疲惫中。

（二）相对封闭，内驱力不足

特殊学校由于特殊性，一般直属市区管理，每个地区都只有一所或几所，无论是科任老师还是班主任的科研活动，都不像普通学校那么频繁。即使参加当地普通学校举办的教研活动，虽然会拓展思路，但因教育对象的天壤之别、教学内容的巨大差距，很容易让班主任产生强烈的失落感、自卑感或挫折感。

同时普通学校对培智学校也了解甚少，笔者曾经和普通学校的教师一起参加一次教研活动，很多人投来异样的眼光。当介绍申请了科研课题时，一位普校的校长说："你们搞什么课题，在学校里好好看管好学生就行了。"他的话在一定程度上反映了目前培智学校很多班主任的心态——把学生看管好就行了。

班主任每天埋头一堆事务中，他们的知识、方法和技能主要来源于自己在实践中的揣摩和摸索，甚至是来源于自己中小学时代班主任的影响和参加工作后从班主任同事处观察、借鉴，极少参加相关培训及自主学习相关报刊和书籍，而班级管理能力又是影响班级管理质量的直接原因。

（三）处理问题表面化，科研意识不强

班主任的对于学生的问题往往停留在"管住"的层面，当"管"的方面娴熟起来，一旦进入教育阶段，经验性的东西就成了主流。目前教育对象的多元化又使得班主任在运用经验时越来越显得吃力。教育特殊儿童是一个漫长而辛苦的过程，并且在短时期内成效不

明显。班主任的科研意识薄弱，面对学生的行为问题时，常常只看到表面现象，对于学生本身的障碍、生理因素、环境因素、课程因素、增强因素、发展因素关注得极少，直接影响个案研究的深度和效果。

三、加强培智学校班主任队伍建设的对策

特殊教育班级是一个特殊的群体，培智的班主任队伍建设，不仅考虑班主任自身的专业知识，还要考虑构建支持系统，两者共同发挥作用（图1），才能更好地提高班主任队伍教育的质量，最终提升特殊孩子的生活质量。

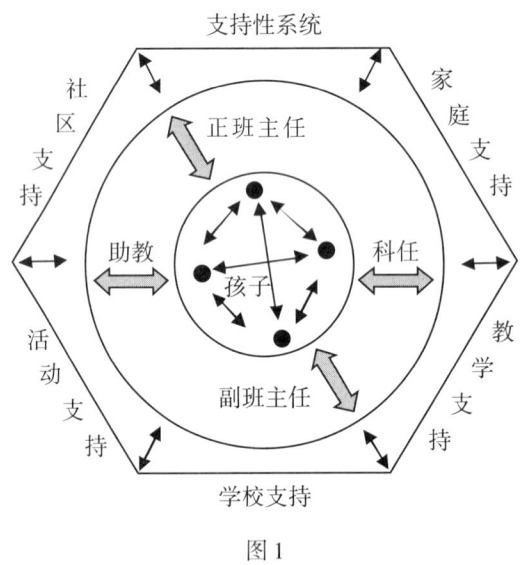

图1

（一）制度保障，提高工作积极性

2009年全国中小学首届班主任和谐育人能力大赛的举行，掀起了重视班主任专业能力发展的热潮。大赛分别从班主任工作典型经验、班主任教学育人、教育问题认识与处理、班主任个人才艺运用四个方面检验班主任的综合素质与和谐育人能力。部分地区不仅有"名校长""名师"，也有了"名班主任"称号。

笔者所在地区，政府专门成立"三名办"（名校长、名师、名班主任）。每年举行一次班主任能力大赛，特设特殊教育组。班主任通过申请，符合条件者成为名班主任培养对象，进入研修班，经过两至三年的自主规划、自主研修、专家引领等环节，最后考核认定，给予物质奖励的同时，并入职称系列。许多学校还将班主任工作专业化，分为初级、骨干、高级班主任，享受不同待遇，大大提高了班主任工作的积极性，激发了做好班主任工作的热情。

（二）明确职责，分工合作

班主任工作林林总总，纷繁复杂，然而，细想起来一共不过三大块：班风建设、班级日常管理、问题学生诊疗。前两项是抓面，后一项是抓点。现在班主任工作存在的普通问题是班主任往往忽视班风建设，或者不知从何抓起，而整天困在日常管理的琐事中。

1. 用图表明确班级管理内容

对于普通学校的班主任来说，抓面是重点工作，而培智学校的班主任，因服务对象的差异性大，除满足学生群体生活需要，提供学习场景与学习条件以外，重点还要实施个别化教育服务，也就是通常所说的个案研究（重点是行为方面）。只有准确了解培智班主任的工作内容，班主任才能做到心中有数。有效利用时间管理处理繁杂的事务。图2是笔者总结的班级管理内容。

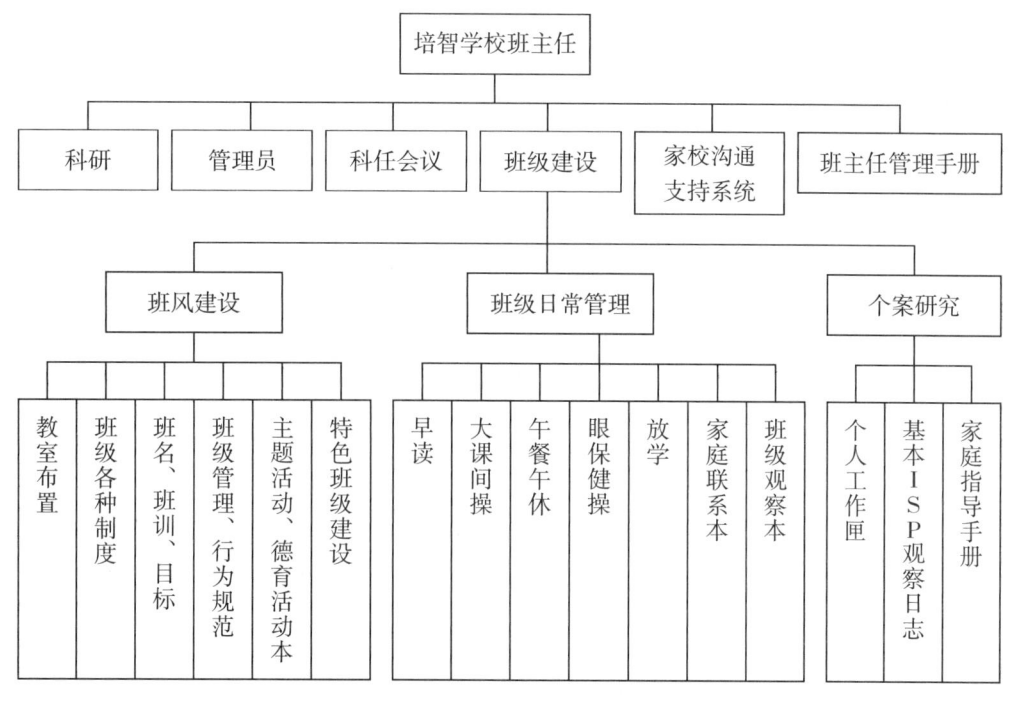

图 2

2. 半包班制，引入合作文化

"教师合作文化是指一起工作的全体教师拥有共同的教育理念，共同分享彼此的教学思想和素材，以合作的方式一起分担教学任务。只有通过合作，教师专业才能得到更快的发展。"面对目前班主任专业发展的要求及教育对象的变化，培智学校的班主任从"孤军奋战"到目前越来越多的培智学校采用的包班制，以达到合作互助的目的。

从2018年的全国培智学校课程交流会上可以看出，目前包班制有两类：第一类是单纯从班级管理上包班，正副班主任包揽整个班的班级事务，班主任轮流在班级中，配有专门的教师办公室。第二类是两三位教师不仅包班而且还全部包下整个班的教学内容，教师直接在教室办公。后者不利于教师专业化成长，更不利于教师的身心健康。为示区分我们把第一类包班制称为半包班制。

笔者从事培智学校的班主任工作十多年，经历过班主任的几种变革，深切地感受到合作互助的重要作用，总结如下表1。

表1

发展中的角色	成长方式	人员组成	优缺点
保姆型	自我成长	班主任	1. 由于学生特殊性，班主任请假、外出学习困难 2. 班主任一个人"战斗"，被常规管理束缚，下课铃一响立马跑教室处理班务，一天下来身心疲惫 3. 科任老师上完课离开有时课堂上发生的问题并没处理完。班主任与科任教师沟通有待加强
经验型	自我成长 专家讲座	班主任+ 管理员	1. 管理员分担了班主任的一些班级日常管理，但班风建设与个案研究无能为力 2. 班主任请假、外出，管理员无法替代其工作 3. 课间管理员有时一个人忙不过来；班主任也有其他班教学任务，每节课间到教室不现实
智慧型	自我成长 专家讲座 同伴互助	正班主任 副班主任 管理员	1. 班主任请假、外出学习方便 2. 共同分担班风建设、日常管理、个案研究及学校组织的各项社会实践或集会活动 3. 同伴互助、有效交流 4. 对于自闭症的孩子更有效果

半包班制，特别讲究班主任之间的协同配合，一般有正副班主任和教学助理（又称管理员），他们各有分工，又有共同任务。以正班主任为主，正副班主任分管学生的日常生活、家校沟通、个别学生训练等，学校将职责罗列后，由两位班主任根据自己特长商量而定。教室里有三个人常驻轮岗：班主任、副班主任、教室助理。班主任间的默契、理解、协调直接决定着管理的优劣。

（三）合理设计班主任的评价激励制度

调查结果表明，人的比较心理往往呈现近距离螺旋式比较，离得越近越容易比较，境遇相同越容易比较。在班主任评估考核中，通过评估考核，可以对班主任的工作情况进行有效监督，也是对班主任工作实效的监测，本着公正、公平、公开的原则，及时认真评估考核，并在每个月的第二周进行总结，对于考核优异的班主任给予奖励，激励其将工作做得更为出色；对于考核不合格的班主任，帮助其查找原因并及时解决问题，从而提高全体班主任的工作水平。评价激励制度的主要内容如图3所示。

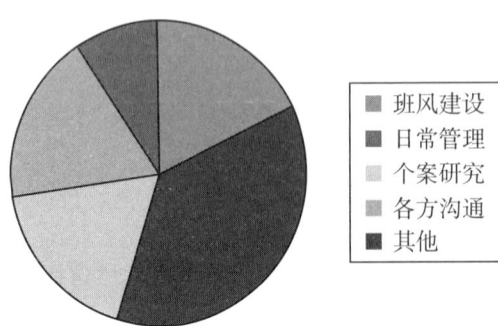

班风建设　　日常管理　　个案研究　　各方沟通　　其他

班主任会　　　　　　　家访
大型活动、集会、值班　联系家长
班队活动　　　　　　　班级学生成长活动本
早读　　　　　　　　　班主任工作手册
课间操（眼保健操）　　完成上级交办工作
教室布置墙报　　　　　班级文化
红花栏　　　　　　　　各项活动
入校、离校时间　　　　班级管理思路
个案研究

图3

（四）开展多样式培训，注重职业生涯规划

目前，我国的特殊教育师范教育大多重视教师的专业知识学习，对于班级相关的管理知识还没有系统的培训，因此班主任培训中分为职前培训和职后培训两方面。职前培训主要巩固特殊教育儿童心理学、家庭教育指导，关于特殊教育的一些教育政策法规及与班级工作关系密切的基本知识、基本技能。职后培训是根据班主任队伍在工作中遇到的实际困难而开展的班主任例会，进行动态培训指导，强调特殊孩子的个别化服务。

班主任成长方式可如表2所示。

表2

成长方式	主要内容
自主研修	通过自我阅读学习相关书籍，借鉴普校班级管理知识，及时记录学习感悟，撰写教育案例，反思教育效果，总结、提升个人素养
同伴互助	实行半包班制，正副班主任共同制定班级发展规划，商讨具体分工，准确定位的同时，又要主动补位
专家指导	积极参与本地区普通教育、康复机构、特殊学校等邀请的先进省、市教育专家进行的相关理论的专题讲座，例如班级建设方面或夏洛克教授的ISP等
竞赛激励	按照"班主任专业能力大赛"主题开展相关活动，进行教育故事叙说征文与演讲、主题班（队）会或精彩一课设计、案例分析与情景答辩、班级发展规划设计等
以点带面	聘请有经验的校内外班主任工作经验，展示班级文化建设成果或探讨班主任工作新策略和新思路
教研引路	开展校本培训，每月至少举行2次班主任工作例会，内容包括班主任能力系列培训和实际问题座谈会。由德育主任或班主任担任主讲人，共同制定个别化服务，如用结构化教学设计的自闭症个人工作匣
对外拓展	选派班主任外出参观、交流、学习
课题提升	鼓励班主任针对班级情况进行的特色班级建设及个案研究，进行小课题研究，通过查找大量文献，提高班主任解决问题的能力，避免经验化、表面化

无论是职前、职后的培训都是外部引领，关键是班主任的内部自觉。教师的专业自觉是指教师对自己所从事的教育工作的专业性的清晰认识，明确教师专业的特点和发展方向，形成坚定的教师专业信念和崇高的专业理想。对班主任的专业成长来说，更需要班主任进行职业生涯规划，制定长期、中期、短期目标，增强班主任对工作的认同度。

总之，班主任在面对目前教育对象的多元化，教育多重的发展障碍儿童时，除了付出更多的爱心、耐心和恒心外，更需要有一双专业的慧眼，认真观察孩子的一言一行。在他们不能语言表达时，像对待婴儿一样，用自己的专业去解读他们的各种行为。在种种繁杂的表面现象中，从人的发展、生理、心理各方面找到处理问题的关键。

参考文献

[1] 江小英.认真贯彻十八大精神　全面推进随班就读工作[J].中国特殊教育,2013（2）:3-4.

［2］攀枝花市中小学班主任队伍建设现状与对策探讨. http://www.docin.com/p-346666078.html，2012-2-22.

［3］张文京. 特殊儿童班级管理［M］. 重庆：重庆出版社，2007.

［4］王艳霞. 教师成为"专家"还是"杂家"探析［J］. 中小学教育，2013（5）:68-71.

［5］张正芬. 自闭症儿童问题行为的主要功能［M］. 台北：方圆出版社，2001.

［6］张雯婧. 全国班主任能力大赛在天津市红桥区开幕. http://news.022china.com/2009/12-07/191112_0.html. 2009-12-07.

［7］王晓春. 做一个专业的班主任［M］. 上海：华东师范大学出版社，2007.

［8］傅朝晖. 培智学校教师合作文化的建构［J］. 现代特殊教育，2013（7-8）:19-21.

［9］迟毓凯. 教师心理调适与辅导［J］. http://www.gdteachers.com/.2012-9-20.

［10］汪青松. 科学人文教育融合与复合型教师能力培养国际研讨会文集［M］. 合肥：合肥工业大学出版社，2007.

小学音乐教学培养学生创新能力的策略研究

■ 江门市江华小学 谢国刚

摘 要：在小学音乐教学中培养学生创新能力，通过形式维度，让小学音乐教学有"温度"；空间维度，让小学音乐教学有"尺度"；层次维度，让小学音乐教学有"梯度"；实践维度，让小学音乐教学有"力度"四种策略研究。在音乐教学中，以学生为主体，鼓励他们大胆地去尝试新知识、新问题，激励学生主动积极参与到学习之中，全面贯穿实施课程改革创新教育理念，极大培养学生的创新能力。使学生获得基本的音乐知识和技能的同时，以及提升音乐的感知与欣赏、表现与创造、反思与评价、交流与合作等方面的能力，提高生活情趣，形成尊重、关怀、友善、分享等品质，塑造健全人格，使音乐能力和人文素养得到整合发展。

关键词：创新能力 音乐教学 自主探究 个体差异

音乐家冼星海说过："音乐是人生最大的快乐，音乐是生活中一股清泉，音乐是陶冶性情的熔炉。"我国实施新课程改革以来，培养学生创新能力成为课改的主要方向。在音乐教学实践中，探索研究新型的教学方法，运用创新的教学理念，让学生在音乐课堂中能积极自主体验音乐、参与和创作音乐，张开想象的翅膀，遨游在充满创造的音乐殿堂。

一、形式维度，让小学音乐教学有"温度"

新课程教育理念明确指出："把激发学生学习音乐的兴趣贯穿于始终的教学思路。"兴趣是最好的老师，是引领学生的一把钥匙、一盏明灯、一个指南针。小学阶段是学生音乐素质全面发展的基础阶段，培养学生对音乐的兴趣是学生学习音乐的基础和主要动力，也将为学生终身热爱音乐打下良好的基础。小学生正处于身心发展的关键时期，他们精力充沛、活泼好动、富于幻想，对周围一切事物都充满了好奇心。学生一旦对某一事物产生兴趣，就会对其持之以恒，倘若没有兴趣作为音乐教学的基础，音乐教育工作的任务也就无法完成。如何让学生在四十分钟内保持一定的学习热情，教学效果就会事半功倍，让学习音乐的兴趣，逐步形成为对音乐的志趣。让学生在音乐课堂学习时，身心愉快、精神焕发，寓教于乐，融入生活式的学习，不仅能使学生更好地完成音乐学习任务，而且对经过其他学科可持续学习也起到促进和推化的作用。

（一）引入学具乐器能增加创新能力的温度

"节奏"是音乐的骨骼。在音乐的两大要素节奏和旋律中，节奏是学生最直观和易接受的。小学音乐教材中，不管是独立出来的节奏练习，还是隐藏于歌曲、欣赏教学当中的隐性节奏训练，均贯穿于整个音乐教学当中。有趣的节奏练习能有效激发学生的音乐学习兴趣，节奏游戏会让学生在不知不觉中走进音乐。通过节奏教学，不仅能扩大音乐课的教学效果，还能激发学生的学习兴趣，在关键节点上"画龙点睛"，更会使兴趣激发成效显著，使节奏练习的方式更广泛、更美妙、更富有音乐性。小乐器如口琴、竖笛、口风琴、三角铁、双响筒、铃鼓等课堂学具乐器进课堂，对音乐教学的推动具有明显作用，对激发学习兴趣起到立竿见影的作用。学具乐器进课堂能极大地满足学生的好奇心，展现学生的表现欲望，不断地开发学生的音乐创作潜能。借助课堂学具乐器进行节奏训练，使节奏训练变得有趣，还能在节奏练习中增加创新能力的"温度"，使学生对音乐的兴趣更加持续和更加长久。

（二）采用游戏教学能中保持创新能力的温度

在教学中运用游戏的方式进行教学，使音乐教学内容变得学生乐于接受，生动有趣的游戏形式开展让学生在玩中学、玩中用。通过创设宽松的学习音乐的环境，合理地运用游戏，也许只有短短的几分钟时间，却能为课堂教学带来良好的学习效果，迅速提高学生对音乐的学习兴趣，并使这种浓厚的兴趣长久地保持下去。游戏教学满足了学生好玩的天性，解决了"玩与学"的矛盾，让学生在唱唱、玩玩、跳跳、演演中学习音乐，这样学生就会学得更快，感知更深。同时，教师要善于抓住小学生好动、爱表现的特点，为他们创设展示才华的机会，让学生尝试在游戏中创编，以提高他们对音乐的理解能力和表现能力。如通过歌舞表演、节奏接龙游戏，根据音乐自编动作表演等形式使学生以积极主动的状态投入情感体验和形象思维之中，展开丰富的想象，创造性地表现音乐。引导学生通过游戏的方式，把自身对歌曲的感受、情感体验客观、形象地表现出来。在此基础上引导学生把音乐的情感，内在的美形象地表现出来，这就是创造美的一种表现。

二、空间维度，让小学音乐教学有"尺度"

通过创造性地去使用教材和改善教学方式，扩大学习音乐的时空界限，引导学生关注生活，做生活中的"有心人"，使音乐课堂充满生命力与生活气息。变"课堂音乐教学"为"生活音乐教学"，将教学活动置于现实的生活情境中，激发学生作为生活主体参与活动的强烈愿望，解放孩子的头脑、时间、空间。使学生充分得到学习的自主性，从自由的学习环境中体验到真正的音乐教育，逐步获得感受与鉴赏、表现、创造，以及音乐与相关文化等方面的艺术能力和素养，充分体现学生与他人、与社会的关系，学生与自然的关系。教师采取各种教学策略，使音乐教学的覆盖范围能够向着社会化、生活化方向延伸，各种生活化、社会化的元素能够以教学的形式进入音乐教育教学课堂当中。将音乐教学元素生活化、将生活元素音乐化，使同学们在生活中理解音乐，在音乐中感悟生活，让学生在愉快、轻松的氛围中学习音乐。启发学生联系已有的生活经验和知识背景，在生活与音乐之间架起一座兴趣之桥，以此来激发学生学习音乐的兴趣，培养学生的想象力和创造性，实现让音乐课堂教学充满生命活力的目标，以至提高音乐素质，培养高尚的审美情趣，最终达到育人的目的。

（一）整合教材内容，贴近学生生活

音乐教材能很好地植根于生活的土壤，植根于音乐的土壤，与学生的生活息息相关。现行使用的教材中有一些教学内容题材离学生生活实际较远，学生难产生认知上的"共鸣"，这就需要教师有整合教材的能力。在课堂教学中，调整教学内容的表现形式和教学秩序，联系生活实际，把一些比较热门和学生感兴趣的题材引入课堂上来，重组一些生活音乐。把陈旧的内容时代化，把陌生的内容熟悉化，把抽象的内容形象化，让学生在丰富多彩的生活情景中，主动探究、发现、体验、学会、运用新知。将孩子们生活中一些常常听到，而且非常感兴趣的歌曲，例如《我相信》《老鼠爱大米》《青春修炼手册》《大梦想家》《快乐环岛》等歌曲引入我们的音乐课堂。

（二）聆听入手，唤起生活经验，感受音乐

音乐是听觉艺术，听觉体验是学习音乐的基础。教学中，教师充分挖掘作品所蕴含的情感以及音乐美，唤起学生的生活经验，激起学生的情感共鸣。让学生走进广阔的音乐时空、探索神奇的音乐世界、拓宽学生的音乐视野，让他们在音乐的氛围中感悟音乐，做到心中有乐。从而扩大学生音乐文化视野，使学习内容生动有趣、丰富多彩，提升学生的审美能力，逐步形成良好的人文素养和学科核心素养，为他们终身喜爱音乐、享受音乐奠定良好的基础。

（三）注重音乐内涵，强化音乐学科素养

生活化教学在音乐授课方式上有很大的伸缩性与灵活性。深入寻求艺术教育与人文活动，地区文化认同与多元化，引导学生进行探究性学习，在有限的课时内认识音乐内涵，了解音乐与文化的关系。从而开发出具有丰富性、关联性和严密性特征的音乐课程资源。在音乐教学中，教师引导学生感受生活中的音乐，从自身音乐经验出发，利用生活资源让音乐课"生活化"主动去探究、思考音乐与生活的关系。充分发挥学生在生活中对音乐元素的捕捉能力，从而使音乐课堂变成了轻松而愉快，既能学到音乐知识又陶冶艺术情操。从学生的生活经验和已有的知识背景出发，联系生活学音乐，让音乐贴近生活、走进生活，使学生们真真切切感受到音乐的存在，感悟音乐的一切就在人们的身边。教师通过类似联想、对比联想、因果联想等创造性思维方式，从而强化学生音乐创造能力，提升创造性思维的流畅度，为终身热爱音乐奠定基础。

三、层次维度，让小学音乐教学有"梯度"

新课标提出的新教育理念要求以学生发展为本。"成就每一个孩子"，这不仅是实施素质教育的要求，也是教师自身专业发展的要求。在小学音乐课堂教学中，要以学生为本，尊重学生的个性差异，教学促进每个教育对象的发展。在这个意义上，差异教学正是"走进每个学生心灵"的教学。教师要正确认识学生的个体差异，因材施教，使每个学生都在原有的基础上得到发展，组织有利于每个学生和谐最优发展的教学活动，创造性地设计教学过程，落实到课堂教学中，实现差异化教学。教师在课堂教学中，允许不同的学生有不同的、分层次的学习目标、学习方法、思维方式与学习评价等，有利于不同的学生在音乐学习上得到不同的发展。音乐教学中设计一些有"梯度"的教学环节，以学生的个性差异为依据，运用教学策略和手法，促使每一个学生都能找到适合自己的个性才能发展的独特领域。

新课程改革关注学生多元化的评价方式，以往教师过分偏重音乐知识与技能的教学评价，如今建立既关注结果更重视过程的评价体系。不断探索过程中，逐步形成了一套对学生行之有效的激励方法，借鉴生活中倍受大众喜欢的"音乐超级秀""星光大道"等形式，提供让孩子们展示才华的机会。课后，还可让学生把学会的歌曲唱给父母听，请他们做出评价。音乐欣赏教学中，对在学习中能做到认真聆听的学生及时给予肯定，做出相应的评价，学生在评价中，得到成功的体验，增强了自信心，激发了学习兴趣和热情。利用

多样化的评价方式，对学生参与音乐表现的态度及能力进行评价。

（一）拟定不同层次维度的创新能力目标

依据学生音乐学习能力的差异，在制定学生学习总体目标的基础上，增添学习的基础目标和发展目标来进行创新能力的提升。在音乐教学中，教师要尊重学生个体在音乐素养、音乐认知能力和创新能力的差异，充分关注学生之间的个体差异，为学生提供不同的教学内容、不同的教学方法、不同的教学过程，以满足学生不同兴趣爱好、不同思维方式、不同学习和需求等方面的要求，促进每个学生在原有基础上得到适度的音乐创新。实现以"学生为中心"的教学目标，促进学生的个性化发展，培养学生的创新思维能力，实现音乐教学的可持续发展。教师在承认学生学习能力差异客观存在的基础上，拟定不同层次维度的创新能力目标。

（二）开展不同维度的创新能力教学活动

小学音乐课堂教学中培养学生创新能力教学，围绕以学习者为中心，根据学生的性格特点、学习能力、认知能力和音乐素养等方面，开展不同维度的音乐教学活动，合理组织和引导学生进行教学活动，注重促进学生个性化发展、全面化发展。根据班内学生各方面的差异性，按照学生不同层次，将相近的学生分在一组，予以区别指导。不同层次的学生在音乐创新能力方面，完成不同的教学目标，有效避免学优生"吃不饱"、学困生"吃不消"的教学现象，满足不同层次学生的学习需要，通过小组汇报，集中讨论等形式，让各种不同层次的同学相互融合，互相学习。使学生都能在学习中找到自己的定位，达到预定目标，在学习中产生收获的愉悦。

（三）落实不同维度的创新能力评价标准

改变传统的以同一个标准去评价在音乐素养和创新能力不同的学生，尊重学生的进步，让每个学生都能找到自我价值，收获音乐创新所带来快乐。通过设立"小小音乐家奖""最具音乐潜质奖""音乐创新突破奖"等，让每个学生都有自己的奋斗目标。对于具有音乐天赋的学生，我们可以提出比较高的要求；对于音乐素养较差的同学，我们只需他能表达对音乐不同的体验。教师在评价学生音乐创新能力的效果上，采取分层评价学生，采用课外评价和课堂评价相结合的模式，关注班级中每一个学生的学习动态和发展变化，激励学生在原有基础上得到新的创新和发展。教师以发展的眼光去评价学生，哪怕只是一点点创新，教师也要善于发现和保护，让学生创新意识的明灯永不熄灭。引导学生根据个人的能力，扬长避短，满足兴趣和表现欲望，学有所长。我们的音乐教学才会获得真正的成功，真正走进每个学生的心灵。

四、实践维度，让小学音乐教学有"力度"

任何一个优秀的音乐作品，都需要通过艺术实践表现出来，音乐表演就是音乐的二度创作。小学音乐课堂教学是一门实践性非常强的学科，一切教学目的，无论是音乐技能层面还是音乐审美层面，都需要通过学生参与音乐实践表演才能实现。"以生为本"的教育理念，明确在一切艺术实践活动中，学生处于主体地位，充分发挥学生主导作用，为学生参与音乐实践活动创造良好的主客观条件。开展探究性学习，调动学生对艺术实践的热情和积极性，形成浓郁的重于艺术实践和乐于艺术实践的良好学习氛围。引导学生积极参与音乐实践活动，体现了音乐学科的特点，符合音乐教学的规律，学生在参与音乐艺术实践活动中，走进音乐世界，获得音乐审美体验。

根据小学生的年龄和心理特点，例如定期举办个人才艺展示活动、校级合唱比赛、走进社区表演、庆祝"六·一"文艺会演等活动中，积极参与艺术实践的学生，可以通过观察学生的具体表现，直接给予音乐素质综合评价，这种方式检测学生，学生乐于接受。学生在艺术实践中获得展示自我才华的机会，无形中激发他们对喜爱音乐的兴趣，将会伴随学生的人生一起成长，在长大以后仍然对音乐保持热爱，对音乐的终身学习起着重要的作用。通过对于艺术的实践，学生和学生之间学会协作，能增强集体凝聚力和团队协作的精神。有利于对学生进行爱国主义教育，引导学生形成良好的人生观、价值观，成为合格的社会主义建设者和可靠的接班人。同时，通过艺术实践，帮助学生体会到更多重的人生理解和感悟，为以后的艺术创作带来更加丰富的灵感和思维。

五、结语

在音乐教学中，培养学生的创新意识和创新能力，引导学生善于观察和善于思考，改变观念，转换角色，不断改进教法与学法，进一步培养学生的音乐鉴赏和感受力，培养学生的爱国情怀，以富有感染力和形象性的音乐教育来有效地调整学生心理，激发学生的创新意识，从而实现培养学生的创造力。"今天"的发现创新，就是"明天"发明创造的基础。通过在小学音乐教学培养学生创新能力的策略研究，创设各种愉快、生动的教学情境，激发学生的创作兴趣，发展学生的音乐想象力，引导他们有意识地进行创作尝试，提高音乐创造力。在寓教于乐的音乐教学过程中，丰富学生的想象力，激发学生的创新思维，培养学生的音乐实践能力，真正达到音乐新课程改革赋予我们音乐教学的最终目标。

参考文献

［1］中华人民共和国教育部.义务教育音乐课程标准（2011年版）［S］.北京：北京师范大学出版社,2012.

［2］林菲凡,关于小学音乐课模式创新的研究［J］.北方音乐,2017,37（4）:197.

［3］谭晓,浅论小学生音乐创新能力培养的重要性［J］.黄河之声,2018（2）:92.

［4］王军建,构建中小学美术、音乐创新教学模式的思考［J］.教师教学能力发展研究科研成果集（第十二卷）,2017,12（633）:95.

基于思维导图在小学英语读写教学中的应用研究

■ 江门市蓬江区丰泰小学　梁婉清

摘　要：如何有效进行小学英语读写教学一直是一线英语教师思考的问题。本文旨在呈现小学英语阅读教学中引用思维导图的实践，通过案例研究探索基于思维导图在小学英语阅读教学中的应用。

关键词：思维导图　小学英语　阅读教学

一、引语

在小学英语高年级教学中，读写教学是重要的教学内容之一。语篇是小学生进行听、说、读、写综合运用的材料，是孩子们获取语言信息和运用语言的重要途径。然而，笔者在20多年的教学过程中，发现小学英语读写教学存在着一些问题：一是教师只重视知识点的讲解，轻视对语篇的整体理解与分析。在教学过程中，有不少教师把大部分时间都用在词、句和语法的分析上，这样，孩子们对所学语言材料的感知显得支离破碎，不系统，不完整。二是忽视孩子们阅读技能的培养。教师不放手的带读，导致学生总停留在对阅读材料表层意义的理解上。三是没有达到培养孩子们综合语言运用能力的目的，忽视他们听、说、读、写的语言实践。我们经常看到这种单调重复的教学模式：读文章—教新词—讲语法—逐句翻译—做练习—背诵课文—仿写文章。这使学生形成一种呆板的语言学习方式，导致对语篇学习有畏难、有障碍。如果我们运用思维导图来辅助教学，将重点的英语知识以清晰的图示方式呈现出来，这样可以加深孩子们对语言知识的理解，就可以避免出现以上的问题。

二、思维导图的概念

思维导图（Mind Map）是托尼巴赞（Tony Buzan）提出的，他在《思维导图：放射性思维》一书中对思维导图是这样定义的："思维导图是放射性思维的表达方式，因此也是人类思维的自然功能。它是一种非常有用的图形技术，是打开大脑潜能的万用钥匙。思维导图可以用于生活的各个方面，其改进后的学习能力和清晰的思维方式会改善人的行为表现。"思维导图是一种用来组织和表征知识的工具，是将放射性思维具体化的方法。思维导图通常将某一主题置于中央位置，主题的主干作为分支向四周放射，每个分支上使用一个关键词。各分支形成一个连接的节点结构，整个图看上去就像人的神经网络图。

三、理论依据

教育部《基础教育课程改革纲要（试行）》中提出，要"大力推进信息技术在教学过程中的普遍应用，促进信息技术与课程的整合，逐步实现教学内容的呈现方式、学生的学习方式、教师的教学方式和师生互动方式的变革，充分发挥信息技术的优势，为学生的学习和发展提供丰富多彩的教育环境和有力的学习工具"。《义务教育英语课程标准（2011年版）》要求学生掌握听、说、读、写四个方面的技能以及这四种技能的综合运用能力。小学阶段是孩子们思维技能发展的关键时期，教师在教学中应该创设出更多有利于孩子们促进高阶思维技能发展的教学活动。充分利用思维导图，构建知识网络，激发孩子们的学习兴趣，增强对英语学习的记忆，提升孩子们的语言表达能力和思维能力，进而提高英语教学的有效性。

四、案例剖析

粤教版《开心学英语》的第七册 Unit 5 中 Reading and writing 的教学内容是由两篇小短文构成，讲述孪生姊妹 Louise 和 Heather 有一段相同的旅游的经历，但有不同的感受。课文里面出现了过去时的动词短语，同时还涉及 happy 和 unhappy 的情绪表达。那么，如何引导孩子们理解文本并流利地讲述故事，给孩子们带来一定的难度。如果教师借助思维导图，提炼出文本中的主体脉络，孩子们就可以通过层次清晰的线条和板块进行表述，有效降低孩子们对阅读理解的困难。在教学中，我尝试以 Trips 为主题展开教学过程：

（一）阅读前——视觉激活

（1）教师在黑板右上角画了一架飞机，一边画一边说："I went on a trip last winter. And how about my friends? Look! This is a girl. She has big eyes. She has long hair. She's beautiful. Look! This is another girl. She's so pretty. She has a long hair, too. They look the same. Who are they? Now, let's watch and guess."

（2）教师简笔画呈现文本两位主人公，提出问题激活孩子们的好奇心和学习兴趣。

（3）引导孩子们观看两个故事视频，猜一猜短文的主要人物和主题。

Q1: Who are they?

Q2: What's the title of the passage?（A. Friends. B. A Trip. C. Weather.）

（4）孩子们通过观看视频，从课文中找到上述问题的答案。同时，教师根据孩子们的回答在黑板上出示与上述问题相关的信息，出示本课的中心主题"A Trip"。

（二）阅读中——信息提取

（1）孩子们带着老师的问题再次默读故事的内容，圈出两篇短文中的时间、地点和天气。

T: Hey children, do you want to know more about their trip?

T: OK! Open your books, please read silently. And circle the key words about place, time and weather.

T: Where were they?

Ss: They were in Canada.

T: And when were they in Canada?

Ss: Last winter.

T: What was the weather like?

Ss: It was snowy.

（2）小声地细读短文，并划出相关的关键词，填好表格。

T: Now, let's read carefully in pairs and find out the answers.

Q1: Which girl is Louise? Which girl is Heather?

Q2: How did they feel?

（3）学生理解故事文本后，尝试回答上述问题，并提炼关键动词。学生独立阅读课文并在内交流，教师将学生回答的关键词写在黑板上，完成思维导图中关于故事发展的分支。

（4）请孩子们带着感情地朗诵，注意句子的升降调和连读。

T: Let's read emotionally! Louise was happy. We can read happily. Heather was unhappy. Let's read unhappily.

（5）学生利用关键词制作思维导图，并在小组内选择你喜欢的角色复述短文。

T: Let's try to make a thinking map with the key words.

T: Now, please take out your paper cards and discuss. Try to make a thinking map and retell.

（6）通过这部分的学习，绝大部分的学生都能在老师的分层引导下充分理解文本内容，学习兴趣越发浓厚，流利描述每一篇故事的发展，最后，能利用思维导图，概括本篇故事。孩子们的参与率高，主动学习热情高，对整个故事已经全部掌握。

（三）阅读后——巩固输出

（1）学生通过前面思维导图的认知、了解和制作，他们大概掌握了如何利用关键词制作思维导图，接着让他们制作一个属于自己的思维导图，并写一写自己的旅程，然后在小组内说一说自己的旅程。

T: I had an exciting trip. Look! This is my thinking map. I was in Beijing last summer. It was sunny and hot. The food was tasty. I went swimming and took lots of photos. I was very excited.

T: There are many other thinking maps. I think you had many kinds of trips. You can choose one of them to share with us.

T: Now, let's make your favorite thinking map and write something about your trips.

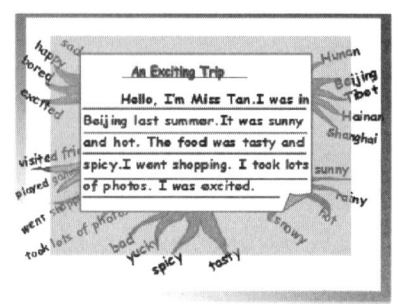

（2）学生在制作思维导图后，在组内进行分享和交流活动。其中可以增加教师提问，学生根据自己的思维导图抢答和补充，还可以采用小组竞赛的方式进行。此活动，教师可以帮助学生加深对文本的理解，及时调整思维导图框架和结构，锻炼学生的语言运用能力。

五、感悟和思考

以上是笔者尝试用思维导图进行高年级读写教学的过程，教学实践证明了思维导图可以把枯燥的信息变成色彩的、易于学生记忆的并且有高度组织性的图,而且还能够将信息可视化,其在小学英语教学中的优势越来越明显,不仅能激发学生对学习英语的兴趣,更易于被学生所接受。下面谈谈其优势:

(一)优势一:激发学生的学习兴趣

兴趣是学习英语的催化剂,在英语课堂教学中,运用思维导图能够创设充满美感的学习情境,激发学生的认知兴趣,充分运用图形,引导小学生从图中获乐趣,在图中找情境,在图中求真知;并通过有关导图,让学生理解内容,体会情感,使学生不由自主地进入角色,积极地参与活动,全身心地投入学习。把思维导图引入到小学英语课堂教学中,既能激发学生的学习兴趣又能活跃课堂气氛。通过思维导图的提示,孩子们很愿意开口说英语,既培养学生的口语能力,又提高了教学的质量。

(二)优势二:提高学生的获取信息能力

思维导图本身就是一个从文本中提炼信息的过程,教师有条理地向学生展示这一过程,可以给学生一个从阅读材料中获取信息的范例,通过观摩教师在教学的过程中如何获得主要信息,分析阅读材料里的中心概念及其支撑部分之间的逻辑关系,学生获取信息的能力也会得到训练和提高。思维导图将各种零散的智慧、观点等融会贯通成为一个系统,允许学生自由联想,在概念到概念的"线形思维"提升到按照思维结构进行的"网状思维",这就极大地激发了学生的想象力和创造力。

(三)优势三:培养学生的归纳记忆能力

思维导图把小学生们的主要精力集中在关键的知识点上,无须浪费在那些无关紧要的内容上,从而节省了宝贵的学习时间。另一方面,思维导图通过有效的概念意义和概念框架的建立成为一个有力的助记工具。对于小学生来说,从头到尾机械简单地阅读一篇课文并学会里面的语言知识是有相当难度的,而思维导图却把课文中的语言知识提炼出来,以图文结合的方式呈现给学生,这样学生就更容易学会其中的语言知识。

(四)优势四:提高学生的写作能力

教师在读写教学中巧妙地运用思维导图,引导学生学会使用思维导图进行写作前的思路整理,指导学生构思自己的小作文,让学生意识到一个话题可以有很多方面可写,这样就解决了学生不知道写什么以及如何写的问题。教师可以利用思维导图从集体构思过渡到小组构思,最后自己构思。如果其写作的思路明了,那么学生就会轻松地写出自己的小作文,不但拓展学生的思维,还激发学生的学习兴趣。长此以往,学生的写作能力也会提高。

综上所述,在小学英语教学中,思维导图可以应用于教学中各个板块,将教学中的知识以直观形象的方式呈现,加深学生理解的同时可以锻炼学生的发散性思维,激发学生思维能力的创新,同时也是在实践中体悟到不少教学问题的存在。如思维导图在教学中该如何有效使用?是在阅读中指导孩子们自主学习,还是在阅读后帮助孩子们复习整理呢?笔者认为:

(1)如果文本内容篇幅长、词句多、文章结构和层次复杂时,先由教师呈现思维导图,概括性地介绍文本大意,帮助学生整体理解;然后,根据主题和主干提出问题,学生带着问题分部分、分层次阅读,突出重点,提取信息,加深理解;阅读后,可让学生在小组内或全班进行分享和交流,此时学生利用思维导图呈现的关键词,帮助他们梳理知识点;最后,教师引导学生根据思维导图的提示复述课文内容。

（2）如果文本内容篇幅适中、词句少、文章结构和层次清晰时，学习的过程主要以学生独立阅读后制作思维导图为主，孩子们还可以结合思维导图的脉络进行复述故事或改编故事。在这个过程中，教师只是起到点拨、帮助的作用。

六、结束语

在小学英语读写教学中使用思维导图可以激发学生的学习兴趣，对提高学生的理解、概括、分析、整理、复述能力都有显著帮助，在发展孩子们高阶思维的同时切实提高了课堂实效。在新课改背景下，思维导图应用小学英语读写教学已经得到了一线教师广泛的认同和实施，并能更快更有效地进行知识的传授，同时创造适合师生间的交流环境，从而提高小学英语教学效率和教学质量。

参考文献

［1］托尼·博赞.思维导图使用手册［M］.丁大刚、张斌译.北京：化学工业出版社，2013年.

［2］成纬妍.思维导图在小学英语教学中的应用［J］.校园英语，2015（23）:103.

［3］欧阳苹果，陈清.思维导图在小学英语教学中的作用［J］.湖南第一师范学报，2008,9（8）:3.

［4］陈敏.思维导图及其在英语教学中的应用［J］.外语电化教学，2005（1）:36-41.

立足课堂　推进课外阅读

■ 鹤山市沙坪街道第一小学　冯婉霞

摘　要：阅读教学是学生、老师、文本之间对话的过程。在教学中，我们以课内阅读的方法指导课外阅读，又以课外阅读的积累补充并丰富课内阅读的不足。在"立足课堂，推进课外阅读"中，重点解决以下三方面：①结合课文，教学生阅读什么。②结合课文，教学生如何阅读。③结合课文，检查学生阅读了什么。以课堂为主阵地，适当拓展阅读、拓展学生的视野，发展学生的语文能力，提高学生的语文素养。

关键词：立足课堂　推进　课外阅读

《义务教育语文课程标准（2011年版）》指出："阅读教学是学生、老师、文本之间对话的过程。"随着课程改革的不断推进，积极拓展课外阅读，已成为广大语文教师的共识。童年的阅读经验是一个人的生命底色，要使生命底色变得光彩照人，学生除了课内要研读文本，更需要将学到的阅读方法运用于课外阅读实践。以课内阅读的方法指导课外阅读，又以课外阅读的积累回补并丰富课内阅读的不足，形成课内外阅读相互补充、相互促进、有效融合的良性循环，是我们的语文幸福课堂不断探索的目标。

目前虽然很多老师都意识到推进大阅读的重要性，但在推进大阅读时往往只注重了课外阅读，只是布置学生课外阅读某些书籍，缺乏课内外的结合，导致阅读落空或效果不佳。推荐阅读存在着不如人意的方面，例如，课外阅读的目的不是太明确，缺乏切实可行的指导，往往停留在布置学生课外阅读一些书目的层面上，没能恰当地找准课内外阅读有效结合的切入点，也就是说没有实际地在"阅读什么""如何阅读"和"阅读后的效果"进行指导或检查。为了落实阅读，立足课堂推进大阅读很有必要。如何"立足课堂，推进课外阅读"，笔者结合自己上课以及指导同行上课的情况谈谈做法。

一、结合课文，教学生阅读什么

现行的语文课本，有不少地方推荐阅读的书目，有的在课文后面的阅读链接推荐，有的在"课外书屋""快乐读书吧"这些版块进行推荐。老师可以就这些内容进行推荐，但更有效的是结合我们的课文进行推荐，教学生"阅读什么"。其实只要我们认真观察，会发现很多推进阅读的"点"。以相同主题或相同题材为阅读拓展点，即根据每一组教材的主题或题材来选定课外拓展阅读的内容，还可以以课文作者为阅读拓展点，如学习了六年级上册沈石溪的《最后一头战象》，可推荐沈石溪一系列的关于动物的作品，如《狼王梦》《第七条猎狗》。学习六年级下册鲁迅的作品、了解鲁迅的事迹及感受对鲁迅的怀念之后，可向学生介绍鲁迅的一些作品：《鲁迅全集》《朝花夕拾》《狂人日记》等，让学生走近鲁迅，感受鲁迅先生的崇高精神品质。还可以以课文原著为阅读拓展点，对选自名家名作的课文，如《猴王出世》《草船借箭》，学后要趁热打铁，推荐阅读原著《西游记》《三国演义》。

例如在上《草船借箭》这篇课文时，很多老师都会推荐学生回去看《三国演义》，但如何引导孩子看，这就要结合课文内容巧妙引导，激发学生阅读的兴趣。笔者是这样处理的：在理解了课文的内容、感受了课文中各个主要人物的性格特点后，尤其反复朗读周瑜的话"诸葛亮神机妙算，我真比不上他"后，我进行总结：周瑜的气度、周瑜的胸怀、周瑜的为人、周瑜的才智、周瑜的智慧都不如诸葛亮，难怪鲁肃了解了整个借箭过程后说"先生真神人也"，然后就向诸葛亮讨教"你这个神机妙算是怎么来的？"诸葛亮就跟他说……同学们想知道吗？回去以后看《三国演义》第四十六回，你就会知道结果。接着还在课堂上读原著的一小段话，这样既激发了学生的阅读兴趣，也让学生有了阅读的重点内容。现行教材增设了较多推进阅读的"点"，例如"亲子阅读""读书吧"等，二年级上册第一单元"快乐读书吧"读读童话故事，在上完《小蝌蚪找妈妈》一课时，我们结合童话的有趣性，我们推荐了《"没头脑"和"不高兴"》。通过播放动画视频，引起学生的阅读兴趣，通过阅读，感受童话故事的趣味。只有我们找准推进阅读的"点"，立足课堂，才能落实课外阅读。

二、结合课文，教学生如何阅读

在平时的教学中我力求找到有效融合课内外阅读的链接点，把课内阅读获得的方法及时迁移、运用到课外阅读中去，探索出行之有效的、使课内外阅读有效融合、互相促进的方法和策略，并不断完善它，以帮助学生养成喜欢阅读的好习惯。尤其在低年级的教学中，更加要重视阅读方法的指导。例如我们在集体备课《小蝌蚪找妈妈》时，对如何引导学生进行阅读方法进行了讨论。《小蝌蚪找妈妈》是一篇童话，在引导学生理解课文内容的同时，我们还指导学生通过抓住"小蝌蚪游哇游，过了几天，长出两条后腿""小蝌蚪游哇游，过了几天，长出两条前腿"等这些主要语句掌握故事主要的情节。低年级还适宜教会学生如何抓住重点字词领悟用词的准确性。到中高年级的时候，我们还要教会孩子不同的阅读方法。如精读法：对有价值的中短篇课外美文集中精力细读，读书时口到、眼到、心到、手到，边读边思考。例如在上《临死前的严监生》时我们指导学生利用这种方法，随后推荐阅读《欧也妮·葛朗台》，让学生用精读法阅读书中葛朗台见钱眼开形象的描写。批注法：用规范的符号和格式，随读随写，眼、手、脑并用。摘录法：课外阅读遇到精彩的句段摘抄在读书笔记上，还可以写出对感兴趣句段的感受。这种方法对提高写作能力很有帮助。前面这几种方法我们在教课文的时候应适当指导。选读法：根据需要有选择性地读，读时目光只扫描关键词句，拎出"主干"，忽略"枝叶"。浏览法：对篇幅较长的书籍，只做走马观花式的浏览。后面这两种方式我们可以结合课文中篇幅比较长的文章进行指导。例如在指导阅读《狱中联欢》，我们可以采用这种方法教会学生把一般方法和"个性"方法有效融合在一起，再根据不同文章采用适当的方法阅读。让学生用方法去阅读，又从阅读中领悟、总结出新方法。这样，不断循环往复、相得益彰，使学生在长期的阅读体验中逐渐找准并掌握适合自己的方法，提高阅读效率，丰富语感积累。

三、结合课文，检查学生阅读了什么

除了结合课文指导学生阅读什么，还有结合课文指导如何阅读以外，我们还要结合课文进行检查学生阅读效果。布置学生进行阅读后，除了可以专门上阅读分享课外，我们还可以结合课文，在课堂上进行检查。例如在上《草船借箭》时，笔者课前布置学生搜集有关诸葛亮的故事，体会诸葛亮的"神机妙算"之后，让学生进行分享故事。课堂上，我会问：诸葛亮的神机妙算令人赞叹，那你还了解诸葛亮的哪些故事呢？谁愿意跟大家分享你的故事？于是学生就会把课前看到的有关写诸葛亮"神机妙算"的故事讲出来，这样，老师通过在语文课堂检查孩子们的阅读情况，使学生对课外阅读更重视了，阅读效果就更好了。

语文学科的人文性和工具性决定了语文教学应当由课内向课外延伸，把课内教学和课外拓展融成一个整体。把课内学到的知识、技能，在课外得到有效的巩固和应用。以课堂为核心进行适宜的拓展阅读，不但能拓展学生知识视野，发展语文能力，提高学生的语文修养，而且会让课堂教学充满无限生机与活力。

参考文献

［1］韩兴娥.让孩子踏上阅读快车道［M］.武汉：湖北教育出版社，2009.

［2］李炳亭.我给传统课堂打0分［M］.济南：山东文艺出版社，2010.

［3］樊鸿雁.立足课堂，放眼课外——小学语文课内阅读与课外拓展有效结合［J］.青少年日记（教育教学研究），2015（10）.

春风化雨 润育无痕
——浅谈小学英语教学中德育的渗透

■ 湛江市遂溪县遂城第二小学 陈丽丽

摘 要：小学英语学科是九年义务小学阶段学生的必修课程，与其他学科一样，担负着对学生进行德、智、体、美的教育任务。学校教育不仅抓好智育，更要加强体育、美育、劳动技术教育和社会实践，使诸方面教育相互渗透、协调发展，促进学生的全面发展和健康成长。笔者认为作为英语教师，在英语教学中渗透德育责无旁贷。有目的、有意识、有计划地对学生进行道德影响和真、善、美的熏陶，从而培养学生正确的世界观、人生观和良好的道德品质。

关键词：小学英语教学 德育渗透 责无旁贷

但丁说过："知识的缺陷可以弥补，从小道德的缺陷永远弥补不了"。《义务教育英语课程标准（2011年版）》也指出："激发和培养学生学习英语的兴趣，使学生树立自信心，发展自主学习的能力和合作精神；培养学生良好的心理品质和爱国主义品质，形成积极健康的人生观……为他们的终身学习和发展打下良好的基础"。教书育人是每位教师最基本的准则，教师必须在教学过程中不断地对学生进行德育教育，真正做到先育人后教书，育人重于教书，在育人中传授知识，让学生先学会做人，再学会学习。因此，进行有效的德育渗透是每位教师义不容辞的责任。为此，笔者实施了一些有关德育在小学英语课堂教学中渗透的实践教学。

一、挖掘教材，渗透德育

教材是教学的载体，依据教材挖掘德育因素是课堂教学的前提。新版小学英语教学内容接近学生生活实际，与我们的生活密切相关，具有科学性、思想性、灵活性和创造性。教师要在教学中有效地实施德育，就应该深入钻研教材、明确目的，抓住结合点，然后通过渗透、融合的方法，有目的、有计划、自觉地寓德育于语言教学之中。既遵循语言教学与思想教育相一致的原则，又符合英语教学的规律。

教材中很多的学习内容，如旅游、购物、家庭、动物、时间、饮食、人际交往等等都渗透了浓厚的德育因素。例如：三年级起点阶段的"Hello!""Hi!""Good morning!""Good afternoon!""Nice to meet you！""Thanks！""Thank you very much！"等礼貌用语，都含有很明显的德育因素，所以把培养学生"讲文明，懂礼貌"的思想品德设计在该课是最恰当不过的。

道德知识、观念是抽象的，直观地进行德育教学很难让学生接受，更谈不上明白并付诸行动。因此，必须以孩子们喜闻乐见的方式呈现。游戏是孩子们最感兴趣的学习方式，这种带有"玩"的色彩而又与学习内容配合的活动方式，对培养他们的情感有着较深的影响力。比如：爱听故事就是孩子们的天性，故事可以使抽象的道德观念直观化。当教授 PEP 新版教材三年级上册 Unit 4 We love animals A Le's learn，有关 pig, bear, cat, duck 以及 dog 这五个新单词时，我设计了这样一个小故事：One day, little cat is ill. Some animals are coming.

  Who? Do you know? Look! A pig（出示一只 pig，背上背着一篮水果的图片），a bear（出示一只 bear，手拿一束鲜花的图片），a duck（出示一只 duck，脖子上挂着两根香蕉）and a dog（出示一只狗，手上绕着 6 个气球的图片）。他们走了很长路程的路才到达生病的小猫家。接着，请模仿这些小动物，表演这个充满爱的英文小故事。在这一系列的故事情境活动中，一幅充满关爱、温馨的画面一次次展示在了学生们的眼前。学生们不仅兴趣盎然地学会了这几种动物的英文名称，而且还感受到了友谊的美，从而在心底自然涌现出热爱大自然，保护小动物，关心身边的每一个人等一系列情感，对德育起到潜移默化的作用。

  又比如：班主任老师经常在班里强调认真做早操、遵守学校纪律的重要性。对此，我看在眼里，记在心上。正当我在复习 PEP 新版教材三年级下册 Unit6 How many 这个单元时，我打破英语课一直在教室授课的惯例，把活泼好动的孩子们带到操场上，用体育课的方式上了一节精彩的英语课。这节课主要是给孩子们复习 1 至 20 这二十个英文的表达。我借用了体育室的篮球、毽子、绳、乒乓球等放在操场上。让孩子们两两一组，用上 one to twenty 这 20 个英文单词来边拍球，边数英文；边跳绳，边数英文等。让孩子们在边玩边说中巩固知识，并且在下课前，用早已准备好的一张 500 斤大胖子的相片给孩子们看。让他们了解到为什么他会如此肥胖。告诉孩子们锻炼身体和健康饮食的重要性。特别是做早操的好处，让他们在无形中学会遵守学校规章制度，锻炼身体从做早操做起。

二、创造环境，渗透德育

  俗话说："环境造就人。"不同的环境会造就出不同类型的人物形象。英语课堂要进行德育渗透，首先要为学生创设一个和谐的德育情境，以满足学生对真善美的追求。所以，在课堂上，我们要建立新型的师生关系，使课堂生活充满爱、尊重与信任。教师是朋友，是道德认识环境的创设者，同时亦是道德楷模，是道德导师，是施爱者。我们要笑对每个学生，对学生所犯的语言错误采取宽容的态度，从多元的角度去评价学生。因此，教师在教学中，要尊重学生的人格，建立平等、互相尊重的和谐师生关系，使学生在宽松、融洽、愉快的学习氛围中，情感得到熏陶，品德得到培养，性格得到完善。

  例如：每当我走上我的英语课堂，总是面带微笑、精神饱满。用上响亮的英文与学生们打招呼："Good morning, boys and girls. / Good afternoon, children. / Hello! Everyone/ Everybody"；在请学生帮忙时用上"Excuse me"；在学生回答问题紧张时，亲切地说句："Don't be nervous"；在学生回答完问题后，常用"Sit down, please"；学生帮了我的忙，主动说声："Thank you / Thanks / Thank you so much"；不小心叫错学生姓名时，说声："Sorry"；放学看见学生，不忘了说句："See you / Goodbye/ Bye"。

  事实证明，教师这种温文尔雅、平等对待学生的态度，对学生来说就是最好的教育。这不仅有利于培养学生的学习兴趣，同时对培养学生养成讲文明讲礼貌的习惯起到了潜移默化的作用。孩子们运用这些语言亲切自然，不仅提高了英语学习效率，也让他们的情感得到了熏陶，懂得了文明礼貌，共同取得智育与德育的进步，真可谓"育德"无痕。

三、找准机会，渗透德育

在英语教学中，渗透德育依靠的是日积月累。任何形式的硬灌，都起不到积极促进的作用，相反有可能产生消极效应，使学生产生反感。因此，空洞、牵强的说教一定要杜绝。课堂上，教师要做个"有心人"，关注学生的发展，找准机会，适时、适度地进行德育教育，让学生在自然渗透中受到情感的熏陶，从而内化为自己的道德意识。

例如，在教学 PEP 新版教材四年级上册 Unit 6 Meet my family A Let's learn 时，我选了一首英文歌曲 Father and Mother 给学生们欣赏。在欣赏的同时，我发现孩子们居然跟着节奏哼唱，而且唱得非常投入。于是，我认识到这是一个教育学生爱家庭、爱父母的良好时机。立刻让孩子们用上 I love……来造句。此时，孩子们争先恐后地说："I love my father. / I love my mother. / I love ……"一个个充满爱意的英文句子脱口而出，超乎我的想象。为了把这种爱的基调升华，我提高嗓子说："I love China"。让学生从爱父母到爱家，到爱国家，再一次把这种爱的基调推向高潮。

课堂中真正有效的德育教育不是由教师"说"出来的，而是学生在教师巧妙地引导和启发下"悟"出来的。只有这样，学生才能在轻松和愉快的学习氛围中自然地接受正面的思想教育，受到良好的情感熏陶。

总而言之，德育是教育的一个永恒的主题。寓德育于各科教学的内容和过程之中，是每一个教师责无旁贷的。实践证明，在小学英语教学中渗透德育，它不仅不会影响学生的学习，而且还会增添他们的学习兴趣，提高学习的自觉性。在新的形势下，我们要根据德育工作的特点，重视德育与英语学科的整合，正确地选择和运用德育渗透的方法。通过"随风潜入夜"般的渗透，"润物细无声"般的感染，潜移默化地使学生在学习语言知识的同时树立正确的思想，养成良好的品德。

参考文献

[1] 荣鸿利、王丽丽.论小学教师专业素质[J].教师园地，2006（9）：64-65.

[2] 王守恒.课程改革与教师专业发展[M].合肥：安徽教育出版社，2007.

[3] 黄晓军.提高小学教师专业素质的对策研究[D].南京：南京理工大学，2008.

[4] 蔡秀玲.课程改革与小学教师专业素质能力要求[J].教育管理研究，2010（37）：60.

我思故我写
——浅谈小学开放式作文教学策略

■ 吴川市梅录中心小学 李上青

摘 要："我思想，故我是蝴蝶……万年后小花的轻呼，透过无梦无醒的云雾，来震撼我斑斓的彩翼。"古人云："言为心声"，诗人情动于中而言于外，使文章成为生命的呼喊和心灵的歌唱。大作家如此，作文初体验的小学生何以如此呢？

当前，我国教育正处在由"应试教育"向"素质教育"转轨的进程中。对于小学作文教学而言，素质教育追求的目标是求得学生人格、智慧与写作才能的全面发展，以适应社会生活的需要。要实现这一目标，就要转变作文观念，我们应该把作文看成是一种自然的生命状态，一种朴实的生活行为，引导学生用真实的生命去拥抱作文，让心灵与作文亲密无间！表达自己内心的真情实感！我们应该从培养学生学习和实践的态度、思维和能力出发，开放教学，激活学生主动去发现，去想象，去探索，充分凸现学生的创新精神和综合实践能力。基于这种认识和理解，近年来，笔者进行了"开放式作文教学"的尝试，通过好书推荐、日记练笔、系列故事、提倡投稿等方法让学生走近作文，让作文走进生活，使作文教学由"象牙之塔"走到"十字街头"，以达到"我思故我写，我手写我心"的目的。开放式的作文教学为学生提供一个学科与学科间相融合，学校与家庭、社会、自然界相融合以及与学生实际需求相融合的广大空间，充分尊重和相信每一位学生，让他们在全方位开放的作文教学空间里自由驰骋，全面提高语文素养。

本文就"开放式作文教学"的实践，并试图从对有关作文教学本质问题的追问入手，探寻作文教学改革的新路。另辟蹊径，以开放的视野，以古今中外著名的教育家、心理学家和文学家的有关理论成果为指导，以教学实践经验为出发点，以丰富详实的课例事例为依据，对开放式作文教学模式进行了具体的阐述论证。

关键词： 开放式 作文教学 题目 内容 形式 评价

语文教育家黄光硕先生说："学生的语文学得怎样，作文可以作为衡量的重要尺度；学生的语文能力不过关，作文也是一个重要标志。"可见，作文教学一直是语文教学的重中之重。但是一提起作文，教师摇头，学生叹气，把作文视为语文学习中的"拦路虎"，即使是作文能力比较强的学生也宁愿多做些基础知识题，也不愿写作文，这种状况着实令人担忧。我认为，造成以上状况的原因，主要有以下几个方面：①要求过高，学生举步惟艰。习作教学中长期存在拔苗助长、要求偏高的现象。原因是教师们对教学要求理解肤浅，把习作和创作混为一谈，常用成人的眼光和水平去看待学生的作品，总以为作文就应写一点"有趣的""有意义"的东西，因而导致学生作文里的假、大、空现象时有发生。②指导过细，难免千人一面。一些教师把学生习作的标准定位在一些优秀作文选上，一上作文指导课就读范文，或者不厌其烦地指导，甚至指导如何开头、怎样结尾，中间又怎样写具体等等，结果是教师指导越细，学生的思维就被限制得越死，写出的文章难免千篇一律。③积累太少，语言词汇贫乏。由于教师在教学中分析讲解过多，不注意引导学生大量地阅读和背诵，学生胸无点墨，何谈妙笔生花？所写文章就自然是空洞乏味，淡如白水。④脱离生活，内容空洞单调。由于教师不注意引导学生写他们喜欢的人和事，眼睛只盯住一些大型的活动，殊不知这样的题材学生更难以驾驭，很难表达他们内心的真实感受，故写出的文章只能是一些空洞单调的流水账。鉴于此，我进行了开放式作文教学的研究，旨在探研如何消除学生对作文的畏惧心理，促进学生主动地习作，从而体验到作文的乐趣。

一、开放作文题目，凸现学生个性

儿童智商存在的客观差异性决定了作文题目的开放性，只有开放性的题目才能使儿童的个体差异得到最优的发展。而作文题目的开放可以从以下几个方面去体现：

（一）题目制定的多元性

人的智商有高低，人的智力发展有先后，这是不容忽视的客观规律。以往的作文教学在题目的制定上忽视了这一规律，用统一的题目和标准要求参差不齐的学生，致使一部分学优生因为要求过低而失去学习习作的兴趣，另一部分学生因为无法达成习作目标而失去习作的信心。因此，在题目的制定时应该体现多元性，让每位学生都参与题目的制定，使每位学生都能根据自己在知识、技能、情感、价值观等方面的特点寻找适合自身发展的题目。然后师生一起讨论，把大家制定的题目进行梳理、归类、综合，从而制定出开放而又多元的教学题目。例如在指导学生练习"介绍自己"的作文时，我就指导学生采取多元的命题方式，可以写"……（什么样的）我""××眼中的我""未来的我"等等。这样多元化的命题，真正符合《语文课程标准》所要求的"鼓励学生自由表达和有创意的表达"。教学实践证明，只有当学生能够真正"自由表达"时，才可能出现"有创意的表达"。

（二）题目展示的渐进性

每位学生找到了适合自己的题目，还要在习作的过程中注意循序渐进。在以往的教学中，我们往往是让题目一步到位，这样容易使学生产生畏惧心理——遥不可及的题目容易使他们失去信心。因此，在题目展示的过程中要体现渐进性，要将每一项的题目目标分解成一项项有一定梯度的子目标，逐层展示。例如我在指导小学生练习写"小动物"的作文时，我设计的开放题目系列是：我喜欢的小动物→我是××（小动物）→散文诗童话。这样渐进性的题目，由易到难，循序渐进，就比较有利于激发学生学习的热情，使学生由局部的成功而产生愉悦感，从而进一步诱发学习动机，成为自发性动力，调节和促进学生的思维，激励学生产生独立完成任务的愿望和能力，使学生"拾级而上"，达到既定目标，甚至向更高目标纵深发展。

（三）题目要求的层次性

每个小学生的学习基础、学习能力不同，目标的达成也势必存在差异性。我们常说：只要你愿意另起一行，每个人都能成为第一。同样的道理，只要我们允许学生在目标达成时存在差异性、层次性，那么，人人都能取得成功。题目成功的层次性指不同的学生对知识、技能等的掌握程度可以有不同的层次，也指允许学生在达成同一目标时所花的时间上存在差异，不同学生对知识、技能等的掌握可以有不同的取舍，达成目标的方法和途径也有所不同。例如我指导学生练习写"一次运动会"时特别强调，可以写自己最感兴趣的场面（特写），也可以写最精彩的瞬间，还可以写某一个人，可以写记叙文，也可以写表扬稿等等。由于题目灵活而具有层次性，让每一个学生都能"跳一跳摘桃子"，达到自己的最近发展区。这样设计的开放教学题目，为不同层次的学生的发展提供了空间，为一部分学生先"富"起来创造了条件，也为学困生的成功打开了绿灯，使每位学生都能在原有的基础上得到最优的发展。

二、开放作文内容，凸现生活精彩

《义务教育语文课程标准（2011年版）》指出："写作教学应贴近学生实际，让学生易于动笔，乐于表达。"何为贴近学生实际？就是写作教学要加强与学生生活的联系。叶圣陶先生说："生活就如泉源，文章犹如溪水，泉源丰盛而不枯竭，溪水自然活泼泼地流个不歇。"叶老的这段话形象地说明了作文内容与生活的关系。开放式的作文教学，注意学生身心健康的协调发展，让学生回归自然、回归生活。因为生活才是素材的积累，自然才是写作的源泉。孩子们把身心融入他们喜爱的生活中去看、去听、去想、去体会、去品味、去升华。学生的视野得到了拓展，看到商店里琳琅满目的物品，大街上川流不息的车辆，田野里万紫千红的花朵……写作文之前让学生去感受真实的生活，积累丰富的素材，才不至于言之无物或是老生常谈。或参观，或秋游，或野炊，或游泳，或种植，或喂养小动物，无不激起学生对生活无限的热爱，无不激起学生丰富的情感涌向笔端，抒写多彩的生活。生活有多广阔，作文教学的天地就应当有多宽广。

开放的教学，突破课堂中心，走进多彩的生活，让学生看得更多，看得更远，体会更真，感受更深，才能写得更生动，写得更感人。开放教学内容可以从以下几个方面去操作。

（一）把选材的自由还给学生

在传统的作文教学中，教师往往组织学生讨论、交流如何选材，甚至为学生安排一些材料，如大扫除、送温暖等。这样的材料如何给人以新鲜的感受，又如何写出学生的个性呢？我们每天都置身于新闻事件的包围之中。耳闻目睹的奇人异事、奇景异物，见诸报刊、电视、网络中的各种各样的信息，社会热点、经济聚焦、军事天地、体育类、财经类、政治类、文化类、休闲类等各种栏目，皆能满足人们的不同需求。开放了作文的内容，学生的素材资源就会五彩斑斓、用之不竭。立足课内，面向课外，立足课堂，面向生活，对习作内容作进行拓展，有时能起到化"腐朽"为"神奇"之效。如将第十二册的作文《＿＿爱我，我爱＿＿》改成《我和＿＿》。这样扩大了选题范围，把选材的自由还给学生，有利于学生充分挖掘自身的写作资源，自由自在地选择所爱，敞开心扉。结果，学生写作内容的宽泛让我们始料未及，例如《我和电脑》《我和同桌》《我和兰花》《我和"宝贝"》……文章流露出学生的真情实感，一篇篇各有特色。作文的素材是丰富多样的，学生写作文时，我们要把选材的自由还给学生，让学生选择写起来得心应手的材料。

（二）把想象的自由让给学生

"人是一根能思想的芦苇。"孩子虽小，但随着自身的成长，他们对许多事情已经有了自己的想法和见解。人生的童年时代是最富于幻想的时代。因此，我在作文教学中着力为学生提供想象的空间，让学生多写一些来自内心想象的东西，哪怕是异想天开。在以保护家乡环境为主题的班会课上，同学们纷纷讲述了耳闻目睹的破坏环境的现象，认识到破坏环境的危害。我因势利导让学生假设自己是树木、垃圾桶、河水……以第一人称的身份讲述各自的经历与愿望。同学们很快编出了童话故事《小树苗哭了》《鉴江的倾诉》《塑料袋流浪记》《大富广场上垃圾桶的对话》……生动有趣地揭露并谴责了一些破坏环境的不良行为，表达了自己保护美好家园的愿望。有了兴趣，学生想象的空间扩大了，课外作文变得有内容可写了。激发想象，可以使孩子们在不知不觉中，开开心心地踏上"自主作文"之路。爱因斯坦说过："想象力比知识更重要，因为知识是有限的，而想象力概括着世界上的一切，推动着进步，并且是知识进化的源泉。"想象是一种立足于现实而又跨越时空的思维，它是创造力的翅膀。在作文教学中，我努力发现和发掘学生自由想象的潜能，培养学生积极动脑，敢于创造的能力。让学生写一写幻想作文，如《2020年的我》《假如时光可以倒流》等，从而发挥学生的个性潜能，展示聪明才智，显露独特才华。

（三）把表达的自由交给学生

长期以来，我们的作文教学以命题作文为主，即老师在黑板上写下一个题目，然后指导学生审题、选材、立意、布局、写作、修改等。由于老师是站在成人的角度、用成人的思维方式来命题，题目便常常脱离学生生活实际、脱离学生心理特点，面对自己不喜欢写的题目，学生只好生编硬凑，写作的乐趣当然也就无从感受，作文假大空的现象便由此而产生。学生不是"我手写我心"，不是在说心里话，而是在顺着老师的意愿写一些应付老师的话，不但写作的积极性无从谈起，而且创造性的发挥也受到极大的制约，有创意的表达更是无从谈起了。新的语文课程标准"提倡学生自主拟题"。

把表达的自由交给学生，充分体现了对学生的尊重，是以学生为学习主体，承认个体差异，重视个体体验的具体表现。因为即使同一件事，不同的学生也会有不同的体验与感悟，有不同的兴趣点，因此他们会选择从不同的角度、不同的侧面入手，写出来的作文自然也会各不相同。如我在课堂上与学生一起玩"画龙点睛"小游戏。活动过后，学生自主拟题，自由写作：《画龙点睛》《OK！我的白马王子》《快乐的课堂》《开心时刻》《教室变成了游乐场》《疯狂的同学》《超级大赢家》……孩子们从一个个独特的视角写下了他们难忘的一刻，文章内容让人忍俊不禁，五花八门的题目也充分体现了孩子的创造性。开放作文的内容，不是不写命题作文，而是我们应积极设计一些贴近儿童的学习、生活、思想实际，符合儿童兴趣爱好、心理特点的题目，设计一些新鲜、富有吸引力，能够启发学生思维，能够引起学生联想和想象的题目。我们教师在命题上动脑子、下功夫，拟出一些富有创意的好题目。

综上所述，我们开放习作教学内容是以生活为线索，由点及面，以旧换新，引进适时、适度、适人的知识，达到既增长知识、开阔眼界，又开发学生潜能的目的，使学生有更多、更新的收获。

三、开放作文形式，凸现创新能力

作文指导的形式是教学的一个重要环节，是促进学生发展的一条必经的途径。为了进一步挖掘学生潜能，凸现创新能力，必须开放作文的形式，让学生在各种作文形式中自主选择，发展能力。

（一）情趣型作文

情趣观察是习作的基础和条件，情趣思维是作文的灵魂和重点，情趣体验是习作的成功和关键。"儿童的智慧就在他的手指尖上。"我们在作文教学中，应该注重激发情趣，引导学生体验乐趣，形成习作兴趣链：情趣促写→写而生乐→乐而需学→学而生悟→悟而生知→知而乐写→写生情趣→情趣促写→……作文教学的艺术在于营造气氛，创造心灵的共振，拨动心灵的琴弦；作文教学的科学在于发展学生的思维，追求思维的创新，提高习作的效率。教师要有一颗慧心，积极激发学生习作的情趣。比如我们经常在班级内开展游戏和表演活动，具体形式有相声、小品、猜谜打擂、童话表演、填写对联等。指导学生把阅读的童话故事进行排演，通过情境再现，以演促读，调动学生自读文章的兴趣。这样，就可在实施寓教于乐的过程中，使学生的阅读兴趣得到了培养，使习作课对学生产生强烈的吸引力，学生产生强烈的期盼感，为完成习作任务打下了坚实的基础。从而使作文过程充满情趣，先让学生"心动"，再让学生"笔动"，学生才能有内容可写，有话可说，有情可抒。

（二）实践型作文

组织学生经常参与日常生活中的语文实践活动，有助于形成学生的自主性写作。这是因为生活中与别人的交往，是"我"要写，而不是习作课中的要"我"写。让学生动手操作，让学生的多种感官协同活动，不仅能使学生对所学知识理解得更深刻，体验更深切，而且能将课文内容与社会生活实际相结合，将课文静态的文字变成学生头脑中优美的图画、生动的场面、活生生的人物。如依照习作的内容画一画、演一演、做一做、找一找、唱一唱、读一读等生动活泼的形式，为学生创造大量的实践机会，在完成作文的过程中，加强体验促进内化。比如，我们可以根据学生的兴趣和爱好，成立书法、绘画、小主持人、文学欣赏、故事大王等各种兴趣小组。比如，学生写信邀请外地的亲戚来家里做客，而这个亲戚又从来没有到过他家，他在信中就会尽可能写明白他家的地址，以及如何乘公交车、下了车往哪个方向走、家门前有什么标志，等等。这是实实在在的言语交际活动，在这样的过程中，不但实现了跟别人的交往，而且动了笔，历练了自己的写作能力。经常开展丰富多彩的社会实践活动，让学生走向社会，利用语文为社会服务。再如：①组织参观游览活动；②访问名人；③社会调查；④当语言文字小医生；⑤设计广告词；⑥写、贴春联等。"语文学习的外延与生活的外延相等"，语文综合性学习和综合性实践活动中有许多动笔机会，我们要指导学生处处留心，抓住机会，自觉地历练自己的写作能力，促进学生能情不自禁地写作。

（三）想象型作文

"能写简单的记叙文和想像作文""写想象中的事物""运用联想和想象，丰富表达内容""激发学生展开想象和幻想，鼓励写想象中的事物"。这是《义务教育语文课程标准（2011年版）》对学生作文提出的新要求。在作文教学中，我们语文老师应解放思想，大胆放手，鼓励学生写想象中的事物。首先让学生的思维能够放得开，能够纵横驰骋，然后再进行一些合理想象、科学想象等方面的训练。同时，想象不是凭空编造，不是无中生有，它是以学生的知识积累、生活积累为基础的，因此应引导学生大量、广泛阅读富有想象色彩的文学作品和科普作品，以开阔视野；应引导学生留心观察生活，观察自然，增加体验，所有这一切都是写想象作文的基础。儿童的好奇心强烈，求知欲迫切，想象丰富，他们生活在五彩缤纷的世界里，充满奇思妙想。鼓励学生提起笔来，描写自己美好的憧憬与幻想，就会形成一篇篇构思独特的好文章。独特的想象编故事，想出的故事最独特，比如我们可以引导学生续写成语故事，改写诗歌故事，编写童话故事，想象未来故事等等。例如教完《穷人》后，让学生写《穷人续篇》，这时学生就必须回顾原文，彻底弄清事情经过，从而加深对课文的认识。

（四）应用型作文

设计能将所学知识付诸生活应用或工作实践的练习题。"学以致用"是学习的根本目标，联系实际、贴近生活的应用型作文，不但可以加深学生对新知识的理解和记忆，形成技能技巧，而且可以使儿童真实地感受到知识的价值，从而激发学习热情，强化学习动机。如学了参观游览的文章《颐和园》一文后，让学生写一则"颐和园导游词"，让学生以小导游的身份介绍课文等等。应用实践型作文为学生创设了用脑想、用眼看、用耳听、用嘴说、用手做的条件，学生在积极参与活动的过程中不仅锻炼了感觉器官，培养了观察能力，提高了创新能力，而且也加深了对课文的理解。

（五）信息型作文

信息型作文即为培养学生书面和口头语言表达能力而特别设计的一种作文练习，它对提高学生的交往能力有着极为重要的作用。因此在教学中，不能只注重学生的书面表达能力，也应关注学生口头表达能力的发展状况，在课堂中有意创设一些言语表述、交际的机会，增加一些表述型作文。利用现代媒体，拓展学习渠道，是开放习作内容的好方式。"利用广播、电视、网络等媒体，扩展语文学习渠道"，为我们的语文学习拓展开放式的新天地。学生听广播、看电视获取信息，就国内国际新闻、时事热点、科技知识等在班级的"新闻发布会""小小辩论台"或"小灵通广播台"交流。再如说说家庭、邻里之间的新鲜事，说说电视新闻、广播节目内容等。这些看似简单的作文，却包含着学生观察吸收→内化理解→语言表达这样一个复杂的心理过程，孩子们也很乐意写这样的作文。此类作文既减轻了学生的负担，又为中高年级写作文打好选材、语言表达等方面的基础。随着学生学习年级的升高，学生语言表述范围的扩大，也可同时提高学生的表述要求。

（六）体验型作文

作文是独特的情感体验和个性化语言的综合结晶。如下雨时，指导学生自由观察体验雨的美景、听雨的声音、品尝雨的滋味，看一看雨中的动植物，观察一下下雨时的天空、田野，体验一下雨后的舒爽。学生们写出的作文就不再是"瓢泼大雨""倾盆大雨""春雨贵如油""蒙蒙细雨"等华丽词语的组合了，也不会是一片赞扬雨的雷同作文了。有的可能把雨比成"七仙女"，"玉皇大帝被人类节水的举动感动了，派来了和人间感情至深的七仙女下凡，她迈着轻盈的脚步，带着串串珍珠撒向人间"。善于整体观察的同学，就会写出："雨像挂在天地间的一幕白纱，把世间的一切都笼罩在其中"；有的同学会把自己融入雨中，"看，雨似珍珠，如丝线，像牛毛，掉在我头上，滑滑的，掉在我脸上，爽爽的，掉在我的嘴里，甜甜的。"有的孩子会默默感叹道："夜晚，绵绵的细雨下了一夜，好像怕惊动了熟睡的人们。"逆向思维的孩子会写道："雨呀，你如果不来到我们这儿，我们明天就会结伴到郊外踏青，你影响我们的大事了。"怕热的同学会赞叹道："大雨呀，我爱你，你使我挣脱了那个大蒸笼，好爽哟！"学生眼中有物，心中有情，运用个性化的语言，表达自己不同的感受，每位学生的文化素养均具有个人的独特性，并以独特的方式表现出来。也就是说作文是学生对生活的再创造，是学生综合素质的展现。有个性的作文才有新意，才会显示出学生的灵气和活力。

不管采取什么形式，只要能激发学生的兴趣，给学生以充分的自主选择权，就是有效的，值得提倡的。当然，各种不同的作文形式不是孤立的，而是紧密相连、相辅相成的，学生在作文时可以自主选择，也可以自行设计。在这样开放的作文形式中，学生能更好地展示自己的个性，凸现创新能力。自己的意思自己最清楚，如何表达，自己最有选择权。如果把各种鲜活的思想和内容套在千人一面的形式里，必然带来思想的僵化、天性的压抑、个性的湮没，这实在是不应有的悲哀。

四、开放作文评价，凸现发展理念

评价是为了"创造适合儿童的教育"。学生在习作过程中，需要保持兴趣和意志努力，渴望得到他人的关爱和激励，从中汲取前进的力量和成功的信心。因此，在教学实践中，我尝试多种方式、多角度、多侧面地开放评价的主体、内容、标准、模式、机制，还习作评价应有的面貌，让习作评价因开放而美丽。

（一）还一片自由的天空——开放评价的主体

传统的作文评价是封闭的评价，而教师是唯一的"审判官"。开放的习作评价是心灵之间的交流，它在老师与学生、学生与学生、学生与自己、家长之间搭建了一个多方参与、互动交流的平台，给学生一片自由的天空，促使他们在互相交流中取人之长、补己之短，从而增强鉴赏能力。

1. 师生互动

对于初学写作的低年级学生，因其能力不足，一般先以教师评价为主。为了避免学生顺应老师的思维去做一些效仿，教师评而不改，具体修改由学生完成。教师在文中标上提示符号，学生参照提示进行修改。

2. 生生互动

心理学研究证明，只有在他人的评价中，才能不断地调整自我的评价。对于中高年级学生，他们已有一定的鉴赏能力，批改其他同学的作文，往往可以从新的角度对文章提出意见，并引起对自身作文的反思。让学生既是作者，又是读者，既当学生又当老师。选取瑕瑜互见的几篇作文抄出来，学生一起评改。评出优点，找出缺点，好在哪里，不好的地方如何修改；把作文本调乱发下去，人手一本，读别人的作文学习长处，圈点败笔，提出修改意见，写出评语，并可交换，多看多读，然后交流优秀作文，交流评改意见。当这样的交流得到老师的表扬，小作者本人的感谢之后，批改者的成就感油然而生，批改得也更认真了。在此过程中，教师扮演着"指导者"与"组织者"的角色。

3. 学生自改

"作文教学的目的是要使学生自改作文，不待老师改"。学生能修改自己的文章，是作文训练的最终目的。近年来，笔者重视引导学生在相互评价、自我修改的过程中提高写作能力，效果甚佳。如，对自认为满意的作文画上一张笑脸或自己喜欢的水果，对精彩的地方画上一个大的感叹号；"我听了同学的修改意见，深受启发，在作文结尾，我补充了自己的感受……"改变了以往学生写，教师改的方式。"授人以鱼，不如授人以渔"，教给学生具体的修改方法，就好比交给了学生"点石成金"的指头，捕获猎物的猎枪，学生能独立地去捕获猎物，索取知识的金山。

4. 家长参评

家长是孩子最亲近的人，也是孩子的第一任老师。家长参评能和孩子之间架起沟通的桥梁，家长真诚的希望、热情的鼓励都会给予孩子极大的力量和信心。

5. 合作评价

这里的合作评价，就是指开展灵活而有趣的改文活动，如设立"作文病院"，让学生做"大夫"，相互合作"诊断治疗"；建立"啄木鸟兴趣小组"，把修改的典型文章寄给《湛江日报》《未来作家》专栏；组织"编辑室"，让学生修改、编发稿件等。

（二）掬一捧甘甜的清泉——开放评价的内容

《义务教育语文课程标准（2011年版）》要求，写作评价要根据各学段的目的，综合考察学生作文水平的发展状况，应重视对写作的过程与方法、情感与态度的评价，如是否有写作的兴趣和良好的习惯，是否表达了真情实感，对有创意的表达应予以鼓励。新课标重视对写作过程的评价，因为我们往往能从过程中掬得一捧清泉、尝得一丝甘甜。

作文是学生认识水平、语言能力的综合体现。以往的习作评价内容较为单一，教师常常评价学生的写作方法是否掌握。开放性的作文评价要改变单一的语言表达评价为全面评价学生的思想认识、写作态度、思维能力、创新精神等各个方面，扬长避短，重在激发学生的写作动机，鼓励学生自主探究。要打着灯笼找优点，抓住微小的闪光点将其放大，再放大，哪怕是一个好词、一个好句，甚至一个标点。只有让他们拥有自信，才能写出更优秀的习作。

（三）撒一缕明媚的阳光——开放评价的标准

语文课程标准指出：语文教育应充分关注学生的个体差异。学生的作文水平是参差不齐的，这就要求教师要开放评价标准，让这缕明媚的阳光毫不吝啬的洒落到每个孩子的身上。要知道"多一把衡量的尺子，就多出一些好学生""多一些激励，就会多一些作文能手"。

开放性的作文评价应照顾学生的差异，因人而异，尽可能多设计一些不同的评价标准和方法，让每个学生都得到相应的发展。对于优秀的学生，评价时在创新、斟词酌句、写作技巧上多加点拨。如评选"最佳开头""最具个性""最新选材""最佳创意""最佳情感体验"等，在充分肯定其优点的基础上，指出不足之处，使其明确方向，积极进取。评分制度上打破传统的等级制度，好文章可以给满分，特别好的文章甚至可以超过100分。对于层次较低的学生，讲评时多注意字、词、句等基础方面加以指导，并迎头赶上。例如：对一些连一句话也写不通顺的学生，只要能写出一段通顺的话，我就毫不犹豫地给他个优，给予及时肯定，让每个学生都有进步的期待，使学生充分体验成功的快乐，从而激发学生习作的欲望，在循序善诱中逐步提高。

（四）垒一座多彩的花园——开放评价的模式

习作评价的开放式体现在它是多向互动的，每个人可以成为评价者，也可以成为被评价者，评价有多种模式，它可以是：

1. 口头评价

学生完成了习作，可以站起来声情并茂地朗读给大家听，老师、同学随即做出口头的评价，当然，在这之前，老师要教会学生评价的方法：学会倾听，评价时既要抓住闪光点，又要指出习作的不完善之处。此举既使被评者获益匪浅，也能使评者提高鉴赏能力、口语表达能力。

（1）小组交流，评一评。让学生以学习小组为单位，互相朗读自己的习作，组员之间相互品一品、评一评，看看哪个地方是大家欣赏的，哪个地方大家认为还要进一步说明白、说具体。

（2）集体交流，赏一赏。在小组互评的基础上，每个小组推荐一篇认为进步大的习作进行集体交流，教师引导全班学生欣赏好的写法，好的词句、片断，激励学生大胆表达。教师随机评点，及时提出修改意见。此外，口头评价还可以是老师在综观全班文章后，对普遍性问题做出的讲解，对每个学生闪光点的罗列，也可以是学生之间对相互的习作或同一篇习作的口头评价。

2. 书面评价

心理学研究表明，人在内心深处，都有一种渴望别人欣赏的愿望，小学生更是如此。好的评语，对学生而言，是一种示范，更是一种熏染。

在评改学生作文时，我没有那种"中心突出""条理清楚""详略得当""书写工整"这些"放之四海而皆准"的标签式的评语，有的是如叙述家常般的谈心与交流，有的是要言不烦、恰到好处的启迪。如"元宵节被你写活了""修改后的文章真是精彩极了！读着它，简直是一种精神享受。""读着读着，我好像亲身来到了这个地方，亲眼看见了这片美景。如果能把字写得工整清楚，那就更美了。"……我不仅自己努力寻找学生的闪光点，把情感倾注在笔尖，还引导学生学会欣赏他人，哪怕是一丝一毫，只要有独到之处，进步之处，就写上几句鼓励性的评语，以激发同学自改作文的兴趣。这样的点评费时少，收效却很高，学生从这些评语中品读出老师、同学对他们的鼓励与期待，怎会不由衷地感谢老师、同学，认真改作文呢？

3. 园地评价

实行开放式习作评价后，为了使评价产生良好的效益，使学生参与评价的积极性得到充分的调动，我充分利用教室的墙壁营造浓浓的评价氛围，以此激发学生参与评价的欲望。如，在教室的一面墙上，开辟了一个以"秀秀我的习作"为刊头的展览版块，每位学生可以随意把自己的习作贴在上面展示，每位阅读者可以把自己的评语贴在一边，诸如"自由谈""心里话""新发现"等，也可以找作者当面发表自己的见解，让教室成为一个多彩的习作园地。园地中习作的展览，不再是一部分学生的专利，它成了学生张扬个性，展示自我，真情流露的地方。随着"你评、我评、他评"之评价氛围的日益形成，学生习作兴趣浓厚，评价能力也随之提高了。当学生读到师长与同伴的热情赞扬、由衷希望的评语时，心中的自豪感油然而生。那一张张欣喜的笑脸是最好的见证。

（五）铺一条成功的道路——开放评价的机制

1. 评奖

我让每个学生自己设计了评价表，注意积累自己的奖项。首先，注重对学生积累材料的评价，如评选"阅读之星""生活有心人""小记者"等，这样的方式，对那些平日注重积累，有了一定写作材料方法的学生，是一种鼓励。其次，在批改日记、小作文的过程中，我设立了很多的奖项，挖掘学生不同的长处，如"个性奖""好词奖""佳句奖""创新奖""进步奖"等。评奖时注意学生习作的过程，面向全体，人人参与，使学生在老师、同学、家长及自我肯定中激发习作动机。学生每次得奖后，都会及时记录在评价表上，同学之间互相展示，互相激励。

2. 投稿

在平日评改学生作文、日记的过程中，发现有好的文章，我就会在班上宣读，或者利用早读、午读的时间让大家互相传阅。还鼓励学生参与社会习作园地，向报刊、网络、电台投稿，让他们充分体验习作的成就感。每次学生文章在各级刊物上发表、获奖时，我就郑重其事地在班里进行表扬、奖励，让大家为他祝贺，给予鞭策。

3. 编辑手抄报

结合综合实践课，让每个学生挑选出自己平时积累的一些得意之作，编辑手抄报，争当"优秀小编辑"，孩子们做出了积极的响应。事先，他们都做了周密的准备，特别是先精心地修改了作文，或请教老师，或找同学交流，然后进行排版、美工设计与誊写，最后编制精美小报在全班传阅、评比。在此过程中，学生们不仅过了回当"小编辑"的瘾，而且在不经意中有了一种精益求精的改作文动力，久而久之，也养成了精心修改作文的习惯。

开放性评价是学生习作中不可忽视的一个环节。它让学生从评价中感受到了关注，体验到了成功，有效地保护学生写作的自信心和积极性，并为他们创设了良好的作文心境，促进了学生作文水平的全面提高。它绝不是一次习作的终结，而是一次新的学习活动的开始。开放是一片自由的天空，是一捧甘甜的清泉，是一缕明媚的阳光，带着孩子走上成功的道路，一路奔跑，一路欢歌，在习作评价的天地里描绘出一道道靓丽的风景。

五、结论

综上所述，开放式作文教学应该是激发情趣事事皆可成文，张扬个性人人能作妙章。以智慧启迪智慧，以情感激发情感，以思想碰撞思想，以开放式的指导和评价，指导学生写出个性化的文章。以学生为中心、发展为中心、生活需要为中心的开放式作文教学模式适当适时的运用，可以培养学生的作文兴趣，掌握写作技巧，激发真实情感，培养创新能力，优化作文评改，使学生在评改中积累经验，在评改中进步，切实提高学生的作文质量。

时代的车轮已进入 21 世纪，培养高素质的人才是我们教育的首要任务。素质教育理念深入人心，我们语文教学要全面提高语文素养。当前语文教材越变越新，非常具有时代感，我们的教学方式也发生着巨大的变化，处处体现着创新意识。开放式作文教学也正是着力体现创新的一种教学方法，通过以上做法，作文训练就放开了手脚，作文不再是一种象牙之塔或很玄乎的事情，就不再是苦差事，而是充满乐趣的，人人都可以做比较容易的事。那么学生的语文素养就真正得到了提高，我们的素质教育也就不是一句口号，而是实实在在在做着。

参考文献

[1] 周一贯,叶松伟.小学作文教学新概念研究[M].上海：少年儿童出版社,2001.

[2] 刘雨,张艳梅.小学生作文心理与教育策略[M].长春：东北师范大学出版社,2001.

[3] 刘永康.语文创新教育研究[M].成都：四川大学出版社,2000.

［4］ Atwan, R. and William Vesterman. Writing Day by Day. New York: Harper & Row Publisher, 1987.

［5］项伟红.小学开放式作文教学的实践研究［J］.现代教育技术，2003（3）.

［6］王贺玲.作文教学中个性化的思考［J］.小学语文教学，2000（6）.

［7］ Abrams, M. H.（ed.）. The Norton Anthology of English Literature. Vol. 2. New York: W. W. Norton & Co. 1986.

［8］王连兴.作文指导新思路［J］.小学语文教学，2002（3）.

［9］中华人民共和国教育部.语文课程标准（实验稿）［S］.北京：北京师范大学出版社，2001.

［10］叶圣陶.叶圣陶论语文教育［M］.郑州：河南教育出版社，1986.

［11］林善芬.广东教学研究.以趣励学，因趣成文.广东教育厅教学研究室主办，2000（4）：41.

［12］邓志远.毕业论文选萃［M］.广州：中山大学出版社，2002.

［13］江泽民，在全国科技大会上的讲话·2003年.

［14］全日制义务教育语文课程标准（实验稿）［S］.北京：北京师范大学出版社，2001.

［15］陈海强.关于开放式语文教学模式初探［J］.宁波广播电视大学学报，2003，（1）：68-70.

［16］宁鸿彬.面向未来改革语文教学［M］.北京：光明日报出版社，1989.

［17］彭云苗.大语文观与开放式语文教学［J］.沙洋师范高等专科学校学报，2003，（1）：94-96.

［18］王文彦，蔡明.语文课程与教学论［M］.北京：高等教育出版社，2002.

［19］全日制义务教育语文课程标准（实验稿）［S］.北京：北京师范大学出版社，2001.

［20］童升远，指导以心写文，鼓励自由表达［J］.中小学教材教学，2001（6）.

［21］汪潮，提升小学作文教学的品质［J］.上城教育研究，2003（5）.

在数学应用中提升学生的数学核心素养

■ 茂名市光华小学 曾德统

摘 要：数学学科核心素养的内涵说到底就是学会用数学进行思考，掌握数学思想方法，感悟数学的精神，形成正确的数学态度。加强数学应用，培养学生的数学应用意识是发展数学核心素养的价值取向。在数学应用中提高学生的数学核心素养，可以从情景创设、联系生活、走进生活、合作交流等方面着手，达到趣用数学，巧用数学，活用数学，享用数学的良好效果。

关键词：数学 应用意识 提高 核心素养

在数学的发展历史中，数学起源于人类实际生活的需要。数学教育的目的是使人学会运用数学，解决实际问题。然而由于教育功利化、应试化的扭曲，我们的数学教学仍旧表现为纸上的教条，成了固定的逻辑联系，出现了大部分学生动手能力差，数学应用意识弱的不良现象。

随着基础教育课程改革的不断深入，人们越来越关注学生素养的培养。如何理解数学核心素养？如何提高学生的数学核心素养呢？《义务教育数学课程标准（2011年版）》明确指出：数学活动经验的积累是提高学生数学素养的重要标志。帮助学生积累活动经验是数学教学的重要目标，而积累活动经验则离不开数学应用意识的支配。因此，在数学素养视野下的对学生应用意识与能力培养的实践更具前沿性的意义和价值。

一、科学把握数学核心素养的内涵

核心素养被誉为课程发展与设计的关键DNA。北京航空航天大学教授李尚志形象地把"核心素养"比做是"兵法"，将具体课程比做是"剑法"。刘喆（2011）认为：数学素养是在数学经验积累的基础上，生成并外显出来的可用于指导特定背景或区域中数学活动的一种整体性思想和行为特征，这里的思想和行为特征主要是通过数学知识、数学能力和数学情感表现出来的。张奠宙认为，数学核心素养包括"真、善、美"三个维度：①理解理性数学文明的文化价值，体会数学真理的严谨性、精确性；②具备用数学思想方法分析和解决实际问题的基本能力；③能够欣赏数学智慧之美，喜欢数学，热爱数学。马云鹏认为：数学核心素养可以理解为学生学习数学应当达成的有特定意义的综合性能力。核心素养不是指具体的知识与技能，也不是一般意义上的数学能力。它反映数学本质与数学思想，是在数学学习过程中形成的，具有综合性、整体性和持久性。综合各方的观点，对数学学科核心素养的内涵理解，其实就包括学会用数学进行思考、掌握数学思想方法、感悟数学的精神、形成正确的数学态度。

二、充分认识数学应用意识的重要性

数学应用意识是一种用数学的眼光、从数学的角度去观察、分析、解决现实世界中的问题的积极心理倾向和思维反应。也就是说，应用意识是应用数学知识、思想方法的一种心理倾向，它是基于对数学的广泛性特点和应用价值的认识，在遇到现实问题时就产生用数学知识、方法、思想尝试解决的冲动，同时能搜寻到合适的数学方法解决。本质体现在积极、主动地用数学，即体现运用数学的观念、方法解决现实问题的主动性。

《义务教育数学课程标准（2011年版）》把"应用意识"列为十大关键词之一。概要地说，主要包括以下三个方面：一是认识到现实生活中蕴含着大量的数学信息，数学在现实生活中有着广泛的应用；二是面对现实问题时，能主动尝试着从数学角度运用数学知识和方法寻求解决问题的策略；三是面对新的数学知识时，能主动地寻求其实际背景，并探索其应用价值。

华东师范大学王祖浩说过："一门学科最核心的是'学了会用'"学者胡塞尔、维特根斯坦、哈贝马斯等的生活世界理论，从回归生活世界的哲学思考出发，认为数学应用意识的根本价值是回归生活。史宁中、顾沛等学者把抽象、概括、推理、模型思想、几何直观、运算、数据观念作为数学素养教育的核心目标。事实上，应用意识在各个方面的教学中都有所体现，而上述的核心素养目标是针对所有课程内容而言的，因此无论哪种思维形态的运作都离不开人的应用意识的支配作用，否则所有的思维哲学将演变成人生玄学。因此，加强数学应用，培养学生的数学应用意识是发展数学核心素养的价值取向。它体现了数学中更加本质的东西：学会数学地思考，掌握数学思想方法，感悟数学的精神，形成正确的数学态度。从根本上看，它追求的是学生数学素养的提升和创新精神、实践能力的培养、发展。

三、在数学应用中提升学生的数学核心素养

《义务教育数学课程标准（2011年版）》指出："数学教学，应从学生已有的知识经验出发，让学生亲身经历特定的教学活动，获得一些体验，并且通过自主探索，合作交流，将实际问题抽象成数学模型，并对此进行解释和应用。"笔者在教学中，尝试从如下5个方面进行实践，取得了良好的效果。

（一）创设情景，趣用数学

对于学生来说，教材只是一种间接经验，具有很强的抽象性。处理这种直接与间接经验的矛盾，莫过于让学生自己去感知和实践。通过创设一些有冲突而引发思考的情景，将生活情节有机地渗透到教材之中，可以有效激发学生学数学、用数学的兴趣。

案例："平均数"背后的"危险"

北师大教材三年级下册，学生学习了平均数后，创设这样一个数学故事情景——"有危险吗？"情景图中，生1说："我不会游泳。"生2说："这个游泳池平均水深1.2米。"生1在想："我身高是1.3米，跳下去不怕。"刚开始，大部分学生认为没危险，当老师把游泳池的示意图呈现时，反问："你们确定没有危险吗？"有的学生立刻把手举得高高的："不能下去！危险！"学生于是把"平均数"这一概念与实际情景联系起来：游泳池平均水深1.2米的意思是有的地方水深低于1.2米，有的地方高于1.2米。比如池边的水深

0.9 米，中间的深度有 1.5 米，但平均还可以是 1.2 米。如果人在池中间就会有危险。

通过这样的情景，加深学生对数学知识运用重要性的认识，从而为知识的应用找到生长点，体会生活中处处有数学，体会数学的应用价值。总之，唤起学生应用数学的兴趣，关键是教师要善于结合课堂教学内容，大胆地、创造性地去处理教材、重组教材，去捕捉生活数学，采撷生活实例，创设学生熟悉的、感兴趣的、贴近他们生活实际的情景，趣用数学。

（二）联系生活，巧用数学

数学知识不是凭空编造的。人们对数学产生枯燥无味、神秘难懂的印象，原因之一便是脱离实际。因此，只有联系实际，在生活实例中体验知识，从学生熟悉的生活中学习数学，理解数学，才能变苦学为乐学，真正体会学习的乐趣。

案例：追踪百分数

一位老师在教学《百分数的认识》时，让学生回家收集"百分数"，猜想每个"百分数"表示的含义。学生积极性很高，通过深入生活中了解，收集了很多方方面面的有关百分数的话题，在一串串数据中，学生联系到熟悉的事例入手，心中没有陌生枯燥感，在活生生的事例中让学生深刻理解了"百分数的意义"。在课堂巩固中，老师还当场设计应用百分数的趣味练习：你能用一个百分数表示你对本节课的知识掌握程度吗？本节课你的快乐程度是百分之几？紧张度是百分之几？还展示了"成功 =1% 天才 +99% 汗水"公式，在充满趣味的学习中，学生享受到另一个精神大餐。

（三）走进生活，试用数学

常言道："纸上得来终觉浅，绝知此事要躬行。"数学只有回归生活中，才会显示其价值和魅力，学生只有回到生活中运用数学，才能真实地显现其数学学习水平。实践对于知识的理解、掌握和熟练应用起着极其重要的作用。面对实际问题，能够主动尝试着从数学的角度运用所学的知识和方法寻求解决问题的策略，这是数学应用意识的重要体现。

在学生的生活中，大部分时间是与父母一起的，家里面的一切建设都是离不开数学应用的。引导学生积极参与家庭中的数学实践活动，无疑对培养学生的数学应用意识是大有好处的。引导学生参与家庭实践活动可从双向着手，即教师要求学生积极参与其中，另外与家庭沟通好，联系家长配合老师，大胆让学生参与进来。

案例：我是家庭小会计

让学生参与家庭管理活动，如"我是家庭小会计"活动。让学生了解家里一周的粮、油、水、电、气等基本生活的各项开支情况，了解家庭的收入情况，对数据进行整理，再提出分层问题。如中年级学生，可提出一周共需开支多少钱？一个月（年）的开支是多少？结余多少？等等。在购买一些大家电等，也可让学生参与预算并做出相应方案等。通过这些实践活动，促使学生从家庭这一特殊的情境中发现数学问题，通过搜集、分析、交流、整理、运用，逐步养成良好的数学思维习惯，培养和强化数学的应用意识，在应用中感受数学创造的乐趣，增进学好数学的信心。

（四）创新作业，活用数学

课堂教学是培养学生应用意识的主渠道，课外作业是培养学生数学应用意识的必要补充。能将课堂与课外有机地结合起来，有目的有系统地创新设计学生喜欢的数学作业，为学生创设应用知识的空间，对培养学生数学应用意识无疑是如虎添翼。这个过程要求学生独立自主地探索，应用所学的知识和思想方法进行实践和解决问题。它的形式可以是多样化的，包括开展假日小调查、小小访谈、写数学日志、实地操作等等。不同的年级采用不同的形式和内容。

案例：数学日志：统筹方法真好

今天，老师带我们学习了数学的统筹法。运用统筹法安排时间，可以大大降低时间的无谓消耗，节省不少时间。比如，早上起来，整理床铺需要4分钟，洗漱要用6分钟，热牛奶要用8分钟，吃早饭7分钟，听英语5分钟。平时做的话要30分钟，但如果用统筹法来安排，可以起床后先热牛奶，在这过程中，可以洗漱、整理床铺，这样只需10分钟便可以喝到牛奶，在喝牛奶时可以听英语，这样一共17分钟就可完成了。用流程图来表示：

热牛奶10分钟（同时整理床铺、洗漱）→吃早饭7分钟（同时听英语）→共用17分钟。

这样时间就节省了13分钟，可以从容地去到教室，做好教室的值日工作，真是太好了。如果我们用统筹法去做每一件事，就会把时间利用得非常紧凑，也不会让时间无谓消耗。数学统筹方法真好。

这样的作业后进生做得了，优秀生做得好。极大地调动了学生用数学的主动性，活用了数学。

（五）合作交流，享用数学

"一人一只苹果，交换后还是一人一只苹果；但一人一种办法，交换之后就是每人都有两种办法。"合作交流作为新时期必备的一个工作学习方法，在培养学生数学应用意识中显得更为重要。因为运用数学知识去解决生活问题时，往往要合作才能完成。如测量场地、给体育场画边线等，一个人是很难完成的。另外，因为合作交流，能较好地形成一种正能量的氛围，通过团队相互影响，共同解决问题，更容易让大家都感受到成功的喜悦，感受到应用数学知识去解决问题时的幸福感。

此外，还可以组织一些竞争性的交流，如制作教具、设计模型、实地测量、讲解实物、实地计算、面画（与平行、垂直、对称轴等数学知识有关的）。此类竞赛与书面形式的竞赛相比，由于形式新颖、内容丰富、实际操作性强、应用知识灵活，可以吸引很多学生来参加，共同感受成功的欢乐，促进数学应用意识的渗透，学生的应用能力也能得到较好的培养。

浙江大学方张松说过，有厚度的课堂不是表现在难度和深度上，而是表现在学科的思想和方法，表现在学科的整合水平，表现在对现实关怀与超越。作为一名教师在教学中，应关注学生数学应用意识和应用能力的培养，不能仅仅停留在掌握知识的层面上，而是要必须学会应用，要让学生感到数学有趣、数学合理、数学有用，增强学习数学的信心，真正提高学生数学核心素养。只有如此，才能使所学的数学知识富有生命力，才能真正实现数学的价值。

参考文献

[1]孙朝,马敏.基于数学核心素养发展的应用型数学实验[J].中国数学教育,2015(21):36-40.
[2]刘喆.论师范生数学素养[D].广州：华南师范大学,2011.

［3］洪燕君等.普通高中数学课程标准（修订）稿的意见征询——访谈张奠宙先生［J］.数学教育学报，2015（6）.

［4］马云鹏.小学数学核心素养的内涵和价值［J］.小学数学教育，2015（9）:3-5.

［5］孙朝，马敏.基于数学核心素养发展的应用型数学实验［J］.中国数学教育，2015（21）:36-40.

［6］史宁中.义务教育数学课程标准（2011年版）解读［M］.北京：北京师范大学出版社，2012.

［7］孙朝，马敏.基于数学核心素养发展的应用型数学实验［J］.中国数学教育，2015（21）:36-40.

变革语文课堂四维度

■ 茂名市祥和中学（小学部） 周彩霞

摘 要：本文从语文课堂教学的角度，分析了传统语文教学存在的高耗、低效的种种弊病，并探讨了扭转这些不良现象的语文课堂教学的有效策略，提出了变革语文课堂四维度的具体实施办法和途径。变革语文课堂四维度包括教学目标、教学问题、教学活动、教学评价四方面的创新与变革，为语文课堂教学从传统的"应试教育"走向着眼于学生终身发展的"素质教育"指明了方向。

关键词：变革 目标 问题 活动 评价

一、问题所在

据教育部门的调查显示：小学一年级90%以上的学生是喜欢学习的，而到高中比例最多不超过30%，甚至可能是和一年级时的比例倒过来。我们看到一个令人沮丧的事实，随着年龄的增长、年级的增高，喜欢学习的学生越来越少了。积极主动参与发言、讨论的也越少。为什么学生从爱学习到不爱学习了呢？归根到底是传统的应试教育无视学生发展路径中的生长点与障碍点，无视学生的素质培养与可持续发展。在"以分论教"的指挥棒下，"死记硬背、囫囵吞枣、知识搬家、生吞活剥、切割课堂"等不良现象在语文课堂层出不穷，导致学生厌学、怕学，学习效果高耗、低效，我们暂且把语文课堂的种种弊病归纳为以下几种类型：

（一）重课文，轻语文

传统的语文教学充斥着各种非本体的因素，一节课下来，学生收获的语文素养微乎其微。究其原因，很大因素是我们对语文课程的性质、任务不清楚，我们的语文课一直将体会思想内容和情感作为目标，我们把教材内容当成语文内容，把课文内容当成教学内容。围绕这一目标组织课堂教学，很容易把语文课上成科学课、品德课。比如《新型玻璃》上成研究科学知识问题的科学课；《钓鱼》上成研究道德问题的品德课；教学《詹天佑》研究人字形线路，教学生怎么修铁路，最终语文不是教语文，而是变成了教课文。

（二）重驱动，轻主动

"填鸭式"教学方法在语文课堂中长期占领重要位置。在"讲读课文的模式"中，教师讲得多，学生的实践活动少。更甚的是许多老师创新意识比较淡薄，在教学中采用"经验型""辛苦型"等老一套教学方法，对学生进行一味地知识灌输，"探究型""创造型""实践性""自主性"的教学方法运用比较少，因此无法推动教育教学的改革与创新。而静止的文字、枯燥的讲解、单调的形式，常常会使课堂冷场、陷入僵局，犹如一潭死水。

（三）重表象，轻实效

不少老师在平时教学中，特别是公开课教学中，为了追求表面上的活跃的课堂氛围，一些毫无价值的连环问、满堂问等，常常充斥于教学过程。老师设计的问题要么是让学生回答"对不对"或"是不是"，要么是让学生重复书本上的内容，把提问作为教学的一个表现形式，不注重提问的教学效果，学生被诸多的问题牵着鼻子走，往往是在一个连着一个问题"轰炸"下"不假思索"地忙着回答和应付。这样的提问毫无效果，学生听课时的思维则会处于"休眠"状态。

（四）重形式，轻实质

受考试评价制度的影响，形式单调、主体单一的程式化评价充斥着语文课堂，"好极了""表扬他"等浮泛空洞的激励语言泛滥，大有演绎台词之势。不少老师对学生的发言不耐心倾听，对学生的错误视而不见，不结合文本加以辨析，盲目地给予脱离文本的"空评价"。还有更多的老师只关注知识评价，而忽视情感、态度、价值观、个性品质以及学习方式、学习习惯的评价。久而久之，学生对教师的评价语与激励就会产生淡漠感，造成了课堂评价的无效和课堂教学效率的低下。

二、对策

对于以上提到的传统语文课堂存在的几种问题，该如何去面对并解决呢？我们要对症下药，从根源上入手，变"知识传授"为"全面提高学生能力、提升学生素质"，创新、变革语文课堂，为学生的终身发展奠定扎实的基础。

（一）教学目标有高度

语文课程改革明确指出：语文课的性质是学习语言文字的运用。语文课程性质的重新认定，是带有革命性、根本性的转变。怎么教比教什么更重要，我们必须站在学生的立场，根据课程标准及具体学情，从教材中淘出最值得教的"学科知识"，凭借专业高度把它转化成了"学科教学知识"，在课堂活动中内化为学生的"主体知识"。语文作为一门以培养学生运用语言文字能力为主要目标的综合性实践课程，理所当然地应该以语文知识、方法和语文技能，即本体性教学内容为目标展开教学，而情感、态度、价值观等非本体教学内容应该是渗透在语文知识、方法和技能的学习过程之中的。语文课的目标应该是什么？应该是以本体为主要内容，从听、说、读、写等方面入手，培养学生理解、运用语言文字的能力。围绕这个内容让学生去认识、实践、迁移、强化本体教学。如低年级的教学目标的重点是字、词、句教学。关于字的教学要实现多识字、写好字，乐于在生活中主动识字，要加强词句的理解和运用，还要在把课文读正确、读通读顺的基础上，培养提取简单信息的能力；中年级重点是词、句、段教学，要在感知整篇课文的基础上，加强对重点自然段、结构段的理解，培养对文本做出解释以及分析、推断的能力，还要加强句式应用、段式仿写等运用语言文字的练习；而高年级重点则是句、段、篇的教学，要培养对文本整体把握的能力和对内容、人物、语言、写法等做出评价的能力，并增加迁移文中基本写法的练习。以六年级的课文《理想的风筝》为例，这是一篇很好的写人的文章的范例，我们要注重读写结合，通过对学生写法的指导，有效地落实高年段的教学目标。在教学时我们要让学生明白作者是抓住了刘老师的动作、语言、神态等细节来表现人物的品质的，通过"笑谈腿疾、上历史课、课堂提问同学、放风筝"这些典型事例全面、立体地塑造人物的精神品质。相信通过一系列有针对性、层次性的写法指导，学生的写作水平也会在潜移默化中得到提高。

（二）教学问题有深度

陶行知先生说过："发明千千万，起点是一问"，好的问题能一石激起千层浪，激起学生思维的火花。教师应善于设计问题来促进学生思考。有效的课堂提问应该体现教师的思想深度，从教材实际出发，根据教学的知识内容与思想内容，把握教材的重点、难点来精心设问、提问。另外，还要从学生的实际出发，根据学生的知识水平与心理特点。找出能诱发他们思维的触动点进行提问，使提问真正问在点子上，问到学生的心坎上。

（1）问在关键处。所谓"关键处"，是指教师课堂教学目标中的重点、难点，是那些对学生的思维有统领作用即"牵一发而动全身"的地方。在有限的课堂上，教师要考虑所提问题是否有价值、有效果。如教学《窃读记》，在品读课文时，可以就"窃读的滋味是怎样的？"这具有导向性、启发性的问题引发学生的思考，当学生回答"我很快乐，也很惧怕——这种窃读的滋味"，然后引导学生围绕"从课文哪些地方看出我的快乐与惧怕"这一问题展开探讨，从具体语句中了解作者是怎样写出窃读滋味的，体会作者动作和心理描写的细腻传神。

（2）问在精妙处。提问不仅应有导向性、启发性，而且还应有开放性，这样才能促进学生的多向性、开放性思考。教师在提问时应善于运用教学话题，提供一个讨论中心，围绕这一中心引出多个问题，问题的解答可以是教师，也可以是学生，这样使课堂交流呈现多向性，有利于激发学生学习的主动性和创造性。例如，在教学《种瓜得豆》一课时，我提出了这样一个问题："转基因工程给你留下了怎样的印象？"学生兴趣盎然，积极发言。在学生各抒己见后，我再次提出：如果你是一位掌握了转基因技术的科学家，你会用这项技术来实现自己的什么梦想？设想一下，用你的笔把它描绘出来。同学们思维闸门一下子打开，冒出了许多想法，促进了学生思维能力的开发，在举笔书写中写作能力又得到了有效提高。

（3）问在阻碍处。事物本身往往具有多面性，这对于阅历较浅、涉世不深的小学生来说，有时对课堂教学中的知识点不容易理解，这就要求教师在学生思维处于阻碍点时给予适当点拨。例如《两小儿辩日》讲的是古时候两个小孩凭自己的直觉，一个认为太阳在早晨离人近，一个认为太阳在中午离人近，究竟哪个说得对呢？学生一时难以作答，形成了他们心理上的一种"冲突"，我们顺势引导学生思考分析，排除障碍，直至到达"理想"的彼岸。总之，教师应当深入钻研教材，抓住突破口，有意地给学生设置问题的"障碍"，当学生急于消除这些障碍时，也就意味着进行了思维训练，对课文重点、难点的理解自然也水到渠成。

（三）教学活动有广度

新课标强调学生在学习活动中的主体价值和能动作用，认为学生不是被动、消极的客体，而是具有充分主动性和能动性的"自主人"，学生的需要、动机、目的、意识、认知结构、能力、价值观等是学习的前提条件和决定因素。因而我们要克服"课堂为中心、课本为中心、教师为中心"的思想，树立教师"服务"意识，以学生为本，精心设计我们的课堂教学，让我们的教学活动更具张力与广度，成功构建开放而有活力的语文课堂。

（1）创设和谐的课堂氛围。"培养学生具有初步的创新精神和实践能力"是课程改革的主要目标，也是素质教育的最终目标。培养学生的创新精神需要有一个适宜的环境，而这个环境就是宽松、安全、民主、平等的教学氛围。教学中，当学生的思维激发出创造性火花时，要给予充分的肯定和赞赏，激发学生学习的热情。当学生遇到困难和困惑时，我们要巧妙地帮助他们解决，并尊重他们的个性感悟，提倡阅读的多元化。只有在这样的氛围中，学生才能积极主动地参与到学习活动中去，成为学习的主人，学生只有在这样的氛围中才能敢想、敢说，放飞想象的翅膀，成为时代的创造者。

（2）关注学生课堂参与度。新课标积极倡导"自主、合作、探究"的学习方式。语文课堂要强调学生的自主学习和实践，注重激励学生自得、自悟；引导学生主动参与，合作探究，在实践中学、在合作中学、在探究中学。教师要关注学生参与课堂教学活动的过程，关注学生思考的容量和深度，关注学生在课堂教学中的情感体验，关注学生的学习方法，采取各种方式地提高学生的参与学习的程度，使学生的大脑皮层处于兴奋状态，打造高效课堂。

（3）运用多种教学手段，充实课堂内涵。课堂上老师一味地讲，会让学生感到枯燥。我们要充分利用各种教学手段，如课件、视频、游戏、活动等，充分调动各种可用因素来为语文课堂服务。通过这些教学手段的利用，可以充分调动学生的各种感官来感受知识。如学习诗词，我们可借助声像进行真情诵读，帮助学生更深刻理解诗词的意境与情感。与教学知识有关的资料链接，会更大地激发了学生的学习兴趣与探究精神，让他们真正成为课堂的主人。

（4）推动课外阅读的广泛开展。阅读是教育的核心，学习语文需要大量阅读。语文课本提供的阅读量极其有限，学好语文，三分靠课内，七分靠课外。"课内得方法，课外求发展"，我们要以课堂为主阵地，充分发挥引导者的作用，在课堂传授教材时抓住教材与课外读物中存在的这样那样的联系点，全面辐射，巧妙拓展，搭建课内阅读与课外阅读的沟通桥梁，引领学生走进更广阔的阅读天地。例如，在教学《卖火柴的小女孩》《刺猬汉斯》后，可介绍学生阅读《安徒生童话选》《格林童话》；结合《将相和》《赤壁之战》的教学，出示《史记》《三国演义》书中部分精彩内容的梗概，引导学生走进更广阔的阅读天地，让语文课堂自觉担当起推动学生广泛阅读的责任，使课堂教学得到不断地延伸。

（四）教学评价要适度

新课程改革倡导"立足过程，促进发展"的课程评价，重视评价的激励与改进功能，使评价真正为了促进被评价者的发展。评价不仅要关注结果，更要关注过程；不仅要关注共性，更要关注个性；不仅要关注学业成就，更要关注学生在学习过程中情感、态度和价值观的形成。只有把握好教学评价的度，才能真正达到带动学生认识自我，建立自信。科学、有效的评价语言要注意以下三点：

（1）评价的针对性。课堂上，当学生回答或根据要求展开学习活动后，教师要对学生进行评价指导。在语文课堂的朗读指导环节中，我们经常遇到这样的情况：当某个学生朗读课文后，教师会夸奖："你真会读书，其他学生也学着他的样子读一读这一段吧"或"你读得真好""你读得很有感情"等，这样的评价对这位同学今后的朗读能带来多大的作用呢？示范后对其他同学的启发有多大呢？如果我们能对其深究：他读得好，好在哪里？能不能做得更好一些呢？如在标点的停顿、语速的快慢、语气的把握、情感的体现等方面也能对学生进行更到位的评价、引导，这个学生的朗读水平会得到更大的提升空间。

（2）评价的引导性。语文课程标准建议：应以鼓励、表扬等积极的评价为主，采用激励性的评语，尽量从正面加以引导。可是，我们也应该意识到：赞美是个双刃剑，在课堂教学中，有些教师一味强调赏识教学，而盲目地对学生进行赞赏，导致"你真棒""你真了不起"等泛滥成灾。使学生感到教师的评价不具权威，缺乏信服力。其实，当学生的理解出现偏差，老师可以用婉转的方式提醒学生重新思考问题，并且适当给予指导。如评价学生书写时，老师说："××同学写字有了很大进步，但你的字如果能写得更有力量些，老师就更满意了！""××同学的朗读吐字清晰、声音响亮，如果能读出又惊又喜的语气那就更好了！"这样的评价语，既激发了学生的学习热情，又暗示了教师对他们提出的更高要求，激励学生不断进步。

（3）评价的多元性。课堂评价不应该仅仅理解为老师对学生的单向活动、生生之间、组群之间的多向立体互动评价更能调动学生学习的积极性。如在作文教学中，可进行习作自评、互评、互改、组内评议、集体点评等活动，都旨在以学生激励为评价主体，通过学生互评互议，构建各抒己见、张扬个性的和谐、民主的课堂氛围，以达到激发学习的积极性和提高学生自信心的作用。此外，课堂评价也不限于教师的口头评价为主，还可以通过更多的体态语来达到评价的有机结合，生成灵动的语文课堂。在课堂中经常用的体态语言可以包括表情、手势、眼神等。老师的一个微笑可以温暖学生一节课，而更多的时候我们可以用眼神跟学生进行交流和评价，让每一位学生感到自己是老师的注意中心，促使学生怀着更饱满的精神去探求新知的奥秘。

新课程的核心理念，用一句通俗的话来说，就是"一切为了孩子"。作为小学语文教师，必须树立为学生终身发展的教学立足点，把教学过程看作是愉悦、交流、合作、互动的活动，为学生主动探索和发现提供空间，带领语文课堂教学从传统的"应试课堂"走向灵动的"快乐课堂"，实现语文课堂教学的高效性。

参考文献

[1] 吴忠豪.小学语文课程与教学论[M].北京：北京师范大学出版社，2008.
[2] 崔峦讲话——深化小学语文教学改革之我见.

洗去铅华　返璞归真
——小学音乐教学本真课堂的实践探究

■ 茂名市愉园小学　李思娜

摘　要： 新课程改革实施以来，在音乐课堂教学中出现活跃而不扎实、花哨而无实效、热闹而无序的现象。在形式的背后透露出浮华，折射出令人深思的问题：学科综合，喧宾夺主；没有关注音乐的人文性，远离音乐教学中要以学生为主体；只注重音乐实践活动，忽视了音乐双基知识学习等等一成不变的预设所造成的低效音乐课堂。本文针对当前小学音乐课堂中存在的一些问题进行深入的剖析，再通过案例的方式呈现了小学音乐课堂的本真。

关键词： 音乐教学　新课标　本真课堂　音乐本质　知识技能

新课程改革实施以来，音乐课堂教学模式变得更加丰富多彩，课堂气氛变得活跃起来。但不少音乐老师由于没有透彻理解课标要求，致使音乐教学课堂丢失了本真，有的教师为了体现新课改的理念，刻意追求形式，授课内容丰富多彩，形式多样，但是形式的背后透露出浮华，折射出令人深思的问题：学科综合，喧宾夺主；没有关注音乐的人文性，远离音乐教学中要以学生为主体；只注重音乐实践活动，忽视了音乐双基知识学习等一成不变的预设所造成的低效课堂。因此，让音乐课堂洗尽铅华，返璞归真，是目前课堂教学改革的主攻方向。本真课堂是遵循学生认知规律，促使学生在真问题、真过程、真学习中获得最大发展的课堂，是体现学科特点和本质，体现知识生成的规律性、科学性和真实性的课堂，是师生全情投入、教学对话和谐共振而达成自由、融通和美境界的课堂。由此可见，只有让音乐教学还原本色，复归本位，返璞归真，才有高效的音乐课堂。

一、以音乐为主线，让音乐课堂回归本真

在当前实施新课改教学中，有些教师为了体现学科综合这一先进理念，将一些关联不大的其他学科内容塞到音乐课堂教学中，耗费大量宝贵的音乐学习时间，犯了喧宾夺主、本末倒置的错误，致使课堂教学无法高效。

比如在一次公开课中，一位老师上《粗心的小画家》这一课，教师用了3分钟进行新课导入，接着教师范唱一遍歌曲，学生跟着钢琴唱了两遍，然后全班同学跟着录音唱了一遍歌曲。这时，上课约15分钟，教师说："同学们，丁丁说他是小画家，可是他画得画好不好呀？为什么没有画好呀？"全班同学说："因为丁丁粗心，所以没有画好。"老师说："我们不能像丁丁这样粗心哟，下面我们来努力帮丁丁改正粗心的缺点好吗？"紧接着，这位老师让学生画起了螃蟹、鸭子、白兔、大马。老师在教室来回走，辅导学生画画。这位老师为了体现学科综合，教学重点偏离，本末倒置，把音乐课上成美术课。

又如，有一位老师教唱《中华人民共和国国歌》时，为了创设教学情景，教师先让学

生观看战争故事片，接着介绍歌曲的历史背景和观看祖国大好河山的视频，还向学生展示地球仪，并让学生观看完后画中国的地图。这位老师把短短45分钟的课堂变成大杂烩，堆砌各种各样不同学科的内容，师生使出浑身解数展示令人眼花缭乱的"综合"，偏离学科特质搞学科的综合，结果从热热闹闹的课堂教学过程中，我们感受不到教学要达到的主要目标，这样的"满汉全席"的教法，"喧宾夺主"干扰、削弱了音乐教学的效果。

以上两个课例，学生自始至终缺乏音乐的审美体验，反映了一些老师在解读音乐课程的综合性、人文性中发生了偏差。

音乐本质的教学应建立在以音乐为本的基础上，突出音乐学科的特点。课程标准提倡学科综合，但音乐教学的综合性是突出音乐本体的综合，应以音乐为教学主线，通过具体音乐材料构建其他艺术门类及其他学科的联系，并且将音乐与相关学科有机、适度地综合。目的是丰富音乐课堂，拓宽教育途径，让学生从多方位、多角度加强对音乐的理解，提高审美能力，促进素质教育。也就是说，音乐课堂教学，音乐是核心，一切教学活动都要围绕音乐本身进行。

在案例一《粗心的小画家》这一课，可以把一环节的内容融入歌曲"创编表现"环节进行教学。具体操作如下：

师：那么，我们就一起来帮帮丁丁，把他画的画改过来好吗？你们看——（师播放课件，改粗心图片）（课件显示丁丁粗心的作品，在黑板贴上课前准备的歌曲相关动物画的主架，分别让几位同学改粗心图片）同学们，丁丁的画改过来了，那你们的歌词是不是也应该变一变了？（课件——歌词创编）

师生对唱问答：

师：画只螃蟹几条腿？生：画只螃蟹八条腿。

师：画只鸭子什么嘴？生：画只鸭子扁扁嘴。

师：画只小兔什么耳朵？生：画只小兔长耳朵。

师：画匹大马什么尾巴？生：画匹大马甩尾巴。

这样，通过歌词创编进，引导学生感受音乐，理解歌曲内涵，既体现了学科的综合，又没有偏离"以音乐为主线"这一教学理念，还培养了学生的创编能力，加强了师生的合作。

又如案例二《中华人民共和国国歌》的教学，主要教学的环节可以这样设计：①引导学生边观看相关视频，边聆听范唱，让学生感受音乐，体会音乐情绪。②让学生再次聆听歌曲，思考：你知道国歌的词作者是谁？曲作者是谁呢？演唱时该注意什么问题？学生听完后回答。③分析曲调结构，随琴学唱旋律。④检查学生歌曲演唱的情况，纠正学生演唱中的错误。⑤注意重音记号和休止符在歌曲中的作用，引导学生感受歌曲雄壮、激昂的情绪，进一步体会歌曲内涵。

音乐教育的本真教育，是让音乐课真正回归到关注音乐上、关注人的发展上。因此，音乐课堂教学要突出音乐主体，以音乐为主线，让音乐课堂回归本真。

二、注重双基教学，让音乐课堂回归本真

在新课改前，传统的教学模式普遍存在过分强调对"音乐基础知识与基本技能"的学习，贯彻一节课教师在主讲，学生在静听的状态。在新课改后，有的教师为体现将音乐

（艺术）实践放在首位，往往在课堂教学中不讲授音乐知识，一节课带领学生伴随音乐在不停跟唱和作律动表演。还有的老师由于对新课标中"以兴趣爱好为动力"的理解有误，往往在一些公开课中，为了让好学生能乐起来、动起来，能使课堂气氛活起来，对课本的音乐知识不讲授，千方百计地去演戏。而听课老师、评课教师在评价一节课，也只看课堂气氛活不活跃、课堂是否热闹，以表面现象衡量课的成功与否，有关知识技能则无人问津，好像一提双基（即知识技能和基础知识）就是应试教育、是旧观念，就是脱离新课标的理念。这是对新课标理解不全面、不透彻的表现。

如有一位老师在上《迷路的小花鸭》这一课，上课铃响，这位老师身穿一套鸭衣服，打扮成迷路的小花鸭跳了出来，学生一阵欢呼！然后，老师简单地让学生看了迷路的小花鸭的相关视频，让学生跟着录音唱了几遍歌曲。接着，这位老师给学生精彩地表演了一场"迷路的小花鸭"的童话故事，整节音乐课就这样结束了。

案例中的教师在解读音乐课程的"教学三维目标"、人文性发生了偏差。其偏离教学的本质，把课堂完全当舞台，把学生当观众，抛开音乐知识去演戏。新课程标准强调，课堂教学要紧紧围绕教学的三维目标，即"知识与技能、过程与方法、情感态度与价值观"去实施教学。在《迷路的小花鸭》这首歌的教学中，认知目标可注重教会学生用自然的声音、准确的节奏和音调，有表情地演唱歌曲。技能目标是在唱游练习中能一边演唱，一边律动。情感目标是培养学生良好的学习音乐习惯，以及让学生懂得预防迷路及迷路后的解决方法。而且，音乐教学的人文性体现在课堂教学中让学生成为课堂主人，课堂的全部教学活动应以学生为主体，师生互动，将学生对音乐的感受与参与活动放在重要的位置。在《迷路的小花鸭》这首歌的教学中，教师应以学生为主体，紧紧围绕"教学三维目标"带领学生学会正确演唱歌曲，引导学生创编表演歌曲，让学生听、唱、演，感受音乐、理解音乐，培养学生的自主参与和创造能力。

《音乐课程标准》强调，在教学过程中，进行知识和训练的同时，要关注学生的"情感、态度和价值观"，并且运用科学合理的"过程和方法"，最大限度地开发学生的创造潜能，促进学生持续发展。由此可见，课程改革不是不要"双基"，而是把双基教学渗透到音乐审美体验之中，让学生在轻松愉快的环境中自觉自愿地学习音乐知识和技能，并由此获得再发展再提高的条件，为进一步更好地学习音乐打下坚实的基础。因此，本真的音乐教学要以学生为主体，注重双基教学，引导学生掌握节拍、节奏、调式、旋律、音色、力度、速度、曲式等音乐基础知识与基本技能，不断提高学生的音乐素养。

三、注重音乐性，让音乐课堂回归本真

音乐作为最富有情感的艺术，只有创设一种与音乐情境相和谐的环境、气氛，才能使学生很快地进入音乐状态，把自己的理解、感受用音乐语言表达出来。因此，在音乐教学中，要凸显音乐性，引导学生通过自主参与音乐活动，在感受、体验音乐的过程中，学习音乐知识与技能，培养学生创造音乐的能力。

例如在一年级"有趣的声音世界"的教学中，首先利用课件播放，让学生聆听并做模仿生活中的声音：①城市中的声音：火车声、汽车喇叭声、机器声、烟花、鞭炮声、人的喧闹等。②乡村中的声音：鸭子、羊、狗、牛的叫声。③大自然的声音：流水声、小鸟声、青蛙的叫声、风声、雨声、海浪声。接着让学生讨论探究生活中还有哪些声音。然后

引导学生利用教室中的物品创造声音，教师准备实物让学生创造声音并做情景表现。通过寻找声音—模仿声音—创造声音—利用声音表现情景的教学模式，由浅入深，由简单到复杂，从创造单一的声音到创造有一定内容的声音，循序渐进地把学生带入一个奇妙、有趣的声音世界，为学生提供一个探索和创造声音的空间，让学生完成对声音的初步探索，培养学生对声音的感受力和创造力。

在学习人教版一年级新教材《静静的夜》这一课的编创与活动中，讲授"音的强弱"时，要避免一味讲授音乐术语或学生难懂的理论，应让学生结合生活实践理解音的强弱：①通过多媒体教学课件，让学生比较老虎和小猫的叫声，分别说出哪个强，哪个弱；②预备一个鼓，由学生亲自敲，尝试得出结论；③让学生敲击桌子、桶、盆、瓶子等身边的物体，敲击出强弱两种声音；④将学生分成小组，用强弱两种声音自己拍击节奏，分组表演给大家看。通过以上巧妙的设计，使学生主动参与到教学实践中，亲身探索、体验"音的强弱"。

在歌曲《赶圩归来啊哩哩》的教学中，教师可以运用"奥尔夫教学法"引导学生通过肢体语言来参与体验歌曲的明快、活泼，感受描绘彝族农家姑娘在赶集归来的路上，嬉戏欢笑、愉快歌唱的欢乐场面，培养学生创编节奏的能力。具体做法：学生拍打节奏，师唱；学生分小组拍节奏和演唱，师用钢琴伴奏；学生一边拍节奏一边演唱。

音乐是感性的艺术，在音乐课堂中，让学生充分享受音乐学习的过程是音乐课堂音乐性的体现。因此，教学中，要让学生多参与一些感性的体验与活动，让学生感受、体验、表现音乐的同时，培养学生的创造思维和能力，从而提高学生音乐素养。

四、恰当处理预设与生成，让音乐课堂回归本真

所谓"预设"，就是根据教学目标和学生的兴趣、学习需要以及已有的知识经验，以多种形式有目的地、有计划地设计教育活动。所谓"生成"是指师生依据学生的兴趣、经验和需要，在与环境交互作用中进行有效的动态调整，以引导学生生动、活泼、主动地进行新知识的探究活动。

传统的教学中，教师过分依赖课前的预设，课堂教学往往显得过于严密，具有很强的计划性，这一点是传统教学预设的优点，同时也是预设的不足之处。预设与生成是辩证的对立统一体，课堂教学既需要预设，也需要生成。

因此，在音乐课堂教学中，教师要正确处理预设与生成的关系，让课堂回归本真，打造高效课堂。

（一）善待错误，优化生成

某老师在上《金蛇狂舞》欣赏课，导入新课的环节：播放《金蛇狂舞》的音乐，学生在音乐背景中自由走进教室，然后，老师提问："同学们，你们刚才听到音乐后想到什么？"有学生回答："想到了龙。"老师很严肃地说："不对。"又有学生回答："想到过新年很开心。"这时，老师竟然避而不谈，转到教学第二个环节的内容。

显然，这两位学生的答案和老师的预设发生了偏差，也许这位老师的预设是想问学生听到这首音乐想到怎样的情景，从而引出歌曲的意境，导入新课《金蛇狂舞》。学生说联想到龙，也许因为这位学生在日常生活中遇见过一些地方搞活动或过节时播放这首音乐舞龙的情景。另一位学生想到是过新年，这是因为过年的气氛在这首音乐的表达上有一定的

共通之处，从这两位学生的回答，表明了学生已是在感受音乐。教师不应置之不理，而应抓住问题，灵活机智地做出反应，善待错误，优化生成，沿着学生的联想，从音乐要素方面对学生进行引导，帮助学生准确地理解音乐形象。

其实，对于小学生，在《金蛇狂舞》欣赏课导入新课的环节中，教师可以借助选择性问答进行教学。让学生带着问题整体聆听音乐：①你觉得歌曲基本情绪是怎样的？A.优美抒情；B.欢快活泼；C.悲伤沉痛。②听到这首音乐，你联想到什么样的场景？A.锣鼓喧天，人们竞相看热闹的场景？B.活泼欢快的歌舞场面；C.祖国山河的美丽景象。在这首歌的欣赏中，力求学生要认真聆听音乐，联想着在节日里人们在舞龙灯、耍狮子、表现出人们奔放欢乐的情绪，用心去感受音乐，理解音乐。

（二）放弃预设，创造生成

新课改后，不少教师在上观摩课时，太注重形式，没有深刻领会新课程的精神，在上课时往往生硬地向新课程理念上挂靠，只注重预设，不管课堂的生成，学生被老师牵着鼻子走。还有些老师一听到要上公开课，就请来多位有经验的老师进行集体备课，教案设计得很完美，精心制作了课件，老师一字不漏地背熟教案去上课。原本凝聚集体智慧的课应该是很优秀的，但这种预设忽略了生成的课堂，把众人打磨得所谓很完美的课搬下来，反而失去自己的教学风格，失去本真，使课堂更加生硬、死板，导致低效课堂。还有的老师在上课的时候，对精心的预设依依不舍，忽略生成，导致课上教学不透彻，造成低效课堂。

叶澜教授说：课堂教学"就是一个动态生成的过程，再好的预设也无法预知课堂教学中的全部细节。"在课堂教学中，常常会出现教师事先难以精确预料的问题情景与偶发事件，经常会有与课前预设不一致甚至相矛盾的意外情况发生。面对如此之多的有价值的动态生成性资源，独具慧眼的教师要让课堂还原本色，复归本位，要善于捕捉生成，并将生成巧妙运用于教学活动之中，使课堂更生动、更精彩。

在课程改革中，音乐课堂要求本质，教育要求本真。因此，音乐教学中一定要与新课标融合，突出音乐学科的特点，要坚持以音乐为本、以学生为主的原则，注重双基教学，凸显音乐性，抛开虚浮的表面形式，洗去铅华，返璞归真，让音乐课堂回归本真。

参考文献

[1]中华人民共和国教育部.义务教育音乐课程标准（2011年版）[S].北京：北京师范大学出版社，2012.

[2]叶澜、吴亚萍,《改革课堂教学与课堂教学评价改革》"新基础教育"课堂教学改革与实践探索之三[J].教学研究，2003（8）.

[3]黄红英.回归音乐教育的本真[J].小学教学研究·理论版，2014（12）.

语篇情境在Phonics教学中的运用

■ 肇庆市第十五小学　陆梅红

摘　要：本文以一节语音课的教学实践为例，通过分析教学活动的设计，探讨了如何让学生在语篇情境中感知、思考、理解并归纳总结单词的读音，使学生的辨音能力、拼读能力、拼写能力、阅读能力、思维能力和综合语言运用能力得到提升，从而大大提高语音教学的实效。

关键词：语篇情境　语音教学　语篇创编

一、前言

自2012年人教版小学英语改版以来，在每个单元的A部分增加了语音教学内容，三年级上册是Letters and sounds，三年级下册至五年级下册是Let's spell。高明兰老师在自然拼读教学原则中指出：阅读理解依赖语境，拼读训练也不能脱离语境。英语教师要善于利用多种手段创设情境和语境，让学生在上下文中理解单词的意义，掌握并运用读音与拼写的对应规则，提高单词认读能力与篇章认读能力。使学生能用目的语来交流思想和获取信息是外语教学的最终目的，思想的交流和信息的获取都是在一定的环境中进行的。只有语篇教学，才有利于在培养学生的语言能力的同时，发展他们的言语交际能力。

本文将以PEP Primary English Book 2 Unit 2 My family A部分的Let's spell板块为例，阐述教师如何从整体入手，在语音学习的各个环节，通过绘本和自编语篇让学生体验、感悟、巩固、拓展和运用语言，使学生的思维品质得以培养，阅读能力得以提高。

二、语篇情境下的语音教学

（一）创设语境，创编导入

1. 创编语篇，温故而知新

设计一个Simon says的游戏，把含有/e/音的旧单词汇编成有趣的句子，以TPR活动的方式复习，既激发了学生的学习兴趣，又让学生在不知不觉中增加听力的训练。（附句子：Show me ten. Act like a hen. Act like an elephant. Fly like a jet. Shake your legs. Show me red.）

2. 利用绘本，从语篇中感知

根据在语篇中教学拼读的原则，笔者选用了《攀登英语阅读系列：有趣的字母 Red Ben》设计了以下活动：①T:Do you like red? Look at my dress. What colour is it? I like red. I have a friend. He likes red, too. What's his name?（PPT）引出本课的主角，Ben。T: What colour is his T-shirt? S:It's red. T: What colour are his shoes? S: They are red. T: What colour are his shorts? S:They are red. T: So, we call him Red Ben.（板书标题）②T：Today I will show you a story about Ben. Look at the front cover. What do you think might Ben like to do? 开放性的问题，让学生思考并回答。Now, let's read the story and find out. 通过谈论老师的衣着与颜色，Ben 的衣着与颜色，引出本节课的主题。提出问题，让学生带着问题完整地看一遍故事，在语境中感受含有 /e/ 音的单词并找出问题的答案。

（二）体验感悟，活用操练

1. 通过提问，训练学生思维

关于学习英语需要思考或思想的问题，朱光潜先生说过：肯用心思考，才会发现自己的难关或暗病，也才会设法去克服它。换言之，要通过自己积极的思维活动来发现问题和解决问题。很多科学家和思想家都是动用思维学习英语的。通过思维学习英语，通过英语学习训练思维，应该成为英语学习和教学的指导方针的重要内容，在理论上应该明确，在实践中应该贯彻。因此，笔者根据故事内容，设计了第二个任务：In the story, Ben paints many things. Read the story again and tick the things Ben paints. 老师把故事中出现含 /e/ 音的单词以 mind map 的形式贴在黑板上。Do they like red? 让学生带着任务听第二遍故事，并在 worksheet 上完成对应的练习。通过让学生观察故事中角色们的表情，对学生进行品德教育：Every one has his favourite colour. 每个人都有自己喜欢的颜色。Respect for others, don't impose your will on others. 尊重他人，不能把自己的意愿强加给别人。

通过齐读黑板的词 hen, egg, elephant, lemon, eggplant，向学生提出两个问题：Which is the same letter? What's the sound of letter? 让学生找相同字母和相同音，让学生自己找规律，训练学生的思维。

2. 游戏辨音，培养学生的辨音能力

笔者设计了一个 Bomb game，让学生听音，训练学生辨音的能力。When you hear the /e/ sound, please say "Yeah！" If not, please say "Bomb". 先全班回答，再4人抢答。（PPT）she, ten, red, girl, bed, desk, juice, boy leg, seven, pencil, milk.

3. 规则拼读，培养见词能读的能力

培养学生见词能读能力的基础是拼读教学。如果学生能够流利地拼读单词，将对他以后的口语能力和阅读能力的培养有很大的帮助。笔者在课件中设计了 ed en 组合各6个单词，以培养学生的拼读能力。并按循序渐进原则，先全班一起拼读，再分别比赛，让每个学生都有练习的机会。

4. 规则拼写，培养听音能写的能力

让学生掌握通过其音形一致的规律去记忆单词的方法是利用自然拼读法教授字母的目的之一。拼写教学就是指导学生了解如何把字母或字母组合的音转变成形。为了调动学困生的积极性，笔者在这个环节的设计如下：听读单词，用字母操以小组的形式表演出来。I will say a word, you make it out, then act out with your group mates.（net jet hen bed）实践证明，每个学生都参与其中，乐此不疲。

在黑板的一角贴上更多含 /e/ 音的单词（图文）：well, bell, leg, net, pencil, seven, eleven, elf, elk，拓展学生的词汇量。

（三）创编探究，巩固拓展

1. 创编语篇，快乐阅读

自然拼读的主要目标是阅读能力的提高，利用阅读内化规则是必要并且重要的。语篇教学有以下四个优点（郭艳玲，2014）：①有利于培养学生运用语言进行交际的能力。②更能激发学生学习的积极性，逐步形成以学生为中心的课堂教学。③有利于创造一个和谐自然的语言环境，让学生沉浸在使用目的语的环境之中进行有意义的交际。④有利于培养学生分析问题和解决问题的能力。语音教学是为阅读服务的，低年段学生以图文阅读为主（毛玉华，1994）。据此，用含有 /e/ 音的单词编一段与该课主题相关的文字，配上图画和录音（图1），能帮助学生及时巩固自然拼读知识，还有助于学生提高音素意识和听说能力，还可以培养学生的表演能力。

二. Read for fun. Listen, read and choose the words.

1. red 2. hen 3. eggs 4. bed 5. ten

I have a _____ . The _____ is _____ .

It has _____ _____ . Oh, no! They are on my _____ .

图1

2. 创编童谣与故事，培养思维与合作意识

人教版《教师教学用书》在提倡的教学理念中提到：设计课堂活动时，尽可能考虑小学生的自我意识和与他人合作的意识，以使课堂活动既有利于小学生的语音能力培养又有利于其合作意识的培养。设计小组活动：要求学生改编书本的童谣，加大活动的难度，训练学生的合作能力和辨音能力，最后请3个小组表演。另外一个活动是用手中含有 /e/ 音的单词创编故事，培养学生的创新思维，可以用母语辅助。以下是学生自编的童谣与故事：

Ten yellow eggs. Ten yellow eggs. Eight eggs, Nine eggs. Ten yellow eggs.

An elf 骑着（rides）a hen 送给（sends）Ben an egg.

三、结束语

"教育的重点是培养学习者的学习能力、思考能力和自我约束能力，而不是知识点简单灌输；教师应成为学习者的指导者和朋友，而不是发号施令的奖惩官；教育的目的是造就终身爱好学习的自助学习者，而非被动学习的高分低能者；学生可以参与教学，而不是一味地服从或适应教材。"不要直接教给学生这个字母的发音，而是让学生通过感悟，参与知识形成的过程（张厚粲，2011）。教师应整合教材内容，对教材内容进行二次开发，用该单元要掌握的单词和符合规则读音的单词创编语篇或与生活实际相关的语境，又或选用合适的绘本，让学生在语篇中感悟，找规律，培养学生的探究学习能力。大量的语言输入，学生才能有较好的输出，学生的听、说、读、写各方面能力才能得到有效的训练，并达到预定的教学目标：见词能读，听音能写。

参考文献

［1］中华人民共和国教育部.义务教育英语课程标准（2011年版）［S］.北京：北京师范大学出版社，2012.

［2］胡春洞.英语学习论［M］.南宁：广西教育出版社，1998.

［3］"认知神经科学与学习"国家重点实验室攀登英语项目组.攀登英语阅读系列：有趣的字母［M］.北京：北京师范大学出版社，2012.

［4］吴明丽.例谈语篇情境在小学英语词汇教学中的应用［J］.中小学外语教学（小学篇），2016:38-39.

小学生几何直观能力培养策略浅谈

博罗县教育局中小学教育教学研究室　邹小婷

摘　要："几何直观"是《义务教育数学课程标准（2011年版）》新增加的核心词，得到越来越多的教师关注。几何直观可以帮助学生更好地理解数学，加强学生几何直观能力的培养是新课程的要求。学生良好几何直观能力的发展，有助于学生在数学学习、数学探究中对数学知识的理解和掌握。因此，教师应该结合实际情况，从数学教学的各个不同层面着手，对学生几何直观能力进行培养。

关键词：小学生　培养　几何直观能力　画图习惯

"几何直观"是《义务教育数学课程标准（2011年版）》新增加的核心词，自提出以来，得到越来越多的教师关注。几何直观就是依托、利用图形进行数学的思考和想象，不仅在"图形与几何"的学习中发挥着不可替代的作用，在数学的各个领域内容的学习过程中也非常重要。借助几何直观，可以将复杂的数学问题变得简明、形象，可以帮助学生更好地理解数学，发展学生逻辑思维能力，提高分析问题、解决问题的能力。因此，教师要重视培养学生几何直观能力，为学生分析问题、解决问题能力的发展搭建"脚手架"，从而为学生进一步的数学学习奠定基础。

如何发展学生几何直观，改变教师的教学方式，丰富学生的学习形式，让几何直观更好地为教师的教与学生的学服务？以下略做探索。

一、重视提供平台，培养几何直观

学生几何直观能力的发展与教师密不可分，教师对几何直观认识和重视的程度，是否具有积极主动地对学生进行几何直观能力培养的意识，直接影响着学生几何直观能力的形成。教师重视几何直观，对学生几何直观潜质的挖掘时懂得从不同角度和不同层面来进行实施，学生的数学素养可以得到更好的发展。如学习北师大版四年级下册《买文具》时，前两个问题都是解决"买4块橡皮需要多少元？"要计算 0.2×4，这时，教材是让学生借助小数的直观模型理解小数乘整数的算理，掌握口算方法。问题3："买3把尺子需要多少元？"计算 3×0.4，对这个问题而言，学生刚才已经学习了小数乘整数的方法，通常比较容易解答。这时，教师可以结合课堂的实际情况，适时地追问：买5把需要多少钱？买8把呢？借助图象来引导学生进行思考、探究解答，及时、准确地将其中的规律找出来。如用图表示出购买尺子的总价与数量，观察图象估计总价，这就为后续六年级正比例关系的探究学习打下良好的基础。课堂教学中，如果教师只是一味地让学生找寻题中答案而只停留在通过乘法来解答，不重视培养学生几何直观能力，就难以充分挖掘出这道数学题目所蕴含的深层次的数学价值，不利于有效地开发学生数学学习的潜能。在此过程中，如果教师具备丰富的几何直观知识，就会在备课中充分地关注几何直观的作用，并能够不断积极地进行挖掘、整合利用教学用书中的一系列素材，通过科学选用教具，精心合理安排练习，让几何直观更好地为教和学服务。

二、让画图成习惯，培养几何直观

良好学习习惯的培养，不论是对学生学习效果与效率的大幅度提升，还是对课堂教学的优化都具有重要意义。图形作为几何直观的关键研究对象和工具，培养学生形成良好的画图习惯，能够促进学生几何直观能力的发展。尤其是对于小学生来讲，自制力相对较差，注意力很容易被外界因素干扰。加强学生画图习惯的培养，不仅有助于快速集中其注意力，也能够在锻炼、拓展学生绘图技能、动手能力过程中，使其对几何直观的价值有更深刻的体会。为此，在教学中，教师应积极引导学生通过画图来思考、解决各类数学问题。在画图过程中，学生可以将头脑中较为抽象的思维方式、思考过程变得更加直观化、图形化，更清晰、有条理地呈现思考过程，实现让图形说话。同时，画图不仅可以在思考、解决问题时运用，也可以在完成整个章节、一个单元的学习内容后，鼓励学生尝试利用各种图形来梳理所学知识信息，有效地整理知识间的脉络体系，促进学生综合学习能力的不断提升。比如在学习北师大版三年级数学《搭配中的学问》时，学生先是借助摆学具找出所有的搭配方法，在此基础上，初步探索如何借助符号表示不同的搭配方法。画一画，直观、形象地表示出了学生的思考过程和思考结果。又如，在解决植树棵数与间隔问题时，很多学生弄不清楚"间隔"与"树"两者之间的关系是"加1""减1"还是"不加不减"。这时，让学生画一画，1段（1个间隔）种几棵，2段（2个间隔）种几棵……学生就很容易地发现"树"与"间隔"的关系。植树问题的本质就是一一对应的问题，只要明确了"间隔"与"树"这两者之间的对应关系，答案就明确了。此时，几何直观既是学生思考问题的方法，也是解决问题的工具。当学生学会用图形思考，画图分析问题成为习惯的时候，很多复杂的问题将变得简单。

三、关注数形结合，发展几何直观

数形结合就是将数与形有效地结合，是具体化抽象的数学问题的学习探究的一种重要的方法。将数学题目中所给出的数量关系及解答等与直观的几何图形结合这就是实践数形结合的价值所在，显示了"数"与"形"各自的优点，相得益彰，实现互为补益，同时也实现了思维的形象化与思维的逻辑化的统一，理解和解决问题更加容易，学生的几何直观能力在实际应用中就会潜移默化地得到发展和培养。如北师大版五年级数学下册《邮票的张数》的教学，这是学生初步接触列方程解决含有两个未知数的问题，有一定的困难。如果采用将数的问题转化为形的问题，教师让学生采用画图的方法分析题中的数量关系。"姐姐的邮票张数是弟弟的3倍""姐姐和弟弟一共有180张邮票"，求"姐姐和弟弟各有多少张邮票？"借助图示，如下图所示。

```
弟弟 □         ┐ 一共
姐姐 □□□     ┘ 180 张
```

上图很清晰地将题目中的数量关系显示出来了，这时引导学生直接设"弟弟有 X 张邮票"的话，那么"姐姐的邮票的张数可以表示为 3X"，"姐弟一共有180张邮票"我们可以怎么表示？由此，将数学中复杂抽象的数量关系也就能够更加直观化，在此基础上，根据等量关系式列出方程。因此，使用图形分析数量关系，数形结合，可以使数量关系一目了然，这样学生认知也就清晰了，体验到几何直观解决问题的优越性，从而自觉运用几何直观解决实际问题。

四、强化模型运用，发展几何直观

几何直观不仅指简单的图形直观。它具体表现为：实物直观、符号直观、图形直观和替代物直观。对于抽象思维水平相对较低的小学生来讲，为了提高课堂教学的效果，教师可以利用生活中的实物来进行教学。如在教学长方体、圆柱等立体图形时，可以引导学生认真观察生活中相应的几何图形，同时，也可以准备一些直观教具，或者是通过多媒体展示生活中的长方体、圆柱等实物图形，直观、清晰地呈现较为复杂的直观模型，展示这些立体图形形成的过程。如连点成线—连线成面—连面成体，又如长方形以一条边为轴旋转一周形成圆柱，以此来帮助学生更深刻、准确地理解并掌握所学知识。

几何直观在研究、学习数学中是非常重要的，它是学生学习数学必备的最基本的能力。在小学数学教学中培养学生几何直观能力，有利于学生逻辑推理能力、空间观念的发展，能够为学生分析问题和解决问题提供有效的方法，有利于学生数学素养的培养，这正是我们数学教学追求的目标。

参考文献

［1］中华人民共和国教育部.义务教育数学课程标准（2011年版）［S］.北京：北京师范大学出版社，2012.

［2］陶玉萍."几何直观"在小学数学教学中的运用［J］.中国教师，2013（S1）.

［3］冯崇和.几何直观：探索解决小学数学问题的重要手段［J］.内蒙古师范大学学报，2014（8）.

［4］张卫星.小学生几何直观能力的培养策略［J］.云南教育（小学教师），2015（Z2）.

［5］王超.追寻几何直观的数学价值与培养策略［J］.小学数学教育，2016（7-8）.

用绘本滋养孩子们心田
——对农村小学推进阅读的思考

■ 梅州市蕉岭县新铺镇中心小学 林淑媛

摘 要： 绘本阅读是近年来儿童的一种阅读趋势，并且逐步成为小学生阅读的主要方式。针对农村"留守儿童量多面广，孩子们见识少视野窄，阅读兴趣低"的阅读现状，绘本无疑拥有了普通儿童读物无法替代的优势。本文就是我推广绘本阅读的一些心得，希望与同行共勉。

关键词： 绘本阅读 朗读表演 想象思考 阅读习惯

绘本，英文称Picture Book，日文当用汉字为"绘本（平假名：えほん，罗马字：e-hon）"，顾名思义就是"画出来的书"，指一类以绘画为主，并附有少量文字的书籍。绘本不仅是讲故事，学知识，而且可以全面帮助孩子建构精神，培养多元智能（绘本和普通的图画书有区别）。绘本是发达国家家庭首选的儿童读物，国际公认"绘本是最适合幼儿阅读的图书"。

绘本图书与其他普通图画书的区别在于绘本图书通常有独立的绘画著者，图画有个人风格，画面即情即景，可单幅成画。我们常见一些有图有文的书，尽管这些书的图画画得十分有趣，但这些图画只是文字的补充，只是一类具有文字系统功能的图画。这类书多见于教材和教辅类图书。书中的图画不具备"图画语言"功能。图画书与我国传统的连环画、连环漫画相比，后者好比是传统舞台剧，读者只能在一定角度用全中景去看，会产生极大的距离感。低幼图画书却好比是供低幼儿童看的一部电影，它既展示出宽广的视野，又有细节的特写；既有极其有趣的故事情节，又暗藏着起、承、转、合的节奏设计。一些以图为主的卡通类幼儿图书与图画书也不同。这些图书绘制精美，画面是活动的卡通片的固化，形式上失去活动的魅力，画面情节已被"肢解"难以表达原著内容，书中的图画只是引起对卡通情节回忆的符号。

一、绘本阅读在儿童阅读中的意义

《义务教育语文课程标准（2011年版）》明确提出"语文课程是一门学习语言文字运用的综合性、实践性课程。义务教育阶段的语文课程，应使学生初步学会运用祖国语言文字进行交流沟通，吸收古今中外优秀文化，提高思想文化修养，促进自身精神成长。"而绘本最值得强调的就是它的文学性和艺术性。它出现于19世纪晚期，20世纪中期开始充分发展，由传统的高品位的文学和艺术交织出的一种新样式。其主要特点是：

（一）简短直白，易于理解

绘本的制作篇幅大都受到严格控制，往往较短，页数通常为8的倍数。绘本阅读对象多是未成年人，因而书中概念很少，情节易于理解，以视觉形象作为主要的表达手段，具象化特征明显。

（二）可感可知，艺术性强

绘本故事多来源于现实生活，儿童在日常生活中都可以感受和体会；作者在创作中从儿童的视角出发，力求与阅读者产生情感共鸣。比起普通文学书籍而言，绘本多了一层浓重的艺术感，不乏写实主义、超现实主义、印象派绘画等各类艺术风格。

（三）精炼连贯，浑然天成

绘本的文字通常简洁精炼，作点睛之用，对故事情节和人物心理加以升华，要求语言朗朗上口，能促进儿童对语言节奏及韵律的感知。绘本中的图画具有连续感，每幅图连起来构成一个整体，其封面、环衬、扉页等，都是故事的组成部分，共同为读者演绎着精彩内容。

目前，针对农村"留守儿童量多面广，孩子们见识少视野窄，阅读兴趣低"的现状，绘本无疑拥有了普通儿童图书无法替代的优势，它能够促进儿童阅读能力的提高，满足孩子在阅读中学习的需求，逐渐成为学校儿童阅读推广的重要助推器。学校作为知识获取、传播与交流的平台，应大力推广绘本阅读，尤其是农村学校，为孩子们营造良好的阅读环境，培养良好的阅读习惯。

二、绘本阅读方法

一直以来，我校都非常重视绘本阅读，在多年的实践摸索中，也探索出一些方法。

（一）就封面及题目引导学生猜故事

无论什么书，封面和题目都是最先映入读者眼帘的，而在阅读前让孩子就封面和题目对故事进行猜测、推理，能激起孩子强烈的阅读欲望。

如欣赏《阿莫的生病日》一书时，引导学生从题目从封面进行观察和猜测："阿莫"是身躯庞大的大象还是小巧可爱的企鹅，又或是穿着睡衣的瘦小老头呢？"我觉得可能是那个小企鹅。""我觉得是那个胖胖的大象，因为它太胖了，所以生病了。""我认为阿莫应该是那个老爷爷，因为他穿着睡衣，说明他是生病了待在家。""我觉得阿莫也应该是老爷爷。你看那床，只容得下一个人的长度，如果是大象，哪里能躺下啊。""噢？阿莫到底是谁呢？现在我们一起来读读这个故事看看。"此话一出，孩子们马上屏息凝视热切期待！

又如欣赏《鳄鱼爱上长颈鹿》一书时："看着这个题目还有封面，你会产生哪些想法或者疑问呢？"于是学生七嘴八舌地提问"我觉得太有趣了，鳄鱼怎么会爱上长颈鹿？哈哈……""鳄鱼爱上长颈鹿的什么？""鳄鱼是在水里，长颈鹿是在陆地，他们怎么可能相爱？""鳄鱼长得那么矮小，长颈鹿却是那么高大，他们能一起吗？"

"那这可能是在一个什么地方发生的,又是怎么发生的故事呢？请先将你的推测和同桌分享分享。"于是孩子们眉飞色舞地说了起来。待学生们交流完，你只需一句"让我们一起来揭开谜底吧。"就可以将学生的阅读热情点燃，然后领着充满强烈好奇心全情投入的他们去开启阅读之旅。

（二）声情并茂地朗读或绘声绘色地表演

日本"绘本之父"松居直在泰国曼谷的奇拉昆大学讲课时曾回答过这么个问题："怎样使儿童喜欢书？是靠文字呢？还是靠画？"他的回答是："靠耳朵！"他认为，在儿童读书方面，用耳朵听语言的体验是最重要的。给孩子读书，可以引起孩子对语言的兴趣，使他们变得喜欢语言，从而对语言发生兴趣，然后水到渠成地喜欢读书。绘本是通过优美的语言和图画表现出来的，当您把绘本所表现的最好的语言用自己的声音、用自己的感受来讲述时，这种快乐、喜悦和美感才会淋漓尽致地发挥出来，绘本的体验才会永远地留在孩子的记忆当中。如传达家族情谊的《猜猜我有多爱你》一书，文字简洁却意味深长，内容通俗却温馨感人。可引导孩子们细细欣赏画面，教师则声情并茂地朗读内容。孩子们一个个听得眼睛闪亮闪亮的，一张张小脸也如盛开的花儿。有的还轻声地边跟老师读边比手画脚。接下来还可以趁热打铁组织他们分角色"演"故事。虽然学生演得比较粗糙，但用这种生动、有趣的形式将故事再现的方式，这样的"寓教于乐"孩子们是非常喜欢的。

（三）引导学生将大胆想象与个性思考结合

"每一个相同的故事会因阅读声音的不同而不同，每一幅相同的画面会因眼睛观察的不同而不同。"因此，在引导孩子观察图画和阅读正文时，一定不要急着说教，应该把观察、阅读和思考的空间留给孩子，让他们读出自己的不同收获，并慢慢地转化为自己知识和智能。

如《鳄鱼爱上长颈鹿》书中"鳄鱼屡次行动失败后回家"：①引导学生先读懂图画表达的内容；②提问"请你用一些词来形容一下鳄鱼现在的心情"；③"请你观察观察画面，说说你可以从哪些细节感受到鳄鱼的沮丧"。于是学生抢着说"鳄鱼的尾巴是垂（耷拉）下来了。因为我发现前面的图画中鳄鱼的尾巴要么是上翘的，要么是打卷儿的，有时候还是音符状的，因为那个时候他很开心。而现在的他是伤心的。""我还发现画家为了表现鳄鱼的沮丧，整个画面用了灰色调，连翠绿的树也成了灰色的""我还觉得画家为了表现鳄鱼的忧伤，将天气画成雨天。"多厉害的孩子，他们竟然用眼与心读出了可以用色彩和天气来表达心情！

又如《大卫，不可以》一书，我们可在引导学生读完之后，和学生们来个"讨论故事"的语文智能活动：引导学生回到故事里，想想主角大卫做了什么事，妈妈说了什么，为什么妈妈说"不可以"；想想自己有没有做过"妈妈说不可以"的事情。读完这个故事后，你对于家里人说的"不可以"的事，有了什么新想法？这样做的目的是引导学生多思考，并从记忆里搜寻线索、统整之后，再用自己的话说出来。接下来还可以就势让学生们都动起手来，将自己的学习物品归位，开展空间智能的实践活动。最后还可以进行"内省智能"的活动：让学生回家邀请家长一道，动手订一订家中的生活公约并努力执行。

（四）分章节阅读，最大限度激发阅读兴趣

分章节阅读，即将一个绘本分成几个部分逐步进行阅读的方法。该方法常常适用于阅读故事容量比较大、情节跌宕起伏的绘本。以绘本《子儿，吐吐》为例，这个故事的转折点有二：一是在左图，同伴们预测小猪的头上会长出一棵木瓜树；二是在右图，小猪为了自己头上能长出木瓜树而准备行动。在指导阅读中我们尝试抓住这两个转折点，将绘本的阅读分成了两部分进行。在每部分的阅读后，我们都请学生根据自己的生活经验和想象推断故事的可能性，然后再进入下一部分的阅读。

（我也来说说）当得知小猪吞了子儿，同伴们都在预测小猪的头上是否会长木瓜树时，你的看法呢？

有的说："我觉得小猪可以把吃的东西吐出来啊，这样就不用担心了！"有的说：

"应该会长树吧,子儿埋到土里会发芽,那么把子儿吞进肚子里当然也一样啰!"有的说:"才不会呢!我小的时候吃西瓜也曾吞过子儿,可我到现在也没长出树呀!"有的说:"小猪们太可爱啦!子儿会跟着便便拉出来的。哈哈……因为我试过。"这个学生的发言引得全班孩子前仰后合。"小猪是怎么想,又会怎么做呢?我们接着来读吧……"一听此言,孩子们马上正襟危坐满怀期待。

(我也来说说)可爱的小猪竟然为了自己头上能长出木瓜树而做准备。你认为他会做哪些准备?

此刻的孩子们一个个脑洞大开,兴致高昂,喋喋不休。有的说:"小猪一定会比平时吃得更多。"有的说:"小猪可能还会定期吃些驱虫药,因为我妈妈就会让我吃驱虫药。"有的说:"小猪会更加用心地洗头,让这瓜地更适合长树!"有的说:"小猪会多去晒太阳,会在下雨天出去淋淋雨。"还有的说:"他会更注意休息时间,因为我奶奶经常跟我说休息好了才能长得更高、更健康呢。"……"真不错,你们都能联系自己的生活经验来思考和推测!你们都是有心的孩子,还给了小猪那么多的建议。小猪到底是怎么做呢?我们快来揭开谜底吧……"孩子们一个个眼睛发亮,盯着教师手中的书,生怕它飞走似的。这是一次多么有趣的阅读之旅!

正如著名心理专家郝滨老师所说:"绘本的阅读,既有助于帮助孩子建构精神世界,促进心智化发展,又有助于培养孩子良好的道德品质和行为习惯。善加使用,可以在人的一生中起着奠基的作用。"我们将一如既往想方设法,继续引领学生行走在这片广袤而纯朴的土地上,直至开出绚烂之花。

参考文献

[1] 艾登·钱伯斯.打造儿童阅读环境[M].北京:五洲传播出版社,2011.
[2] 学养斋.经典导读:大师的国学课[M].保定:河北大学出版社,2008.
[3] 王余光,等.中国阅读文化史论[M].北京:北京图书馆出版社,2007.

基于核心素养下的概念教学策略

> 梅州市梅县区扶外小学 李 浩

摘　要：概念是小学数学知识的基石，概念网络是知识结构的主干。上好概念课对小学生数学素养发展以及后续的学习都具有很重要的意义。本文对概念教学中如何把概念"生活化、模型化、思想化"的教学策略进行深入地实践和探究，借助设计思维重组课堂，以活动为载体，问题为主轴，结合多元的教学活动、教学评价，力求在课堂教学中找准培养学生核心素养发展的"着力点"，成为思维生长的有效"落脚点"，把课堂构建从认知知识、培养能力定位到"培养思维、启迪智慧、点化生命"的核心素养高度上来。

关键词：核心素养　概念教学　策略

数学概念是客观现实中的数量关系和空间形式的本质属性在人脑中的反映，是用数学语言和符号提示事物共同属性的思维形式。在小学数学课程里，每一个新知识的起始课，学生最先接触到的必然是数学概念。整个概念网络是知识结构的主干，它和数与代数、空间与图形、问题解决等内容有着密切的联系。因此，上好概念课对学生数学素养发展以及后续的学习都具有很重要的意义。

在培养学生核心素养的视野下，如何上好数学概念课？如何在概念教学中找准培养学生核心素养的着力点？是我们一线教师亟待研究的最新课题。

一、引领数学概念"生活化"

概念教学并非单纯地让学生理解和掌握概念的内容为教学目标。它的最终目的是如何让学生理解概念，形成生活中的数学，提高学生运用数学的能力。作为老师，则需要把握好数学知识结构，整体分析教材，了解学生已有的知识基础和生活经验，选择合适的教学策略，在帮助学生概念形成过程中，设计一些实践性活动，帮助学生感悟和分化概念的属性以促进学生用数学的能力。

如教学"时分秒的认识"一课。时、分、秒是计时单位，是人类发明的一种对时间的计量方式。如果仅仅让学生记住 1 小时 =60 分，1 分 =60 秒，这只是在概念的层面上学习数学。但若是通过"1 分钟能写几个字""1 分钟脉搏跳几次""1 秒钟能说几个字""1 秒钟能跳几次绳""1 小时能做哪些事情"等活动让学生感受、感觉、感悟 1 小时、1 分钟、1 秒钟有多长，能做哪些事，不但能让孩子们深刻体会一个单位时间的长短，还可以让时间成为孩子们生活中的一个尺度，帮助他们感受生活、计量生活、安排生活，从而起到规范生活和生命意义的作用。这就是价值——学习数学的意义所在，发展学生核心素养的作用。

二、构建数学概念"模型化"

数学认知的核心是思维。若要把学生的思维启动起来，让客体的数学知识转化为学生内在的知识，最直接的办法就是用不同的教学手段帮助学生构建数学"模型"。通过数学"建模"充分提高学生的思维能力，积累基本活动经验，使学生对知识的产生过程进行合乎逻辑的思维模拟，发展学生从"直观具体—形成表象—建立模型—抽象概念—内化概念"的思维过程。

要上好概念教学课，我们先要准确地理解概念的原形，也就是把握概念的本质属性；其次是要关注本概念的内涵和外延；最后要关注学生的发展和人文素养。作为教者，除了精准地把握好概念的本质属性，还要缕清学生已有知识经验和生活经验与新概念间的相互联系，帮助孩子们构建数学概念的第一步——"建模"。

如低年段的"认识线段"一课，因为课本只画出一条线段，然后定义：像这样的图形叫作线段。在这种描述性概念教学中，让学生感悟图形的性质格外重要。但教学过程中，"直"这个概念比较难表述清楚，怎样给学生建立"直"的模型，再抽象出线段，进而为以后学习"两点间的距离线段最短"构建直观？我们可以从学生认知特征、已有知识经验、抽象概括能力等方面来分析学生，设计课堂活动。二年级学生的年龄处于6~8岁，认知发展处于具体运算阶段前期（7~11岁），已经具有了抽象概念，因而能够进行逻辑推理，但运算仍离不开具体事物的支持。他们对生活中一些线型的物体（图形）有一定的认识，如在一年级的直观认识立体图形和平面图形中对边已有了初步的感知。本课中，"线段"与"端点"两个概念同时出现，且相辅相成。对于二年级的学生来说，第一次接触较抽象的几何图形概念，可以说是一个从"无"到"有"的过程。低年级学生的思维特征以具体形象为主，理解抽象概念存在一定的难度。如能通过具体直观的形式引入概念，为学生提供充分的感知材料，对学生概念的形成将起到事半功倍的作用。课堂中，老师可以先引导学生观察随便放置的跳绳与拔河两幅图，让学生感受生活中的绳子有曲有直的现象。然后让学生观察自然放置与用两手拉直的毛线，并比较它们之间的异同，用分类的方法初步建立曲直的直观影像。学生观察后，再让学生动手实践拉直一小段绳子，直观认识线段，并尝试用自己的语言描述拉直的"线段"特征。虽然学生的描述可能没那么精准，但对于"端点"和"直"一定会有深深的感悟。因为，绳子是直直的，两手拉紧的地方就是两个"端点"这两个核心概念的本质属性已经构建在了孩子们的脑海里。在学生深刻感悟拉直绳子的基础上，再由老师画出几何图，"抽象"出"线段"和"端点"，认识线段也就水到渠成。从"拉直的绳子"到"线段"的几何图，既符合学生从直观到抽象的认知特征，又实现了本节概念教学中建模认知，分化内涵的教学目的。同时，在这一教学过程中，正例与反例的对比运用有效地促进了学生的理解。

三、发展数学概念"思想化"

在"首届中小学实践课程研讨会"上，史宁中教授这样为"数学核心素养"下了定义："数学的终极目标是什么？这个人学了数学之后从事的工作和数学无关，但是他会用数学眼光观察现实世界，会用数学思维思考现实世界，会用数学的语言表达现实世界……"从图1可以看出，学生的数学核心素养是从数学认知开始的，通过有效的教法和学法逐渐形成数学思想方法和能力（图1）。

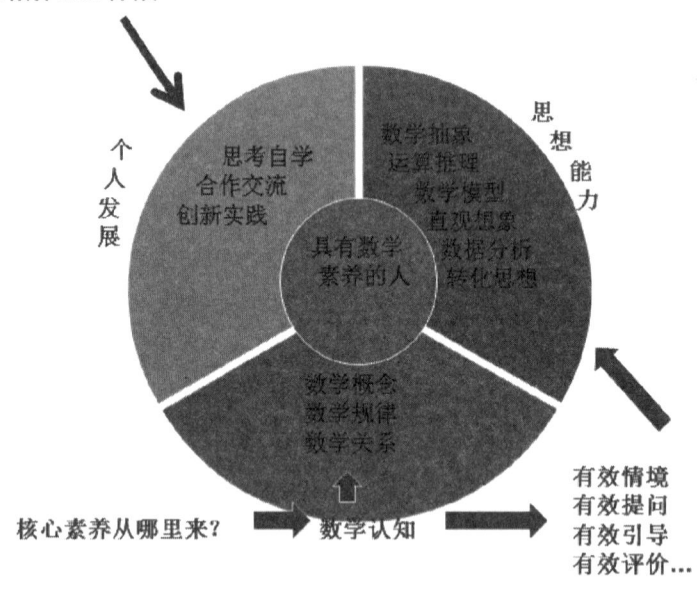

图1

在概念教学中，怎样渗透和培养学生数学思想方法是落实"核心素养"的重点。要实现这一目标，就需要教师将生本教育理念贯彻于教育活动中，在教学中站在学生的立场思考教育教学，紧扣知识的本质，创设教学情境，重视对学生数学思维方式、思想方法的渗透和培养，启发学生独立思考，引导合作探究，为学生积累学习中的思维经验和实践经验创设条件，以促进学生养成良好的学习习惯，提高数学素养。

如"认识方程"一课，对学生来说是一节全新的概念课。让学生从数字列式解决问题过渡到用含字母列式解决问题，无论从思维的角度还是解决问题的方式都有很大的差异。它拓展了学生的思维空间，需要学生用一种全新的思维方式去思考问题，是数学思想方法认识上的一次飞跃。同时这节课也是学生学习"解方程"的基础，是今后用方程解决实际问题的基础。下面，通过一节课堂实录来展示数学思想在本课中的渗透。

课堂实录：

（1）课前互动：通过游戏、总结方法，让学生感悟此游戏中隐含了数学分类思想。

设计意图：课前游戏为了活跃学生学习气氛，调动学生学习积极性，同时渗透数学分类思想，为本节课下面的教学活动起到铺垫作用。

（2）谈话引入，认识等式与不等式。

师：认识老师黑板上的东西吗？（图2）

生：天平。

师：如果我在天平的左边放两个各重100g的物品，右边放一个重200g的物品，天平会怎样？你能上来移一移天平，并用数学算式表示左右两边的关系吗？（学生移后，如图3）

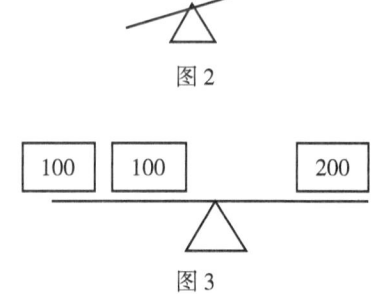

图2

图3

生：左边两个100g，右边200g，100+100=200g

师：如果左边只放100g，天平会怎样？谁能上来移一移？

生上台摆天平（图4）。

师：怎样列式表示？

生：100<200或200>100

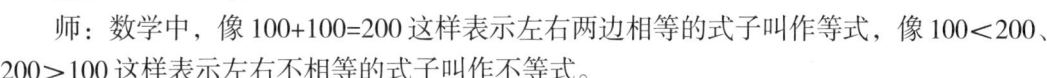

图4

师：数学中，像100+100=200这样表示左右两边相等的式子叫作等式，像100<200、200>100这样表示左右不相等的式子叫作不等式。

设计意图：通过数形结合思想，给学生于直观形象思维，认识等式与不等式。

（3）设疑推理，建立方程表象。

师：如果我往左边倒水，猜猜天平会怎样？（图5）生独立思考后，小组讨论，再做集体交流。

生：有三种情况，第一种，还是左边轻右边重；第二种；两边相等；第三种，左边重右边轻，因为水的重量不知道。

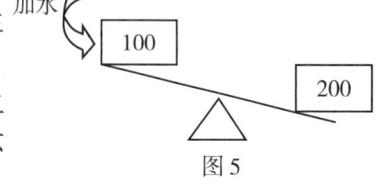

图5

师：既然水的重量未知，那水可以用什么来表示？

生：未知数"x"。

师：谁能列出三种情况的式子？

生：$100+x<200$、$100+x=200$、$100+x>200$

师：天平只有在左右相等的时候两边才能平衡。

师：如果左边换成250g水，右边仍是200g，要使天平平衡，怎么办？（图6）

引导学生思考后提问列式：

生1：往右盘加Yg水，列式：$200+Y=250$

生2：把左盘的水减少Yg，列式：$250-Y=200$

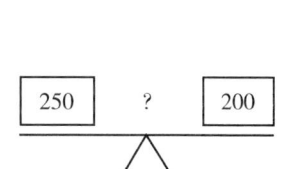

图6

（4）构建生活中方程的模型。

①三杯饮料一共2.4元？如果每杯x元，可以列式为（$2.4÷3=x$、$3x=2.4$、$2.4÷x=3$）

②你能列举上面一样的例子吗？（学生举例并列式）

设计意图：有效地开展想象和猜测是培养学生创新思维的途径之一。继续运用图形的直观性，建立天平只有在左右相等的时候两边才能平衡，才能列出等式的表象。再通过列举生活中的实例使学生进一步构建出方程的模型。

（5）运用分类思想理解方程的意义。

师：黑板上的式子怎么分类？小组讨论。

生1：等式和不等式

生2：含未知数和未含未知数的

学生展示上面两种分类后老师再提出第三种分类方案："能否按含有未知数的式子和等式进行分类？"

学生思考后，请部分学生上台按第三种重新分类。让学生在分类中引出冲突，有重复部分怎样表示？通过研讨，得出如图7所示的集合图。

含有未知数　　　　　等式

$100+x<200$　　$100+x=200$　　$200+y=250$　　$100+100=200$
$100+x>200$　　$100+y=200$　　$2.4\div3=200$
　　　　　　　　$3x=2.4$　　　　$2.4\div x=2.4$

↓
方程

含有未知的等式叫作方程

图7

通过学生分类，得出方程的意义。师生一起归纳方程的意义：含有未知数的等式叫作方程（图8）。

设计意图：本环节的教学渗透分类思想进行教学，目的是为学生提供多维度的思考空间，从不同角度思考问题，解决问题，同时通过对等式和含有未知数的式子进行分类，对学生渗透集合思想。

（6）运用、练习。（略）

（7）介绍数学文化：关于方程的有关知识来源介绍。

设计意图：数学文化教育对学生了解数学这门学科起到重要的作用，同时也是展示该学科的科学价值与文化价值。运用集合的方式重现等式与方程的关系，让学生再次体会集合思想的简单明了。

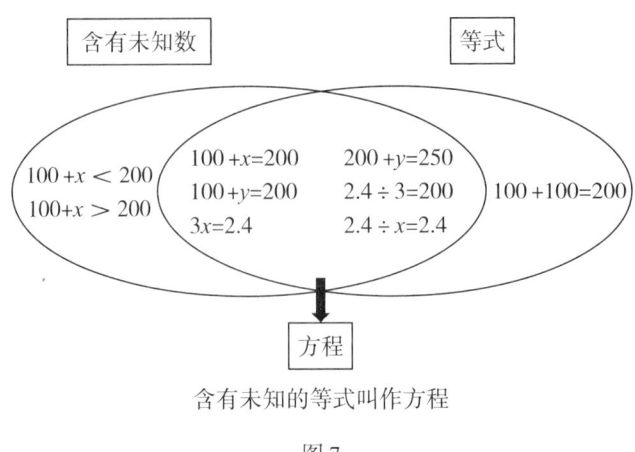

图8

本节课的教学，通过移动天平和列式表示天平两边重量——"认知等式与不等式"；用含未知数列出等式——"建模方程表象"；把算式分类——"理解方程意义"；实际运用——"内化方程意义"；数学文化——"深入了解方程与等式的关系"。整个教学过程把数形结合思想、分类思想、类比思想、集合思想都融入了学生的学习活动中。这样的课堂，具体形象，朴实无华，真正像史宁中教授在《基本概念与运算法则》一书中提到："数学素养的培养、特别是创新人才的培养，是'悟'出来的，不是'教'出来的……"

在核心素养下，我们可以借助设计思维重组课堂，以活动为载体，问题为主轴，结合多元的教学活动、教学评价，找准培养学生核心素养发展的"着力点"，成为思维生长的有效"落脚点"，把课堂构建从认知知识、培养能力定位到"培养思维、启迪智慧、点化生命"的核心素养高度上来。

参考文献

［1］孔凡哲，曾峥.数学学习心理学［M］.北京：北京大学出版社，2012.

［2］史宁中.基本概念与运算法则［M］.北京：高等教育出版社，2013.

［3］马云鹏.小学数学教学论［M］.北京：人民教育出版社，2006.

小学数学"综合与实践"课程的基本特征
——基于义务教育人教版教科书《数学》第一学段的教材分析

■ 汕尾市教育局教育教学教研室　林焕好

摘　要：《义务教育数学课程标准（2011年版）》对小学数学"综合与实践"领域的内容和标准进行了更加合理的修订和调整。"综合与实践"领域课程内容是以学过的学科知识为支撑，以培养学生发现问题、提出问题、解决问题的能力为目标，激发学生的创新意识，培养学生的数学意识的实践活动，具有高度的学科知识综合性和生活的实践性。本文探讨小学数学"综合与实践"在教材内容的编排上有效整合，使之充分地体现学科知识的综合性和实践性。

关键词：小学数学　综合实践　设计编排　教材分析

一、数学综合实践活动概述

（一）综合与实践的概述

综合与实践是小学数学各学段中课程内容的重要组成部分，设置目的在于培养学生综合运用有关的知识与方法解决实际问题，培养学生的问题意识、应用意识和创新意识，积累学生的活动经验，提高学生解决现实问题的能力。小学数学综合与实践是一种新型的课程形态，又被称为综合实践活动，是指在教师的指导下，基于对知识的有效整合，联系实际生活，通过学生的自主活动，了解数学与生活的广泛联系，学会应用已有的数学知识去解决实际问题，通过小组合作、互动交流等活动，以获得积极的数学情感体验，从而全面提高学生数学素养的一种学习体验活动。让学生通过综合与实践活动实现"人人学有价值的数学，人人都能获得必需的数学，不同的人在数学上得到不同的发展"。

（二）综合与实践的内涵

1. 综合性

小学数学综合实践活动是基于学科知识的整合"做数学"的过程，是以已有的学科知识为支撑的综合实践活动。它是一个整合旧知与应用旧知的过程，是在学生已有的生活经验和知识背景的基础上，综合运用所学的知识解决问题的过程，是让学生体验数学、应用数学、进行数学反思的过程。所以，综合实践课具有高度的学科知识综合性。

2. 实践性

小学数学综合实践活动是以解决问题为抓手，紧密结合学生学习的数学知识结构和教材的进度，注重应用，合理选择内容和时机，调动学生学习的积极性，切实改变学生的学习方式。在这个过程中，培养学生发现问题、提出问题、分析问题和运用数学思想方法与已有的数学知识与技能解决生活中的问题的能力，激发学生的创新意识，培养学生的数学素养，有效地开展实践活动。小学数学综合实践活动不仅使得数学知识得到了进一步巩固，还发展了学生解决问题的能力，更重要的是使学生进一步体验到数学知识的应用性。所以，综合实践活动课有助于提高学生的实践能力，具有较高的实践性。

二、数学综合实践活动与教材的有效整合

数学实践活动不是脱离学生所学教材的实践活动，要使得数学实践活动能促进学生的发展，就要使数学实践活动与平时的数学教学进行整合，以学生的学科知识为支撑，服务于学生所学习的内容。纵观整个小学数学教材，数学实践活动存在于"与教材密切联系的数与运算和其他概念的发现，空间与图形部分的几何形体的认识，与学习内容密切联系的生活中数学信息的收集、整理和分析等"；存在于由生活引发的、用所学知识来解决的生活中的问题，说明生活中的某些现象。下面，笔者将根据人教版数学教科书中不同年级安排的综合与实践课程的内容，简单地分析小学数学第一学段的综合实践领域的内容是如何体现课程知识综合性和实践性的特点。

在2011版的义务教育数学教科书中，小学数学综合实践在各年级的安排如下表所示：

年级	专题	涉及的内容（领域）	年级	专题	涉及的内容（领域）
一年级上册	数学乐园	数的认识、加、减计算、位置与立体图形的认识	一年级下册	摆一摆 想一想	100以内数的认识
二年级上册	量一量、比一比	测量、统计	二年级下册	小小设计师	平移、旋转、轴对称
三年级上册	数字编码	数字编码思想	三年级下册	制作活动日历	年、月、日
				我们的校园	位置与方向、面积
四年级上册	1亿有多大	数的认识、空间观念	四年级下册	营养午餐	排列与组合、统计
五年级上册	掷一掷	可能性、组合	五年级下册	探索图形	长方体、正方体的认识
				打电话	优化思想
六年级上册	确定起跑线	圆的概念、周长	六年级下册	生活与百分数	百分数、统计
				自行车里的数学	比例的应用、圆周长、排列组合、统计
	节约用水	统计知识的应用		绿色出行	统计、百分数
				北京五日游	优化思想、时间安排、统计
				邮票中的数学问题	归纳推理
				有趣的平衡	比例的应用

下面将具体分析小学第一学段各册数学教材来说明小学数学综合实践活动的综合性和实践性。

（一）一年级上册

一年级上册，安排了"数学乐园"主题综合实践活动。

学科知识的综合性方面，这是学生在学习了数的认识——数数、数的组成、比大小、数的顺序、基数和序数、认读写，及加、减计算，"图形与几何"领域中的位置与立体图形的认识之后的一个综合实践活动，活动以"下棋"游戏的方式，让学生调用已学的数学知识和经验解决所遇到的问题，感受数学与生活动的联系，培养合作和交流的能力。

在实践能力方面，学生以"下棋"游戏活动为主线，经历活动过程，体验遵守"规则"在日常生活的重要性，感受梳理、归纳知识的好处及其重要性。活动的大部分题目和学生的日常生活经验相关，又综合梳理了前六个单元所学的内容，使得学生的知识能力和实践能力都得到了有效发展。

（二）一年级下册

一年级下册，安排了"摆一摆，想一想"综合实践主题活动。

学科知识综合性方面，这是学生在学习了100以内数的认识之后，进一步巩固数位和位值的概念。通过直观形式让学生感受数位及位值的概念，活动通过四个层次让学生在操作过程中对相关知识进行复习，沟通百数表与所摆出的数之间的关系。活动第一层次是用2个圆片在不同数位上摆出不同的数，只要是在100以内的位数和两位数，并进行记录，通过这个层次的操作，让学生知道每个圆片在不同的数位上就表示不同的数，初步感受"位值"；第二个层次是用3个圆片摆出不同的数，并通过学生的发现，进一步感受位值，感受所摆出的数之间的关系，学会有序思考；第三个层次是让学生用4个以上圆片摆出不同的数，这个层次活动的目的在于让学生在操作中继续去发现圆片的个数与所摆出的数的个数之间的关系及其他规律；第四个层次是让学生直接说出用9个圆能摆出的数及其他个数，这个层次要求学生根据总结、归纳出的规律和方法来解决问题。通过四个层次的活动，让学生在动手操作、亲身经历组数的过程，注重发现、探究规律及利用规律组数，更好地巩固、复习了100以内数的认识，厘清"数位"与"位值"的概念。

在实践能力上，活动通过探究圆片在不同数位上个数的多少与所摆出的数的个数之间的关系，使学生学会发现规律并能用发现的规律解决一些简单的问题，培养学生初步的归纳能力，同时让学生在自主探索中体会有序思考的重要性，在合作交流中养成倾听、有条理地表达想法的习惯和意识，感受到数学的乐趣而喜欢数学，愿学数学。

（三）二年级上册

二年级上册，安排了"量一量，比一比"的主题活动。

在学科知识综合性上，这是学生在学习了长度单位"厘米"和"米"的基础上，能对不同物体选取不同的长度单位，通过对测量自己身高和身边的物体的长度、高度等实际活动，对所测对象形成清晰的表象，为以后在对其他物品的长度估计、认识提供更多的参考标准，进一步建立长度观念，形成清晰的数感。在进行物体测量时，能选择合适的标准，增强对"量"的实际意义的理解，能用不同的方式表示物品的长度或高度，同时培养学生的估测能力、长度观念和数感；让学生在活动中体会合作、交流，亲历表征方式多样性的乐趣，认识到数学与生活的联系，并用所学的知识解决实际问题。

在实践能力上,"量一量"包括测量学生的身高或身体部位的长度及身边物体的长度或高度等。从测量方向上看,有水平方向,也有垂直方向,从测量的要求看,需要学生根据所测物体选择测量工具,再进行测量并记录、交流。本活动还可以调动学生在第一单元的学习中获得的经验,如步长、手宽、书本长度等,都可以成为学生后续测量的标准。

"比一比"主要通过两个层次的数学实践活动来促进学生实践能力的提高。第一个层次是根据小精灵提出的问题,让学生选择"单位",用合适的方式描述鳄鱼长度的直观认识。第二个层次是让学生运用已有的经验,用自己的方式表示出其他物体长度的活动,旨在帮助学生积累丰富的实际测量的经验,初步培养学生的长度观念。教学的内容是开放的,表格中的具体内容,可以在教学中加以运用,也可以根据学生实际情况,另外选择学生感兴趣的素材进行活动,目的都是让学生体会测量的本质,通过直观描述建立长度观念。

(四)二年级下册

二年级下册,安排了"小小设计师"的主题活动。

在学科知识综合性上,是学生在学习了平移、旋转、轴对称等图形运动的知识之后,对生活中的简单图案能辨认出是由一个图形经过平移、旋转、轴对称等运动得到的。能在已学过的正方形内拼贴或设计图形,同时对所拼贴的图形通过平移、旋转、轴对称等运动创造出自己喜欢的图形。在对图形进行欣赏的同时,能用自己的语言描述图形的运动,逐步发展空间观察,感受生活中的数学美,培养创新精神和实践能力。

在实践能力上,主题活动编排了两个方面的活动:一是观察生活中的图案,二是贴出自己喜欢的图案。观察生活中的图案包括3个方面的内容:①从整体进行观察,感受图案的美;②从局部观察,确定基本图形;③观察图形与图形之间的关系,借助想象和推理,明确理解图案是由基本图形通过怎样的运动得到的。此环节在于巩固学生已有的关于图形运动的知识,积累运用图形的运动设计图案的研发经验。贴出自己喜欢的图案活动,也包括3个方面的内容:①剪下第123页提供的图形,观察图形并建立直观表象;②想象图形运动后拉出的图案;③在正方形里贴出图案,体会图形是怎样运动的。此活动的目的是让学生经历图案设计的过程,进一步积累经验,体验设计的乐趣。

本活动安排了两个层次的数学实践活动:①在正方形中自己设计图案;②将同学设计的同样的图案拼在一起,并交流欣赏。第一个层次的活动让学生按教材提示的"像左页"那样设计,既为学生提供了想象的创造空间,又提供了学习的实际范例。第二个层次的活动包括以下几个方面的内容:①让学生运用不同的运动方式将同样的图案拼在一起;②交流、欣赏、比对同学拼成的不同图案,用数学语言表述图形的运动;③增加一些拓展性练习,与前面学过和乘法、除法、简单推理等内容结合起来,整合知识架构,形成新的知识技能。

(五)三年级上册

三年级上册,安排了"数字编码"主题活动。

在学科知识综合上,是通过日常生活中的一些事例,在具体情境中了解一个编码中某些数字所代表的意义,使学生初步体会数字编码思想,在解决问题中的应用,并能够观察、比较、猜测、推理来探索数字编码的简单方法,学会用数字进行简单的编码。

在实践能力上,让学生经历设计编码的过程,体会在信息化、数字化时代下数字的表达、交流和传递信息的作用,初步学会用数字进行编码。具体的安排是首先呈现了生活中常见的数字的事例，如邮政编码和身份证号码等，展开对这个具体事例中数字及字母表示的含义的探索。从而让学生了解邮政编码的结构和含义，初步体会编码的方法，在身份证的事例中，通过学生的对话，截取"出生日期码"和"倒数第2位表示性别"作为引子，引导学生通过观察、比较、猜测等探索身份证号码中蕴含的一些基本信息和编码的含义。本活动同时注意了课内外结合，让学生给学校的学生自主编学号的实践活动，让学生运用数字编码的简单方法进行编码，加深对数字编码思想的理解。通过小精灵对活动提出的"学号中应该包含哪些信息"这个核心问题来统领学生在实践活动中不同设计方案的共识，给学生留足了探索的空间。

（六）三年级下册

三年级下册安排了两个综合实践主题活动。

1. "制作活动日历"综合实践主题活动

在学科知识上，活动中学生在学习完"年、月、日"这一单元之后，安排了这个制作活动日历的内容，巩固对年、月、日知识的认识及数学知识之间的联系，加强综合性，应用所学的年、月、日的知识，结合几何（正方体六个面）和有关数的知识，思考如何利用4个小正方体，通过有限的面（最多24个）把日历要素（月、日和星期几）表示出，培养学生综合运用数学知识解决问题的能力。

在实践能力上，活动注意让学生体会数学知识与实际生活的密切联系，通过小组合作研究如何制作活动日历的情境，让学生根据生活的需要，思考日历的要素：月、日和星期几。解决问题的方案：用一个小正方体表示星期几，星期六和星期日共用一个面，用一个小正方体表示月份，每两个月共用一个面，用两个小正方体表示日期，要用有限的四个小正方体把它们表示出来。引导学生进行分工合作，可根据学生的制作情况进行引导，让学生发现对比不同小组制作的活动日历的优点和不足，同时通过小组间的交流和借鉴，使学生获得成就感，体验成功的喜悦，培养学生向他人学习、学会与人交流、分享思想的习惯。

2. "我们的校园"综合实践主题活动

在学科知识上，综合运用了长方形、正方形面积计算，还有两位数乘两位数、除数是一位数的除法计算等知识，在设计赛程安排表上，还综合运用了排列组合与时间有关系的知识解决问题。通过本活动，学生能较好地将本学期所学知识的有机整合，进一步巩固所学的学科知识内容。

在实践能力上，通过活动让学生在活动中积累综合运用所学知识解决实际问题的经验，提高学生解决问题的能力。同时培养学生有序、全面合理思考问题的意识和合作学习的习惯，让学生感受数学与生活的紧密联系，体会数学在生活中的价值，激发学生运用数学知识解决实际问题的意识。

三、总结

"综合与实践"作为一个独立的领域，与"数与代数""图形与几何""统计与概率"三大领域并列，但并不是一块独立的模块，与"数与代数""图形与几何""统计与概率"三大领域并列，但并不是一块独立的知识模块，而是依托活动综合运用其他模块的知识。综合与实践更加强调数学知识的整体性、现实性和应用性，注意数学的现实背景以及与其他学科之间的联系，注重知识的实践性。根据学生身心发展的特点及知识储备情况，在教材的编排上，主要以"实践活动"为主，强调"实践"，强调数学与日常生活的联系，重在培养学生对数学的兴趣，所以从内容的选择上更多涉及的是三大领域相互的联系。综合与实践让学生学会应用已有的数学知识去解决实际问题，培养了学生的动手操作能力，既服务于义务教育阶段数学课程的整体目标，又彰显"综合与实践"课程的特殊功能和特殊目标。

参考文献

［1］王光明,范文贵.小学数学新版课程标准解析与教学指导［M］.北京：北京师范大学出版社,2012.
［2］王永春.教师培训手册［M］.北京：人民教育出版社,2014.

品读，让语文课堂更精彩

■ 河源市源城区雅居乐小学　余美珍

摘　要：品读是阅读教学的重要环节，在语文课上，通过多元品读，引导学生从课文中的字、词、句、段、篇中反复朗读、探究、对比，使学生体验课文描写的意境，体味语言文字的节奏美、结构美、章法美，丰富自己的语言积累和语感能力，提高学生的文本理解和探究能力，从而最终提升学生的语文素养。

关键词：品读　朗读　品析　素养

"品读"是学生理解课文、与课文对话的重要学习方式，是贯穿阅读教学始终的学习途径。笔者尝试在语文课堂上，把朗读和品析文本结合起来，引导学生有滋有味地读、表情达意地读，让孩子们在品读中提升语文素养，让语文课堂因品读更加精彩。

一、品读题目，抓"题眼"

语文新课的教学，往往是从读课题开始。怎样把课题读出味道？教会孩子们抓住题目中的"题眼"（即题目中的关键词）来读是一种方法。

（1）学文前引读。教学《我不能忘记祖国》时，我在课前布置了孩子们预习课文，新授课板书课题时，我先请学生观察课题，问学生："读课题时可以抓住哪个关键词读题目？"一生读："我不能忘记祖国。"我问："为什么抓住'我'这个词读呢？"学生说："因为课文中的'我'指的是宋庆龄，不是别人。"我肯定后又引导："还有别的读法吗？"一生读："我不能忘记祖国。"我问："为什么重读'不能'这个词呢？"学生思考后说："这样才能表现宋庆龄热爱祖国的坚定选择。"我表示赞赏后又问："还有不一样的理解吗？"一生答："我觉得还可以抓住'祖国'重读，因为祖国在宋庆龄心中是最重要的。"……根据不同的理解，抓住不同的关键词读，使朗读别有味道。

（2）学文后析读。教学《西风胡杨》时，在学完全文后，我请学生再读课题，问学生："课文通篇都在描写胡杨，为什么不以'胡杨'为题，而在'胡杨'前加上'西风'二字呢？"学生苦苦思索，一学生回答："我从最后自然段中发现胡杨就长在西风中。"我点头，引导："来自塔克拉玛干沙漠的西风是怎样的风？"学生因为课前搜集了有关塔克拉玛干沙漠的资料，很快回答："塔克拉玛干沙漠常年西风呼啸，风力极大。"还有的学生说："沙漠全年有三分之一是风沙日，大风风速每秒达300米。"我动情地说："在烈烈西风中，你看到了一棵怎样的胡杨？""最坚韧的胡杨！""战士般的胡杨。""一棵最美的胡杨！"我再引读："所以，作者把题目定为——"学生深情诵读："西风胡杨！"……抓住"题眼"品析，使孩子的理解更深入了。

二、品读文段，抓关键词句

怎样引导学生去品读文段呢？启发学生抓住有挖掘价值的句子反复品味、朗读，能更深地领悟词句所表达的意思。

（1）抓体现事物特点的词句。教学《放飞蜻蜓》时，我请学生找出描写蜻蜓尾巴、眼睛特点的句子，学生很快找到了"你们看，它的尾巴是一节一节的，又细又长"这个句子，孩子朗读这句话时找不着重点，显得很平淡，我说："余老师也想读，你们注意听老师是怎么读的？"范读完后，一个学生说："我发现了余老师把'一节一节'读得特别明显。"另一个学生说："我还发现老师把'又细又长'拖长了读。"我又问："为什么余老师重读这两处词语呢？"一学生思考后回答："因为这是尾巴的特点。"我肯定了孩子们的发现，并告诉他们抓住事物的特点来读就是一个朗读的好方法。

（2）抓体现人物心情的词句。在品读写事或写人的课文时，引导学生揣摩人物的心理活动或思想感情，才能使朗读贴近文本，从而正确理解课文。如一位教师上五年级《酿》一课时，引导学生品读东东给老师指出错误、受到大家批评之后在课堂上见到老师的句子：他吓得心突突乱跳，一动也不敢动，担心老师挑他的毛病……教师问学生："从这句话中体会到东东怎样的心情？"学生答："很紧张。"教师再问："为什么紧张？""因为他昨天在课堂上指出老师的错误让老师太没面子了。""因为同学们都说东东这样做是错的。""连奶奶都让东东一定要向老师认错。"……教师进一步引导："这时，老师站在讲台上，目光刚好停留在东东身上，假如你就是紧张的东东，此时会怎么想？"学生七嘴八舌地猜测："老师会狠狠地责骂我。""老师再也不喜欢我了。""老师一定会报复我，我在全班同学面前抬不起头了。"在充分感受主人公心理活动的基础上，教师请学生再读这句话，一个害怕、担心、坐立不安的小男孩形象就跃然纸上了。

（3）抓体现人物品质的词句。教学《老人与海鸥》一课时，一位教师引导学生品读描写老人外貌衣着的词句：他背已经驼了，穿一身褪色的过时布衣，背一个褪色的蓝布包，连装鸟食的大塑料袋也用得褪了色。教师问学生："读了这句话，你看到了一个怎样的老人？"学生说："我看到一个生活节俭的老人。"教师又问："你是从哪些词语感受到老人的节俭的？"学生很快找出"褪色"这个词语。"褪色出现了几次？"学生答："三次。"教师介绍："这个如此节俭的老人，他的名字叫吴庆恒……"接着教师出示关于老人的资料介绍：被昆明人称为"海鸥老人"的吴庆恒每天徒步10多千米进城给海鸥喂食，老人每月308元的退休工资有一半以上都用来给海鸥买吃的，为此，老人平时舍不得花一分钱坐公交车。四元五角一斤的饼干，老人毫不吝惜买给海鸥；他还经常买来鸡蛋为海鸥制作"鸡蛋饼干"；而他自己，唯一的奢侈品是两毛钱一包的金沙江香烟。教师深情地说："看了这些资料，请你再读这个句子，你又从三处'褪色'体会到了什么？"学生动情地说："我体会到了老人之所以节俭，是因为要把钱省下来喂海鸥""老人对自己极其节俭，对海鸥却倾其所有""老人爱海鸥甚于爱自己""老人的背虽然驼了，但他在我心中形象却高大起来"……此时，教师顺势引导学生再次深情诵读句子，一个为海鸥默默付出、心中有大爱的老人形象在学生的朗读中凸显出来了。

三、品读对话，抓人物特点

学习含人物对话的课文时，引导学生走进人物的内心世界，在熟知人物的性格特点、心理活动的基础上品读文本，让文本中的每个角色生动重现。

（1）抓性格特点。学习《晏子使楚》时，在品读"楚王让晏子钻狗洞"这一节的人物对话时，我先让学生说说楚王是个怎样的人，有的学生说："傲慢，瞧不起人。"有的说："专制霸道，自以为是。"还有的说："高高在上，以嘲笑别人为乐。"我再问："当时楚国是个怎样的国家？齐国呢？"由于课前已进行了查找资料，学生们纷纷回答："楚国是南方第一大军事强国。齐国实力在楚国之下，且当时有求于楚国。"我进一步引导："面对有求于他的齐国使者晏子，面对不愿钻狗洞的晏子，假如你是目空一切的楚王，此时会怎么想？"学生轻蔑地说："哼，齐国太自不量力了，得趁机好好侮辱一番。"有的狂妄地说："在我强大威武的楚国面前，齐国不过是只乞讨的狗！"……我顺势出示楚王侮辱晏子的话，请学生分别读出一个威严的楚王、傲慢的楚王、狂妄自大的楚王！此时学生进入了故事情境，个个争着演读霸道的楚王。

（2）抓心理特点。在《放飞蜻蜓》一课里，在品析陶行知先生介绍蜻蜓的特点和作用后"孩子们纷纷说'放了它，放了它，让它回家去！'"这句话时，我问学生："为什么是'纷纷'说？"学生答："因为孩子们听了陶先生的话，个个都争着要放蜻蜓了。"我再问："从孩子们连说两遍'放了它'体会到什么心情？"学生们齐说："很急切！"教师又引导"你能把急切的心情读出来吗？""你还能加上表情、动作把急切的心情演出来吗？"……这时，充分体会了课文人物心理的学生争着演读这句话，大家兴趣盎然，意犹未尽。

四、品读表达，抓对比

培养学生的听、说、读、写能力是语文教学的根本任务，让学生品析课文的表达方法，有助于学生体会文本的写作特色，积累写作方法。

（1）抓相似之处对比。在学习《西风胡杨》一文时，学完胡杨最坚韧、最无私、最悲壮的特点之后，我请学生观察介绍特点的三个自然段在结构上有什么相似之处？一个学生说："我发现这三个自然段的第一句话都是一个中心句，都概括了胡杨的一个特点。"我肯定了学生的发现，请他们继续观察，接着又有学生说："每个自然段的内容都是围绕这个中心句来展开的。""都是先总写后分写的结构。"在明确了文段的写作方法后，我请学生学习这种总分结构段的方法以"我最熟悉的一种植物"为主题仿写一段话。这样，学生领略了课文的写作特色，并尝试学以致用。

（2）抓不同之处对比。上《将相和》一课时，一位教师在引导学生理解了"完璧归赵""渑池之会""负荆请罪"三个故事后，请学生再读课文，找找三个故事有什么不同之处？学生读文后，有一学生说："前两个故事蔺相如跟秦王斗智斗勇、据理力争，不达目的绝不退让，而第三个故事中蔺相如却不争辩，谦逊地退让着廉颇。"教师表扬了学生的发现，接着启发："前两个故事中，蔺相如各为什么而争？"学生认真思索后回答："'完璧归赵'中是为国家利益而争，'渑池之会'中是为国家尊严而争。"教师满意地点点头，再问："第三个故事又是为什么而退让？说明什么？"学生说："'负荆请罪'

里是为国家安定大局而退让,说明蔺相如心里时时想着国家利益,把自己的个人得失放在一边。"通过找三个故事的不同之处,学生有了新收获,不仅进一步感受到蔺相如的高尚品质,也体会到作者在文章中选取这三个故事的用意,明白选材的巧妙。

(3)抓文体特点对比。课文《太阳》是人教版三年级下册第六单元的课文,是学生接触到的第一篇说明文,教这一课时,我先让学生重温记叙文的特点(刚学完的第五组课文都是记叙文),学生很快概括出记叙文就是写人或写事的文章。在初读《太阳》课文之后,我请学生思考一道选择题:这是一篇( )课文,选项有诗歌、记叙文、说明文。经过对比,学生很快剔除了前两个选项,选择了说明文。细读课文时,我抓住说明文的几个关键要素引导学生品析课文,即太阳的特点、作用、所采用的说明方法、作者的写作顺序,板书也凸显了这些。学完课文后,我请学生回顾全文、观察板书,思考:"你发现了写说明文的方法吗?跟记叙文有什么不一样?"学生经过讨论,很快发现:抓住事物的特点和作用、按一定的顺序来介绍,介绍时用上说明方法就是写说明文的好方法;而记叙文则重在写事或写人,都是通过写事情的起因、经过、结果来表现人物品质。这样,通过对文体特点的对比品析,学生很快认识了说明文与记叙文的不同之处,并初步了解了写说明文的一些基本方法。

诚然,品读课文的方法是多样的,通过引导学生抓住一两处落脚点深入品析、朗读、归纳,学生在教师的引导中动情地读、主动地思,对文本加深了理解和体验,并收获了更多的语文方法。这样的语文课堂回响着朗朗的读书声、散发着浓浓的语文味,使学生感受到语言文字之美,提升了语文素养。

参考文献

[1]覃荔嘉.文本·情感·朗读·作文成功之路[J].教育新干线(中),2016(3).

[2]林华.解开言语密码,回归本真课堂[J].快乐阅读,2015(6).

[3]包勤园.从文本"感悟"走向言语"实践"——由《老人与海鸥》教学片段引发的思考[J].教学月刊:小学版(语文),2010(11).

"问题"引领学生"深度"思考
——乡村小学数学课堂教学中问题设置实施状况的调研与思考

■ 清远市清城区凤鸣小学　林　琛

摘　要：通过对乡村小学课堂教学中问题设置状况的调研，分析课堂问题设置类型在课堂教学中的比重，进一步探讨思考性问题对促进学生思维发展的重要性。

关键词：乡村小学　问题类型　问题引领

一、缘起

"学起于思，思源于疑"，问题是思维的"启发剂"，是学生学习的动力和起点，同时也是贯穿课堂学习过程的主线。问题引领作为一种常用的教学手段，存在于课堂教学的各个环节之中，是实现师生合作互动、平等交流的重要途径。

《义务教育数学课程标准（2011年版）》颁布以来，乡村小学数学课堂实施中，学生是否能主动发现问题并提出问题，教师课堂的问题设置状况如何？教师设置的问题能否引发学生主动追问数学知识背后的原理，加深学生对知识的理解，渗透数学思想并提升学生的思维品质？教师的课堂问题的设置是否能让学生知道所学内容"是什么"，理解"为什么"是这样，感受到"怎么样"。

带着对问题的思考，2017年5月，笔者参加广东省小学乡村数学课程实施与学情评估调研组，到两所乡村小学进行调研，期间聆听了四节"数与代数"领域的展示课并对执教的教师进行了访谈交流。执教教师为两位教龄5年以内的青年教师，两位教龄20年以上的有经验的教师，他们的课堂可以帮助我们从一定程度上了解"问题设置"在当前乡村青年教师及经验型教师课堂教学中的现状。

二、现象

从四位教师的课堂教学中，我们很欣喜地看到，新课程实施以来，《义务教育数学课程标准（2011年版）》的理念在乡村一线教师课堂中得到了践行，我们聚焦课堂的问题设置，发现以下两个共同的特征：

（1）关注问题意识的养成。四位教师都能够关注学生问题意识培养，借助多媒体创设问题情境，引导学生通过观察主题图，提出问题并探究问题。"根据数学信息你能提出什么样的数学问题"，成为课堂的常态语言。学生的问题能够紧扣主题图的信息，表述清晰、流利，可以看出在日常的学习中，有一定的收集信息，并提出问题的训练。

（2）尝试自己解决问题。学生提出问题之后，四位教师都能够设置学生独立思考或小组合作形式进行学习的环节，学生通过思考与合作，基本能够解决自己提出的问题，学生作为学习的主体在课堂中得到一定程度地体现。由此我们可以看出，《义务教育数学课程标准》中关于"学会从数学的角度发现问题和提出问题，增强应用意识"的理念已经在乡村小学一线教师的课堂得以体现，无论是青年教师，还是有一定经验的年长的教师，都能够关注学生的问题意识的培养，能引导孩子发现问题并解决问题。从课堂的提问及课堂练习的环节，我们会发现学生基本能掌握本节课学习的内容，能够简单运用所学知识解决相关的问题。

三、思考

通过观察课堂的问答环节中学生的表达情况与课堂练习完成的正确率，我们也发现部分学生对于数学知识点"是什么"背后蕴含的"为什么"还没有形成一定程度地认识，学生"知其然"，但对其"所以然"未能深入理解。

到底是什么原因导致学生"知其然"却不知其"所以然"，为了更好地了解四位教师课堂问题的设置情况、聚焦问题设置领域，根据问题的思维水平的高低，我们把课堂问题的设置分成三大类：记忆性问题、判断性问题、思考性问题。

记忆性问题：学生凭借自己的记忆中已经学过的基本概念或者公式等回答问题，属于知识的再现，所需时间不长，思考水平低。

判断性问题：学生凭借已学知识，对教师提出的问题或其他同学的作答做出正确与否的判断，所需时间不长，思考水平较低。

思考性问题：学生要利用已学过的知识进行思考，综合运用所学知识或通过观察、比较、分析等方法来探究并解决相关问题，所需思考时间长，思考水平高。

课堂问题类型数据统计如下表所示：

问题类型	所占百分比
记忆性问题	28%
判断性问题	60%
思考性问题	12%

观察统计表中数据，结合课后交流和访谈，我们发现问题的设置主要存在以下问题：

1. 问题的设置以判断性及记忆性为主

课堂观察中我们发现，在复习导入环节，教师的问题的设置主要以记忆性问题为主，学生能积极应答。新授探究环节，问题的设置主要以判断性"是不是""对不对"问题为主，教师提出问题后，大部分学生能立刻解答，师生一问一答的频率较高。课堂上除了观察主题图由学生提出问题之外，基本都是由教师提出问题，学生回答问题，极少有学生提出质疑或追问。

2. "思考性"问题的设置数量少，门槛低

问题的设置要有助于学生深入思考问题背后的原理、蕴含的数学思想。在新授过程中教师主要依据课前的教学设计按部就班地开展教学活动，课堂的着重点在于学生能否掌握本节课相关的知识目标，关注学生回答问题时答案是否正确，学生回答问题得到正确答案之后，教师与学生都较少进行"为什么"这样的追问，对于课堂教学中出现的学生的反馈

信息不能及时地以"追问"的形式引导学生深入思考，缺乏对问题进行点拨、开掘式的思考性问题的设置，导致学生的思考仅仅停留在表层。

由于课堂"思考性"问题的设置数量少、门槛低，缺乏探究型思考性问题的引领，学生对数学的学习还处于掌握基础知识和形成基本技能水平，缺乏对所学知识"为什么"是这样的深入思考，《义务教育数学课程标准（2011年版）》提出的渗透数学基本思想，形成基本活动经验的目标尚未得到落实。

四、对策

在思考性问题的引领下，引导学生基于理解的、联系的以及有效迁移与应用的深层次的学习，才能促进学生学习的可持续发展。思考性问题的设置可以是教师的有意识的预设，也可以是学生在交流研讨过程中自发产生的疑惑。

在教学的过程中，教师要通过有效的"思考性问题"，引导学生深入思考，加深学生对知识的理解，理解数学方法之间的联系，渗透数学思想方法并提升学生的思维品质，将学习从知道"是什么"推进到理解"为什么"。因此"何时问""问什么""怎么问"才能点燃学生智慧的火花，结合自己的教学实践，我认为可以抓住以下契机，实现问题步步逼进，思维层层深入。

1. 问异同，抽象概念

数学概念是抽象的，如何帮助学生理解并掌握数学概念，并建立数学概念的网络体系，在教学中可通过追问："这些图形大小、形状各不相同，为什么它们都是四边形？""为什么这些式子各不相同，但是它们都是方程？"引导学生通过比较异同，发现事物之间相同点和不同点，从而总结出事物本质的属性和规律，是一种科学的发现的方法，能帮助学生更好地理解和掌握数学的概念。

案例：《分数的认识》一课教学中，为了引导学生深入理解分数的意义，在引导学生通过折一折、涂一涂表示出 $\frac{1}{2}$ 后，我引导学生思考：为什么这些涂色部分的形状、颜色、大小都不相同，但是大家都认为能够用分数 $\frac{1}{2}$ 来表示呢？引导学生通过现象去思考背后的数学本质的共同之处，学生通过观察、比较、分析很快明确，原来只要是把一个整体平均分成两份，其中的一份就是整体的 $\frac{1}{2}$，这 $\frac{1}{2}$ 只是表示整体与部分之间的关系。

案例：《长方形和正方形的认识》一课教学中，可以引导学生从课前提供的众多素材中找出形状是长方形的物体，学生很快将找到的长方形物体的图片粘贴在黑板上，然后引导孩子们思考："大家找到的这些图形大小、形状、颜色各不相同，你们都说它们是长方形，到底长方形有什么特征呢？"让孩子们透过现象观察其图形的本质的共同之处，能找到本质之处。

2. 问现象，追寻本质

课堂教学中，我们常常放手让孩子们汇报自己的发现，孩子们的汇报通常是他发现的数学知识或发现了某些规律，教师应充分利用这一时机，引导学生深入思考这一现象或规律背后的原因。透过现象看本质是教师应该交给孩子们的一种思维的方式，课堂上"你有什么想问的""你还有什么疑问""为什么会产生这一现象呢"这些语言常常要成为我们的教学用语，要成为打开孩子们思维之门的钥匙，激发的孩子们追寻隐藏在数学知识背后的数学思想与方法。

案例：《乘法分配律》这一知识点是小学阶段知识的一个难点，许多学生能够记住分配律的公式，但是，当问题情境转换或者遇到一些变式的练习，很多学生都无法运用分配律解决问题，究其原因，就是学生对乘法分配律的认识仅仅停留在表面，未能真正了解现象背后的原理。这就要求教师在课堂教学中，以问题引导孩子深入思考。介于以上思考，在《乘法分配律》一课教学中，我出示问题情境，让学生尝试独立解决问题之后，没有立刻引导学生总结出乘法分配律，而是追问："为什么这两个不同的算式，结果却相同呢？"先让学生自己观察两种列式不同的解法的相同之处，学生结合图例，明确表面上看是两种不同的方法：一个是先求出有6个6，再求6个6一共是多少？而另一种方法是先求10个6的和，再求2个6的和，最后再合并起来。但是，实际上都是求12个6的和是多少？透过现象，看到乘法分配律的本质。最后再通过观察这些案例，学生自己归纳并表示出分配律。在本课的课后练习与访谈中，我发现，学生经过深入的思考，真正理解了这一规律并能够灵活运用规律解决相关的问题。

3. 问规律，建构模型

数学的规律、公式等都是数学的基本模型，《义务教育数学课程标准（2011年版）》将模型思想作为课程内容的一个重要部分，无论是数的认识、形的感知、规律的探究，都可以帮助学生建立数学模型，数学模型是建立在数学一般知识基础与数学应用之间的重要桥梁。直观图形、具体情境、丰富的生活经验都是学生建构数学模型的基础，学生的学习不能仅仅停留在这些直观的表象或经验之上，规律的探究过程中以问题引导学生深入思考，帮助孩子掌握规律的同时，渗透数学模型思想，建构数学模型。

案例：《商不变规律》一课的教学中，学生计算出三组算式的商后，可以一系列地追问引导学生建构商不变规律的模型。"为什么有的同学只计算了每一列算式其中一题的商，其他算式不用计算就能很快地写出商""你能用自己的方法表示你发现的规律吗""怎样表示你的发现，才能让其他同学看得更清楚"……在一系列问题的引导下，学生自主探究、都能够用自己的方法表达自己发现的规律，有的学生用文字表达，有的学生用数字符号表达，尽管方法不尽相同，但是在这一过程中，学生的思考不仅仅局限于如何计算，学生学会了自主建构商不变规律的模型，并尝试运用模型解决问题。

问题是激发学生积极思维的动力，是开启学生智慧之门的钥匙，教师要善于设计思考性问题，营造真实、开放的互动课堂，不断开掘，深入追问，才能使课堂教学永远充满生命活力，由此点燃学生智慧的火花，让课堂教学成为师生共同成长的生命历程。

参考文献

[1]中华人民共和国教育部.义务教育数学课程标准（2011年版）[M].北京：北京师范大学出版社，2012.

数学文化育全人的教学实践探究
——小学教学实践中的数学文化重构

■ 东莞外国语学校 王金发

摘 要： 数学文化育全人，是基于课题小学教学实践中的数学文化重构提炼的实践探究。文章从数学显性文化与隐性文化两个方面开展探究，梳理了小学数学显性文化，并提出了"情境浸染、主题体验、操作感悟、漫画普及、数学魔术"二十字方针。而隐性文化以数学"基本思想"为基点，对化归思想、数形结合的思想、符号化的思想、对应的思想等开展教学实践创新，同时重构"数学文化课堂"，以期实现全面育人之教学愿景。

关键词： 数学文化 全人教育 显性文化 隐性文化 数学思想 文化课堂

著名数学家M·克莱因说："音乐能激发或抚慰情怀，绘画使人赏心悦目，诗歌能动人心弦，哲学使人获得智慧，科学可改善物质生活，但数学能给予以上的一切。"简短的论述，足以使人看见数学的积极意义，这也正好印证了笔者开展"数学文化育全人的教学实践"。

一、数学文化与全人教育的辩证思考

（一）数学文化是什么

"数学文化不是小的技巧，而是大的思想"。近几十年，我国学者在持续关注数学文化的积极效应，并把它引入我国的教学实践中。数学文化的引入，克服了我国长期对于数学"工具性"的简单认知的局限，极大地丰富了数学教学实践，为"全人"的发展注入新的教学要素。

M·克莱因说："在最广泛的意义上说，数学是一种精神，一种理性的精神。正是这种精神，激发、促进、鼓舞并驱使人类的思维得以运用到最完善的程度，亦正是这种精神，试图决定性地影响人类的物质、道德和社会生活；试图回答有关人类自身存在提出的问题；努力去理解和控制自然；尽力去探求和确立已经获得知识的最深刻的和最完美的内涵。"

数学文化是什么？简单地说，数学文化是指数学的思想、精神、方法、观点以及它们的形成和发展；广泛地说，除上述内涵以外，还包含数学家、数学史、数学美、数学教育、数学发展中的人文成分、数学与社会的关系、数学与各种文化的关系，等等（顾沛，2008）。有的学者从课程论的角度来理解数学文化。数学文化是指人类在数学行为活动的过程中所创造的物质产品和精神产品，物质产品是指数学命题、数学方法、数学问题和数学语言等知识性成分；而精神产品是指数学思想、数学意识、数学精神和数学美等观念性成分（王新民等，2006）。

以上对于数学文化的解读是笔者比较认同的，也是吻合我们实践研究需要的，因此我们立足这样的概念理解基础之上进行研究。

（二）全人教育是什么

全人教育理论源于美国20世纪70年代，它是在对传统教育目的提出激烈批评的基础上形成的一种教育思想，它反对将工具性目的凌驾于个人发展的目的之上，认为个人的发展应优先于社会需要。"全人，是真正全面发展的人、完善的人，是具有主体性并能够把握自己命运的人，是作为人的人而非作为工具的人，是整全的人而非残缺的人，是马克思所倡导的自由、和谐、全面发展的人。"

综观西方全人教育家的主要观点，可以概括为以下几点：关注智力、情感、社会性、物质性、艺术性、创造性与潜力的全面挖掘；寻求人类之间的理解与生命的真意义；全人教育强调人文精神的培养；鼓励跨学科的互动与知识的整合；培养具有整合思维的地球公民；主张学生精神世界与物质世界的平衡，注重生命的和谐与愉悦。

（三）数学文化与全人教育

梳理数学文化与全人教育的特点，我们发现，数学文化的基本要素基本与"全人教育"所需要的核心素养培养一一对应。为此，我们可以简要地梳理建构出这样的一个对应框，如下图所示。

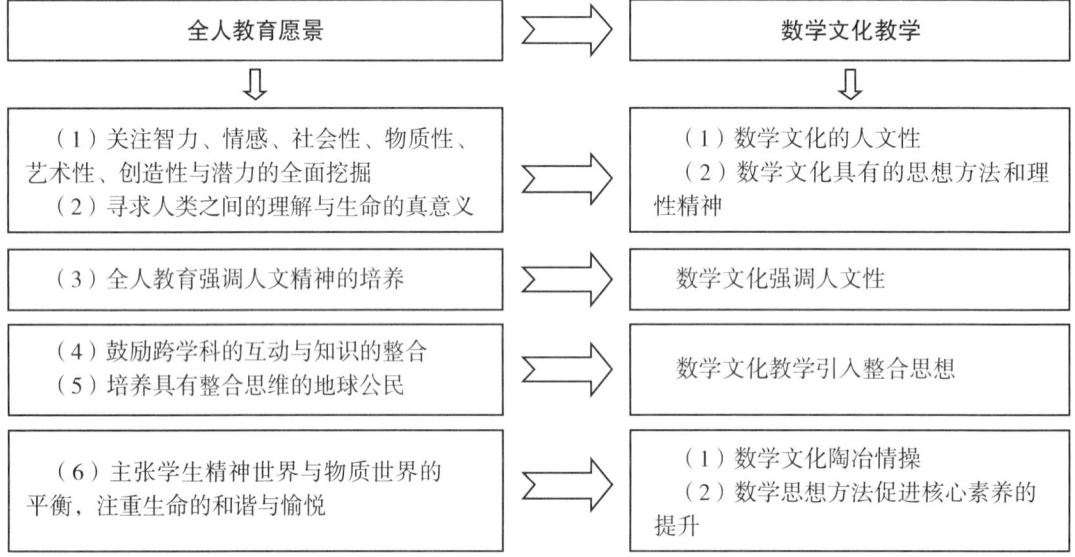

二、数学文化育全人的教学实践

基于以上的思考，下面谈谈数学文化育全人的教学实践与思考。

（一）梳理数学文化，确定教学内容

梳理数学文化，我们发现小学数学文化包含显性文化和隐性文化两部分，我们的研究就立足于此，充分发掘其中的价值，实现教学重构。

显性文化在小学教材中以"你知道吗""数学游戏""数学阅读"等专题栏目呈现，内容包括数学背景知识、数学发展史、数学家的故事、数学趣闻以及数学知识的应用等。这些内容，与学生所学的数学知识息息相关，使学生喜闻乐见的，把它系统、有效地引入课堂教学，能激发学生学习数学的热情，拓展学生视野，感受数学文化的熏陶。

隐形文化在小学数学教材中，主要体现在教学中对于数学的探究精神以及其中蕴含的数学思想方法等，这些也组成了小学数学文化教学的支柱内容，对此，是我们研究的重要内容。

（二）重构课堂教学，实现全面育人

1. 重组显性文化，重构显性文化教学

（1）梳理"你知道吗"等栏目。

实践研究梳理了小学数学教材中"你知道吗"等栏目，并把它按照一定的标准进行分类。分为数学背景知识、数学发展史、数学趣闻以及数学知识的应用等，进行分类整理，并分为以下几种类型：呈现数学背景知识，重现数学发展史，整理、整合数学趣闻，凸显数学知识的应用，引导欣赏"数学美"等。

（2）提炼、重构显性文化教学。

数学显性文化的实践教学可以概括为："情境浸染、主题体验、操作感悟、漫画普及、数学魔术"20字方针。

①情境浸染。情境浸染是在教学环节创设情境，这包括问题情境、生活情境、故事情境等，让学生在情境中获得数学文化的体验。如"周长相等的长方形和正方形谁的面积大？"在开展探究之前，我引入了"小欧拉智围羊圈"的故事情境，创设悬念，激发兴趣，并在结尾揭示"小欧拉"的智慧，学生发现自己似乎与数学家欧拉一样聪明，幸福感满满。

②主题体验。主题体验是围绕某个主题设置一个相对完整的内容，并开展教学。如"圆"的数学文化，在中国博大精深，意义深远。如何让学生学完"圆"这个单元以后感受到这些文化呢？我整合了整个单元的相关知识，上了一节研讨课"魅力无穷的圆"，主题体验其乐无穷，让学生数学学习视野"脑洞大开"。

③操作体验。动手操作，就是让学生亲身经历，感悟其中。如数学智力玩具的摆放，讲一百遍，不如让学生自己动手，既能在摆放中不断获得改进策略，又能深受多方面的体验教育。如七巧板、T形板、魔方、金蝉脱壳等。

④漫画普及。良药苦口，终使人难以接受，假如包上糖衣，显然就容易接受了。枯燥的数学文化有时也是如此，假如我们正在结合"漫画"的形式，以一定的线索为依据，逐门逐类进行编写，用生动、搞笑的形式传递给他们，就能很快接受数学文化的熏陶了。

⑤数学魔术。数学魔术，颠覆了学生对于数学的先前认知，把数学知识编写成数学魔术，使数学知识魅力大增，乐趣无限、探究欲望无限。

2. 发掘隐性文化，推动隐性文化的教学创新

本人认为，数学的隐性文化和数学精神最多集中在数学"基本思想"的演绎探究过程中。因此，我把隐性文化的发掘与实践集中在这数学"基本思想"的教学实践探究中。

日本数学家米三国藏说："在学校学的数学知识，毕业后若没什么机会去用，一两年后很快就忘掉了。然而，不管他们从事什么工作，唯有深深铭刻在心中的数学的精神、数学的思维方法、研究方法、推理方法和看问题的着眼点等，却随时随地发生作用，使他们终身受益。"

（1）厘清"基本思想"脉络。

根据史宁中教授的研究，数学基本思想主要有三个方面的内容：数学抽象的思想，数

学推理的思想，数学建模的思想。这应该是隐性文化探究的重要内容。

数学抽象的思想派生出分类的思想、集合的思想、数形结合的思想、符号化的思想、对称的思想、对应的思想、有限与无限的思想等。

数学推理的思想派生出归纳的思想、演绎的思想、公理化的思想、转化化归的思想、类比的思想、逐步逼近的思想、代换的思想、特殊一般的思想等。

数学建模的思想派生出简化的思想、量化的思想、函数的思想、方程的思想、优化的思想、随机的思想、抽样统计的思想等。

（2）创新"基本思想"教学。

结合小学数学的内容及编排特点，实践研究重点选择集合思想、符号化思想、化归思想、极限思想、对应思想、统计思想等为重点研究内容。探究其在小学数学教材中的编排特点、编排表现，教学的适用范围、教学的实践方式等。

以下以"化归思想"方法的教学实践为例，举例说明。

①化归思想的内涵。通俗地说，也叫作转化的思想。"化归就是把有待解决的或者未解决的问题，通过转化过程，归结为一类已经解决或者比较容易解决的问题中，以求得解决。"

②化归思想的编排。在"数"方面的编排。在小学数学中，有关数的教学，有许多方面渗透了转化思想方法的应用。加减法中的转化，如异分母分数加减法是通过通分转化为同分母分数加减法的。乘法中的转化，如多位数乘多位数实际上都是归结为一位数乘多位数的算法，而一位数乘多位数归结为表内乘法；小数乘法则根据积的变化规律归结为整数乘法。除法中的转化，如小数除法则通过商不变的性质归结为除数是整数的除法。

在"形"方面的编排。在推导三角形的内角和是180°时，采用了转化的思想方法，通过剪、拼或者是折叠，把三个角转化为一个平角，推导出"三角形的内角和是180°"。在计算面积公式推导时，根据面积的可加性与全等形等积两个公理，运用割补法，可以将平行四边形的面积计算归结为长方形的面积计算；将三角形和梯形的面积计算归结为平行四边形的面积计算；将组合图形的面积计算归结为基本图形的计算。而圆的面积计算还同时应用极限思想实现了未知到已知的转化。在圆柱、圆锥体积计算的推导中，同样是把它转化为已知的长方体或者是圆柱进行计算的。

③化归思想的教学。在小学数学教学中，根据转化过程表现出的特征，可以把转化的思想方法具体描述为以下几种情况：

a.化未知为已知。化未知为已知是利用熟悉化原则开展的探究。熟悉化原则就是要求把陌生的问题转化为学生熟悉的问题，以有利于学生应用已有知识、经验解决新的问题。如在学习小数乘法这个新的知识点时，我们就要引导学生思考："如何把小数乘法转化为整数乘法"。通过计算整数乘法实现小数乘法的新知建构，化未知为已知。

b.化复杂为简单。遇到复杂的问题，我们要引导学生如何把复杂问题简单化，做到深入浅出，通过对简单问题的解决，达到解决复杂问题的目的，或者获得某种解题的依据和启示。如解答这样的一道题："周末的时候，小明和爸爸从两地同时相向而行，两地距离26千米，爸爸每小时走7千米，小明每小时走6千米，如果小明带一只狗和他同时出发，狗以每小时10千米的速度向爸爸跑去，遇到爸爸后又立即回头跑向小明，遇到小明后又立即回头跑向爸爸，这样往返直到两人相遇，问这只狗共跑了多远的距离？"解答这道题，看起来是很复杂的，我们容易被习题的叙述情境所困扰，纠缠于狗跑来跑去而搞晕自己。这时，我们就要引导学生跳出这种思维误区，去考虑爸爸与小明相遇的时间，求出相遇时间，也就是小狗所走时间，再乘小狗的速度，问题就能得到了很好的解决。这就是化复杂为简单的极好例证。

c. 化隐蔽为外显。化隐蔽为外显，就是要把一些隐藏的或者是学生不容易发现的条件或者问题显露出来，使问题得到解决。如人教版实验教材三年级上册总复习有这样的一道题："一个长方体礼品盒，长60厘米，宽40厘米，高30厘米（图略），在这个长方体上绑上包装带，打结处长15厘米。问需要多长的包装带？"这道题对于三年级学生而言，的确具有一定的难度。如果教师对这道题采取平移的办法，把隐蔽的绳子平移到正对我们的那个长方形四周，化隐蔽为外显，不就把问题转化为解答长方形、正方形周长的简单问题上了吗？化隐蔽为外显使学生有了解题抓手，便于解答。

d. 化抽象为具体。抽象的东西难以把握，所以要具体化，以达到问题的解决。在解决复杂分数乘除法应用题中，化抽象为具体是一种很好的解决办法。如应用题"601班男生比全班人数的4/7少2人，女生有26人，男生有多少人？"这道题看起来简单，其实不简单，如果不通过画线段图，很难找到具体数对应的分率，而通过线段图，我们不难在线段图中发现，26-2=24人所对应的分率就是（1-4/7），用（26-2）÷（1-4/7）可以求出全班人数，再减去女生人数就得到男生人数。化抽象为具体能使问题迎刃而解。

3. 凸显数学文化特质，重构数学文化课堂

经过多年的努力，从数学文化的教学形态，重组数学课堂教学，并初步概括为五种课堂教学的基本模式。

（1）数学文化渗透课。

有些内容，对于数学文化的感悟、认知并不那么明显。对此，我们可以采取"渗透"的办法，在教学需要处展示，在教学恰当处凸显，使学生深刻感受数学文化的魅力。这类课主要是结合教材内容在适当环节渗透数学文化的教学。分为课前激趣、课中凸显、课尾拓展。

（2）数学文化发掘课。

数学文化发掘课简单地说，可以分为显性文化的发掘和隐性文化的发掘，这两者有时也在同一个课例中出现。显性文化可以结合教材中的"你知道吗"栏目，有时可以根据内容寻找数学家的故事、数学发展趣事等。如分数的意义教学完后，我就给学生讲苏格拉底测试学生的故事——这个湖有多少桶水，在讲述过程中，我故意留下空间，让学生先讨论，然后才揭示答案，让学生既应用了刚学的知识，又深受启发。

（3）数学文化整合课。

数学文化的感受是需要教师做精细预设的。但是，有时有些教学内容对于数学文化精髓的体现相对分散，单独教学缺乏震撼力。因此，需要根据内容的相关联进行整合，成为一个单独的教学课时，这就是课题倡导的"数学文化整合课"。如我的课例"魅力无穷的圆"，就是整合"圆"整个单元的相关内容而执教的一节研讨课。

（4）数学文化主题课。

数学文化主题课，这类课的特点是，对于所教学的内容体现数学文化核心内容比较集中，是针对某一个知识点或者一个专题开展的探究。主要分为两类：第一类是新知探究

课。这类课比较集中于我们的新知探究，如平行四边形面积的公式推导，探究算法多样化后的优化等。第二类是专题研讨课。结合某个有趣的、具有启发性的专题开展教学。如《神奇的莫比乌斯带》教学就是一个生动的案例。

（5）数学文化拓展课。

小学数学文化拓展课，是基于教材的知识体系和学生的已有知识、经验的拓展。文化拓展课力求关注三个方面：兴趣点、有广度、有深度。兴趣点即关注学生感兴趣的材料，使学生学习有兴趣；有广度是注意内容源于教材，而又不囿于教材，适度超越教材；深度是指拓展做到有一定的深度，使学生的学习具有较强的探究性。经过几年的实践，我们在三个方面进行了实践探究：围绕教材内容，适度拓展；用活开放题，激活思考；用活"你知道吗？"等栏目。

三、结论

数学文化育全人，我们梳理显性文化使其成为一个相对完整的系统知识，以供教师的教和学生的学。在隐性文化的教学中，我们注重数学"基本思想"的分类发掘与教学实践，并打破传统的教学模式，重构"数学文化课堂"，全方位推进数学文化育全人的教学愿景。

参考文献

[1] 张红.数学简史[M].北京：科学出版社，2010.

[2] 张维忠.数学教育中的数学文化[M].上海：上海教育出版社，2012.

[3] 顾亚龙.以文"化"人[M].上海：上海教育出版社，2014.

[4] 王金发.教师团队修炼[M].北京：光明日报出版社，2015.

澳大利亚NAPLAN评估项目及其启示

■ 东莞市教育局教研室　陈晓燕

摘　要： 澳大利亚NAPLAN评估项目是针对全国三、五、七、九年级学生实施的读写与数学能力评估项目。本文通过对NAPLAN项目的实施背景、实施方式、特点及发展趋势进行介绍，提出其对我国基础教育质量评估的启示：制定明确详细的评价标准；提供及时具体的评估报告；建立科学使用成绩数据的评估观。

关键词： 澳大利亚　NAPLAN　测试与评估　数学

NAPLAN是澳大利亚中小学生读写与数学能力评估项目National Assessment Program: Literacy and Numeracyd的简称。此项目2008年起在其6个州和2个领地全面实施。本文对该项目的实施背景、具体操作、测试特点及发展趋势进行介绍的同时，阐述其对我国基础教育质量评估的启示。

一、NAPLAN项目介绍

（一）实施背景

澳大利亚是一个联邦制国家，各州（领地）政府对课程的设计、实施、评价拥有自主权。所以，长久以来，联邦政府一直难以了解整个国家的教育质量状况。直到1999年，澳大利亚国家教育部发布《阿德莱德宣言》，针对以上情况制订了"国家评估计划"（National Assessment Program，简称NAP），用以收集、分析和报告学生在英语、数学、科学、ICT及政治与公民素养方面的可比性成绩数据。在发布《阿德莱德宣言》之后，澳大利亚国家评估始于2003年。2008年，澳大利亚教育部在对《阿德莱德宣言》进行补充和修订的基础上，颁布了《墨尔本宣言》，共制定了八项行动，其中与教育评估相关的是"创立世界级的课程与评估"。于是，自2008年5月开始，NAPLAN评估项目在全国范围内正式实施。这项评估旨在了解全国各地学生的学业成绩，提高学生学业成绩跨州、跨地区的可比性，并将这些评估结果用于未来的政策制定、资源分配、课程规划以及必要时的干预计划，以促进澳大利亚国家课程标准的统一，提升教育体制的透明度，促进学生的发展。

（二）具体实施

（1）测试年级：三、五、七、九年级。

（2）测试领域：阅读、写作、语言（拼写、语法与标点）、数学（数与代数、图形与几何、统计与概率）。

（3）测试时间：每年5月的第二周。

（4）测试方式：2017年前为纸质测试；2017年开始采用纸质和在线两种测试方式。

(三)项目特点

1. 独立、专业的评估机构

NAPLAN项目由澳大利亚教育部领导，澳大利亚教育、就业、训练及青少年事务部（Ministerial Council for Education, Early Childhood Development and Youth Affair）指导运行，具体负责管理的是澳大利亚课程、评估与报告局（Australian Curriculum, Assessment and Reporting Authority，简称ACARA）。ACARA是国家法定的独立机构，主要处理国家课程改革事宜，其目标是开发高质量、诊断性、形成性的评价工具与策略。

2. 清晰、明确的测试标准

NAPLAN测试设定了每个领域的"国家水平标准"，分年级描述其具体的标准要求，十分详细、具体。同时，规定了测试年级的能力标准及需达到的最低标准，以数学为例，基础教育阶段数学能力标准共分为10级，每个年级分别有6个不同层级的水平：三年级为1～6级，2级为国家最低标准；五年级为3～8级，4级为国家最低标准；七年级为4～9级，5级为国家最低标准；九年级为5～10级，6级为国家最低标准。对每个年级最低标准的描述非常具体。如，三年级数学的最低标准，分别从"数""空间""代数、函数与模型""测量、可能性与数据"及"数学应用"五方面具体描述，每一方面分若干小项。其中，"数"中的"分数与小数"最低标准描述如下："认识二分之一，并在熟悉的情况下识别出四分之一。在货币背景下解释小数，例如：认出一半，找到一半的离散量或数量；找到对称物体的一半；在货币背景下解释美元和美分的关键小数。"

3. 基础性与应用性相结合的评估内容

从确定最低标准可以看出，NAPLAN测试是一项基础性测试。同时，测试试题都要求有实际背景，体现应用性。例如：2016年五年级测试卷共40道题，其中36道题有实际背景。七年级测试卷共32道题，其中30道题有实际背景。

4. 详细、易读的评估报告

NAPLAN测试对每年的测试结果分别发布国家报告、州报告、学校报告及学生个人报告。报告主要采用箱式图、箱线图、折线图、条形图及二维统计表等大众较为熟悉的统计图表直观地呈现评估结果。报告的内容十分详细，分别从各个角度对不同年级、不同领域进行详细分析，如性别、种族、语言背景、父母职业及其受教育水平、所处地理位置等。其中，国家报告、州报告向公众开放，学校报告只针对学校开放，学生个人报告只针对学生个体及家长、任课教师开放。个人报告中，提供了学生在所测领域中达到的水平，并将其与"国家最低标准"进行详细的比较，并附有"家长手册"，为学生、家长及教师促进改进提供针对性参考。除以上报告外，每年还附有一份技术报告，用以说明每年的评估试题设计、测试数据收集、处理、分析的方法等方面的信息，帮助公众更好地了解评估的实施流程及科学性。同时，为让读者进一步了解报告中的相关信息，报告中提供了丰富的链接，阅读者可以根据链接随时查阅相关信息。

（四）发展趋势——在线测试与定制测试

2008年至2016年，NAPLAN测试一直采用纸质测试。2017年开始，全面实施计算机在线测试（部分无法采用在线测试的地区仍采用纸质测试）。在在线测试基础上，NAPLAN目前正研究"定制测试"。所谓"定制测试"，即针对每个个体量身定制的测试，主要通过在线交付评估实现多级计算机自适应测试。测试过程中，计算机通过对学生在线提交的解答情况进行评估，根据评估情况（学生能力水平）向学生提供下一组测评题，以更好地将测试题与每个学生的成就水平相匹配。其具体设计如下图所示：

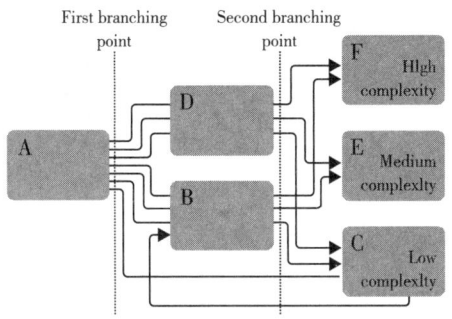

每年级的所有学生都从同一组问题开始（题组A）。计算机系统自动对学生的答案进行评分，然后学生进入第二个题组。根据学生的成就，第二个题组可能比题组A更容易（B）或更难（D）。在第二题组的末尾，学生再次依照成就被引导到第三题组。其优点：一是可以在不增加每个学生测试时间的情况下更准确地衡量学生的表现；二是可以减少学生测试时的焦虑，让低学力学生在测试时不气馁，同时给予高学力学生更具挑战性的问题。

二、对我国基础教育质量评估的启示

目前，我国基础教育质量评估总体可以分为两大类别：一类是教育部基础教育质量监测中心实施的"全国基础教育质量监测"。2007年，教育部在北京师范大学成立"教育部基础教育质量监测中心"，尝试实施全国范围内的基础教育质量监测，先后经过近8年的试测，2015年开始正式实施。三年一轮，分别监测数学、体育、语文、艺术、科学、品德六个学科。监测采用抽样方式，样本覆盖全国各省份。目前，已完成2015年数学与体育、2016年语文和艺术、2017年科学和品德的整一轮的测试工作。这项测试可以说是我国基础教育质量评估的"国测"，其权威性可想而知。但由于其为省级层面的抽样，评估报告也只针对国家和各省，目前并没有被广大一线教师和教育工作者所了解和认识。其原因一是各省并不是全部地市（区县）参与测试，被抽到的地市（区县）所抽到的样本校和学生数也非常有限；二是监测结果迟迟未发布，其影响力并未关系到大多数地方教育部门、学校、教师及学生个体，更没有引起大众的关注。相反，另一类测试则是广为人知，深入人心，那就是地方教育部门以及学校组织的各类大小考试。大到中考，小到每学期的期中、期末考，每个月的月考，每周的周测等，因为就目前而言，这类测试的成绩关系到每个孩子、每所学校、每个家庭。基于我国目前基础教育质量评估的现状，与澳大利亚NAPLAN评估项目比较，个人以为：以下几方面值得学习和借鉴。

1. 制定明确、详细的评价标准

目前，我国基础教育质量监测以国家颁布的各科课程标准为依据。课程标准与澳大利亚的能力标准相比较，描述显得笼统，不够具体明确。NAPLAN测试对每个领域、每个年级的测试标准都有详细、具体的描述，特别是对于各年级应达到的最低标准的描述尤为具体。例如，七年级数学"数"领域中的最低能力标准为"利用多种方法对整数与常见分数进行识别、表示、比较和排序；能够使用或不使用计算器进行加、减、乘、除四则运算；可以解决涉及简单的比和比例的常见问题；可以使用策略形成合理的估计"，并分别从"有理数""计算""数的运用"三个方面进一步做具体阐述。又如，对于七年级数学应达到的4～9级的能力标准，同样有具体的描述并附有详细的案例。明确、具体的评价标准，有利于教师、学生及家长了解每个年级应达到的能力要求，有利于平时教学和学习，也有利于评估后的比较与分析，从而真正实现评价诊断、激励和改进作用。

此外，NAPLAN项目在其官网有样题，并且每年的测试题施测后即全部公开。而我国基础教育质量监测从2007年成立至今，在全国范围内多次试测、监测，评价标准、试题、样题至今未发布，对评估促进教学这一功能尚未发挥应有的作用。

2. 提供及时、具体的评估报告

由前文介绍可以知道：NAPLAN测试针对不同的读者群提供不同的评估报告。既有公开发布的结果报告，以增加公众的参与度与监督权；又有针对学校及学生个体的隐私性报告，保护学校和学生的隐私权，降低评估测试结果的负面影响。目前，我国基础教育质量监测项目已在全国范围内实施。一方面测试报告迟迟未发布，在教育部基础教育质量监测中心网站，"监测结果"一栏暂无任何文章。另一方面，我国各地及学校组织的大大小小的考试，学校、教师和学生所能拿到的只是各科成绩汇总表，除了分数和排名，没有其他任何内容。不提供全面、科学、客观的测试报告，以及教育行政部门对测试成绩数据的不合理使用，导致"考试"成为大家共同诟病的话题。这种评估（考试），只会让学生成为考试的机器，对学生学习改进、对教师教学改进、对教育政策制定都无法提供有力支持和帮助。

3. 建立科学使用成绩数据的评估观

其实，考试本没有错，关键是对考试结果的使用。目前，大家对成绩排名的非议主要来自于排名的作用，排名变成了甄别和选拔的唯一依据，影响到学生、教师、学校的各方面发展。成绩成了评估学生、教师、学校的重要标准，所以大家对其深有"恐惧"。成绩结果如果仅用于了解情况、促进改进，为政府、学校教育决策提供依据，为教师教学改进提供参考，促进学校与学生的发展，促进教育的优质和公平，也许大家不会再有非议。NAPLAN测试每年公布成绩数据，但我们了解到：它不成为学校评价教师的依据，也不成为地区教育部门评估学校质量的指标。它主要用于教育部门掌握全国教育状况，制订有针对性的政策和措施，促进教育的公平和优质；也用于学校及家长了解学生的学习情况，及时提供有针对性的帮助和指导。我国基础教育质量监测也可借鉴减少甄别和选拔功能，可引导各级政府、教育主管部门建立科学使用成绩数据的评估观，更好地发挥成绩数据的诊断、反馈和促进改进与发展的功能。

参考文献

[1] National Assessment Program. http://www.nap.edu.au/about/why-nap.

[2] National Assessment Program. http://www.nap.edu.au/about.

[3] National Assessment Program:Home NAPLAN Numeracy Minimum standards. http://www.nap.edu.au/naplan/numeracy/minimum-standards#year7.

[4] National Assessment Program: Home NAPLAN Online Research and development Tailored tests. http://www.nap.edu.au/online-assessment/research-and-development/tailored-tests.

[5] 教育部基础教育质量监测中心. http://www.eachina.org.cn/eac/jcjg/index.htm.

由"实验"走向探究

◼ 东莞松山湖第一小学　蔡敏胜

摘　要： 实验教学一直是孩子们喜欢上科学课的理由，但小学课程改革实施以来，许多教师依然存在很多困惑，"穿着新鞋走老路"。科学探究活动又回到传统的实验教学上来，使科学课教学低效，教学理念缺失。本文就实验教学与科学探究活动进行比较研究，提出了自己的一些思考。

关键词： 实验　科学探究　传统

一、问题的提出

1. 来自孩子们的声音

如果你问孩子们，为什么喜欢上科学（自然）课，90%以上的孩子会回答"做实验"，如果你再追问：科学课上经常做实验吗？回答的结果是：很少。一张嘴、一支笔所代替的实验课的现象多现课堂，这是中国科学教育的现状，小学如此，初高中以至大学也大多这样，学生的做实验的机会较少。

2. 来自课程研究者调查的声音

我国小学科学课程标准研制组现状调查小组在全国12个省、市、自治区展开了全面的调查工作。调查反应：不喜欢自然课的理由有：由于"自然课老师讲得不好"占23%；由于"这门课没有语文、数学重要"占22%；由于"自然课单纯讲，太抽象"占44%；由于"自然课本身没有什么特色"占11%。目前还有很多科学课采用的教学方式是由教师主讲，学生只需要听、记就可以，整堂课采用的是满堂灌的方法。有趣的实验课是孩子们对科学课程的一种渴望。

3. 来自一线教师的声音

科学教师不知道怎样上实验课，特别是兼职教师。即使是专职的教师，对课程认识不够，产生很多困惑。导致教学导向迷失，无法落实到操作层面，出现两个极端。

4. 来自社会的声音

学生动手能力差，探究创新的能力差。国家最高科学技术奖自2000年设立以来，共有20位科学家获奖，其中就有15个是1951年前大学毕业的。

综上所述，对实验教学的研究很有价值，既是课程改革的需要，也是来自学生、教师、社会的需要。

二、当前实验教学的现状

一线科学教师实验教学的现状令人担忧。存在的问题是多方面的，主观和客观上都有。认识上的不够导致教学行为上的变化，影响了实验教学的开展。科学课中的实验教学的魅力和实效性将荡然无存，难以达到激发学生持久的科学兴趣和培养学生的科学素养的课程目标。其原因表现如下：

1. 学校和教师受传统教育的影响，普遍存在着重理论轻实验的思想

教学方法普遍采用讲授法。有的老师甚至认为学生不会动手做实验不要紧，只要会动笔写实验就行。由此而引发了"做实验不如讲实验""讲实验不如背实验"的荒谬做法，出现了学生实验变成演示实验，演示实验变成口述实验的现象。

总而言之，目前相当数量的教师不做或少做实验，放弃了运用实验的直观教学方法，这一现象严重妨碍了培养学生的创新能力。这样教出来的学生一遇到实物就束手无策，不知道如何动手。

2. 对实验教学的思想认识不到位

由于认识上的不足，教师在实验教学的组织和教学过程中，以及在科学成绩的考核上都存在着问题。例如，由于教师不愿在实验教学方案的设计上下功夫、花时间，导致实验教学方法形式单一、陈旧；单纯为了完成教学任务而安排实验，对学生实验能力的培养显得没有计划和目的，又缺乏系统性。同时对引导学生积极、主动地学习，培养学生独立思考的能力和习惯的指导思想不够明确，教师在实验教学中一手包办现象严重，学生只是机械模仿，缺少动手和动脑的机会，能力得不到相应的提高，更谈不上更高一个层次的科学探究。

3. 教师实验教学模式僵化，实验教学的基本原则没有得到充分的体现，教学方式呆板

从教学内容到教学方式没有给学生留出足够的发展空间。就分组实验来说，现在的教材从实验目的、实验原理、仪器、操作步骤到注意事项已经省略，留有很多的空白，让学生从中去探究。

然而每次实验课教师还要花相当长的时间根据教材讲实验目的、原理……这种教学模式不利于提高学生发现问题和解决问题的能力，不利于引导学生突破思维定势，不利于学生创新思维方法的形成，不利于学生智能的发展。

4. 片面理解"自主"，把自主变成"自流"

教学中，强调把时间还给学生，老师少讲，学生多参与。一些老师干脆不讲，由原来的满堂灌、老师一讲到底变成"放羊式"教学。实验教学中这样的现象比比皆是。老师把材料给学生以后，不加指导，让学生自己去摆弄。实验探究将变成一种低层次的活动。

5. 实验探究活动过多、学生思维难以发展

很多老师认为：科学课中，多做实验，让学生多动手，方能体现科学课的价值。其实不是这样，一节课内，频繁的实验活动只会让学生手忙脚乱，走马观花。难以达到深层次的思维碰撞，上课只是一种流程，学生的思维难以向深层次发展。

6. 科学探究性的实验材料准备不足

缺乏有结构的探究材料，科学探究活动就会停留在低层次。实验材料准备不足，实验过程中次生的干扰过多，是科学探究活动实效性不强的原因之一。

三、需要正确认识的几个概念

1. 实验

实验是科学研究的基本方法之一。根据科学研究的目的，尽可能地排除外界的影响，

突出主要因素并利用一些专门的仪器设备，人为地变革、控制或模拟研究对象，使某一些事物（或过程）发生或再现，从而去认识自然现象、自然性质、自然规律。

实验教学法是指学生在教师的指导下，使用一定的设备和材料，通过控制条件的操作过程，引起实验对象的某些变化，从观察这些现象的变化中获取新知识或验证知识的教学方法。

实验法的运用，一般要求：①教师进行实验准备。②教师讲授、示范。③小组实验、记录。④教师巡视指导。⑤汇报、得出结论。⑥师生小结。

2. 探究

什么是探究？美国国家科学教育标准中对探究的定义是：探究是一种多层面的活动，它包括观察；提出问题；通过浏览书籍和其他信息资源发现什么是已经知道的知识，制定调查研究计划；根据实验证据方面的证据，评价已经知道的知识；用多种手段搜集、分析和解释数据；提出解答、阐述和预测；交流结果。探究需要对假设进行证明，需要运用批判和逻辑思维，并考虑其他可供选择的解释。

探究式科学教育也是在教师和学生共同组成的学习环境中，让儿童亲历科学探究的学习过程。

一般步骤为：①提出问题；②建立假设；③设计实验方案；④收集事实与证据；⑤检验假设；⑥表达与交流。

四、如何开展科学（实验）探究活动

1. 正确认识科学（实验）探究活动的基本流程（基本模式）

第一步：提出问题（儿童原有的概念）

第二步：进行第一次集体讨论（预测和猜想）

第三步：经过第二次集体讨论，完成实验设计，以进行调查研究（设计实验）

第四步：进行实验与观测（寻求实证）

第五步：处理信息和数据，并把它转换成实证（数据收集和分析）

第六步：表达和交流（结论和表达）

第七步：集体讨论，进行回顾；联系生活实际，提出新的问题（改进后的概念）

2. 提供有结构的实验探究材料

科学课堂教学要求我们巧妙地将现象与材料转移到规定的时间内来研究，精心设计"有结构的材料"是我们提高课堂教学的关键，然而教师选择的"有结构的材料"常常会出现因材料本身有问题、材料引起学生过多的无关现象、材料不利于学生认识等问题的产生，导致误导、干扰学生的现象发生。

（1）《一杯水能溶解多少食盐》的材料准备中，如果为学生提供婴儿盛奶粉用的勺子，那么在50ml水中只能溶解两三匙食盐，从而导致实验的失败。虽然婴儿盛奶粉的勺子能更好地控制每一勺食盐的均等性，然而分辨性却相当差，显然材料的选择本身就很有问题。

（2）《压缩空气》一课，要求学生将注射器吸好空气，并把注射器出口堵在橡皮上（桔子皮），体验"空气可以被压缩"。但在执教中学生描述现象时，总是认为空气跑到橡皮里的小孔里去了，结果教师只得花大力气证明没有跑到橡皮里去，耗费了不少时间。

如果教师把针孔焊死，相信没有一个学生会对空气跑了产生疑问，从而可有效地避免学生的错误认识。

（3）《小孔成像》一课。材料：用蜡烛、带孔的小板、塑料屏做小孔成像实验，同时还要准备纸张，考虑蜡烛的高度、做实验时候风的情况等等。

3. 注重教师的指导，但不是包办

把教学材料交给学生后，教师怎样指导学生操作。传统的实验教学是教师讲得一清二楚，每一个步骤都帮学生设计好了，学生只要照葫芦画瓢就可以。教师担心学生不会做，包办的思想很严重，如果老师指导过多，小小地提示都会对学生的想法产生干扰，最后学生设计出来的东西，可能带有教师的影子和痕迹在里面，从而剥夺学生的创造性。

（1）教师不作"指导"——不作示范，不提这样那样的建议，由学生独立地进行学科学的实践活动，这就是指导。

此环节指教师在学生设计实验阶段不要干预太多，否则会影响学生的创造和发展。

（2）给学生足够的探究时间。

一节课有效的时间内，不要设计过多实验，围绕一个核心概念，开展探究活动，给学生充足的实验时间，变过多的讲解为一种开放，其实这就是一种指导。

（3）指导学生认识材料。（材料的名称、特点、操作方法等）。

例如，《摆的秘密》一课，教师介绍什么叫摆，摆由摆锤、摆线两部分组成，怎样摆动才算一次等。这种指导很有必要，不然后续的活动将无法开展。

4. 注重小组合作探究、强化科学探究意识

探究式科学教育强调，学生是主动学习者，而且这种学习是在教师和学生互动的过程中实现的，不是"个体户"式学习，要从"个体户"式学习转变为"小组合作式"的学习，凸显学习的行为又是一种社会化的行为，唯有与他人沟通、互动，才能取得较大的成就。

教师要关注：小组成员的分工，培养强化责任意识和主体意识，如小组长、实验记录员等；小组成员的交流讨论，学会与人交际和合作以及语言表达、交流等能力。避免部分学生当观众、旁听生，而一部分能力强的学生的行为代替小组大多数学生的学习行为，要让小组的所有成员都参与进来，发挥小组成员的创造力，反对极端"个人主义"。

5. 养成实验记录、信息整理的好习惯

科学探究活动中，如果孩子们没有养成良好的记录习惯，获取实证信息。后续的信息整理和交流就是空讲，凭印象、凭感觉参与讨论，这是不科学的。学生不能提供一手的实验记录材料参与讨论，科学实证无从谈起，这种活动对孩子们从小培养的科学素养是不健康的、歪曲的。教师要让学生明白实验记录在科学探究中的重要性。

（1）传统的实验记录单：关注科学知识结论，小组合作难以体现。

（2）科学探究实验卡：关注科学探究过程与方法的引导。

下面是粤教版小学科学三年级《寻找生命》一课的实验探究卡设计，从实验卡的设计信息中，就已经体现了科学探究活动的基本过程。

《寻找生命》实验探究卡

探究主题	
时间	地点
小组成员	
记录人	
工具材料	
我们的猜测	

我们的记录
我们找到了：

我们的发现	这些东西有生命	这些东西没有生命	这些不太清楚

小提示：选择你最喜欢的方式进行记录，可以是文字、画画等。

小学科学教学活动形式多样，除讲授以外，还有搜集信息、现场考察、实验、专题研究、情景模拟、科学小制作、讨论辩论、种植饲养、科学游戏、信息发布会、报告会、交流会、参观访问、竞赛、科学欣赏、社区科学活动、家庭科技活动、角色扮演、科学幻想等活动。

实验只是科学活动中的一种，科学学习要以探究为核心。探究既是科学学习的目标，又是科学学习的方式。只有理解了这样的课程理念，在实际教学行为中进行尝试，才会让科学课堂不再"枯燥"而充满活力，学生才会真正喜欢科学课。让我们行动起来，由实验走向科学探究，将科学探究进行到底。

参考文献

[1] 韦钰，（加）罗威（P.Rowell）.探究式科学教育教学指导［M］.北京：教育科学出版社，2005.

例谈阅读教学中"主问题"设计的策略

◼ 中山市实验小学 卢小娟

摘 要：改变阅读教学中"碎问碎答"的低效无序现象，需要从设计"提领而顿，百毛皆顺"的主问题入手。阅读教学中主问题设计有四大策略：一是根据文本内容设计主问题，即从题目、文眼、结构脉络、重难点处、体现主旨处、留白处等着手设计；二是切合学情设计主问题，即基于学生学习"最近发展区"及情感认同设计，诱发学生的自我发现与独特创见；三是按照文体特征设计主问题，引领学生快速把握文体特征，形成解读同类文体的举一反三的能力；四是关注单元训练重点设计主问题，"聚"阅读教学之"焦"，使单元阅读训练走向高效。

关键词：阅读教学 主问题 主问题设计策略

《义务教育语文课程标准（2011年版）》指出："教师应当精心设计和组织教学活动，重视启发式教学，启迪学生智慧，提高语文教学质量。"为了实现启发式教学，有的教师便改"满堂灌"为"满堂问"，问题一个接一个，呼啦圈般往学生身上套。这些大大小小的问题琐碎繁杂，显得无序零散，思维含量不高，学生只需要回答"是""不是"或"对""不对"即可，这样的"启发式"教学导致了课堂教学的碎片化、无效化，学生在"连环问"下只能被动地跟着教师思路走，对文本的领悟难以获得整体、有序、深刻的理解。

如何改变阅读教学中这种"碎问碎答"的低效无序现状呢？特级教师余映潮提出了"主问题"设计的主张。所谓"主问题"，是指在一篇文本中，从整体入手，兼顾文本的内容和形式，提出笼罩全篇的、具有该文本核心价值的问题。在教学过程中，这些问题能起到主导、支撑作用，能引发学生深层次思考、讨论、品味、探究，在教学中具有"提领而顿、百毛皆顺"的特点。在阅读教学中，如何寻找"主问题"设计的切入点，让"主问题"支撑起课堂中的板块教学，从而实现高效的课堂教学呢？

一、根据文本内容设计主问题，"辟"阅读教学之"径"

（一）紧扣题目设"问"

题目是文章的眼睛。有的题目体现了作者独具匠心的构思，有的题目本身是文章的线索，有的能告诉我们写作的对象、内容、主要事件等。教师可抓住题目所蕴含的信息设计主问题，引领学生透过"题眼"，窥见文本的内涵。如教学《一次成功的实验》一文，就可依据题目设计一组提挈全文的主问题：这次实验的参与者有谁？实验的经过是怎样的？为什么说这是"一次成功的实验"？这组"主问题"涵盖了事情的经过、结果及意义，激发了学生的阅读期待，进而引发学生的深入思考。又如，五年级上册《地震中的父与子》一课，教师可以设计"这是一对怎样的父子？具体表现在哪儿？"这两个主问题引领学生自主找到描写父亲和儿子外貌、语言、动作的句子品读，从而感受这对了不起的父子。

（二）找准"文眼"设"问"

有的课文中某一个关键词足以提挈全文、沟通文脉，我们称之为"文眼"。在阅读教学中抓住文眼提炼主问题，可起到"牵一发而动全身"之效。如，《草船借箭》一课中结尾一句：周瑜长叹一声说："诸葛亮神机妙算，我真比不上他！"可根据文眼"神机妙算"提炼出主问题——诸葛亮"神机妙算"，"神"在哪里？"妙"在何处？学生根据这个主问题潜心会文，教学板块非常清晰。

（三）把握结构脉络设"问"

任何一篇文章，都有作者的写作思路，并在文章的结构脉络中得以体现。从文章的结构脉络入手设计主问题，有助于学生整体感知课文内容，把握文章的结构特点和写作思路，促使学生快速进入阅读教学之"境"。

1. 明确主线，把握脉络

《玩出了名堂》全文贯穿一个"玩"字，写出了列文虎克在玩中观察、玩中思考，最终玩出了震惊世界的名堂。教学时就可围绕"谁玩什么？怎样玩？玩出了什么名堂？"这组主问题，让学生深入读书，交流讨论。又如，教学《船长》一文，引导学生通过对哈尔威船长的表情、动作、语言等的描写，体会他在海难危急关头忠于职守、从容面对死亡、舍己救人、履行做人之道的崇高精神境界是教学的主线。根据这一主线，我们可以提炼"这是一个（　　　）的船长"这个主问题，让学生自主研读课文，习得言语内蕴，体会作者的写法。

2. 巧用过渡，上挂下联

课文的过渡句（段）起着承上启下的作用，抓住这样的过渡句（段）提炼主问题，学生能迅速拨云见日，对文章的结构及内容都有了整体的印象。如《赵州桥》一课中可抓住过渡句"这座桥不但坚固，而且美观"设计主问题：课文是怎样写赵州桥的坚固的？又是怎样写赵州桥的美观的？又如《秦兵马俑》一课中，抓住过渡段"秦兵马俑不但规模宏大，而且类型众多，个性鲜明"提出主问题，学生一下子就整体把握了课文内容，对秦兵马俑的特点有了初步的了解。

（四）抓住重点难点设"问"

抓住教材的重难点施问，才能切中肯綮，减少设问的随意性和盲目性。

1. 抓重点句，以点带篇

一般来说，课文中都有一些体现作者思想感情或揭示文章主旨的重点句子，对这样的句子含义的理解直接关系到对整篇文章的理解。教师可以抓住这些重点句子设计主问题，帮助学生理解全篇。如《触摸春天》的重点句是"谁都有生活的权利，谁都可以创造一个属于自己的缤纷世界。"可以据此提出"从文中哪里可以看出盲童安静创造了一个属于自己的缤纷世界？"这个主问题会引领学生探究，通过理解这个重点句子的含义达到理解全文的目的。

2. 根据习题，突破重难点

有些课后习题是课文重点、难点的集中体现，解决了课后的习题，文章的重难点便会迎刃而解。我们可以根据这些课后习题进行主问题的提炼。如《钱学森》这篇课文的课后习题是：画出课文中钱学森说的话，体会这些话表达了他怎样的思想感情？我们可据此提炼"钱学森是一个怎样的人？"这个主问题来引领学生深入学习课文。

（五）围绕主旨设"问"

每篇文章都蕴含着作者的写作思想，或抒发爱国情怀，或表达对社会人生的感悟，或揭示某种社会现象……这些蕴含在文章中的深层思想，有待教师根据作者的写作思想设计主问题去进行涵泳体味。特级教师窦桂梅在执教《圆明园的毁灭》时，紧扣"圆明园毁灭的是什么？毁不灭的是什么？"这个主旨，设计了这样的教学思路：走近毁灭后的废墟—走进盛时的圆明园—烈火中的毁灭—残柱下的沉思。窦老师引导学生从大处着眼，从细处入手，将探究的触角深入到文本每个角落，反复品读感悟，深刻领会文章的主旨。

（六）补充留白设"问"

教材中的"留白处"很多，教师如果能充分利用教材中的这些"留白"，巧妙设计主问题，能促使学生深入挖掘课文内蕴，发散学生的思维。如《检阅》一文讲的是，国庆节快到了，要参加检阅仪式，可是博莱克左腿截肢了，如果让他参加检阅，那么势必会影响队伍的整体形象，但是如果不让他去，又该怎么和他说呢？最后大家决定让博莱克参加，并将他排在了第一排，最后队伍得到了观众的夸奖。文章并没有具体写到博莱克和他的队员们付出了怎样的努力，以致最后观众会发出"这个小伙子真棒！""这些小伙子真棒！"的赞叹。我们可以将此处空白设计成主问题：当博莱克拄着拐杖跟不上大家的步伐时，他和其他队员们是怎么表现的；当博莱克一次又一次地摔倒时，他和其他队员们又是怎么表现的？这样不仅可以发挥学生的想象力，还使学生的语言能力得到了提高。

二、切合学情设计主问题，"扣"阅读教学之"本"

课堂的学习主体是学生，主问题的设计是为学生的学习服务的。教师要充分考虑到学生已有的知识基础，根据学生学习的难点、关注点和动情点等设计主问题，扣紧阅读教学之"本"。

1. 着眼学段特点

每个学段在阅读教学方面的要求都不同，学生在不同学段表现出来的学情也不一样。设计主问题时应该着眼于学段特点进行。如教学二年级上册《画风》，初读课文后可以设计这样的主问题：课文谁在画风？他们是怎样画风的？在课尾再引导学生：你还想怎样画风呢？教学四年级下册《搭石》，可设计这样的主问题：为什么说"搭石，构成了家乡的一道风景"？五年级下册《金色的鱼钩》则可以设计如下主问题：为了完成"既是上级，又是保姆、勤务员"的任务，老班长碰到哪些困难？是怎样解决的？课文是怎样刻画老班长"既是上级，又是保姆、勤务员"的？以上的主问题在学生学习的"最近发展区"设计，在学习过程中可以诱发学生的自我发现与独特创见。

2. 着眼学生感受

好的教学预设必定是基于儿童视角、根植于儿童心理发展需求的。二年级下册《我不是最弱小的》这篇课文，学生特别关注的是萨沙为蔷薇花遮雨的行为，因为这一天真的行为在孩子的心里尤其显得可爱。基于学生的相同关注点，可设计"如果你是萨沙，你为什么掀起雨衣，盖在粉红的蔷薇上呢？"这一主问题，可以有效地达成课文的情感教育目标和语言学习目标。五年级下册《祖父的园子》最能引起学生情感共鸣的是"我"在园子里的快乐和自由。学生走进字里行间，很自然地被作者的童年生活所感染，羡慕之情油然而生。在学生的动情处设计主问题，学习活动便能在最大限度上契合学生的兴趣和需要。所以，主问题便可由情入手：作者童年在祖父园子中的生活哪些让你羡慕？为什么让你羡慕？

三、按照文体特征设计主问题，"寻"阅读教学之"线"

不同文体的文章有不同的特点。叙事性的文章有具体情节和人物描写，常以塑造人物形象为中心；说明文则有一定的说明顺序和说明方法；诗歌关注诗意情感和节奏；散文往往有含义深刻的句子……根据不同文体的特点，可以明确不同文体设计主问题的大致方向。如童话教学主要是引发想象、学习语言、理解寓意；寓言教学主要是感受形象、培养思维、揭示寓意；神话教学应该感悟其中奇特的想象、夸张的语言表达；儿童诗歌教学应该感受诗歌的艺术美、进行诗歌的朗读、诗歌的读写结合；古诗教学主要是会意、入境、悟情；记叙文教学主要是理解文中语言的所蕴含的情感、揭示文章的主题、学习文章的表达方式；说明文教学主要是学习说明文的语言和表达方法、理清说明文的层次和结构。

明确了不同文体设计主问题的方向，就能快速寻找到阅读教学的"主线"，引领学生快速把握文体特征，抓住文本的重点进行学习，进而形成解读同类文体的举一反三的能力。

四、关注单元训练重点设计主问题，"聚"阅读教学之"焦"

小学语文教材都是以单元主题进行编排的，每个单元都有阅读训练的重点。根据单元阅读训练重点设计主问题，能"聚"单元教学之"焦"，有效地训练学生的阅读能力。如教学六年级上册第七单元，可紧扣单元阅读训练重点，设计如下表所示主问题。

单元训练重点	课题	主问题
继续练习用较快的速度阅读课文，注意体会课文表达的感情，并揣摩作者是如何把人与动物、动物与动物之间的感情写真实、写具体的	《老人与海鸥》	老人与海鸥之间发生了哪些事情？课文描写老人与海鸥的哪些情景让你感动？
	《跑进家来的松鼠》	松鼠在"我"家做了哪些趣事？从这些趣事中你体会到什么？
	《最后一头战象》	课文描述了跟战象嘎羧有关的哪几个场景？这几个场景中都写到了嘎羧的眼睛，嘎羧的眼睛到底想告诉我们什么？
	《金色的脚印》	老狐狸为了救小狐狸都做了些什么？它们和正太郎之间的关系发生了怎样的变化？

"横看成岭侧成峰，远近高低各不同"。不同的课文有不同的主问题设计方法，相同的课文也会因教师对课文的不同解读而设计出不同的主问题。教无定法，但巧妙设计少、精、实、活的课堂主问题，是激活课堂、创新教学的有效方式，是实现高效课堂的保证。因此，在教学中设计"纲举而目张"的主问题，以达到"四两拨千斤"的效果，是我们共同追求的目标。

从实践视角剖析教育理论的应用价值

■ 中山市五桂山学校 李宇韬

摘 要：本文从教学实践视角分析教育理论的局限性，以及不同性质和类型的教育理论与教育实践之间的距离，正确认识教育理论的价值；分析不同教育理论对教学要素提供的一些基本原理、原则和指导思想；基于实践案例分析教育理论对实践思考的启迪作用。

关键词：教育理论 应用价值 实践视角

"人们认为教育理论之所以不能指导实践，是因为它没有反映中国的教育现实问题，内容贫乏，多为教条"（郑金洲，2009）。教师有意无意地排斥教育理论，原因在于没有合理认识到教育理论与实践之间的关系，不了解教育理论的价值。正确认识教育理论与实践之间的关系，能帮助我们了解教育理论，认识到教育理论的价值，从而合理地将教育理论运用于教学决策，运用于教学实践的理性分析。

一、正确认识教育理论与实践之间的关系

人们片面地认为，只有能为当下教育现实服务的教育理论才是联系实践。然而，教育是一项周期性很长的社会实践活动，教育理论更应该超前于现实，为未来教育实践服务。从教育理论与实践的产生、发展来看，教育理论有落后于实践的一面，也有超前于实践的一面。认识到教育理论与实践发展的不平衡性，能帮助我们正确认识理论与实践的关系，全面看待理论联系实践的作用。

作为实践者，我们如何正确理解教育理论的价值呢？我们要看到教育理论的局限性：教育理论是主观与客观的统一，是事实性认识与价值性认识的统一，渗透着时代和研究者的价值取向，它需要不断地修正、发展与完善，不可能放之四海而皆准。"教育理论不是科学理论，不具有自然科学那样的普适性，也不能从中发展出不受实践情境限制的实用教育规则和教育技术来"（郑金洲，2009）。"理论本身并不具有直接的应用性和可操作性，理论揭示的是实践的普遍规律，它只能对实践起原则性的指导作用，而不能代替实践工作者自己的思考、选择、运用和创造"（扈中平，1987）。教育理论具有理论本身所具有的特性，它的抽象性、概括性等决定了它与教育实践的距离，我们不能要求理论与实践一致，同样也不能强求教育实践与教育理论完全一致。教师关于如何决策教学的策略性知识，就是如何在特定情境下对若干相冲突的原理性知识进行决策的智慧。

不同性质和类型的教育理论与教育实践之间的距离也不相同。20世纪80年代，研究者将教育理论分为基础理论与应用理论。基础理论带有普遍性，追求概念及其体系的精确与严密，追求理论的更强的解释与预测能力。应用理论解决的核心问题是"使人们获得一套把理论研究成果转化为实践行为的指示或工具"（叶澜，1987）。20世纪90年代后，研究者进一步具体化教育理论的层次（詹颖，2003）：①元教育学是以教育理论为研究

对象，主要以分析、批判、建构教育学理论体系为目的，因而与教育实践关系最远；②教育科学回答教育是什么的问题，揭示教育的客观规律，并不指向教育实际问题的解决；因此，它与教育实践的脱离在某种程度上是合理的；③教育价值理论不联系具体的教育实践，在形态上离教育实践较远，但它可以根据价值公理或久已存在的价值体系，对已有的教育事实做出价值选择和判断，从而使之影响到教育实际工作者的观念；④教育技术理论可向教育实际工作者提供技术假设，以保证教育目标和任务的顺利实现；⑤教育规范理论要根据教育价值观念对教育技术做出评价与选择，把技术知识转换成特定情况下可用的知识，它属于应用的实践理论，直接指向具体的教育实践活动。

在了解了不同类型、层次教育理论与实践之间的关系后，我们可以根据自己的实际需要选择相关教育理论，用以指导自己的专业成长和教学实践。

二、理论为实践提供一般原理、原则与指导思想

尽管理论与实践的各自特殊性与相对独立性决定了他们之间相互阻隔的关系，但是从教育理论的产生和发展来看，无论是基础理论还是应用理论，都能在不同程度上为实践提供一些基本原理、原则和指导思想。

在我们思考如何上好课时，离不开这几个问题：为何而教？教什么？教谁？怎样教？而对上述几个问题的回答，则蕴含着这样一些教育理论知识：①"为何而教"属于教学理念层面的问题，需要了解教育背景知识、教育目标和价值观、学科教育的哲学和历史背景知识等，这是教育学范畴。②"教什么"则与学科内容有关，需要了解的不仅是学科知识，还有关于课程、学科教学等知识，这是课程与教学论范畴。③"教谁"则是了解学生，了解学习者及其特点的知识，这是教育心理学范畴。④"怎样教"是教法层面的问题，不仅要有一般教学法知识，还应有学科教学法知识。下面列举几种教育理论的应用价值。

"教育学"属于基础理论，内容包括教育学概论、教育与人的发展、教育与社会的发展、教育目的、教育内容、教育途径等。其中，教育学概论包括教育学的研究对象和任务，教育的起源、发展、本质和基本规律等，让我们从历史、文化等视角深入了解教育本质；教育与人的发展包括人的发展的理论构建基础、人的身心发展及其规律、人的发展的主要影响因素，帮助我们了解学生身心发展的规律及影响因素，从本质上分析学情等。

"数学教学心理学"是心理学基础理论在数学学科上的应用，其主要内容中：关于"数学的理解"的理论知识可以帮助我们明确"什么是数学理解"，落实"理解"教学目标的学习行为结果是怎样的；提出"数学理解发展"的理论模型，让我们了解"数学理解是如何发生的"，让学生达到"理解"教学目标的过程该如何设计；学生对不同领域知识的理解和教学建议，可以帮助我们了解学生理解该领域知识的表现情况，更准确地设计教学目标。

教育理论为实践提供的是一般原理、原则或指导思想，因而从教育理论到教育实践的转化，还需要跨越一系列的中间环节，以增加理论的可操作性。

三、理论为实践的理性分析提供框架

教育理论不仅给我们的教学实践提供一般性原理、原则与指导思想，还给了我们一双透视教学现象的眼睛。教育理论是教育实践的总结、概括与提炼，能为教师有的放矢地反

思教学行为提供认识依据，并具有理性思考的启迪作用。

例如在分析苏教版数学二年级上册《认识线段》教学时，这是一节低年级的数学概念课，如何评析这节课的教学设计与目标达成情况呢？如果没有理论基础作分析框架，我们往往会根据教师设计的教学流程，逐个环节分析教师教学行为，关注细节就课论课，难以触及概念课的本质问题。如果对认知理论有一定的认识，则知道低年级数学概念课，尤其是"线段"这样一节"图形与几何"领域的起始概念课，教师通常采用"概念形成"学习方式来设计概念建构环节，因此，可以根据"概念形成"的认知过程构建分析框架：建立表象→属性对比→抽象→概括→形式化。

理论提供的理性分析框架还可以应用于撰写论文。例如我们依据《小学数学教学论》中关于数学概念的基本组成、概念形成的认知过程等理论知识，分析《认识线段》教学环节，梳理出分析框架：①突出知识本质，把握概念建构过程中具体与抽象的程度；②厘清教学目标，把握概念巩固中练习的梯度；③基于知识结构，把握概念网络中知识联系的广度；④关注核心素养，把握概念运用与拓展的深度。撰写了论文《基于概念形成，把握小学低年级数学概念教学的四个"度"》。在实践基础上认识教学方法背后的理论和原理，可以不断提升自己的教学经验和行为。

例如在制定课题研究方案时，我们可以根据"教学模式"的概念内涵（在一定教学思想和教学原理的指导下，围绕某一主题，为实现教学目标而形成的相对稳定的教学活动结构框架和活动程序）预期课题研究成果"翻转学习教学模式"的呈现方式：翻转学习过程中对应不同层次教学目标的教学活动、框架及流程。

我们强调从教育理论中寻求优化教育实践决策的原则和方法，并不是将理论置于绝对优于实践的地位，而是希望更多的教育实践者将理论与实践看成相辅相成，把过去的思想和继承的东西，作为进一步丰富教学的手段和方法，发现和创造更好的教学。

要使教育理论以一种易被实践者理解、易于操作的形式展现在实践者面前，需要理论应用的"先行组织者"——具有良好理论水平和实践能力的学科教师，在实践中理解和同化教育理论，并以"知识"的形式传播这些理论指导下的实践智慧。要成为理论应用的"先行组织者"，我们首先不能拒绝理论，而应主动学习教育理论，并用理论应用于自己的教学实践，促进专业成长。

参考文献

[1] 郑金洲.中国教育学60年（1949-2009）[M].上海：华东师范大学出版社，2009.
[2] 扈中平，刘朝晖.对教育理论脱离实际的几点看法[J].现代远距离教育，1991（04）.
[3] 叶澜.关于加强教育科学"自我意识"的思考[J].华东师范大学学报（教科版），1987（03）.
[4] 詹颖.如何认识教育理论与实践关系的脱离[J].河南师范大学学报（教科版），2003（02）.

人教版小学数学教材"综合与实践"部分修订前后的对比分析与启示

■ 广州市增城开发区小学　陈树德

摘　要："综合与实践"是数学课程内容四大领域之一，但因为引入课程时间短，可供教师借鉴的教学经验较少。近两年来，小学数学教材也随着新课标的颁布进行了修订，导致一线教师对这一领域的教学难以把握。本文以人教版小学数学教材为例，通过新旧版本教材的对比，分析"综合与实践"领域教学内容的变化，从中获取启示，探寻有效组织这一领域教学的策略。

关键词：人教版小学数学　综合与实践　对比分析

2011年4月，教育部颁布了《义务教育数学课程标准（2011年版）》，从2012年秋季开始，各个版本的数学教材也随之进行了修订。作为数学课程内容四大领域之一的"综合与实践"，与其他三个知识领域相比，不论是理论层面的研究，还是实践层面的指导，一直都相对落后，加上此次又有了新的变化，导致一线教师教学中面临很多困惑。为了准确把握"综合与实践"的内涵和要求，有效组织学习活动，以达到设立"综合与实践"这一知识领域的既定目标，我们不仅要深入研究课标的变化，还应该从研读教材的角度分析新旧教材的变化，寻找教学的策略。

一、新旧教材"综合与实践"部分教学内容的对比与分析

新旧教材"综合与实践"部分教学内容的对比见下表所示。

学段	年级	人教版教材"综合与实践"主题活动及教学内容对比	
		修订前	修订后
第一学段	一年级	●数学乐园（数的认识、组成，实物统计） ●我们的校园（数与计算，直观统计图） ●摆一摆，想一想（100以内数的认识、排列组合） ●小小商店（认识人民币，100以内数的加减法）	●数学乐园（数的认识、组成，实物统计） ●摆一摆，想一想（100以内数的认识、排列组合）
	二年级	●我长高了（测量，统计） ●看一看，摆一摆（图形的认识、观察图形） ●剪一剪（利用对称的知识进行剪纸活动） ●有多重（克和千克、计算）	●量一量，比一比（长度的估计、测量，用自己的方式表示长度） ●小小设计师（利用平移和对称）

续上表

学段	年级	人教版教材"综合与实践"主题活动及教学内容对比	
		修订前	修订后
第一学段	三年级	●填一填，说一说（时间的认识及计算） ●掷一掷（组合，可能性及其大小） ●制作年历（年、月、日） ●设计校园（位置与方向）	●数字与编码（探索、设计数字编码） ●制作活动日历（运用时间知识制作日历） ●我们的校园（面积计算和比赛安排）
第二学段	四年级	●1亿有多大？（理解数的意义，建立数感） ●营养午餐（排列组合、统计） ●你寄过贺卡吗？（统计、估算） ●小管家（巩固统计意识，形成应有意识）	●1亿有多大？（理解数的意义，建立数感） ●营养午餐（排列组合、统计）
	五年级	●打电话（尝试在解决实际问题的多种方案中寻找最优方案） ●粉刷围墙（表面积计算等知识，收集、整理、分析信息的意识和能力） ●量一量，找规律（测量、统计、方程等方面的知识） ●铺一铺（平面图形的特征）	●探索图形（正方体小方块涂色问题） ●打电话（尝试在解决实际问题的多种方案中寻找最优方案） ●掷一掷（组合，可能性及其大小）
	六年级	●确定起跑线（圆的概念、周长等知识） ●合理存款（百分数的有关知识） ●自行车里的数学（圆、排列组合、比例等知识） ●节约用水（量的计量、统计等知识） 整理与复习： ●邮票中的数学问题（探究邮票计费知识） ●有趣的平衡（杠杆平衡中的数学知识）	●确定起跑线（圆的概念、周长等知识） ●合理存款（百分数的有关知识） ●自行车里的数学（圆、排列组合、比等知识） ●节约用水（量的计量、统计等知识） 整理与复习： ●邮票中的数学问题（探究邮票计费知识） ●有趣的平衡（杠杆平衡中的数学知识） ●绿色出行（有关环保知识的调查和统计） ●北京五日游（旅游方案设计）

通过比较可知，人教版小学数学教科书"综合与实践"领域的教学内容主要有以下变化：

（1）活动总数有所减少，低年级明显减少，高年级略有增加。

修订前的教材中一共有26次"实践与综合应用"，一到五年级每个年级安排了4次

（每册2次），六年级安排了6次（含整理与复习里的2次活动）。修订后的教材里"综合与实践"总数减少到20次，其中一年级、二年级、四年级只安排了2次（上下册各1次），三年级、五年级安排了3次（上册1次，下册2次），六年级安排了8次（上下册各2次，外加整理与复习里有4次）。之所以总数有所减少，呈低年级（低学段）减少，高年级（高学段）增加的"倒金字塔"态势，显然是考虑到不同学段学生的年龄特征和认知水平。即随着学生知识的增多、实践能力的增强，逐步增加次数，提高要求。

（2）"综合与实践"的具体内容编排也不是在原教材上做简单的减法，而是进行了精心的修改和编排。

①保留了一部分。有一年级的《数学乐园》《摆一摆，想一想》，三年级的《掷一掷》（调到了五年级），四年级的《1亿有多大？》《营养午餐》；五年级的《打电话》，六年级的《确定起跑线》《合理存款》《自行车里的数学》《节约用水》《邮票中的数学问题》《有趣的平衡》。

②改编了一部分。二年级原教材的《剪一剪》改变为新教材的《小小设计师》；三年级原教材的《制作年历》改编为新教材的《制作活动日历》。

③删除了一部分。有一年级的《我们的校园》《小小商店》；二年级的《看一看，摆一摆》《有多重》《我长高了》；三年级的《填一填，说一说》《设计校园》；四年级的《你寄过贺卡吗?》《小管家》；五年级的《粉刷围墙》《量一量，找规律》《铺一铺》。

④新增了一部分。有二年级《量一量，比一比》；三年级《我们的校园》《数字与编码》（由原人教版五年级数学广角中的《数字与编码》改编而来，作为"综合与实践"而言，仍算作新增的内容）；五年级的《探索图形》；六年级整理与复习中的《绿色出行》《北京五日游》。

分析上面具体教学内容的变化可知，《综合与实践》修订后的编排除了考虑到不同学段学生的年龄特征和认知水平之外，还有以下特点：

一是更关注教学内容的可行性，尽量避免实践活动难以开展的情况。例如原教材四年级的《你寄过贺卡吗?》，现在邮寄贺卡的人越来越少了，取而代之的是短信、微信等方式，已经没有统计的必要了，又如原教材五年级的《粉刷围墙》，如果学校没有围墙怎么办？如果围墙很高，或者造型很复杂怎么办？故而教材删除了。而修订后增加的内容则可操作性更强，例如二年级的《量一量，比一比》（估计、测量肩膀、黑板等物体的长度等活动）《小小设计师》（利用平移和对称的知识进行设计和剪纸活动），等等。

二是更关注教学内容的数学味，即在"综合与实践"活动过程中数学知识的综合运用。例如五年级教材原来安排的《量一量，找规律》（通过测量寻找橡皮筋的伸长与受到拉力大小的关系）涉及的知识与科学联系更多，而新增加的内容《探索图形》（小方块组合体的涂色问题）则与空间几何、空间想象，以及数的计算联系更紧密。

三是更加关注教学内容的实践性。例如三年级原教材中的《填一填，说一说》侧重于对时间的认识和计算，而修订后增加《我们的校园》则是校园内平面图形面积的计算和学校拔河比赛的安排，不仅与学生的学习生活联系更紧密，而且实践性也更强。

二、新旧教材的变化给我们的启示

1. 充分考虑学生的身心特征和认知水平，科学安排"综合与实践"学习活动

从上面的比较和分析可知，修订后人教版小学数学教材中设计了20个"综合与实践"的主题学习活动（含六年级总复习），其内容编排呈由少到多、由易到难、由扶到放的特征。这既是充分考虑了学生身心特点和学习基础的结果，也是充分考虑了"综合与实践"领域学习内容和学习形式的结果。因为是一种"以学生自主参与为主学习活动"，所以要求学生必须有一定的自主学习能力；因为要"将综合运用'数与代数''图形与几何''统计与概率'等知识和方法解决问题"，所以要求学生必须积累相关的数学及其他学科知识。

因此，当我们在日常教学中开展"综合与实践"的时候，在落实新课标"提倡把这种教学形式体现在日常教学活动中"的时候，一定要根据学生的身心特征和认知水平合理选择和安排"综合与实践"学习活动。

2. 充分考虑数学学科的特点，引领学生在活动中运用数学知识、积累数学活动经验，提高解决问题的能力

作为"数学课程内容"四大领域之一的"综合与实践"，其教学必须紧紧扣住数学的学科特点。从上表中可以看出，人教版数学"综合与实践"每一个活动内容的选择、设计和编排都与数学知识点的教学紧密相连。我们要充分利用"综合与实践"学习活动，落实《义务教育数学课程标准（2011版）》既定的"知识与技能、数学思考、问题解决、情感态度"四个维度的整体目标，促进学生全面、个性化发展。①在知识与技能方面，重视对已有知识的应用、理解，重视数学活动经验的积累。②在数学思考方面，注重引导学生增强反思意识，在反思中增长智慧。③在问题解决方面，着力于培养学生发现问题、提出问题、分析问题、解决问题的能力。④在情感态度方面，让学生充分体验、感悟数学知识的应用价值。

3. 充分考虑突出"综合与实践"的特征，合理定位师生角色

《义务教育数学课程标准（2011版）》明确指出："综合与实践"是以问题为载体，以学生自主参与为主的学习活动。学生将综合运用"数与代数""图形与几何""统计与概率"等知识和方法解决问题。这既是对"综合与实践"这一教学领域的定位，也为学习活动的开展指明了方向。首先，"综合与实践"是一种解决问题的活动，应该围绕"问题"展开，激发学生积极思考，自主发现、提出、分析、解决问题。其次，"综合与实践"是一种"以学生自主参与为主的学习活动"，应该充分发挥学生的主体性。其三，学生将综合运用"'数与代数''图形与几何''统计与概率'等知识和方法"解决问题，要注重各种知识的综合运用。

因此，所有学习活动应围绕"主角"（学生）进行，老师只是学习活动的指导者、协助者、支援者。一是加强实践活动的指导。指导学生修改实践活动方案，及时进行干预，防止学生走进误区，进行无效的实践活动。二是为学生提供必要的帮助。包括资源和工具的提供，实践活动的方法指导，必要的安全教育和防范措施等。三是重视实践活动后的评价和交流。引导学生在反思中重建知识体系，提升综合实践能力。

参考文献

[1] 人民教育出版社课程教材研究所. 义务教育课程标准实验教科书[M]. 北京：人民教育出版社，2009.

[2] 人民教育出版社课程教材研究所. 义务教育教科书[M]. 北京：人民教育出版社，2013.

[3] 中华人民共和国教育部. 义务教育数学课程标准（2011年版）[M]. 北京：北京师范大学出版社，2012.

创课，走向创客大众化的通途

中山市实验小学　黄伟祥

摘　要：创客教育全球化为教育创新改革营造良好的学习研究环境，但要想创客教育真正成为基础教育推动创新教育的助动器，必须让创客教育从精英教育走向大众教育，以金字塔人才培养模式推进，构建创客型基础教育课程是必然选择和当务之急。因此，本文基于课程视野，分析当前中小学创客教育的发展现状，从创课内容、目标的确定，课程设计理念及课程教学实践模式等方面论述创课的设计、开发与实践。

关键词：创客　创课　创客教育　课程　大众化　实践模式

"创客"一词对于我们来说并不陌生。李克强总理在2015年政府工作报告中提出"大众创业，万众创新"，并深入到深圳柴火创客空间，为创客"点上一把火"。随着"创客"风靡全国，创客教育也掀起一股席卷全国的教育变革浪潮，这股创客浪潮直面回答了中小学教育体制中创新能力培养不足的问题。

过去的三年里，教育领域开展创客教育成为教育工作者热衷研究的项目，一些教师正在努力完成国家课程教学任务外，试图通过创客教育让学生走出书本、走进生活、积极创想、动手操作，在体验式学习中培养学生的创新精神、创新意识、创新思维、创新技能和创新实践。经过不断研究，虽然取得一些研究成果，但作为一项新生事物的发展，我们更需认清现阶段创客教育中存在的问题及不足，从而有效转变创客教育的不利局面，让创客教育可持续发展。

一、创客教育的现状

从百度百科对创客一词解释可知，创客的核心理念是众创、创新、自由、实践、分享，但当前创客教育更多是在创客竞赛的环境下推进的，在功利性驱使下，很难潜心研究，静心育人，久而久之，在教师心里形成了一系列困惑。

（一）创客不创

创客教育开展以来都是以赛助推的方式进行，作为学校领导或教师为了在比赛中一炮走红，采取很功利的做法，如买现成的作品回来进行比赛；教师直接制作作品，然后标上学生名字参赛；如果有些家长是机械、电子方面的能手，为了孩子获奖更是亲自制作作品让孩子参加比赛等等，这些现象在创客教育基层比比皆是。从这些现象可以透露出来，学生参与"学—研—创"的机会非常少，所以，以赛推创的形式值得商榷。

（二）众创不众

众，这里是指大家、许多人的意思。现阶段的创客教育均以学校社团的方式存在，只有十个、八个学生参与，把创客教育办成了精英教育，这是面向少数人的教育，该方式与万众创新、大众"创客"的理念背道而行，这也是创客教育难以普及的原因。要实现"众创"理念必须以课程为基点，从大众教育入手，以金字塔人才培养模式推进。

（三）分享不深

分享是人类社会整体进步的标志。创客教育鼓励设计者主动分享作品形成的过程，作为倾听者也要从设计者分享的过程中提出自己的一些建议及看法，这样与他人一起玩、一起分享，才更有趣，更有意义，教育也将因分享而改变。笔者观察到，这些年来全国上下举办类似创客嘉年华的活动很多，但这些活动更多定位就是比赛，设计者面对面的交流想法的机会非常少，缺乏思维的碰撞，分享只停留在表面。

（四）创客空间虚设

随着创客教育不断推进，创客教育成为学校创新教育的标志，也成为一种教育时尚。为了标榜学校的创新先锋作用，部分学校也先后出资几十万甚至上百万元建立了创客空间，美其名曰是用于推进创客教育之用，但实质就是领导参观的场所，学校为了保持场所的整洁性，平时极少对学生自由开放，没使场所效益最大化，这样的创客空间形同虚设。

（五）商业化太浓

国内经常进行形形色色的创客教育展示活动，实质就是商家的产品推广展示会。在交流活动中，某些机构为了产品推广而借机夸张、变相宣传创客教育，听多了以后，我们就发现听了不同的人解读，却发现有差别，并且理论多，操作性少，究竟听谁的才正确？这是教师学习后的真实反映。这样下去会造成很多方面的偏差误导、曲解，进一步加剧了实践者困惑的升级。

以上这些问题是笔者多年来从事创客教育，从基层创客教育工作中看到的现象。作为一名信息技术教育工作者，这些现象大家是否似曾相识。部分资深的信息技术教师都知道，当前创客教育的现状与信息技术教育刚起步的时候大同小异。

从信息技术教育走过了20多年的经验来看，创客教育出现的状况，归根到底缺乏课程的引领，所以，全力打造创课是改变现状的方法，也是使创客教育走向大众化的必经之路。创课是指创客教育课程，它包括创客教材、创客资源等，只要创客课程建设了，创客教育的培养目标就更清晰，可操作性更强。

基于以上的现状及思考，如何开发创客教育课程，让创客教育焕发出强而有力的生命力，让人人都能获得良好的创客教育，不同的人在创客教育上得到不同的发展，实现大众教育的目标，成为我们亟待研究解决的问题。

二、创课内容及目标的确定

创客教育注重与其他学科的整合与衔接，它是以人为本的教育，直面生活问题及表达智慧的综合教育，其教学过程遵循"学—研—创"的实践路径，融合STEAM教育理念、项目学习理念，强调独立构建目标、独立应用工具开展创造、共享智慧、优化迭代、形成成果。鼓励学生积极发现问题、充分感知细节、勇于尝试变化、执着追求成果、精细应用工具、专注静心打磨，有利于学生创新思维及个性化的发展。

以生为本是从学生的实际学习生活出发，课程开发坚持以学生为中心的设计理念。创客教育实践过程中也应该以促进学生发展为本。学生不同的发展阶段有不一样的需求，创客教育课程应当充分考虑学生的学习心理与学习特点的差异性，因人而异、实事求是地进行课程开发，课程实施过程中也要有策略地适时调整课程设计。基于五年级学情的创课内容及目标如表1所示。

表1 创课内容及目标的确定

创客主题	单元内容	课时目标	课时	单元目标
小小设计师——光电篇（五年级）	《手电筒DIY》	1.能够制作一个简易手电筒，使手电筒亮起来； 2.通过具体操作认识基本电路的组成，并会画出简单电路图； 3.认识常见的电路符号，并能画出简单电路图； 4.愿意探究手电筒亮起来的秘密，并体会合作与交流的乐趣	3	1.使课程对所有学生是适合的、有趣的和富有挑战的 2.让学生乐于从生活中观察，经历发现问题—分析问题—解决问题的过程，充分建立起细节意识、问题意识，初步形成系统观念 3.在作品创作及优化的过程中，培养学生专注、细致、严谨、刻苦、不怕困难、持之以恒的意志品质 4.初步学会多种方式思考问题，并能设计多种设计方案，有择优选择方案的能力，掌握简单的编程思维 5.懂得以科学的态度评价作品，善于表达自己的观点，理解他人的建议，并学会与人合作交流沟通的能力 6.培养学生的好奇心、合作与分享、创新精神、科学态度、审美能力等
	《可调光台灯》	1.观察台灯的组成部分，培养学生善于观察、善于提问的能力； 2.讨论、交流设计方案，明确调光台灯的制作步骤和方法； 3.拓展延伸，主动探究便于调节台灯亮度的方法； 4.进一步学习电路的连接、组装等	3	
	《七彩圣诞树》	1.学会用Scratch编写小程序控制圣诞树上的LED灯闪烁； 2.能够通过小组合作、同伴互助形成合作学习意识，亲身体验，共同解决课程中出现的问题，形成基本的计算思维； 3.能够根据所学内容制作七彩圣诞树	3	
	《我家的门铃》	1.了解门铃的结构及各部件作用； 2.懂得门铃外部及内部结构制作； 3.能够有创意地制作自己家的门铃	3	
	《光感报警器》	1.了解Scratch编程软件的基本知识，学会调试Scratch程序，了解电子元件蜂鸣器和人体红外感应模块的工作原理和使用方法； 2.提高学生编程能力和动手操作能力，形成基本的计算思维； 3.能够应用制作光感报警器	3	
	《小小发明家》	1.能够连接简单的串、并联电路，熟悉基本电子元件的用途及工作原理； 2.能编Scratch编程语言，制作"打招呼的鹦鹉"和"会说话的储蓄罐"； 3.学生能够通过小组合作、同伴互助、形成合作学习的意识，共同解决问题，同时，体验到项目学习的过程与方法	4	

三、创课设计理念

为了让创课应用于创客大众教育,在培养创客能力、创客思维及创客品格中发挥实效,创课应该基于儿童视野、项目体验、现实生活、跨界整合、合作共生、技术支撑、多元评价之中(图1),它们是相互贯通、相辅相成,以"学"为起点,以"研"为过程,以"创"为终点,这些设计理念,使创课开发及应用更有体系性、指导性、实效性。

图1 创课设计理念

(一)创课基于儿童视野

创课的面向对象是学生,在开展课程设计中应该坚持以学生为本的原则。课程设计前,应基于儿童视野,从学生的年龄特点、发展差异、认知水平出发,对课程的学习目标、内容和学习者特征进行分析,为后期课程的设计和开发打下基础。创客空间建设也以促进学生为本,配套设备和资源都应该满足学生个性化学习需求。学生在不同阶段的需求不一样,创课要有策略地适时调整课程内容。

在创课学习过程中,创设真实的情境,从学生的角度解释问题,引导学生发现问题、分析问题及解决问题,实现合作、交流和分享,适时引入编程和电子控件知识。同时,在内容选择上要有趣味化,激活学生的内在学习动机,让他们感受到课程学习的乐趣。在组织方式上要活动化,让学生亲自参与、动手实践体验活动,因为只有深度参与,才能有真实的"获得感"和身心愉悦的学习体验。

(二)创课基于项目体验

在创课中经常采用基于项目的学习体验,学生围绕复杂的、来自真实情境的主题,在精心设计任务、活动的基础上,进行开放性探究,最终建构起知识的意义和提高自身能力的一种教学模式。基于项目的学习体验强调任务驱动性、情境性和开放性。像科学家般地的学习、研究、创造项目,并通过小组合作的方式共同发现问题、分析问题、解决问题和习得知识、掌握技能,激发想象力,提高创新创造能力,发展项目意识和高阶思维能力。

对创课中的项目设置要能引起学生的好奇心，从而激发学习者的研究学习热情；项目要难度、复杂度适中，由浅入深，给学习者可承受的挑战力，调动学习者的学习动力；研究项目所需的资源应当与学校所能提供的条件相匹配，这样会有助于项目产出满意的作品；项目研究进程中，要给予合理的时间分配以及良好的空间条件。

（三）创课基于现实生活

创课的设计与实施是以现实生活为基点，让生活与知识建立起有意义的关联，让学生真正感触到知识的生活价值。创课项目的开发应当源于生活需求，以解决现实生活问题为导向，力求回归生活。在创课实践过程中，为学生创设生活情境，在生活情境中学习与研究，引导学生学会发现生活问题、分析生活问题并加以解决。创客课程也可以引导学生选材从学校生活走向社会生活、家庭生活、文化生活等等。创课融入更接地气的生活化内容，以彻底改变当前课程内容干巴巴、索然无趣味的现状，学习内容生活化也是课程发展的重要发展方向。

（四）创课基于学科融合

创课的实施不是孤立进行的，而是分析各学科最基本的学科知识结构，找到不同的学科知识之间的连接点与整合点，将分散的课程知识按跨学科的问题逻辑结构化。将各学科内容改造以问题为核心的课程组织，通过序列化的问题有机串联起各学科知识，使课程要素形成有机联系，课程更具系统性、统一性和多元性。

在项目实践过程中，往往需要跨越多个学科，综合应用多种知识和技能，在不断的探究、体验、实验和检验中完成，学生有机会运用到包含数学、物理、化学、地理、信息技术、通用技术，甚至艺术等一系列学科的知识，打破学科界限，促进学科知识的融会贯通。创客思维倡导多学科知识的交叉运用，多视角观察分析问题，体现思维的综合性和灵变性。单一化的思考问题方式和固化的做事风格不适合创课，交叉、整合和跨界才是创新、创造的有效途径。

（五）创课基于技术支撑

随着新兴技术不断涌现，创课已经逐渐适用到教育领域。对于创客课堂的影响已初见成效，并正在深刻影响和改变新一代学生的学习方式。如智能机器人具有革新的技术，高水平的数字化和智能化，是非常有趣的学习伙伴。3D打印技术将抽象的空间构思变为真实模型，学习者可以实现从设计到制作的全过程，直接颠覆学生实践范式。学习分析技术利用云技术评估系统，对学生的过程性数据进行分析，生成曲线报告，进行个性化反馈。脑科学技术让每个学生不同的思维模型可视化。多媒体与网络技术具有高度集成性、交互性，有信息量大、资源共享和反馈及时的特点，有助于学生开展跨越时空的学习。还有开源软硬件、传感器、可穿戴设备、虚拟现实（VR）、增强虚拟现实（AR）等各种新科技的涌现，给学生的创新、创造插上飞翔的翅膀。学生不再是被动的学习者，而是主动体验探究过程，解决现实问题，创造出新的知识。

（六）创课基于合作共生

合作共享、智慧共生是创客课程实施的准则。由于创课项目内容都是围绕较复杂的现实问题展开，所以实践过程中，鼓励学生结合兴趣取向自主形成项目研究小组，在教师的指导下开展协作探究。在解决问题过程中，小组成员可以分工合作，并互相交换想法，形成统一的实施方案。

除了小组成员之间合作，教师还可以创造各种条件，充分调动社区、社会资源，利用区域人文、经济生活中一切潜在的课程资源，发挥企业、科技馆、博物馆、实践基地、社区创客空间等各方面的作用，为课程开发提供丰富的素材。同时，把家长、学科专家及科研机构请进课堂，帮助学生解决创作过程中遇到的一系列难题，通过不断的动手设计、制作、修改及完善，最终将创意变成现实的产品。

（七）创课基于多元评价

创课评价要"立足能力、重视过程"，评价要多维度、多元化评价表达。评价主体可以是学生自评、互评、组评、班评、教师评价、家长评价、专家评价等。把过程性评价、结果性评价和全面性评价有机结合。

对于过程性评价要关注问题提出、提出创意、收集资料、制定方案、优选策略、创作实践、操作能力、反思修改、表达说明、分享交流等方面进行评价；对于结果性评价的表达方式可以是语言评价、等级标示、学分评价、角色认定、比赛获奖等等。而全面评价既要对作品进行评价，又要对问题解决能力、创新态度、科学精神、合作精神、自我管理、语言表达等维度进行评价。

四、创课教学实践模式

创课在教学实践中，让每一个学生都经历发现问题、明确任务，提出方案、头脑风暴，形成项目、制定计划，原型设计、实践体验，分享成果、项目评价的过程，让他们知、情、意、行等方面的高阶思维能力得到提升。

（一）发现问题，明确任务

在创课课堂上，教师通过多媒体或实物再现生活情境。学生通过小组讨论的形式对某一主题的生活现实问题进行观察、讨论，探讨"有没有不便之处？""有没有更好的设计方案？"等问题。通过教师导入，学生进行创意构思，明确研究主题，迈出创课课堂教学的关键第一步。

（二）提出方案，头脑风暴

创客项目创意的形成有赖于集体智慧，教师可以根据学生的兴趣、能力、个性进行策略性分组，形成"头脑风暴"研究共同体，在组内运用头脑风暴激发群体智慧，提出创新想法。讨论初期，也许学生提出的方案天马行空，可行性不强，但这一些并不重要，重要的是学生通过思考、表达、倾听、反思的过程，不断思维碰撞，修正想法，优化方案，这才是创课实践的重中之重。

（三）形成项目，制定计划

方案从口头创意形成后，接着要做的事情就是对项目进行书面精细化设计，创客项目的创意是一件科学严谨的事情，如果只停留在口头表达上，这样太随意、草率，甚至摇摆不定，会影响项目实践的推进效率。所以，以"任务单"或"规划书"为书面载体，整理研究思路、记录创意想法、明确研究步骤、推进时间、阶段任务及预期成果，等等。

（四）原型设计，实践体验

这一环节是创课学习的核心，因为该环节是创意转化成果的环节，它包括原型设计、作品制作、作品测评及作品自我优化等过程。学生借助工具、材料、开放的软件及硬件设备等完成作品。这个阶段要给予学生充足的时间与空间，教师不要担心学生做不好，或不会做，教师不要太多的干预，要他们有充足的时间经历创作的过程。当学生遇到困难，没法突破的时候，教师才适时指导，提高制作效率。

（五）分享成果，项目评价

该环节是各小组创作再现、吸纳建议、批判反思的过程。小组成员通过书面、口头、影像等方式再现作品创作的过程，分享中获得他人的建议，整理不同的意见，引导自我批判反思，从功能是否实现，结构是否合理，外形是否精美，制作是否精良，整体是否协调等方面进行有序优化。在关注作品优化的同时，也要思量自己在问题发现、提出创意、动手实践、成果分享、合作学习、理解表达等方面的表现。

五、结束语

创客教育作为一种新型的教育形态，它融入教育实践体验，培养学生创新精神及创造能力，是推进素质教育，发展学生核心素养的必由之路。创课作为开展创客教育的支撑点，践行创客教育的抓手，也是连通创客教育理念与课程设计的重要桥梁。它的构建并不是一朝一夕的事情，只要我们多方努力，持之以恒，立足实际，有的放矢，一步一个脚印，以创课为引领，创客教育一定会逐渐走向大众化，让更多孩子受惠。

参考文献

［1］教育部办公厅.关于"十三五"期间全面深入推进教育信息化工作的指导意见［Z］.

［2］中华人民共和国教育部.教育部关于印发刘延东副总理在第二次全国教育信息化工作电视电话会议上讲话的通知［Z］.

［3］钟柏昌.谈创客教育的背景、本质、形式与支持系统［J］.现代教育技术，2016（6）:13-19.

［4］杨现民.建设创客课程："创课"的内涵、特征及设计框架［J］.远程教育杂志，2016（3）:3-14.

［5］杨维，费瑞伟.基于中小学课程整合的创客式教学模式构建［J］.中国电化教育，2017（7）:53-57.

大道至简　方得灵动丰盈

佛山市顺德区大良实验小学　高　飞

摘　要：语文"125"教学倡导语文教学应该呈现"简约"之美，做到"简简单单地教，扎扎实实地学"，从简明的教学目标、简约的教学设计、简朴的课堂生态、简练的课堂语言给学生以指引与启迪，点学习之火，激思维之花；释学习之疑，解探究之惑；激钻研之情，励奋进之志。让语文课复归本位，变得干净、丰实、高效，实现"简约的设计，丰盈的收获"！

关键词：简明　简约　简朴　简练　丰盈

"人法地，地法天，天法道，道法自然。"老子在《道德经》中告诉我们：我们做任何事情都必须遵循规律，自然规律是不可抗拒的。语文教学也必须符合儿童语文学习的规律。

二十几年的语文教学实践，笔者始终以"为了每一位学生的发展"为核心理念，以提升学生语文素养为总目标，努力构建"以学为中心"的课堂。我始终认为，语文教学必须聚焦一个核心，即以语言为核心；强化两项实践，即阅读和表达实践；落实五字目标，即"背、读、说、写、书"（背诵、阅读、口语交际、作文、书写），我把这"一个核心""两项实践"和"五字目标"简称为我的"125"语文教学主张。

为了践行"125"教学主张，我的语文课堂始终做到"扎实而灵动、简约而丰盈"。这也逐渐成了我的教学风格。古往今来，众多学者名家倡导"简约"这一理念。老子曰："少则得，多则惑。"《易经》则曰："乾以易知，坤以简能，易简而天下之理得矣！"宋代苏轼则认为"博观而约取，厚积而薄发。"现代教育家陶行知先生也提出"凡做一事，要用最简单、最省力、最省钱、最省时的法子，去收获最大的效益。"的观点，语文教育界泰斗崔峦老师一直倡导"简简单单教语文"。笔者也倡导语文课必须返璞归真，体现一种"简约之美"，正所谓"简简单单教语文，扎扎实实促发展"。

"简约"并不是简单意义上的减法，应该亦是语文课堂的返璞归真，本色追求，摒弃一切不必要的奢华、一切的作秀，做到"简简单单地教，扎扎实实地学"。"大道至简，衍化至繁"，真正的好课堂应该洗尽铅华，呈现简约之美。

一、简明的教学目标

"简明"即简单明了，简明扼要。要想做到每一节语文课教学目标简明扼要，指向科学精确，必须先要对语文的课程总目标深入研究，对各年段的语文目标通晓明白，对自己所教年级的学年目标、学期目标了如指掌。

例如在执教苏教版五年级下册《虎口藏宝》一文，首先要知道《义务教育语文课程标准（2011年版）》明确从知识与能力、过程与方法、情感态度与价值观三个方面的语文课程总目标是什么，再根据《义务教育语文课程标准（2011年版）》第三学段的课程目标中"阅读叙事性作品，了解事件梗概，能简单描述自己印象最深的场景、人物、细节""体会作者的思想感情，初步领悟文章的基本表达方法"的要求，最后我才结合文本价值的开发点和学生能力提升的需要，以"站在儿童的立场，以指导学为中心，努力贯彻'简简单单地教，扎扎实实地学'"为设计理念，确定如下课堂教学目标，构建"以学生学为中心"的课堂，教学目标基本就是学生的学习目标：①默读概述故事，体会情节紧张。②朗读人物描写，领悟描写方法。③白描仿写运用，再现人物形象。

这样的目标简洁清晰，指向明确，它是进行教学设计的核心。教学目标一旦确定，教学设计的每一教学环节的设计意图都要指向这几个目标。我认为每一节课的教学目标不宜超过三个，这样一堂课可以彻底解决学生切实需要解决的问题，让学生真正的学有所获，比起浮光掠影、蜻蜓点水式的面面俱到要有效得多。

二、简约的教学设计

语文学习是以学习语言为核心，本身是一件简单的事情。学习的过程应该是科学的、简单的、顺畅的，是符合学生的学习需要和学习规律的。诸葛亮在给儿子的信中写道："夫学须静也，才须学也。"笔者也认为课堂是学生学习的圣地，成长的乐园，课堂太需要安静了。阅读教学的课堂就应该扎扎实实地落实"读"的训练：朗读、默读、轮读、小组读、分角色读等。这也是"125"教学主张中"五字目标"的"读"的训练。这里我结合自己的教学实践，浅谈自己以"读"为中心设计的简约课堂。换句话说就是在简约的设计中落实"读"的训练。

教学《狐假虎威》时我以"激趣引读—感悟品读—以演促读"三个环节来设计寓言。在读的环节，我以分角色朗读、配合动作读、合作表演等手段来激发学生参与学习的热情，努力让课堂洋溢情趣，并充满活力。这样通过多种形式的阅读，加深学生对课文内容的感知，培养学生敏锐的语感，并从字里行间去感受、领悟和品味寓言的意蕴。这样的设计简单明了，没有繁琐的教学流程，我们可以省下更多时间空间在课堂强化"读"的训练，在简约的设计把"读"的训练落实到实处。

"读"是学生语文能力发展的"加油站"。"阅读是运用语言文字获取信息、认识世界、发展思维、获得审美体验的重要途径。"这里的"读"不仅仅包括学生在课堂上对课本上的文本内容的阅读，更包括大量的课外阅读，这也是学生形成语文能力发展的必经之路。特级教师余映潮老师把学生的阅读与积累称之为"输入"，这非常形象。没有大量阅读的"输入"，何谈学生表达的"输出"。可以说，没有阅读就没有语文。

特级教师于永正老师2016年在《江苏教育》上发表一篇文章，这是他在退休以后对语文教育进行的大反思："语文能力不是讲出来的，学习兴趣不是讲出来的，情感态度更不是讲出来的。讲，真的作用有限。如果再让我教语文，小学语文，怎么教？多读书，读好书，好读书，读整本书，不但读，多读多背，多读多写"。于老用他四十多年语文教学的切身体会告诉我们，"读"在语文教学中的重要性。

三、简朴的课堂生态

现代都市人都喜欢到青山绿水间去拥抱自然，去寻觅原生态的环境。原生态，没有人为的刻意修饰，没有人为意志雕琢，只有自然的鬼斧神工，只有自然的天地合成。

在教学中追求朴素的课堂生态，就像人们向往自然一样。上海师范大学吴忠豪教授不只一次提出：语文课堂不用媒体就不要用媒体，或者尽量少用媒体。现在的语文常态课，我几乎不用教学媒体，不用课件。我喜欢原生态的朴素课堂：一支粉笔一本书，三尺讲台写春秋。经过尝试，我的简朴课堂孩子也特别喜欢。于是在课前备课时，我把更多的精力花在怎样让学生学得轻松愉悦，学得扎实深刻；课堂上，不用去想着什么时候该出课件了，什么时候该播放一段音乐了。一支粉笔，一块黑板，让我有更多的精力去亲近孩子，贴近孩子的思维去想他们所想，课堂学习气氛美妙和谐，其乐融融，孩子们轻松快乐，我也深感欣慰幸福。

这样，课堂省去不必要的教学手段和教学技术，就克服形式上的"浪费与作秀"。现代教学技术（多媒体技术）确实给我们课堂教学带来新的气象，但是使用过度或者使用不当，也会扼杀学生语文学习过程中独特的体验和丰富的想象力，更会让语文课堂变得"走样"了。

当然，我也并不是一直不用多媒体来上课，什么样的课型我喜欢用多媒体来辅助我的教学呢？就是习作评讲课、试卷评讲课和复习课等。因为这些课需要大量的信息资源的整合与呈现，只有通过媒体来辅助才能更好地实现我的教学目标。

四、简练的教学语言

简练的教学语言是集教师文化素养、学科素养、教学智慧及语言机智等多方面于一体的语言艺术。课堂教学语言不同于一般的演讲、朗诵、主持等，有其独特的职业特点。语文教师的教学语言由于语文学科的特点也有其本质的特点。

首先，简练的语文学科语言应该是多种语言艺术的高度融合，如书面语言与口头语言、文学语言与科学语言、生活语言与典雅语言等。正是因为多种语言的高度融合，才使语文教师具有不同寻常的魅力。其次，简练的语文学科语言是学科内涵和教学价值的自然统一。语文学科的教学语言要带给学生丰富的语文信息，包括语文知识、语文修养、语文学习方面的信息。所谓教学价值，就是运用教学语言的目的在于为具体的教学意图服务，不是一般意义的自我表达或者相互沟通。能够有效为教学服务的语言是成功的，不能为教学服务，甚至有害于教学的语言就是失败的。最后一点可能与其他学科教学语言比较相似，教学语言应该是语言机智与教学智慧的完美结合。无论是语言机智还是教学智慧，都是教师综合修养和学科素养的体现。语漪老师曾说："教学语言的高低优劣、精粗文野、丰腴贫乏，反映了学识修养、内在素质，此言不假。内在素质提高，语言就闪耀光辉。"这是她自己的经验之谈，也是规律的总结。由此可见，语文教师的教学语言，不仅要凭借"文化含量""学识修养"，还要凭借语文教育所必须具备的课程素养，要对语文课堂教学的规律有着比较正确全面的把握，有着先进的语文教育理念和课程观。把语言技巧和技术运用得切合而自然。

多年来，我一直追求简练的教学语言，特别关注自己教学语言的修炼。课堂上我一般在三种情况下说话：启迪学生思考的时候，学生需要充分肯定、表扬或提醒的时候，学生学而不解的时候。真正学习的课堂，不需要老师当"讲师"，去满堂地演讲。课堂上，简练的教学语言除去一切不必要的繁文缛节，省去了不必要的言说，就如同秋天的天空一样明净，让人有一种心旷神怡的感觉。简练的课堂语言，其独特的神韵就在于此。

在执教《桥》时，为了引导学生对小说的环境描写及其作用有较为深刻的认识，在课堂上，我与学生有了如下的对话：

师：（先出示学生交流后自己划出的描写洪水的句子）

①死亡在洪水的狞笑声中逼近。

②木桥开始发抖，开始痛苦的呻吟。

③水渐渐窜上来，放肆地舔着人们的腰。

④水爬上了老汉的胸膛。

师：同学们，纵向思考，你发现了什么？

生1：我发现洪水越来越高了。

生2：我发现洪水从小到大了。

师：同学们，这叫作环境描写！难道仅仅是为了写环境的恐惧吗？

生1：他是为了衬托当时的恐惧。

生2：衬托出后来老汉的尽职尽责。

师：你太厉害了，掌声给她！（学生掌声）她发现了作者的写作意图。作者写这些就是为了衬托老汉的形象，是吧！

这一小小的环节，我只说了两次话。第一次说话两小句。第一句是化具体的句子为抽象的概念，告诉学生，这样的句子就是"环境描写"；第二句才是这段教学设计的目的，要引起学生去关注、去探究环境描写的目的是什么？第二次说话是在学生思考有结果后，教师对学生的发言的肯定，也在强调环境描写不仅仅是为了写环境本身，更重要的是为了衬托人物形象。这个环节，老师的教学语言精炼简单，没有多余累赘的词句，每一句、每一词指向明确：或肯定，或点疑，或明确概念，或引发深思，或渗透阅读方法。这样的语言，学生听后会非常清晰老师说话的意图，也就很好地为课堂教学服务。

实践中我发现，简约的课堂，目标简明，步骤简单，语言简练，呈现朴实，学生有更多的时间和空间进行学习实践，教师也可以从繁琐的教学步骤中解放出来，去想学生所想，去关注学生在课堂上的学习状态，去倾听他们所说的每一句话、每一个词，真正让学生"站在课堂的正中央"。学生在简约的课堂里，通过学习，获得语文知识，积累语言，发展思维，开发创造潜能；习得语文学习的基本方法，养成良好的学习习惯；提升阅读能力、读写能力、审美情趣；培养创新精神和合作精神，实事求是、崇尚真知的科学态度；认识博大精深的中华文化，汲取民族文化智慧，逐步形成积极的人生态度和正确的世界观、价值观。

"简约"是通向"丰盈"的方式、路径。"简约"是为了最终的"丰盈"。"丰盈"是"简约"追求的成果体现。简明的教学目标，清晰明了，看似少，实则精准，可以让每一节课的目标得以顺利达成，逐渐形成一课一得。每课一得，十课十得，长此以往，收获丰盈。简约的教学设计，流程清晰，步骤简单，过程简化，设计的每一环节直指目标，没有繁杂的步骤，舍弃花哨的造作，去除无效的折腾，教师拥有更多的时间关注学生课堂的学习动态，学生拥有更多时间参与到学习实践活动中，确保了每一节课的课堂效率。简朴的课堂生态，是自然的，亲切的，融洽的。这样的课堂氛围是学生健康成长的精神家园。这个家园里，少了一厢情愿的讲解，多了全体参与的实践；少了几分华丽，多了几分质朴；

少了几多"热闹",多了很多"安静"。学须静,静则远,远则深也。简练的教学语言,是教师文化内涵、学科素养、教学智慧、语言机智的高度融合。它不是简单意义上的"不说""少说",而是说得精练,说得准确,说得到位,说得及时,给学生以指引与启迪,点学习之火,激思维之花;释学习之疑,解探究之惑;激钻研之情,励奋进之志。

"简约"与"丰盈"二者是相对的,也是统一的,"简约而丰盈"是辩证的统一。"简约而丰盈"的语文课堂,让语文课堂返璞归真,复归本位,让语文课变得干净、丰实、高效,实现"简约的设计,丰盈的收获"!

参考文献

[1]黄厚江.语文的原点——本色语文的主张与实践[M].苏州:江苏教育出版社,2011.

「 学前篇
xue qian pian

幼儿教师如何把握好"教"与"不教"的尺度
——关于教育实践中幼儿教师角色定位的浅析

■ 华南师范大学附属幼儿园 吴冬梅

摘　要：目前，国内没有具有普适性的幼儿园课程方案，百花齐放方式给予幼儿教师很大的灵活度。但是，也因为缺乏上层专业理念的引领、缺乏理性的思考和缺乏专业知识的系统学习，幼儿教师在教育实践中难以正确定位自身的角色，陷入了"教"与"不教"的两难境况。教师做好自身角色的定位对专业素质的提升有导向作用，从而更好地推动幼儿教育质量的发展。笔者认为幼儿教师需要厘清思路，做有信念的教育者；深入地研究幼儿，成为幼儿学习与发展的促进者；理论和实践两手抓，成为终身的学习者。

关键词：幼儿教师　角色　定位

2015年全国学前教育宣传月以"给孩子适宜的爱"为主题，为家长把脉爱的温度。这让笔者想到了需要把脉的不仅仅是家长，还有众多工作在幼儿园教学第一线的教师们，她们同样也需要把脉，需要专业上的指路明灯，帮助她们在教育实践中定位好自身角色，掌握好"教"与"不教"的尺度，从教学的迷茫中走出来。

何为"幼儿教师角色"？"幼儿教师角色"即在教育实践中幼儿教师的身份以及由此而规定的行为规范和模式的总和。角色定位即角色的选择，教师在教育实践中选择某种身份及行为模式与幼儿进行互动。

一、幼儿教师角色定位的困境

纵观幼教改革与发展的历史，变化最多、改变最迅速的不是学前教育，而是幼儿园教育。学前的非义务教育地位，虽给予了其自由发展的灵活度，但同时也因缺乏统一的课程标准和共同的价值观，导致幼儿园教育的风向标难以捉摸，盲目跟风和模仿之风盛行已久。一路走来的双语教学、艺术教育、国学启蒙、蒙氏教育、方案教学、高宽课程、新西兰的学习故事、区域教学、学习中心……各种理念的、各种特色的课程层出不穷，让老师们追得精疲力竭、疲惫不堪。这些已超越了幼师阶段所掌握的知识体系和学习范畴，三四年的专业学习早就不足以面对和掌握变化如此之快的新概念和新流派。老师们疲于应付，无暇思考，只能盲目照搬和生硬模仿。

为了转变传统的重共性而忽视个性培养的教育模式，让幼儿成为自主的学习者，新课标要求幼儿教师作为一名研究者、观察者、支持者，尊重幼儿身心发展特点，给予幼儿适当的指导，促进幼儿的个性化发展。目前幼儿园教师大部分毕业于幼儿师范学校，理论基础比较薄弱，在新课标的要求面前，幼儿教师难以把握好正确的自身角色。这时，幼儿园老师不禁困惑了：到底教还是不教？如何控制好教的尺度？教，说教师是控制者，限制了孩子的自主发展，使幼儿失去独立思考和操作的机会；不教，又说教师是无作为者，放任幼儿的自由，难以体现教师的作用与价值。广大一线教师就这样陷入了茫然无措的两难境地。

面对课程改革，幼儿园教师普遍存在选择障碍，改革越发展，老师越茫然。师幼互动时，何时应该教，何时不应该教；集体教学中，何时应该强化，何时应该诱导；一日生活中，何时应该强势，何时应该耐心等待；区域活动时，何时介入，何时放手……教师出现这样的迷茫，很大程度是由无法明确自身角色定位造成的。一线幼儿教师的痛点和难点就在这里，无规律可循，随机性太强，老师要在没有预设或不可预见的情景下随时转变角色，表现出最恰当的教育行为。教师不仅要懂得什么时候教、教什么和为什么教，更要懂得在必须强制时如何做出决定，在不破坏自主性发展的前提下如何坚持服从……这是对幼儿教师最大的专业挑战。面对复杂多变的教学情境，如何发挥教学能力，及时正确地定位自己的角色，对幼儿教师提出了很高的要求。

二、陷入两难境地的原因分析

一线幼儿园老师陷入这样的两难境地并非偶然，从政府的教育改革到幼儿园执行再到教师个人专业成长，都存在着对此两难境况的深刻影响。

（一）缺乏引领价值观的国家课程

20世纪80年代教育部组织编写幼儿园通用课程材料，试用之后发现一套统编的课程难以满足全国各地幼儿园的不同需求。于是，百花齐放，各种幼儿园课程层出不穷。在这样的一个大环境下，幼儿园缺少具有法律性质的国家课程方案作为引领。幼儿园错误理解"园本课程"与"课程园本化"的概念，盲目地让老师去开发和创新课程。大部分老师在没有经过专业培训、专业能力尚未达到课程开发者的程度的情况下，被迫开发出园本课程方案，这很容易造成课程理念和目标的不切实际。缺乏上层课程理念和目标的科学引领，幼儿教师在具体实施时就会失去了风向标。而且在实施的过程中，教师实践活动的对与错全凭专家和领导一句话，缺乏科学的评价体系，造成了教师在教学中的自我评价错乱，开始质疑自身角色的价值。

（二）缺乏理性的思考

幼儿园教育与其他阶段的教育的关键区别是保教结合。在每日活动中，幼儿教师要面对的事情极其繁琐，教育对象之复杂、工作压力之巨大，比其他阶段的教师更容易产生职业倦怠感。加之陷于各种理念、课程层出不穷，没有一个具有引领性的风向标，老师们容易缺乏理性的分析与思考，逻辑混乱，只能见招拆招，盲目应付，进而只知其然而不知其所以然，人云亦云。而实践、反思、再实践、再反思是教师提升教育教学水平的必经之路。如果缺乏对自身教育实践的批判性思考，那么教师就成了课堂内容的搬运工，知识的灌输者，没有教学的智慧和创造力，并且容易偏离教育目标与方向，无法清楚地定位自身的教育者角色，应该做什么，不应该做什么，慢慢地越来越偏离幼儿教育的本质。

（三）缺乏系统的学习

一线老师身陷各种百花齐放的课程中，对各种课程浅尝辄止，没能充分吸取并利用这些课程的精华来改善自身的教学行为，更没有系统地学习相关理论并梳理出具有逻辑的理论框架以支持自身专业的成长。在新时代的教育背景下，教师要以"幼儿为中心"，成为幼儿健康的保育者、教学的研究者、环境的创设者、课程的开发者、游戏的合作者等。角色如此多重，教师如果一直处于专业基础不扎实、所学的知识体系比较零散的情况下，那就难以形成自己的科学教育观念，并且缺乏科学的角色定位，从而不足以支撑其进行教育教学的改革与创新，在教学中就难以做出正确的判断，给予幼儿科学的指导。

三、对幼儿教师角色定位的思考

《国家中长期教育改革和发展规划纲要（2010—2020年）》提到"把提高质量作为教育改革发展的核心任务。"提高幼儿教育质量的关键因素之一在于处理好"教"与"学"的关系。一线老师作为"教"的核心元素，其科学的角色定位，对提升幼儿教育质量起着至关重要的作用。2016年教育部颁布的新修订的《幼儿园工作规程》将原规程中"注意根据幼儿个体差异"改为"充分尊重幼儿的个体差异"。这种提法的转变更加凸显了幼儿的主体地位，也预示着幼儿园教师需要提高自身专业素养，转变传统的教育角色，把握好"教"与"不教"的尺度。笔者提出了以下关于教师角色定位的思考，以期帮助幼儿教师对自身角色进行科学的定位。

（一）厘清思路，做有信念的教育者

有信念的人经得起任何风暴。在众多的理念和课程盛行之下，幼儿教师只有厘清思路，坚定自身的教育信念，找好主心骨，才能不忘初心。笔者认为，虽然教育理念和课程繁多，但是教育的本质是纯粹的，作为一名幼教工作者必须要清楚地认识到教育的本质，做一名坚持教育本质、有信念的教育者。

西方有一句谚语：教育的本质，不是把篮子装满，而是把心点亮。教育的本质不是单纯的灌输，而是让人发现自身的价值和潜能，找到生命和存在的意义，鼓励和激发人的灵魂和心智。卢梭、福禄贝尔、裴斯泰洛齐等教育家都强调教育要顺应儿童的自然天性。这些教育本质是我们需要坚定的信念，不应盲目去选择某种标准答案，而幼儿身上的潜能和价值本身就没有标准的答案，我们要有自己的思考与专业判断。在教育实践中，幼教工作者要厘清以下的问题：知道自己在做什么？怎么做才能够更好地顺应孩子的天性？还可以怎样做才会更好地促进幼儿发展？

（二）深入研究幼儿，成为幼儿学习与发展的促进者

信念要付诸行动才能实现价值。有信念的教师要让自己的教育行为促进幼儿更高的发展，从而实现自身的价值。教育对象的复杂性，需要教师在掌握共性教育规律的基础上，根据个体的差异，采用有针对性的教育方法。

一日活动皆课程，幼儿园里随机的、非正规的教学活动太多。作为教师该如何去把握两者的尺度，什么时候该放手让孩子自由创造游戏，什么时候该做一个适时的支持者，在游戏中适时介入给予点拨与指导？教师首先要明确教学有法，教无定法，贵在得法。而又如何"得法"？由于幼儿动作、语言、社交等方面发展的不完善，他们有时候难以具体描述自己的所需所求。这时我们需要以幼儿为本，深入观察和研究幼儿，从幼儿的角度进行思考，从幼儿的行为中发现其真切的发展需求。因此教师除了做适时的支持者，更要做敏锐的观察者，善于观察和捕捉教学时机。在观察和研究的基础上，积累更多关于孩子发展的认识以及教学智慧。这就应该对儿童身心发展规律有深刻的认识，对教育规律有精准的把握，在教学中掌握好适时进入与退出的技术，在过程中领悟精髓，提高我们跟孩子互动的能力，以及靠不断获得的智慧，在跟孩子的长期相处中成长为具有解读儿童能力的智慧型教师。

在教育实践过程中，不能非此即彼，因噎废食，盲目地追求低结构教学而否定高结构教学。我们既要充分认识到放手让幼儿自由创造的重要性，同时又不能全盘否定国情现状下的集体教学对幼儿学习和发展的价值，更不能否定教师的作用，让自己退化成简单的程序员。我们要深入地研究幼儿，观察幼儿的行为，有针对性地支持幼儿的需求，成为真正意义上幼儿学习和发展的促进者。

（三）理论实践两手抓，成为终身的学习者

《幼儿园教师专业标准》提到幼儿教师要"能力为重，终身学习"。霍勒斯在《教师角色》中提出专业化教师的素养要"履行重要的社会服务，接受系统知识训练，接受持之以恒的理论与实践训练，接受经常性的职后教育。"幼儿教师要坚持实践、反思、再实践、再反思，不断提升专业能力，同时学习先进的学前教育理论，不断更新自身知识结构。理论和实践两手抓，教师只有深入学习理论，拥有广博的专业知识，积极进行反思性的教学实践，积累越来越丰富的经验，才能在教学中获取处理复杂的、不确定的情景的知识和能力，提高自身的专业水平。

学无止境，教育对象在不断地变化，课程改革在不断地推进，新的理念也在不断地涌现。在这样的背景下，不进则退，不思则罔，幼儿教师要成为终身的学习者，通过不断学习来保持与时俱进。只有不断地学习、实践与反思，幼儿教师才能获得并坚定更科学的教育信念，明确自身的价值与角色定位；才能更深入地研究幼儿，不断更新对幼儿的认识，实施更有效的教育行为，促进幼儿全面发展，也实现自身的专业发展。

参考文献

[1]朱家雄.幼儿园教师专业成长的途径——基于行动的幼儿园园本教研[J].早期教育，2004（10）:6.

[2]高丽萍.山东省编幼儿园课程方案园本化的调查研究[D].南京：南京师范大学，2015.

[3]程秀兰.幼儿教育本质的规定性及其意义[J].学前教育研究，2014（09）:3-13.

[4]吴荔红.试析影响幼儿教师专业成长的核心因素[J].学前教育研究，2005（09）:44-45.

[5]杨飞龙,张尧.《幼儿园教师专业标准》定位下的幼儿教师角色[J].教育探索，2014（08）:101-102.

[6]王淑君.美国优秀幼儿教师专业标准对幼儿教师角色定位的启示[J].学前教育研究，2012（09）:70-72.

[7]樊小雪.社会转型期幼儿园教师角色冲突的研究[D].银川：宁夏大学，2015.

[8]虞永平.切实认清学前教育"质量低"的问题[J].早期教育（教师版），2011（Z1）:4-6.

提升幼儿在运动中的主动保护能力

■ 广州市第一幼儿园 辛小勇

摘 要：在幼儿园的体育活动中，为了孩子身心发展的需要，会创设许多有难度的游戏环境，进而有意识地激发孩子的挑战意识，增强孩子的自信心。但是随着难度的增加，容易出现许多危险情况，为了避免"危险"，很多老师会选择逃避，甚至创设一些不利于孩子身心发展的运动环境，这严重阻碍孩子的身体能力和心理品质"呈阶梯式"发展。在许多体育游戏中，一些"困难"完全可以交给孩子们主动地去克服，主动地获得自我保护的经验。运动时的自我保护能力是孩子健康成长的重要保障，在这种能力培养中，强调孩子是"自我保护"的主体，"运动"是"自我保护"的手段，"主动"是我们培养的重要目标。在此，主要通过三个方法来实现：第一，创设机会，鼓励创新。第二，保证安全，主动实践。第三，自救知识，家园共育。在日常教学活动中，激发孩子积极主动的自我保护意识，积累自我保护的方法和经验，为健康快乐的童年打下基础。

关键词：运动安全 主动实践 思考 自救能力

一、引言

日常的体育环境创设时，除了注重孩子的身体能力的培养，同时也关注孩子良好意志品质的养成。教师在创设运动环境时，首先要想到的是如何在适应孩子的年龄特点基础上逐渐改变运动环境，增强孩子的身体适应能力。在此过程中，不同运动水平的孩子有着不同的体验和反应，甚至会出现危险情况。为了使孩子们获得更多的体验，积累更多自我保护的方法和经验，我们通过给孩子们大量体验"难度"的机会，鼓励其创新地利用自身特点来获得挑战的喜悦，并在基本规则的约束下，鼓励其敢于主动地去实践自我保护的想法。久而久之，将孩子们受到老师的"被动"保护，逐渐转变成"主动"去思考、实践、学习等的自我保护能力。这样下去，孩子们既获得了丰富的挑战体验，身体能力和意志品质获得有效的提升，也使得自己更加清楚了解自身的特点，不会冒冒失失地让自身处在危险的环境中。

二、创设机会、鼓励创新

（一）抓住产生意识的时机

能力的强弱，意识是前提。在日常的体育教学活动中，发现当游戏的难度提升到一定程度时，孩子们玩的速度自然就会减慢，但是兴趣则十分高涨。也就是因为有了这么新鲜而有趣的难度危险，孩子们才会放慢脚步，进行观察、思考和尝试，谁也不想摔倒。而就在孩子们面对难度和危险时，放慢脚步的一瞬间，主动的保护意识就产生了。家长和老师就应该抓住这个时机，将其扩大化，甚至多创设这样的机会，让孩子们的主动保护意识获得增强。主要的策略如下：

（1）观察孩子在游戏中的真实表现，多询问孩子对游戏的反应，包括兴趣、内容、情绪、想法。孩子是游戏的主人，只有在孩子的口中我们才知道下一步应该设置什么样的难度。深刻感受孩子们在游戏中的情绪，及时地发现危险问题，有意识地引导孩子们避免。

（2）抓住多数孩子的兴趣点，将这个兴趣点进行扩大化，让更多的孩子感兴趣。兴趣是最好的老师，兴趣可以让孩子们充满激情，有了激情，孩子们思考也会变得活跃，想出的方法也会更加有效。

（3）在游戏前，给孩子们思考和整理的时间，让一部分孩子体验一下，或老师先示范。孩子们在遇到困难时，尤其是具有一定挑战性的游戏时，孩子们为了保护自己，都会有一个最初的想法和预设，在这段时间内，请孩子们冷静思考一下，如何既可以通过挑战，也可以获得安全。

（4）游戏的难度应该是让孩子们直接观察到的，解除隐形的危险问题。孩子们在摆放器械时，可以去摸一摸器械的材料、接触一下材料的功能，引导孩子们认真观察和思考，以便更好地利用面对的环境器械。

（5）游戏和器械的变化要丰富，给孩子们产生意识的时机也会更丰富。当抓住孩子们的意识产生的时机时，还需要不断地升级游戏的玩法和器械的摆放，不断地产生出更多的时机，让孩子们不断地面对挑战，不断地思考和体验。

（6）游戏的难度要循序渐进，易被孩子们接受和思考。游戏难度的创设要适合不同年龄段的幼儿，在孩子的能力范围内尽量地发挥身体潜能，同时获得丰富的自我保护意识。

（二）寻找幼儿独特的方法

在面对困难时，每个孩子在大脑里的反映都是不同的，他们为此做出的判断也是不同的，因此需要形成属于孩子本身特色的主动保护意识。孩子的创造性思维需要去鼓励，孩子创造性做法也需要鼓励，在游戏中就需要让孩子按照自身的特点，为自己获得更适合的意识。主要的策略有：

（1）鼓励孩子们自主思考，产生和别的孩子不同的想法。可以引导孩子们从最基础的方法开始探索，和孩子们一起讨论，使得方法不断地升级和完善。

（2）根据孩子的心理特点，让孩子们采取适合自己的方法和措施。有的孩子胆大点，有的孩子胆小点。胆大的孩子多是追求速度和灵敏，胆小的孩子追求慢和稳。

（3）发挥孩子本身的身体特点，使孩子们通过不同的途径，达到相同的目的。能力强的孩子在完成动作的同时，需要注意身体的协调和舒展姿势。能力弱的孩子，需要鼓足勇气去挑战，充分动用自己的身体。

（4）引导孩子们多角度思考，发现游戏中可能出现的危险事故，并从多角度来预防。在玩凳子跳跃游戏时，有孩子发现凳子的脚不稳、有的孩子发现凳子的靠背太高、有的孩子发现凳子的面太窄、有的孩子发现凳子所在的路面是水泥铺的，还有的孩子发现凳子的腿松了。

三、保证安全、主动实践

（一）良好的规则意识

良好的行为习惯必须建立在有序、有规则的基础之上。在游戏中，尤其是处在高难度的运动环境中，孩子们要能清楚老师所给的规则和玩法，有序地进行体验。在此基础上，进一步提高主动保护习惯。具体的策略如下：

（1）充分了解孩子的年龄特点，指定相应的规则和玩法，整个活动要顺畅、有序地开展。可以适合绝大多数的孩子很好地参与，培养孩子良好的规则意识。

（2）规则是基础，挑战性游戏是载体，在规则的基础上，挑战性的体育游戏也需要有安全的玩法，允许孩子们自由发挥，但是避免危险的方法产生。

（3）教师应该及时发现孩子们在探索方法时，出现的危险动作时，及时地引导孩子们进行改变和调整，使得不成熟的方法获得提高，从而养成不断思考的习惯。

（4）对于一些不遵守规则的孩子，应该及时发现并指导，利用表演和示范的形式使其按照规则进行，避免意外事故的发生。

（二）主动挑战和思考

既然有挑战，必然会有危险存在。但是这种危险也是在老师科学、合理的创设下形成的。也就是说，这种危险会让孩子们感觉到，但是这一切都在教师的掌控之中。教师只是提供这样的氛围，让孩子们在遇到危险时，去思考解决的方法，使自己安全、顺利地通过，养成良好的主动保护习惯。主要策略如下：

（1）孩子是游戏的主人，孩子的创造能力需要发挥出来，创造和思考这种习惯的养成，万事先问问孩子们怎么做，即使教师自己是知道的，但是这样的方法不一定是孩子喜欢的，也不一定就是适合孩子的，因此要根据孩子的想法来引导。

（2）具有挑战性的游戏，多数是孩子们最喜欢的，但是有兴趣必定会让孩子们兴奋，往往兴奋的孩子难以冷静下来，我们要做的就是如何使他们冷静下来去思考，做到动中有静，安全而有趣。

（3）及时总结孩子们的方法，使得在不同的活动内容中也能获得综合的利用。例如，翻越垫子和翻越双杠、长条凳都很相似，孩子们在翻越凳子时主要靠手臂的支撑力，在翻越双杠时主要靠大腿的屈伸力，但是基本的方法都相同，这样综合的游戏更能提高孩子的灵活性和协调性。

四、自救知识、家园共育

（一）模拟自然灾害游戏的开展

在日常生活中，孩子们经常会听到关于自然灾害的新闻报道。教师和家长应该及时抓住这些线索，对孩子自救逃生的本领进行模拟练习。在幼儿园的体育课里，孩子们可以模拟体验地震、洪水、龙卷风等体育游戏，从中获得大量主动保护知识。主要的策略有：

（1）"地震来了快快跑"游戏深受孩子们喜欢，孩子们在面对模拟地震的游戏中，在通过翻倒的凳子、桌子、轮胎、单杠、小桥等练习钻爬能力时，孩子们有序地疏散，有组织地"逃"到安全的地方，在闯关游戏中，充分发挥团结合作、安全第一的意识和能力。

（2）"洪水来了"游戏中，孩子们利用自己手中的浮板，救回水中的小动物以及不会游泳的小伙伴，在水中搀扶、拉着救生绳子快速走、利用长竹竿救小伙伴等，让孩子们了解在发生这样的自然灾害中，如何自救和救人。

（3）在游戏中，请孩子们看标志躲避，而不要往人多拥挤的地方去，看标志、读懂标志的意思是非常重要的，这样的元素需要结合真实场所的资料来制作，形象立体，浅显易懂。

（二）家园共育，积累自救知识

不论是在哪里，也不论是和谁在一起，这种应付突发事件的能力应该从小培养。在幼儿时期，孩子们自救和救人的能力有限，但是可以吸收这一类知识，或通过其他的方式进行突发事件的应急处理。教师应给孩子们多创设这样的运动环境，让孩子们在遇到脚扭伤、撞头、沙迷眼、擦破皮等突发情况时，拥有丰富的自救知识和本领。具体措施如下：

（1）清楚基本的应急处理方法，多创设这样的情景，在热身运动或放松运动中开展。例如，玩沙游戏中，沙子进入眼睛，不要用手揉搓眼睛，应该找老师处理，或者到医务室用清水清洗。

（2）有些应急方法需要大家的配合，孩子们要知道，此刻需要做什么。例如，当孩子们在走平衡时，假如有个孩子不小心摔了下来，扭到了脚应该怎么做？如果大家围上来观看，反而会使空气不流通，也阻碍别人的帮助。而应该让孩子们清楚地知道围着不好，有人在帮助时大家应及时散开。

（3）在游戏中，将应急处理突发事件的方法创编成韵律操，在做操的同时，通过儿歌的形式，清楚知道如何人工呼吸、如何抬伙伴、如何吹沙子、如何洗伤口、如何按摩、如何单脚跳等。

（4）开展以"主动保护"为主题的亲子运动会。亲子运动会深受家长和孩子们的喜欢，以"主动保护"为主题，开展丰富多彩的体育内容，以有挑战性的游戏为载体，组织家长和孩子们共同探索和尝试，总结出适合日常生活中应用的主动保护方法，逐渐形成主动保护的良好氛围。

（5）开展以"主动保护"为主题的区域活动。区域活动是深受孩子们喜欢的运动，在区域活动中，渗透"主动保护"氛围的主要方式有：教师提醒、活动准备、区域提示图、游戏规则、活动中的指导讨论、幼儿团结合作、活动后的放松整理等方面。

五、总结

通过以上三个途径，促使孩子自我保护能力的养成，结合家园共育，旨在运动中创设丰富的运动环境，促使孩子们安全运动习惯的养成，尤其能认识和掌握"主动保护"的知识和技能，更为有效地促进幼儿身心健康发展。

参考文献

[1] 庄弼. 三维幼儿体育活动组合器材[M]. 广州：广东高等教育出版社，2016.

[2] 庄弼. 幼儿园体育活动大纲[M]. 上海：华东师范大学出版社，2016.

[3] 叶平枝. 幼儿园健康领域教育精要——关键经验与活动指导[M]. 北京：教育科学出版社，2015.

台湾地区幼儿园情绪领域教育及其启示

■ 广州市越秀区教师进修学校　许　凯

摘　要：台湾地区《幼儿园教保活动课程暂行大纲》将"情绪"作为主要发展领域单列出来，突显了对幼儿心理健康教育的关注。其框架和内容对我们进一步明确幼儿心理健康教育的重点、关注幼儿情绪教育、重视情绪认知和表达、加强幼儿情绪教育实操性指导、切实提高幼儿教师心理健康教育能力等有着积极的启发作用和借鉴价值。

关键词：幼儿情绪教育　情绪能力　幼儿心理健康教育

近年来，我国对幼儿心理健康教育日益重视，《幼儿园工作规程》《幼儿园教育指导纲要（试行）》《3～6岁儿童学习与发展指南》中都有相关的表述。相比较而言，台湾地区《幼儿园教保活动课程暂行大纲》将"情绪"单列为重要发展领域，更突显了对幼儿心理健康教育的关注。其框架和内容对我们开展幼儿情绪教育，最终促进幼儿的心理健康发展有积极的借鉴价值。

一、台湾地区《幼儿园教保活动课程暂行大纲》内容框架

2012年出台的台湾地区《幼儿园教保活动课程暂行大纲》标志着台湾地区幼儿的教育教学有了新的依据和发展方向，在较高层面规划了幼儿的学习和发展蓝图。它立足人的素养，确立了课程大纲的宗旨及总目标，将课程分为身体动作与健康、语文、认知、社会、情绪和美感等六大领域。每个领域包含领域目标、领域内涵、实施原则三个方面的内容。同时，每个领域还根据领域目标，设定了该领域的课程目标，再根据各年龄层幼儿的学习任务，规划出分龄学习指标，这些学习指标反映的是幼儿学习的方向，强调在幼儿先前经验及能力的基础上，朝着学习目标的方向进一步学习。《幼儿园教保活动课程暂行大纲》通过统整6大领域课程规划与实践，主要培养幼儿在感知辨识、表达沟通、关怀合作、推理赏析、想象创造、自主管理等方面的能力。

二、台湾地区《幼儿园教保活动课程暂行大纲》情绪领域内容

台湾地区《幼儿园教保活动课程暂行大纲》将"情绪"单列为一个独立领域，与其他五个领域并列。情绪领域的创设，标志着台湾地区沿用20多年的幼儿园课程体系做出了很大的调整，幼儿园保教活动方式发生了改变，同时也显示出台湾学前教育界关于幼儿学习与发展、教保活动课程、教保人员角色等观念发生了一系列改变，这些将对台湾幼儿教育未来发展走向产生较长时间的影响。其背景是20世纪80年代以来世界范围内情商和情绪智力的研究热潮影响岛内学界关于情绪教育的本土研究的兴起，使岛内学者关于情绪对个体发展的重要意义、情绪教育的可能性达成共识。

台湾地区《幼儿园教保活动课程暂行大纲》情绪领域的目标定位为"接纳自己的情

绪；以正向态度面对困境；拥有安定的情绪并自在地表达感受；关怀及理解他人的情绪。"在领域内涵部分，《幼儿园教保活动课程暂行大纲》阐明了情绪的概念及幼儿情绪发展的规律，明确了情绪领域着力要培养的是幼儿处理情绪的能力，简称为情绪能力。这种情绪能力又包括"情绪觉察与辨识"能力、"情绪理解"能力、"情绪调节"能力和"情绪表达"能力。这些具体的情绪能力根据情绪产生来源，可分为"自己"和"他人与环境"两个维度。前者是指"自身因受到环境的刺激而产生情绪反应"，后者是指"幼儿可以感受到他人受环境刺激而产生的情绪反应"或"幼儿以拟人化形式投射自身对环境中事物刺激（包括环境中的动植物、物件、文本及影片等）的情绪反应"。

综合以上四项情绪能力和两个维度，形成了情绪领域的课程目标（表1），并在课程目标基础上，对应形成了2～6岁各年龄段的学习指标（表2）。

表1 情绪领域课程目标

情绪能力 \ 两个面向	自己	他人与环境
情绪觉察与辨识	1-1 觉察与辨识自己的情绪	1-2 觉察与辨识生活环境中他人和拟人化物件的情绪
情绪表达	2-1 合宜地表达自己的情绪	2-2 适当地表达生活环境中他人和拟人化物件的情绪
情绪理解	3-1 理解自己情绪出现的原因	3-2 理解生活环境中他人和拟人化物件情绪产生的原因
情绪调节	4-1 通过策略调节自己的情绪	

表2 "情绪察觉与辨识"目标的各年龄段学习指标

课程目标 \ 学习指标	2～3岁	3～4岁	4～5岁	5～6岁
1-1 觉察与辨识自己的情绪	1-1-1 知道自己常出现的正负向情绪	1-1-1 →	1-1-1 辨识自己常出现的复杂情绪	1-1-1 →
	1-1-2 知道自己的同一种情绪存在着两种程度上的差异	1-1-2 →	1-1-2 辨别自己的同一种情绪有程度上的差异	1-1-2 辨识自己的同一种情绪在不同情境中会出现程度上的差异
			1-1-3 辨识自己在同一事件中存在着多种情绪	1-1-3 →
1-2 觉察与辨识生活环境中他人和拟人化物件的情绪	1-2-1 觉察与辨识常接触的人和拟人化物件的情绪	1-2-1 →	1-2-1 从事件脉络中辨识他人和拟人化物件的情绪	1-2-1 →
		1-2-2 辨识各种文本中主角的情绪	1-2-2 →	1-2-2 →

在情绪领域的"实施原则"部分，《幼儿园教保活动课程暂行大纲》强调情绪领域教保活动实施的原则就是建立幼儿能理解及接纳自己和他人情绪的情境，并学习以合宜的情绪状态面对自己和他人。同时，《幼儿园教保活动课程暂行大纲》对教保人员应遵守的教学原则和评量原则进行了较为详细的论述。教学原则涉及环境营造、因材施教、身教示范、随机教育等多方面，强调接纳情绪、鼓励表达、尊重差异、适时引导。评量方面倡导根据幼儿情绪的整体表现进行定期分析评量，而不是针对特定时间的某一时间进行评量，并提出了教保人员对幼儿情绪进行观察分析、对自身教学进行反思可参考的一些要点。对此，有学者认为"将反思写入课程纲要中，有利于增强教师的反思意识，提高教师的重视程度。"

三、台湾地区情绪领域教育对祖国大陆地区幼儿心理健康教育的启示

（一）关注幼儿情绪教育，突出幼儿心理健康教育的重点

随着全社会对幼儿心理健康问题的关注，近年来对幼儿心理健康教育的探讨日益增多，学前教育法规及重要文件中也有相关的表述。大陆2001年颁布的《幼儿园教育指导纲要（试行）》中强调"树立正确的健康观念，在重视幼儿身体健康的同时，要高度重视幼儿的心理健康。"2012年颁布的《3～6岁儿童学习与发展指南》不仅在说明部分强调"促进幼儿身心全面和谐发展"，还在健康、社会两个领域提出了与幼儿心理健康密切相关的各层次的幼儿学习与发展目标，如"情绪安定愉快""较快融入新的人际关系""具有自尊、自信、自主的表现""喜欢并适应群体生活"等，并在"情绪安定愉快"目标项中描述了不同年龄段幼儿在情绪方面的典型表现。2016年新出台的《幼儿园工作规程》在原则部分特意增加了"促进幼儿身心和谐发展"这样的表述，第十九条增加了"幼儿园应当关注幼儿心理健康，注重满足幼儿的发展需要，保持幼儿积极的情绪状态，让幼儿感受到尊重和接纳。"总体看来，祖国大陆重视幼儿心理健康教育，但相关的教育目标和内容较笼统、重点不突出。

个体的心理健康与情绪息息相关，在当前的幼儿心理健康教育中，情绪教育是非常重要的一项内容。大陆相关的课程指导主要体现在《3～6岁儿童学习与发展指南》中健康领域—心健康子领域目标2"情绪安定愉快"版块所描述的不同年龄段幼儿在情绪方面的典型表现和相关教育建议。相比之下，台湾地区《幼儿园教保活动课程暂行大纲》将"情绪"单列为一个发展领域，更突显了情绪教育在幼儿心理健康教育中的重要地位。这也启发我们在本地区、本园的教育实践中进一步细化幼儿心理健康教育的目标和内容，抓住"情绪教育"这个重点难点进行持续、深入的探索，这样才有可能大幅度提高幼儿心理健康教育的成效。

（二）重视幼儿的情绪认知及表达，真正促进幼儿心理健康发展

《3～6岁儿童学习与发展指南》"情绪安定愉快"目标板块中描述了不同年龄段幼儿在情绪方面的典型表现，3个年龄段共涉及8项指标或典型表现，其中5项涉及情绪状况及情绪调节，2项涉及情绪表达，1项涉及情绪认知。总体上看，我们较多强调情绪控制，潜在地将负面情绪看作是不利于集体氛围和人际关系的，重视情绪保持在安定愉快状态，而对各种情绪的认识、理解和表达强调不充分。而台湾地区《幼儿园教保活动课程暂行大纲》中情绪领域的课程目标包括了情绪觉察与辨识、情绪表达、情绪理解、情绪调节

等4项能力，在各年龄段学习指标中，情绪认知和情绪表达方面的学习指标是占比最多的内容。而且，对情绪认知和表达的重视从2～3岁阶段就已经开始了。

这给我们带来很大的启发：我们必须认识到，幼儿有复杂的情绪体验，有情绪认知的基础和需要，而幼儿的情绪认知对其情绪表达和情绪调节策略的运用有着至关重要的影响。幼儿如果认识到自己的情绪是怎样的，就能更准确地表达情绪；幼儿如果理解了情绪产生的原因是什么，就能更好地采取适当策略来调节情绪。幼儿有表达情绪的需要，表达情绪本身就有释放排解负面情绪的功能，同时也是幼儿获得帮助和建议的重要基础。过多强调情绪控制，会使幼儿不愿意或不习惯表达情绪，导致很多情绪问题被掩盖，负面情绪得不到及时的疏导，长此以往是不利于幼儿心理健康发展的。对情绪控制的强调与东亚文化对情绪掩蔽的态度有关，与西方文化相比，中国文化并不是那么提倡负面情绪的表达与表现。在一项关于教师对幼儿情绪表达事件的态度的研究中也发现，幼儿消极情绪表达事件中教师常采用消极态度。但鉴于大陆和台湾地区有相似的文化背景，我们可以借鉴台湾地区对幼儿情绪认知和情绪表达给予重视的理念和做法，从促进幼儿心理健康发展的角度出发，主动调整传统文化的固有思维，探索本土化的幼儿情绪教育模式。

（三）加强幼儿情绪教育实践指导，提高幼儿教师心理健康教育能力

台湾地区《幼儿园教保活动课程暂行大纲》情绪领域在基本理念统摄下，将情绪教育的目标分为领域目标、课程目标、学习指标三个层次，围绕核心概念，逐层细化。使看起来似乎无从入手的幼儿情绪教育"不但目标框架清晰，而且方法步骤清晰有效，为幼儿园课程开发研制提供了难得的技术与知识借鉴，贡献不小。"

其"实施原则"部分则对教保人员进行幼儿情绪教育给予了实操性的指导。例如在教学原则方面，倡导提供一个接纳、温暖及开放的环境，包括适宜的活动空间、稳定的作息安排、丰富的游戏材料、关爱接纳的人际关系等。倡导既鼓励幼儿表现正向的情绪，同时也接纳幼儿负向情绪的自然流露，逐步引导幼儿学习以符合社会文化的方式来表达情绪，对情绪能力较弱的幼儿要更多关注并提供学习机会或设计课程活动。倡导教师要做知觉自身情绪、调节自身情绪的正面身教示范，同时抓住生活中情绪事件开展随机教育，帮助幼儿发展情绪能力，等等。此外，对于如何进行情绪领域的评量，《幼儿园教保活动课程暂行大纲》也提供了具体的指导，例如，怎样依据该领域课程目标和年龄段学习目标对幼儿进行日常观察和资料收集，并定期分析幼儿的情绪能力表现，为调整后续课程内容、教学方法或个别指导提供参考等。这些实操性的指导对于幼儿情绪教育的有效落实起到了积极的促进作用。

目前大陆还缺乏针对幼儿情绪教育或心理健康教育的具有较强实践指导性的文件或课程大纲，《3～6岁儿童学习与发展指南》中列举了一些与幼儿心理健康教育有关的教育建议，但无意于达成系统性和全面性。在这样的背景下，一方面我们期待相关部门陆续出台相关的实操指导性文件，切实助力幼儿心理健康教育实践。另一方面也需要各地教科研部门和幼儿园继续加强幼儿心理健康教育方面的研究和实践，推进幼儿心理健康教育课程的开发，形成具有指导性、推广性的理念和做法，不断提高教师开展幼儿心理健康教育的能力。

参考文献

［J］赵金苹,曹能秀.台湾地区《幼儿园保教活动课程暂行大纲》特点分析［J］.幼儿教育,2016（7,8）:33.

［2］幼儿园教保活动课程暂行大纲.台湾地区教育行政主管部门编印,2014.

［3］顾云虎,陈亮吟.台湾幼儿园情绪教育之课程创新［J］.全球教育展望,2016（5）:40.

［4］赵金苹,曹能秀.台湾地区"《幼儿园保教活动课程暂行大纲》"特点分析［J］.幼儿教育,2016（7,8）:36.

［5］张婕.幼儿情绪健康教育刍议——从一项心理健康教育课程的实施效果谈起［J］.幼儿教育,2011,（10）:5-6.

［6］但菲,梁美玉,薛瞧瞧.教师对幼儿情绪表达事件的态度及其意义［J］.学前教育研究,2014（12）:3-7.

［7］顾云虎,陈亮吟.台湾幼儿园情绪教育之课程创新［J］.全球教育展望,2016（5）:47.

浅谈音乐艺术的特殊性与幼儿音乐教育

■ 广州市越秀区烟墩路幼儿园　蔡　君

摘　要： 音乐艺术的特殊性与幼儿音乐教育之间有着微妙的关系，在幼儿音乐教育实践过程中，音乐教育在幼儿教育各领域中有着它的特殊性。本文提出音乐艺术特殊性为幼儿音乐教育而服务，教师应重视并突出音乐艺术特殊性，深度认识幼儿音乐教育源于生活并高于生活。

关键词： 特殊性　幼儿音乐教育

幼儿园的教育是通过多种内容，多种形式的教育活动，各尽所能地共同完成其教育任务，促进幼儿身心和谐地发展。幼儿音乐教育活动是幼儿园诸多教育活动中的一种，它是通过音乐作品（教材），设计和组织音乐活动，发挥音乐艺术的教育作用来促进幼儿身心发展的。

一、解读音乐艺术特殊性，为幼儿音乐教育服务

音乐作为一门艺术，它是社会生活的反映。艺术作品的产生是作家对生活中的事物，经过选择、提炼和艺术加工而创作出来的，作家在创作音乐作品的时候，运用音乐表现手段塑造音乐艺术形象来反映生活。创作过程中将其思想感情、审美态度同时透于作品之中，所以说音乐艺术作品是带着形象性、情感性和审美性等特征来反映生活的，这是音乐艺术和其他艺术所共有的艺术特征。

音乐艺术是音乐教育的基础和出发点，有其特殊性，恰当地发挥音乐艺术的特长是做好幼儿园音乐教育工作的关键。

（一）音乐是用声音构成的艺术，人们用听觉感知音乐

声音是音乐艺术区别于美术、文学等其他艺术的最基本的特征，也是体现音乐艺术特殊性的基础。构成音乐的声音主要是乐音，乐音有高低、长短、强弱、音色等特性。这些特性为音乐艺术表现的丰富多彩奠定了基础。

人们用听觉感知音乐，那么听觉就是人们接受音乐教育的"窗口"了。一切音乐活动都离不开听觉感知、辨别、检验和领悟，培养和发展幼儿的音乐听觉能力是幼儿参与音乐教育活动所必须具备的一种基本能力。幼儿时期是听觉训练的最佳期，音乐听觉训练在培养听觉能力的准确性、敏锐性方面又有其特殊作用。

（二）音乐是需要二度创作——表演（演唱、演奏）的艺术

画家作画、文学家创作的文学作品都可以直接供人欣赏，而作曲家创作的音乐作品，必须经过表演者的演唱演奏，才能供人欣赏。音乐实践活动有创作、表演和欣赏三个方面，音乐的演唱演奏则成为沟通音乐创作和音乐欣赏之间的桥梁，所以音乐艺术十分注意演唱演奏技术的磨炼和艺术的创造。

幼儿音乐教育活动中老师的示范、幼儿的学习和练习都属于表演的范畴，同样应当注意音乐技术的磨炼和艺术的创造。培养和发展幼儿的音乐素质和能力，即是为了培养和发展幼儿对音乐艺术的感受、领悟能力，实践、表达能力，想象、创造能力，培养对音乐艺术的兴趣爱好，从中受到教育。

（三）音乐是擅长抒发感情的艺术

声音是人们生活中传情达意的重要手段，它有触动人的感情的特殊作用。音乐是用有组织的乐音经过艺术创造来反映生活表达思想感情的艺术。因此，音乐艺术有抒发、表达、激励人的感情的特点，一首音乐作品不仅能表达一种内容、一种情感，还能表达内容情感的发展变化。在幼儿音乐教育活动中，从选择教材到设计和组织音乐教育活动，都要抓住音乐艺术这一特点，从情感教育入手，引导幼儿对音乐作品产生相应的情感反应，这种情感反应就是音乐审美的最突出特征。

人的审美活动和情感活动总是紧密地连接在一起的，只有选择那些优秀的音乐作品作为教材，才能为儿童的审美活动、情感活动提供广阔的活动余地。音乐教育活动中的审美活动、情感活动是音乐艺术教育力量之所在，音乐教育活动如果不感人，不触动人的感情，它的教育力量将是苍白无力的。

二、幼儿音乐教育活动中重视音乐艺术特殊性的基本要求

《3～6岁儿童学习与发展指南》提出："每个幼儿心里都有一颗美的种子。幼儿艺术领域学习的关键在于充分创造条件和机会，在大自然和社会文化生活中萌发幼儿对美的感受和体验，丰富其想象力和创造力，引导幼儿学会用心灵去感受和发现美，用自己的方式去表现和创造美。"遵循音乐艺术教育的规律和特点，结合幼儿的年龄特点和发展需求，各年龄段幼儿音乐教育活动有共同的基本要求：

（1）发展幼儿音乐听觉能力，培养幼儿听辨、感知音乐表现手段（节拍、节奏、速度、力度、音区、音色、旋律及其结构形式等）及其在音乐中的表情作用。引导幼儿在听、唱、动、奏等音乐实践活动中学习音乐，培养和发展幼儿的音乐素质和能力，使他们有能力参与音乐艺术活动，并能从活动中得到应有的教育和发展。

（2）在音乐艺术的情感体验和美的感受中，启发幼儿积极主动地参与各种音乐活动，培养兴趣爱好；培养正确的感受、理解和表达音乐的能力；培养健康的审美情趣和感受美、爱好美和表达美的能力；激发想象力和创造力，进而达到启迪智慧、陶冶性情和品格诸方面的教育目的，促进幼儿身心健康和谐地发展。

三、幼儿园音乐教育活动设计中突出音乐艺术的特殊性

音乐教育活动是幼儿园诸多教育活动中的一种，它既要体现上述教育活动的共性，要有目的、有计划地引导幼儿主动活动，又要熟知幼儿音乐教育的功能，遵循音乐艺术教育的规律和特点，结合幼儿年龄特点，引导幼儿感受音乐艺术的美，使幼儿在丰富多彩的音乐教育活动过程中，获得切身体验，促进发展。

音乐教育活动设计不是简单的安排活动的组织形式，应当是设计促进幼儿生动活泼主动发展的蓝图。为此，幼儿音乐教育活动设计的要求应该是：

（1）在了解幼儿接受能力和发展需求的基础上设计音乐教育活动。既要了解幼儿的年

龄特点，又要了解幼儿个体的具体情况，如幼儿的生活经验、知识基础、音乐水平、个性特点、兴趣爱好等，适应幼儿的实际情况和特点，设计音乐教育活动促进其发展。

（2）基于幼儿发展水平和音乐艺术特殊性确定音乐教育的目标。根据幼儿音乐教育的功能和特点来确定幼儿音乐教育的总目标，根据这个总目标有目的、有计划地安排每一个音乐教育活动的具体目标。每次教育活动的目标要考虑到与其上下、左右相关的教育活动的连续性和一致性，目标要定得具体而切实可行，以保证总目标的实现。

（3）根据教育目标为幼儿选择教材、设计和组织音乐教育活动。教材是教育活动中教和学的主要材料，是实现教育目标、设计和组织教育活动的主要依据。为此，幼儿音乐教材的教育质量和艺术质量要符合幼儿音乐教育和音乐实践活动的需求，能够为幼儿音乐教育活动的生动活泼富有艺术特色创造条件。

优秀的教材能有效地提高孩子听、赏、创能力，同时也有它一定的难度。在制定计划的时候，教师要分析思考预测到教学上可能会遇到的问题，并提前解决。但有些问题是我们没法预测到，它会在实施过程中出现。例如大班音乐课《早发白帝城》教学中，选用《大雨小雨》为练声曲，如何让孩子进入古诗词的意境呢？"两岸猿声啼不住，轻舟已过万重山。"显示了古诗词中写的不是雨天。通过思考，改用《山谷回音》为练声曲后的优点：一是利用山谷回音的特点，能帮助孩子理解古诗词中的猿声回响，二是《山谷回音》能帮助孩子理解卡农演绎方法。又如中班的小蜜蜂律动教学中，可以让孩子自由分开几个小组去创编动作后在集体面前表演。但是小组创编，孩子互相学习的只是自己小组里的成员，在集体中表演的创编动作不够丰富。改为集体创编，再自选角色分组表演，这样孩子分享到的和学习到的大大增加了，集体表演内容更丰富多彩了。

可见，设计和组织幼儿音乐教育活动，要正确处理以下几个问题：

（1）坚持保持音乐教育感受美、表现美的初心。

音乐的情绪和风格是音乐审美的重要方面，音乐的情绪和风格随着音乐作品的演唱演奏明显地展示出来。人们在欣赏音乐的时候往往能够感觉到这首作品与那首作品的"味儿"不同，但又很难用语言准确地表达它。

教师要发挥音乐艺术教育的特点，教学要生动活泼富有艺术感染力，善于挖掘幼儿感觉灵敏的所长，引导他们去感觉音乐的不同风格，不是从概念出发去理解什么是音乐风格，而是从感觉出发，去感觉音乐有不同的风格，这对培养幼儿的感知能力和音乐审美能力十分重要，又能调动和发展幼儿学习的积极主动性，使之学有所得并学得愉快。

（2）坚持保持音乐发展与整体教育共进的初心。

小朋友生活阅历浅，看问题容易看表面，我们应努力引导，帮助他们学习透过表面看本质，提高他们的认知能力。让幼儿在音乐艺术素养和能力得到发展的同时，重视与其他方面知识技能的内在联系，合理地组织与其他教育内容的横向联系，充分发挥多种教育手段的交互作用，共同促进儿童的发展。

（3）坚持保持幼儿音乐素养与发展初心。

在培养和发展幼儿的音乐素质、技能技巧和音乐艺术实践能力的同时，注意培养幼儿的认知能力、想象能力和创造能力。要经常选听一些风格特点鲜明的音乐作品，让幼儿对比着听，在比较中鉴别，逐步培养听觉辨别、听觉感知能力，只要能感觉到就行了，不必强求他们用语言去表述清楚，因为音乐的风格常常会使人感到可以意会而难以言传，企图用语言去说出音乐是不切合实际的。音乐的演唱演奏形式是为表现内容服务的，是音乐艺术美的重要组成部分，引导小朋友认识演唱形式，是感受音乐艺术美的需要，重要的是学会从听觉上感知不同演唱形式的艺术表现，而不是简单地去记忆概念。

（4）坚持保持组织音乐教学活动领域特色初心。

音乐教育活动的内容、形式、教育过程要注意动静配合、情绪搭配、难易适度、主次分明，使每个儿童都参与活动，得到表现和发展的机会。大部分音乐活动设计的内容不是一次活动就能完成的，只是给老师提示一种进行音乐欣赏活动的思路，可以参考这一思路，配合律动舞蹈等组织具体的教育活动，使教育活动生动活泼。

（5）坚持保持集体教育与个体发展平衡初心。

幼儿园音乐活动主要是集体教育活动，在集体音乐教育活动中应重视给个人留有练习和表现的机会，注重个体发展。音乐活动中往往有明显的个人差异，应注意因材施教，使每个儿童都能在原有基础上得到发展。

四、结语

综上所述，音乐教育对于幼儿的学习生活来说是不可缺少并且起着很重要的作用，我们应在教学活动中不断地摸索与借鉴，恰当地利用音乐艺术的特殊性，实现音乐教育的智能价值，发展孩子的音乐素养，培养健全的人格，发挥音乐艺术教育所应有的教育作用。

参考文献

[1] 李并伲.音乐教育与儿童大脑发育[J].中国音乐教育，1998（5）.

[2] 高志敏，吴洪伟.打开脑科学之门[J].成人教育，2004（4）.

[3] 赵岩.音乐教育是提高素质教育的有效途径[J].陕西教育，2002（5）.

"每日小任务"活动的实施与操作

■ 广州市荔湾区协和幼儿园 麦榴

摘 要：幼儿园的大班阶段为入小学做准备，孩子学习意识、习惯、能力的形成是教育重点目标。"幼小衔接前作业"以"每日小任务"活动的面貌在协和幼儿园大一班孩子们的课后生活中出现。本文从每日小任务活动的缘起、内容设计、操作、呈现与评价进行阐述，讲述它的实践，以新的角度思考《幼儿园教育指导纲要》（下称《纲要》）《3～6岁儿童学习与发展指南》（下称《指南》）指引下"幼小衔接前作业"的教育性和效能性。

关键词：作业 幼儿园大班 每日小任务活动

一、每日小任务活动的缘起

本文所指的作业是指在基础教育阶段的小学教育中，在常规课堂教学所学的知识和技能的理解、巩固和深化为目标和形式的课后练习、复习以及对新内容的预习，它在孩子基础知识和基本技能的巩固上起到了重要的作用。幼儿园的大班阶段为入小学做准备，孩子学习意识、习惯、能力的形成是重点目标。"会完成作业"相信是所有家长、老师期望的重点结果之一，而孩子往往不以为然。"作业做完了没"这句话甚至成为破坏亲子关系的"罪恶"句子。

（一）常规小学作业背景下的"幼小衔接前作业"教育形式小学化

由于受片面追求考试分数的影响，常规作业编制的依据和来源往往局限在教科书、教学参考书、练习册及各种辅导性的同步练习。致使作业单调、重复、内容窄、分量多，使孩子埋头于繁琐重复的书面练习而苦不堪言。

与这种小学常规作业对应的幼儿园幼小衔接培养形式出现的"前作业"形式片面性同样存在：笔画、数字、拼音、汉字等书写、描红；数的加减乘除运算；词语、造句、拼读、抄写等。这种从重智力、小学化的角度开展的衔接教育，以老师指向、家长督促、孩子执行的方式开展，只是直接提前了孩子埋头于烦琐重复书面练习的小学作业生涯。

（二）《指南》指引下，构建"幼小衔接前作业"新概念

2012年教育部印发《3～6岁儿童学习与发展指南》提出，幼儿的学习是以直接经验为基础，要重视游戏和生活的独特价值，创设丰富的教育环境，合理安排一日生活，最大限度地支持和满足幼儿通过直接感知、实际操作和亲身体验获取经验的需要，严禁"拔苗助长"式的超前教育和强化训练。明确了忽视幼儿学习品质培养，单纯追求知识技能学习的做法是短视而有害的。片面性的小学化幼儿教育形式，其中就包括与小学常规作业对应的"前作业"形式。

现行的基础教育改革推行到第四阶段，推出了新的人才培养模式，家长、社会及学校相互配合以促进孩子的个性发展，提高孩子的综合素质，培养孩子的探究意识与创造能

力，引导孩子用科学的思维方式解决生活中的问题，使孩子学会分享与合作等，日益成为学习的主题目标。自主学习、合作学习、探究学习、综合活动学习也组成了学习方式改革的主旋律，改变作业的传统观念，优化作业设计，体现孩子在做作业过程中的自主性、开放性、探究性和综合性，小学阶段作业的质的革新已经在发生。这与幼儿园执行《纲要》的价值取向是一致的：重视幼儿的学习品质，充分尊重和保护幼儿的好奇心和学习兴趣，帮助幼儿逐步养成积极主动、认真专注、不怕困难、敢于探究和尝试、乐于想象和创造等良好学习品质。

基于以上思考，在2017年2月，大班下学期开学伊始，在与家长一起设计的基础上，"幼小衔接前作业"以"每日小任务"活动的面貌在协和幼儿园大一班孩子们的课后生活中出现了，孩子们每人准备一本绘图记录本，开始承担每日小任务的执行和完成。

二、每日小任务活动的内容设计

"每日小任务"活动不是一种特定的作业形态，而是在新课程观念下，从孩子学习品质培养出发，注重的是孩子素质的整体发展，以贴近生活、走进生活、在生活中学习的新理念为指导的，孩子每天在家进行，以完成任务的形式，独立完成为主的活动。

（一）每日小任务活动编制的依据和来源

"每日小任务"活动编制的依据和来源是灵活的、开放的、广泛的、具有多种形态的。老师可依据季节、气候、动植物、社会性节日、风俗习惯、儿童生活特点来设计。它注重孩子综合运用知识的能力以及在解决问题过程中的积极情感和坚强意志的培养；注重孩子审美意识、审美能力及孩子体质的增强；注重孩子的合作意识。实践能力和创新能力的培养以及良好的道德、生活及学习习惯的养成。

从编制渠道看，它可以来源于教师和教师集体的精心设计，也可以来源于孩子个人的选择或孩子集体和孩子家长的出谋划策。从知识来源看，它可以取材于人类社会流传下来的各种知识和经验，而不仅仅是教科书；也可以取材于儿童与自然界、社会接触而产生的疑惑、想法和亲身经历；取材于儿童自身的生理和心理发展的各种需要。

（二）每日小任务的编制的取材分类

（1）自理生活类。如每日书包整理、回园物品准备、学习洗衣、做饭、扫地、抹桌、整理个人物品、房间等。

（2）生理健康和心理健康类。如安排、记录自己的作息时间；坚持锻炼、户外活动，图画抒发自己每天的心理感受等。

（3）自然科学类。如植物的培植、动物的饲养、自然现象的研讨、当地自然环境的认识等。

（4）社会性和社会活动类。如安全、环保、新闻等生活知识、现象的观察、记录、统计等。

（5）艺术类。唱歌、舞蹈、绘画、手工制作、讲故事、朗诵诗歌、猜谜语、图画日记等。

实例一：

2017 年 5 月 2 日小任务

1. 说说自己上学路上的开心事和最喜欢的地点
2. 搜索、浏览各种各样的地图，了解距离、图例、方向标，熟悉幼儿园周边的环境，制作小地图（从幼儿园出发，刻录沿途看到的五座建筑物，尝试绘画地图，呈现图例、距离、方向等）
3. 拍球锻炼

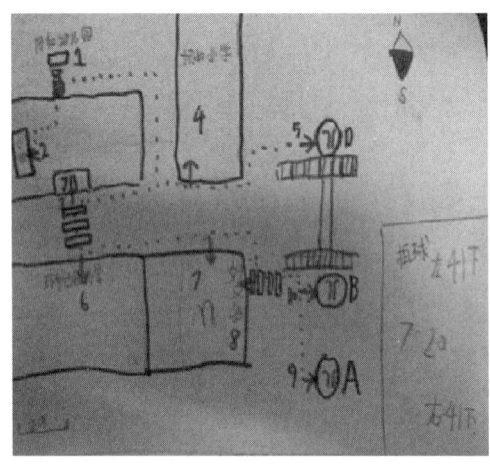 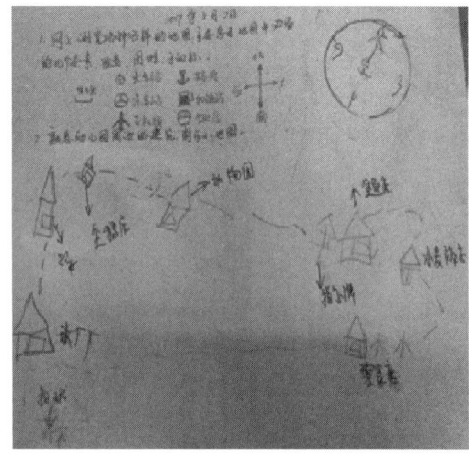

幼儿作品一　　　　　　　　　　　　　幼儿作品二

"每日小任务"活动广泛的内容来源为孩子提供了一个开放的学习过程，为孩子才能的发挥、个性的发展和综合素质的提高提供了广阔的空间。而孩子和家长对任务设计的参与更是提高了孩子完成任务的自主性和兴趣性。特别是鼓励孩子自主选择完成方式，既适合孩子个性的需要，又为孩子发现问题、思考问题创造了机会。

三、每日小任务活动的内容编辑和组织形式

"每日小任务"活动区别于常规作业，却把常规作业作为一种组织形式保留了下来。常规作业主要形式是设计单一领域的独立的领域内容，比如数的分合、式子的练习，即分科作业。"每日小任务"不排斥分科作业，但更崇尚多领域融合实践和生活化任务。

分科作业是分领域教学的延续，是对孩子在领域学习中所识所得的巩固和发展，也是常规集体教学作业的基本形式。但分科作业不利于知识的综合，不利于在综合中求创新，让孩子在同一个模式中练习，也容易产生厌烦心理。

《指南》指引下的课程一个鲜明特征就是综合。健康、语言、社会、科学、艺术各领域学科都有其内在联系，都可以在某一活动里进行有机的结合。"每日小任务"也是如此，提倡实践和生活化任务。以家庭、社区场景为依托，发挥家庭个性化教育的优势，把孩子在游戏、探究中出现的兴趣点为任务内容，综合五大领域的发展目标，编辑的内容中心是鼓励孩子在实践中亲身体验，在生活中实践操作，完成任务过程中，发展效能感、获得自信、习惯养成、身心健康发展。

（一）实践任务

实践任务中比较有代表性的有：

（1）科学领域中关于数的实践任务。例如，数一数，三月份有几天，有几周，有几个星期日。

（2）科学领域中关于季节的实践任务。例如，表格记录 6 月 6 日开始两周的天气、气温数据，进行夏季天气情况跟踪记录。

（3）社会领域实践任务。例如，观察妈妈一天的活动，绘画成时间记录表，体会妈妈的辛劳；查找有关科学家幼年勤奋好学的故事并抄写在作业本上。

（4）语言、社会、科学与艺术综合的实践任务。例如，观看端午节特别节目，把节日的饮食、习俗、气候等特点绘画出来；在家里学习包粽子和朗诵诗歌，照片发到班级群分享。

（5）健康领域实践任务。例如，晚餐前安排一小时运动时间，可以跳绳、单脚立、拍球等。

实例 "观察妈妈一天的活动"任务作品如下图所示。

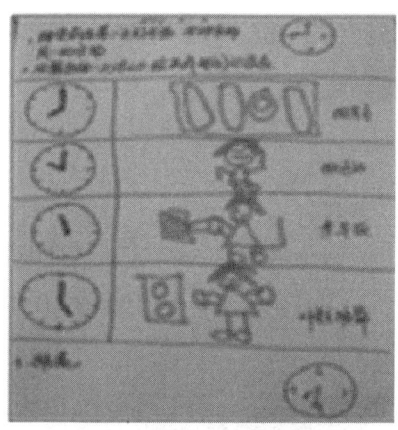

（二）生活类任务

生活类任务比较有代表性有：

（1）自我管理小任务。例如，睡觉前查看第二天气温，合理准备第二天衣服。

（2）卫生习惯小任务。例如，洗晒书包、检查自己房间被子与枕头，按需要暴晒。

（3）生活习惯小任务。例如，记录周末起床、午餐、午睡、完成任务、睡觉时间，绘画表格记录。

实例 孩子完成选择活动和时间的安排小任务如下图所示。

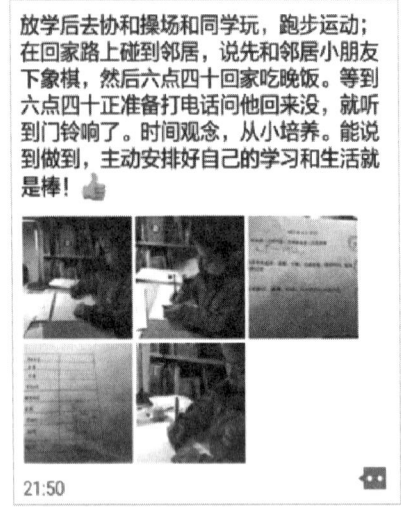

"实践、生活类小任务"内容的编辑要求老师在熟悉大班幼儿各领域发展要求的基础上依据孩子当天或近阶段发展现状进行精心设计。它与分科作业相比有明显的优势，首先，在内容的组织和编辑上打破了分科作业模式，注重知识的重组和综合运用，有利于知识的融会贯通。其次，将原来的两项或两项以上的任务合并成一项，整合了时间资源，减轻了孩子、家长负担。再次，在形式上不拘泥于一种方式，依据内容和要求做各种变化，各科的知识综合于活动之中，迎合了儿童的兴趣，符合孩子在实践中发展的特点。

"实践、生活类小任务"完全打破了学科之间的界限，从自然生活和社会生活中取材，确定中心或主题，再围绕中心设计。除了具有综合性特点以外，还带有鲜明的开放性、实践性和探究性。它的开放性不仅表现在内容来源和内容编辑的广泛性，而且还表现在任务表现形式的多样性上。孩子完全可以一直以生活情境为蓝本，自主地用符号、文字、图画、音像等形式表现。生活类任务关注的是生活实践问题，鼓励孩子在实践活动中发现、思考、探求，进而解决实际问题。完成的是孩子情感、习惯、自我管理的培养目标。

实例 来自家长的反馈如下图所示。

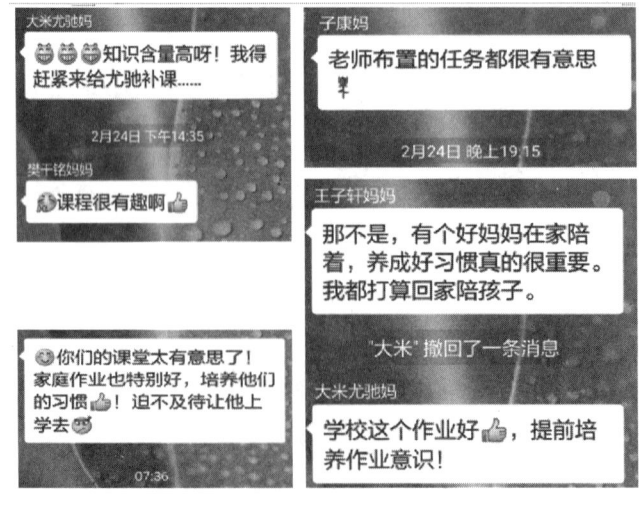

经过一个阶段的实践，进行"每日小任务"活动是为了构建开放的学习环境，提供孩子多渠道获取知识、并将知识加以综合应用于实践的机会，培养孩子的创新精神和实践能力。所以"每日小任务"的实施，在幼儿园大班孩子的幼小衔接教育中有自己独特的功能，是家庭教育与幼儿园教育互为补充的。

四、每日小任务活动的操作、呈现与评价

（一）每日小任务活动的操作

"每日小任务"活动考虑孩子的年龄特点，在设计上充分地考虑孩子不同的知识能力水平和兴趣爱好，不同时期的发展需要，既主张孩子个人独立地完成，又推崇孩子自由组合，合作完成，鼓励答案的百花齐放、富有个性。

"每日小任务"活动的操作和呈现方式强调多样性，它可以是口头任务，如朗读、唱歌、讲故事、编应用题，也可以是观察性任务，如观察某植物的生长、气候的变化、民风民俗；可以是思考性任务，如对各种自然现象的猜想，也可以是实践操作性任务，如调查、游戏、家务；可以是书面的文字任务，也可以是图像的、音像的任务，如活动相片、视频发送到班级微信群、QQ群。

（二）每日小任务活动的呈现

好动是幼儿的天性，一味地让孩子静坐在房间里看书写字是学不到活的知识的，它会让知识僵化，也会影响视力，影响血液循环，会导致神经紧张，更不利于孩子创造力的培养。活动教学的倡导者认为在行动中所得的知识才是真实的知识，在行动中所发生的困难才是真正的问题，在行动中所获得的胜利，才是真实的适应环境改造环境的能力。所以"每日小任务"中重视行为作业，既符合儿童的性情又有利于提高儿童的生活能力、思维能力和创造能力。

实例

2017年2月24日

①周日晚准备好周一的用品，9点睡觉

②记录周末最开心的一件事

③当小记者调查一下身边的人"会不会害怕？害怕什么？"，设计表格记录

④学习跳绳

如上例，这个周末小任务的编辑，综合了各个领域的实践内容，涉及生活安排、自我管理、体能锻炼、调查记录、认识时间……完成任务的过程，孩子自选适合自己的安排，确定记录的方式，自定内容的多寡和表现形式。比如，记录周末最开心的事，有的孩子绘画，有的孩子口述（家长文字记录），有的发音频到微信群里，有的录视频放在网上分享。不同操作方式的任务互相结合、互相渗透，孩子手脑联盟，多种感觉器官联合使用，能生动活泼地完成任务，促进他们个性发展。

(三)每日小任务活动的评价

"每日小任务"活动内容范围的开放性、完成方式选择的自主性、操作的动态性和答案的探究性,教师对它的评价不能完全采用常规的模式。依据《纲要》《指南》指引下课程的目标和特性,"每日小任务"活动的评价应关注几个重心。

第一,重过程:重视孩子在完成任务过程中的思维方法学习、科学态度的树立、情感的培养和意志的锻炼,而不是结果的优、良或及格。第二,重创新:侧重任务完成的新颖性和独特性的评价。第三,重整体评价:"每日小任务"活动目标是孩子的整体发展,应关注孩子在德、智、体、美等多方面的进步,关注学生知、情、意、行的多因素发展。第四,重个人内差评价:由于孩子们选择任务的完成形式在内容上、水平上的不一致,对孩子个人做纵向的、横向的内差评价是"每日小任务"活动的重要评价方式。最后,孩子本人、同伴、家长也应成为重要的评价主体。

参考文献

[1] 霍力岩.学前教育评价[M].北京:北京师范大学出版社,2000.

[2] 徐艳贞,谭峰.幼儿前书写活动在国内外的发展[J].山东教育(幼教版),2007(9).

[3] 彭小明.活动教学法初探[J].当代教育论坛,2006(13).

[4] 陈雪枫,刘科荣,宇斌.中小学生心理测评与心理档案[M].广州:暨南大学出版社,2006.

[5] 周菁译.学习故事与早期教育:建构学习者的形象[M].北京:北京教育科学出版社,2016.

小游戏　大智慧
——园本自主性角色游戏的组织与实施

■ 深圳实验幼儿园　杨　梅

摘　要：苏联教育家阿尔金称游戏为"儿童的心理维生素"，幼儿在角色游戏中可以有创造性地反映现实生活，通过游戏体验生活中的道德感、理智感和美感，获得知、情、意、行等方面的良好发展。但目前，幼儿园因受场地、时间、课程等因素的影响，角色游戏开展得不够深入，孩子们玩得也不尽兴，怎样扩大幼儿的交往范围，让角色游戏发挥多重教育价值，笔者所在园经过一段时间的实践与研究，在大班组开展了"角色游戏一条街"的活动，大力发挥幼儿的主体性和自主性，孩子们的社会交往能力、语言表达能力、解决问题能力得到了很大程度地提高。

关键词：大班　角色游戏　自主性　社会交往

一、问题的提出

《幼儿园教育指导纲要》中明确指出："游戏是幼儿最基本的活动方式，幼儿园应为幼儿提供健康、丰富的生活和活动环境，满足他们多方面发展的需要，使他们在快乐的童年生活中获得有益于身心发展的经验"。角色游戏是幼儿最为喜欢、最容易接受并主动获得发展的一种活动，幼儿在角色游戏中能积极回忆已有的认知经验，在想象的环境里扮演角色，用语言和动作模拟真实生活，以游戏材料代替真实物品，从而锻炼了孩子开动脑筋解决问题的能力，使幼儿的想象力、语言表达能力和交往能力都得到很好的发展。

但是，透视目前大部分幼儿园角色游戏开展的情况，我们会发现以下现象：

镜头一：在幼儿园小班阶段，角色游戏区是必备区域，大多数班级会开设娃娃家、医院等，孩子们参与程度高，在娃娃家玩得很热闹，但由于小班幼儿处于平行游戏阶段，受日常经验和交往能力的影响，游戏的主要内容多为重复操作、摆弄玩具，与同伴的交往较少，在老师引导下角色之间能够进行简单的互动。

镜头二：幼儿园中班阶段，角色游戏区一般会开设医院、超市、玩具店、理发店、餐厅等。由于场地限制，一般仅开设一两个；又由于是在分区活动时间进行，动静区域难免会相互干扰，所以会经常听到老师"嘘嘘"的限制声，孩子们不敢大声交流，玩得不够尽兴。

镜头三：在幼儿园大班，角色游戏区基本处于可有可无状态，也是在分区活动时间进行，一个区域五六个人，互动较少，区域活动时间有限，时间一到，戛然而止，孩子们意犹未尽。

为了扩大幼儿的交往范围，确保充足的角色游戏活动时间，让每个孩子可以担任不同角色以获得不同体验，针对大班幼儿社会经验丰富，处于合作游戏阶段，善于模仿、富于创造、主观能动性强的年龄特点，在大班开展了大型自主性角色游戏的探索与尝试。

二、园本自主性角色游戏的组织形式

园本自主性角色游戏是指在同一时间、同一地点，各班同时开设若干个角色游戏主题，幼儿根据自己的兴趣爱好自主选择游戏区域、自主分配角色、自主推动游戏进程，自我建构社会交往经验。

在实施过程中，我园选择每周五上午时间（确保两小时）在户外一条长廊全面开展"角色游戏一条街"的活动，开设了美味披萨店、金色童年影楼、天天剧场、百花园小区、美羊羊理发店、休闲吧、爱心医院、风味餐厅、爱国银行、无敌赛车场、服装店等12个区，老师及家长助教每人重点负责一个区域的创建、开展、推进工作，幼儿打破班级界限，自主选择承担角色任务，在角色扮演、社会交往中建构自我经验。

三、园本自主性角色游戏的实施策略

（一）游戏前的指导

1. 丰富幼儿生活经验，拓宽内容来源

角色游戏是幼儿对现实生活的反应，幼儿的生活经验越丰富，游戏的内容就越充实、越新颖。游戏开始之前，我们进行了"预热"，让家长带领孩子随机参观小区及社会上的一些场所：医院、银行、剧院、披萨店、麦当劳等，让孩子观察、了解里面工作人员的工作，在班级我们经常会运用谈话的形式分享孩子们的见闻，拓展孩子们的经验。

2. 鼓励幼儿提出主题，与幼儿协商确定主题

角色游戏是幼儿自主自愿的游戏，其主题应来自于幼儿的兴趣点和需要，老师要善于发现幼儿游戏的需要，启发幼儿游戏的动机，帮助幼儿学会确定主题。有了孩子的前期参观经验，我们展开"你想开什么店"的讨论，孩子们各抒己见，按照自己的意愿提出了若干个游戏主题。然后，通过举手表决、少数服从多数的方式确定主题。各班主题确定后，年级老师再一次商榷主题，以避免班级之间不必要的重复，待游戏活动开展起来，孩子可以打破班级界限，根据自己的兴趣选择游戏区域担任自己喜欢的角色。

3. 通过自荐和竞选的方式，指导幼儿选择和分配角色

各个班级游戏主题确定了，我们与孩子讨论：你想去哪个区？你想做什么工作？如果你是经理，你打算怎么开这个店？小朋友自选区域后，各个游戏小组顺势产生了，谁当"经理"呢？小朋友们毛遂自荐，发表"竞聘演说"，然后小组举手表决，产生经理。在这模仿真实社会虚拟的情节中，孩子很认真地面对，自荐的勇气、民主的推选、观点的发表，竞争成败的成功感、挫折感，这些都是幼儿社会性发展不可忽视的一面。

接下来，我们引导"经理"考虑分工、设置岗位等问题，如果出现两个人竞选一个岗位的现象，就让孩子们采取猜拳轮流或其他"员工"举手表决的方式决定。角色分配好了，由"经理"将提前制作好的工作岗位牌授予员工，这样使每个孩子明确自己的角色，责任感也会油然而生。

4. 创设游戏场地，准备丰富的玩具和游戏材料

游戏场地、游戏设备、玩具和材料是幼儿开展角色游戏的物质条件，同时又是激发幼儿游戏愿望和兴趣、发展想象力的重要工具，所以是必不可少的。老师要摆脱过去环境和材料由老师"包干"的做法，要发挥幼儿的主人翁意识，让幼儿一起参与环境创设和材料准备过程。

我们引导各组幼儿讨论需要什么材料，自己能提供什么，用身边的材料可以代替或者制作什么，然后分头准备，孩子、家长的力量不可低估，他们用筐子和夹子制作的烫头发的器材，用稚嫩的字体写了价目表，还为影楼带来了漂亮的婚纱裙，制作了博士帽……准备的过程不仅让孩子学会了思考、学会了创造，还培养了幼儿的集体责任感、任务意识及自信心，孩子们使用着自己收集、制作的材料，也会倍加爱护。

（二）游戏中的指导

1. 指导幼儿丰富游戏内容和情节，提高游戏水平

教师通过角色的身份来参与指导游戏，可使游戏内容和情节得到自然地丰富的展开，而不让幼儿感到被干涉的生硬感。一般，我们一个区域里安排一位老师指导，教师人数不够可由家长承担指导任务。老师要做一个有心人，有一双慧眼和灵动的心，善于发现游戏推进的契机。

影楼的发展也是由小型的照相馆发展而成的，孩子们起初只开设了照相馆，业务也比较单一，只拍证件照和博士照，女孩子喜欢婚纱，自己带来了婚纱裙，我们就拓展了思路，提供少数民族服装、演出服等，孩子还设计了伞、花等道具，角色还研发出了形象设计师，区域设置增加到接待处、装扮区、摄影区，流程也越来越清晰：服务员介绍服务种类—找形象设计师装扮—摄影师拍照—交费—取照片。当老师发现小朋友缺乏规范、文明的服务用语时，就与孩子共同承担角色，示范礼貌用语，孩子们自然地接受、模仿，学会了待人接物的方法，顾客也越来越多，生意也越来越好。

披萨店孩子们受日常经验的影响，做出来的披萨形状都是圆形的，后来孩子们无意中创新出爱心披萨，接下来思路一下子打开了，还制作了笑脸披萨、蝴蝶披萨、蘑菇披萨及结合大运时事的UU披萨，小厨师做得越来越有激情，越来越有创意。

2. 在问题解决中推进游戏的开展

在孩子游戏的过程中，出现各种纠纷问题是再正常不过的了：争抢材料、员工不做事、擅自离岗，面对孩子的"告状"，老师要平和对待，尽量让"经理"调节、处理，培养孩子解决问题、自我调节的能力，但由于幼儿经验有限，老师也要适时参与或指导经理处理问题的方式方法，引导经理学习民主协商，与员工和谐相处。

老师不要害怕出现问题，只要做个有心人，问题反而能给我们带来思考和灵感。银行刚开业，当时只安排了两个银行工作人员，有个小朋友在理发店工作，一会儿就被银行吸引，想去取钱消费，可是工作没做完，经理不能发卡，他按捺不住，跑到银行去抢钱了，银行人员气愤不已。活动结束后，我们把问题抛给孩子：怎么办？孩子说银行要有保安，还要有运钞员。由此，游戏情节得到了进一步地推进。

倡导孩子玩一段时间以后可以自主更换角色，而每个岗位职责要求的不同牵扯到孩子熟悉新岗位还需要一段时间，怎么办呢？我们就把培训任务交给孩子，比如，其他区的小朋友想当摄影师，与原摄影社协调同意后，就由原摄影师进行岗前培训，孩子教孩子，表现可得意了，也很认真，培训通过就可以正式上岗。就这样，我们大力发挥大班孩子的特点，让他们一起参与解决问题，孩子们接到一个个光荣的任务，使命感、自信心也陡增，所以在短短的时间里，我们的游戏越来越成熟，孩子玩得越来越自如。

3. 引导幼儿遵守必要的游戏规则

虽然游戏是幼儿自发自主、自娱自乐的活动，但是作为集体活动，必要的规则是确保活动正常开展的前提。如何让孩子坚守岗位，听从经理安排，我们面对问题，灵活引导。幼儿有时会做一些角色职责外的事情或者不理解角色间应有的关系，这是幼儿的社会生活经验不丰富，对角色的体会不深刻造成的。在指导时，教师要引导幼儿按角色间应有的关系行动，可以模仿现有社会规则。比如，有些员工角色任务不强，易受周围环境干扰，一会儿离岗，跑到其他区玩。我们就商定规则：经理给三次机会提醒，如果还不能坚守岗位，就变为试用工，或者辞退；工作人员不完成自己的任务，经理就不发银行卡……这种虚拟真实社会的场景自然就将游戏的规则深入到孩子心中，孩子要对自己选择的角色负责，学会付出、坚守、学会控制，责任感就自然培养起来了。

（三）游戏后的指导

1. 让游戏在愉快自然的状态下结束

在愉快自然的状态下结束游戏能保持幼儿下次继续游戏的积极性，所以，老师要把握好结束游戏的时机和结束游戏的方法，应在幼儿情绪尚未低落时结束游戏，这样可以让孩子意犹未尽，对下次游戏充满期盼，我们以角色身份提醒"时间到了，我们该下班了，请大家明天再来！"让游戏自然结束。

2. 做好游戏后的整理工作

游戏结束后整理场地，收拾玩具既是方便下次开展的必要条件，又是培养幼儿良好生活习惯的重要时机，老师千万不可包办代替，大班孩子完全具有这个能力，但是我们要引导孩子有条理地收整材料、分类打包，学会分工合作、做事有始有终。

3. 评价、总结游戏

角色游戏的讲评非常重要，成功的讲评对提高游戏质量、发展游戏情节和巩固游戏中所获得的情绪体验等有着直接的导向作用，我们采用了分组、集体、幼儿自评、互评和老师评价的不同方式来培养幼儿的反思评价能力。

小组分享：每次活动结束，我们先分组进行回顾和总结，让每个孩子对自己的职责、任务、贡献、坚持性、物品收拾等方面进行反思和自评，然后让孩子说出小组人员中你最喜欢谁？为什么？小组评选最佳员工，孩子们观察非常仔细，指出的问题不仅对被评价人起到提醒作用，对同伴也是一种预防，由此也培养幼儿自我反思能力，实现学生间互动。

集体总结：小组分享一般人人参与自评和他评。但集体总结时一般就由老师主导了，老师一般把握三至五分钟的时间，针对活动中的亮点、值得推广的经验和普遍存在的问题进行描述，以推动下次游戏的有效深入。对存在的问题可以引起幼儿讨论解决办法，如材料需要补充，人员配置等，让孩子发挥主人翁意识，在分析问题、解决问题的过程中得到经验的提升。

三、结语

在实践过程中，我们感受到大型自主性角色游戏的开展不仅实现了满足幼儿身心发展需要这一根本目标，而且扩大了幼儿的交往范围，发挥了幼儿的主观能动性，为孩子提供了更多挑战和交往的机会，孩子们在虚拟的社会情境中建构自我经验，用独特的方式表达自己对社会的理解与认知，学会了合作，提高了解决问题的能力，可谓一举多得。我想只要我们老师有颗灵动的心,追随游戏的进展和孩子的发展,就能不断挖掘大班孩子的发展潜能和角色游戏的多重价值,让游戏实现一个活动多个目标,双赢甚至多赢的局面。

参考文献

[1]杨枫.学前儿童游戏一书[M].北京:高等教育出版社,2014.

守望教师的专业成长

深圳市滨苑幼儿园　王艺澄

摘　要：教师的专业化程度是决定教育质量最核心的要素。一所幼儿园的优质内涵和可持续发展更多的是体现在专业的教师队伍。一支专业化程度高的教师团队，是一所幼儿园的核心竞争力，他们能让质朴的环境灵动起来，能让孩子们的学习鲜活起来，他们能走进孩子们的内心，用适宜的方式、真实的材料帮助孩子们持续地成长和进步。同时，专业成长也让教师获得职业成就感，有效提升教师终身学习和实践反思的信心与勇气。

关键词：专业成长　园本研修　学习共同体

如今的幼教行业面临很多的问题，其中最大的问题也是最核心的问题，就是教师队伍的整体素质还无法满足人们对幼教发展的美好向往。社会认可度低、薪酬待遇低、工作强度大、精神压力大，这些困境都导致高素质的人才进入学前教育领域的越来越少。而庞大的教师需求量又迫在眉睫，所以幼儿园教师的入职门槛没有提升，反而在降低。

在很多幼儿园里，看得见的是奢华的装修和现代化的设施设备，看不见的是奢华装修背后教师粗浅的教育能力和落后的教育观和儿童观。瑞士儿童心理学家皮亚杰指出："有关教育的问题，没有一个问题不总是与师资培养问题有联系。如果得不到足够数量合格的教师，任何最使人钦佩的改革也势必要在实践中失败。"作为一名园长，要关注幼儿园教师的专业发展，因为守望教师的专业成长是构建优质教育的内涵。

一、守望教师

守望的含义：①守候期望；②等待盼望；③扶持互助。守望教师的专业成长，意味着园长要一直守候在教师的身边，给他们支持和鼓励。有时需要走在前面引领教师，有时需要站在身后推动教师；当她们遇到困惑和无助，还要陪伴和给她们信心。当教师们逐渐地成熟，就要放手让他们成长和独立，成就更好的自己。我们守望教师，教师们就会安心守望孩子们。

园长作为管理者在幼儿园的发展中起着决定性的作用。园长对教育的理解、管理的风格基本绘制出幼儿园未来的愿景和园所文化。这就意味着园长要有前瞻的教育视野和开放的心胸，愿意学习、善于思考，只有具有终身学习品质的园长才可能引领和带动全体教师建构学习型的团队，当园长和教师一起学习，他们的思考将是相互促进和互相激励的；如果园长和教师一起面对困难，她们就会相互信任和支持。

二、追求专业

莉莲凯兹在《专业的幼儿园教师》一书中指出专业教师和非专业教师最大的不同就是专业的教师关注长期发展目标，非专业教师只能看到短期的利益。一个问题的解决，显性的处理办法也许能在当下起到直接的效果，但问题依然存在；隐性的处理办法也许需要一些时间，但从长远来看更加适宜儿童的发展。判断适宜性，就是专业的视角。

新生入园，如何面对孩子与家长的分离焦虑，专业的老师和非专业的老师会呈现不同的教育行为。专业的老师用自己的爱和关怀贴近孩子，她们会先和孩子建立信任的关系，接纳孩子的情绪，创设亲密且熟悉的环境让孩子释放自己的不安，找到安全感。专业的老师淡定、坦然、不着急、不慌张，让孩子看到自己成熟和温暖的样子；非专业的老师更看重孩子是否哭闹，并将消除哭闹作为自己核心且唯一的目标，也许是善意的谎言、也许是物质的诱惑、也许是不必兑现的承诺，也许孩子可能短暂地告别了哭闹，但是内心的焦虑和不信任依然存在。以发展的视角去看待，专业的教师更看重孩子和自己建立在尊重、信任、诚实、接纳等前提下的亲密关系，也许需要更长的时间。

三、园本研修

园本研修是切实可行的促进教师专业发展的最为有效的路径。在佐藤学《教师花传书》中对教师成长有这样的界定：教师的专业化成长，依托园本研修，因为只有园本研修扎根在教师的实践需求、鲜活经验和实践反思。这恰恰是最有效的促进专业发展的定律和法宝。所以，要想带动教师成长，就要引领教师们扎根在教育的真实情境中，做基于实践的有生命、鲜活的教育反思。同时，在研修中打造组织的学习气质，建构学习共同体，让学习共同体成为教师专业化进程中的加油站和助推器。

（一）让"学习"影响"学习"

（1）推进专业阅读。专业阅读的匮乏是学前教育面临的很大问题。我园为推动教师阅读专业书籍，开展分层阅读，教研组根据教师的能力和特长推荐书籍，定期开展"阅读分享会"。教师们将阅读体会结合实践经验与大家分享。这种阅读后的表达，既锻炼教师的语言组织能力也促进教师思考层面的提升。同时，幼儿园鼓励教师们把理论和实例结合在一起写出来，让"阅读和写作成为教师的第二生命"。

（2）开展体验学习。如果教师在学习中只是单向接受，学习效果不会太好，我们采用"学习实验室"的方式，让老师们通过体验、参与、分享、交流、讨论、汇报等形式组织每周的教研活动。这种充分融入思考、高度专注参与的方式激活每一个人的思维，在倾听与表达中更好地理解教育的意义，更好地反思自己的教育行为，更好地认识自己，认识世界。

（二）用"共同体"带动"单个体"

教师们的工作辛苦且忙碌，如果没有系统的专业发展计划和更高的愿景，他们很可能每一天都埋没在琐事中，循环往复但是没有提升。团队学习的意义是通过组织系统的思考和设计，有目的地带着教师们前进，拓宽他们的思维，拓展他们的眼界和格局，让他们看到更美好的远方。

我园通过集中学习、群落小组、师徒结对、年级聚会等多种方式，鼓励老师们在自己适宜的时间、针对共同感兴趣和擅长的学科、个人自身的需求等情况组成不同小组。资深教师的"悠然吧"聚焦于理论与实践的结合，在积极学习先进教育理念的同时，用理念指导实践工作，形成实践、反思、再实践、再反思的专业发展路径；年轻教师的"小漾吧"聚焦问题的解决，在发现问题、讨论方案、实践反思、总结分享的循环中获得对教育的深入理解和作为一名教师的成就感。这些群落小组相互欣赏和借鉴、相互融合和促进，逐渐形成了一个个学习能量球。这些能量球不仅相互滋养，还把学习的氛围辐射到家庭和社会。

（三）在"集体愿景"中成就"个体发展"

幼儿园接纳、包容、欣赏、尊重的专业发展共同体让每一位教师在群体中都有存在感、都有被尊重的感受，教师们主动学习和成长的意愿会变得越发强烈。这种内在的驱动力是自主产生的。为营造促进教师个性化发展更好的环境，在笔者所在园培训资讯中有必选菜单和自选菜单。

必选菜单意味着每位教师都需要，这份菜单根据幼儿园的课程实践需要来设计，包括专家讲座、课程研讨、固定教研、业务学习等；自选菜单可以根据个人兴趣和爱好进行选择。每一位教师都有自己的教学特点和个人风格，也有自己的兴趣爱好和特长，一个团队需要每个人保有自己的特质，这会让集体的思考更具活力和创造力。当教师们的专业思考和教育长项都达到一定的水平和高度，组织才能更具有生命力。

（四）建"专业化平台"孕育"专家型教师"

在佐藤学的《教师花传书》一书中，对专家型教师有这样的界定：所谓专家型的教师是具备高超"教育艺术"的匠人，和高度"知识与理论""复杂的认知判断"的专家。这就意味着专家型教师是匠人的能力和专家能力的综合体。我们都在倡导工匠精神。工匠精神就是精益求精，持续地专注自己的工作，耐得住寂寞静得下心，在不断的练习中达到一种无意识的精准，达到自己认可的精致；工匠的工作和成果是显性的，工匠的学习方式是"模仿"与"修炼"。专家的属性是有意识的思考和反思，这个思考和反思是隐性的，基于对实践中的观察和分析结合自己的理论和认知开展研究。

为培养专家型教师，我们尝试的方式是基于让教师从实践的层面上整理、提炼，并通过有效的输出来实现知识和经验的内化和扩大化。我们搭建的平台有"亲职培训营""专家俱乐部""帮扶小分队"。

（1）亲职培训营。亲职培训营是让资深的教师成为引领家长教育理念和教育方法的导师。亲职培训营是一份家庭教育菜单，家长在喜欢和感兴趣的课程上选择，在合适的时间段来幼儿园参与活动，主讲者都是一线教师。这是展现教师专业化水平的很好方式，不同于家长会，这个活动更是针对专门的教养策略和个性发展而开展。

（2）专家俱乐部。我们将行业专家请到幼儿园，将最新的资讯和研究成果与老师们近距离互动。同时着力培养成熟的教师组建幼儿园的专家团队，针对幼儿园的课程建设、年轻教师的培养、分层培训、实践成果的梳理等开展研讨和总结。

（3）帮扶小分队。在完成本职工作的同时，我们鼓励教师们承担更多帮扶的工作，将优质教育资源辐射和示范到更多园所。这种帮扶既带动了薄弱幼儿园的学习和进步，也有效促进了专家型教师的反思和提升，获得职业的成就感和归属感。

教师要持续学习，向儿童学习、向书本学习、向同事学习、向社会学习、从自身的经验中学习，在知识高度化、复合化、流动化的知识社会更应如此。作为教师，我们不能停下学习的脚步，我们对学习越谦卑越亲近，学习会给予我们越多的收获。让我们一起努力，走专业化的道路，成就每一位儿童更好的未来！

家园共育激发幼儿的早期阅读兴趣

■ 汕头市中山幼儿园　黄怡珊

摘　要：早期阅读能力的培养对幼儿的综合发展具有重要意义，培养幼儿的早期阅读能力首先要激发幼儿的早期阅读兴趣。幼儿园和家庭都是幼儿教育的重要场所。本文从家园共育的视角出发，立足于教育实践，以激发幼儿阅读兴趣为关注点，探索整合家园教育资源，激发幼儿阅读兴趣，最终促进幼儿发展的有效方法。

关键词：家园共育　幼儿　早期阅读　兴趣

一、家园共育视野下培养幼儿早期阅读能力的意义

随着人们教育理念的不断发展，幼儿的早期阅读能力对幼儿发展的重要性已受到越来越多人的关注，幼儿早期阅读能力的培养也成为幼儿园教育的重要内容之一。教育部颁布的《3～6岁儿童学习与发展指南》中就明确指出要培养幼儿的"阅读兴趣和良好的阅读习惯"。幼儿早期阅读能力的培养不仅能促进幼儿阅读能力的发展，让幼儿养成良好的阅读习惯，还能促进幼儿认知、个性等各方面的综合发展，有益于幼儿终身学习的发展。

兴趣是幼儿学习的第一动力，对幼儿早期阅读能力培养的重点及首要任务就是激发幼儿早期阅读的兴趣，因此，幼儿园教师会通过设计形式多样的早期阅读活动来吸引幼儿的参与，激发幼儿对早期阅读的兴趣，进一步培养幼儿的早期阅读能力。然而教育如果只有幼儿园的参与是不够的、片面的，对幼儿的教育不可能由幼儿园一手包办，早期阅读教育也一样，需要家庭的参与和配合，家园共育是幼儿早期阅读能力培养的趋势。家庭是幼儿的第一个教育场所，父母是幼儿的第一任老师，父母与孩子的亲情关系是特殊且无法替代的。幼儿的成长依赖于家庭，家庭具有丰富的教育资源，是幼儿成长最重要的场所。家长的教育观念对幼儿的成长具有重要影响，对幼儿早期阅读教育的认识影响家长对幼儿早期阅读能力的关注和培养。如果家长的教育和幼儿园的教育相互配合，将能更好地激发幼儿早期阅读的兴趣，促进幼儿早期阅读能力的发展。

二、探索家园共育激发幼儿早期阅读兴趣的方法

如何通过家园合作，整合家园教育资源进行早期阅读教育，激发幼儿早期阅读的兴趣一直是我们关注的焦点。

（一）整合家园资源，丰富幼儿阅读材料——绘本漂流

在早期阅读的开展过程中，绘本以其精美的画面、生动有趣的内容赢得了幼儿的普遍喜爱。运用优秀的绘本进行早期阅读教育是我们激发幼儿阅读兴趣，培养幼儿早期阅读能力的重要方式。在开展绘本教学的过程中，为了丰富幼儿的阅读材料，我们在班级设置阅读区，投放了适合幼儿阅读的多种题材的绘本，让幼儿在自由活动时间可以进行自主阅

读。但我们发现，我们投放的绘本的数量和题材相对有限，难以满足每个幼儿的阅读需求。每个家庭都有着丰富的教育资源，如果我们加以整合，将能更好地发挥这些资源的教育价值。于是我们在班里设置了每周固定一天的"绘本漂流日"，让幼儿把在家里看的绘本带到幼儿园与其他幼儿分享阅读。

在每周的绘本漂流时间，幼儿们经常很兴奋并且迫不及待地要把自己的图书拿出来和同伴分享，但我们也发现经常有个别幼儿没有带图书来园。于是我们与家长进行沟通，发现仍然有少部分家长表示家里确实没什么书可以让孩子看的，他们仍然存在错误的教育观念，认为孩子还小又不识字，看书也看不懂，忽视了对幼儿的早期阅读教育。在与家长的沟通过程中，他们渐渐认识到了绘本对幼儿早期阅读教育的重要价值，也开始关注给孩子买绘本读物，会抽空和孩子一起阅读绘本了。渐渐地，在每周的"绘本漂流日"活动中，我们常常会看到幼儿拿着新书高兴地告诉老师："这是妈妈给我买的新书！"兴奋的言语中透露出孩子对新书的喜爱之情。我们也发现，幼儿从家里带来的绘本的题材、样式越来越丰富了。有的孩子带来了英文绘本，其他没见过英文绘本的孩子会好奇地指着绘本上的英文问老师："这是什么呀？"还有的孩子带来了有趣的立体书，引得不少孩子围观翻阅，爱不释手。比如，宁宁看到好朋友诺诺带来的图书很好看，也想带回家和爸爸妈妈一起分享，于是她和诺诺商量后把图书借回家第二天再还给诺诺。

"绘本漂流"活动不仅丰富了幼儿阅读的材料，还促进了幼儿间的分享和交流，同时也让家长更加关注孩子的早期阅读教育。

（二）家园共同参与早期阅读教育——亲子自制图书

1. 幼儿园早期阅读活动的延伸

我们在开展早期阅读教育的过程中，也关注到幼儿园早期阅读教育要在家庭中延伸。为了引导家长积极参与到幼儿的早期阅读教育中，我们常常在绘本教学活动后设置延伸活动，让家长和幼儿一起制作图书。在亲子自制图书的过程中，孩子了解了图书的构造和制作过程，进一步激发了他们阅读的兴趣，也培养了他们爱惜图书的意识，从而更加珍爱书籍。例如，我们在进行早期阅读活动《蛇偷吃了我的蛋》后，请家长在家和孩子一起收集资料，了解"哪些动物是会生蛋的"，引导孩子仿编故事内容，家长和孩子一起制作《蛇偷吃了我的蛋》故事续集，完成后进行亲子共读后由孩子带回幼儿园和其他小朋友进行分享。一开始，家长们没有亲子制作图书的经验，大家都一头雾水，不知道老师的教育用意，更不知从何下手。经过沟通，我们把详细的亲子制作图书的方法告诉家长，便于家长和孩子在家一起操作。当孩子们把在家里和家长一起制作的图书带回班上的时候，我们还是发现了不少问题。不少制作好的图书虽然装订好了，但是缺少图书的关键元素，比如没有封面、作者、出版单位、页码等图书的重要内容。有的家长担心孩子的能力较差做不好，自己动手制作了图书，图书看起来制作精美，但是孩子参与的内容很少。于是我们与家长进行反复的沟通，让家长明白亲子自制图书活动的真正意义，并强调在制作图书时一定要让孩子参与其中，以孩子为主、家长为辅进行指导，共同完成图书的制作。渐渐地，我们发现孩子们带来的自制图书越来越有特色了，每个孩子都有了一本属于自己的独一无二的图书，班级里也多了许多可以让幼儿自主阅读的图书。看着自己的图书被展示出来，孩子们心里是满满的自豪感和成就感，他们常常在自由活动时间拿着自己的图书和同伴讲书里的内容。

2. 亲子自制图书与家长开放日的有机结合

为了更好地激发幼儿的阅读兴趣，培养幼儿从小喜欢阅读、热爱阅读的好习惯，进一步让家长了解早期阅读的重要性、共享亲子阅读的乐趣。我们利用家长开放日的契机，探索更好的家园共育方式，将早期阅读的教育特色融入家长开放日活动中去。例如，我们在家长开放日中将早期阅读活动"好饿的毛毛虫"与"亲子自制图书"活动有机结合。家长和幼儿一起参加完绘本阅读活动后，采用分组合作的形式，现场合作完成图书的制作。我们提供了丰富多样的制作材料，有卡纸、砂画纸、刮画纸、轻黏土、彩色金粉、水彩颜料、海绵印章等各种制作材料，家长和孩子一起商量图书每页的内容，利用不同的材料以绘画、刮画、剪贴、印章等多种方式共同完成图书的制作，最终呈现出一本本创意无限、风格各异的自制图书。

在亲子制作图书的过程中，教师、家长和幼儿都参与到幼儿园的早期阅读教育活动之中。教师完成了幼儿园的教育目标，家长和幼儿丰富了图书制作的经验，共同体验了制作的成就感和阅读的愉悦感。整个制作过程不仅是亲子智慧的结晶，还流淌着浓浓的亲子交融之情。孩子在参与的过程中，对图书的认识更加深入，对阅读更加感兴趣。

（三）家园共享快乐阅读——爸爸妈妈来讲故事

我们不断地探索和家长深入合作教育的方式，提供平台让家长更好地参与到幼儿园的早期阅读教育中来。幼儿园组建了"故事义工团"，招募有爱心、有能力的家长义工，每周进班里为孩子们带来精彩的故事。每当有家长带着绘本来班上讲故事，我们发现孩子们都特别高兴，每个孩子都安静地坐在自己的位置上，伸长了脖子目不转睛地看着，竖起小耳朵听得津津有味。我们经常听到孩子兴奋地到处宣传："我妈妈来讲故事了！"有的孩子听完故事，回家也将故事和家人一起分享；有的孩子回家拿着书要求家长给他讲故事；有的孩子看到别的小朋友的家长来讲故事了，回家也不断地要求自己的爸爸妈妈来幼儿园给小朋友讲故事……家长们也纷纷表示，孩子在家里更爱看图书、讲故事了。除了讲故事，家长们还会排练故事情景剧来园为幼儿进行表演，深受幼儿喜爱。

通过不断地探索，我们实现了多种方式的家园合作共育，以教师引导、家长配合、幼儿喜爱的方式，不断地激发幼儿对阅读的兴趣，保持幼儿的阅读热情，让幼儿在快乐阅读中不断提高早期阅读能力。通过家园双方资源的优势互补，不仅能更好地实现幼儿园早期阅读教育的目标，促进早期阅读教育的深入开展，同时，通过家园有效的沟通和互动，幼儿园还可以将早期阅读教育的最新理念和方法传递给家长，帮助家长更新教育观念，建立科学的、正确的早期阅读教育观，进一步促进家园合作的发展，达到家园共育的良性循环。在实践中，我们还会不断地探索通过家园合作激发幼儿早期阅读兴趣的有效方法，深化家园共育方式，真正做到家园共育促进幼儿早期阅读能力的发展。

参考文献

[1] 李季湄,冯晓霞.《3～6岁儿童学习与发展指南》解读[M].北京：人民教育出版社,2013.

[2] 熊丽娟.家园共育视野下幼儿早期阅读能力的培养[J].内蒙古师范大学学报（教育科学版）,2015（02）:70-72.

[3] 邱晴.如何激发幼儿的早期阅读兴趣[J].学周刊,2015(13):217.

开展手工制作活动　培养孩子工匠精神

■ 江门市第一幼儿园　赵崇锐

摘　要：工匠精神是一种做事专注、认真、坚持、精益求精的精神，在幼儿园中通过加强组织手工制作的活动，创造让孩子施展动手能力的平台，让孩子经历从设计到制作，甚至再到改进完善，从而完成心目中最好"作品"的一个完整的项目制作过程，促进孩子动手能力的发展，让孩子体验创作过程的乐趣，培养他们认真、细致、专注的工匠精神。

关键词：工匠精神　手工制作　项目学习　探究式学习

一、何为工匠精神

自李克强总理在2015年政府工作报告中首次提到"工匠精神"后，"工匠""工匠精神"和互联网＋、创新创业、创客空间一起成为热词。

所谓"工匠精神"就是一个人为达到完美的目的，追求一件精致的作品而专注于做一件事情，坚持不懈，败而不馁，直至成功的一种精神。

二、孩子需要培养工匠精神

培养孩子的"工匠精神"指的是培养孩子的专注力、动手力、坚持力，这样的工匠精神，正是我们幼儿园从小培养孩子的核心素质，如果一个孩子从小养成了爱钻研的好习惯，有了认真、坚持、专注的学习品质，将为孩子的发展打下良好的基础。

有一句教育的名言是"我听过了，我就忘了；我看见了，我就记得了；我做过了，我就理解了。"说明了孩子的学习要通过自己动手操作才能获得相关的经验，那如何让孩子做得更好，并且在做的过程中能克服遇到的困难和问题，专注于制作出自己心目中的作品，坚持不懈地努力把自己的想法呈现出来，这就需要我们在让孩子快快乐乐地进行手工制作活动的同时，要注重培养孩子认真、专注，坚持的"工匠精神"。

三、在手工制作中培养孩子"工匠精神"优势

俗话说"心灵手巧"，孩子动作的发展是孩子智慧、心理发展的外在表现，孩子手部肌肉活动越多、越丰富、越精细，就越能开发孩子大脑的潜能，促进智力的发展。孩子的手工制作活动范围很广，如剪、贴、画、纸工、木工、泥工、建构等，手工制作活动能让孩子身心健康发展，促进肌肉发展，让孩子形成良好的品质习惯，所以手工制作活动是让孩子动手操作，动手探索的最好方式。

（一）让孩子保持兴趣的持久性

"好动是孩子的天性"，孩子对生活中的事物都充满好奇心，都想看一看，摸一摸，摆一摆，弄一弄……动手是孩子的一个游戏，一种享受，一个愉快体验过程，而不是一种

负担，所以我们进行手工制作的活动让孩子保持动手的兴趣，能让活动坚持更长的时间。

如幼儿园里经常进行的水果拼盘的活动，又能动手，又有得吃，这是孩子非常喜欢的一种动手活动，他们把美丽的画面，通过自己的双手，切、剪、撕……等等的动作，把心中的形象表征出来，让自己得到满足，想象力、创造力都得到发展。

（二）培养专注、坚持等"工匠精神"

好逸恶劳是人的天性，很多时候孩子做事都会"半途而废"，做事坚持不下来，但动手操作的活动，能培养孩子专注和坚持的工匠品质。因为当孩子树立了制作某种"玩具"的具体目标，这将是孩子持续地、深入地进行探究的有力支撑。

如建构活动中，孩子会根据自己的想法，想怎样建构就怎样建构，但如果我们引入一个具体的目标，如进行叠高楼的比赛，这个小小的目标就能激发孩子很多的想法，从一般的叠高，发展到用形状相同、数量相同的材料进行才是公平的比赛，并且在活动过程中孩子发现积木竖起来叠得最高，但很容易倒。无论是竖着叠还是横着叠，如果要想叠得又高又稳，叠得整整齐齐，手要稳这些要点都是关键。整个建构比赛的过程都体现了专注、坚持、认真的工匠精神。

（三）培养认真、吃苦、耐心、追求完美的精神

很多时候，在动手操作的过程中很容易出现失败，我们要允许孩子犯错，孩子经常会自己觉得动手制作的"作品"做得不够好，我要再做一次的想法，在活动过程中常常伴随的心理体验是一种不满意感，并基于此进行反复的调整完善，这种不断反复多次去做一件事情的精神就是追求完美的工匠精神，这就是"工匠精神"的体现。我们不但要给充分的时间让孩子去完善作品，而且还要鼓励、引导孩子养成这种不断完善自己作品的"工匠精神"，让孩子有机会通过自己的反思和同伴的评价，对自己的作品产生"不满意感"，并在随后的时间里进行补充、修改。

（四）制作活动是自我实现的需要

根据马斯洛的观点，人生发展中最高的需要就是自我实现。制作活动中孩子成为整个活动过程的组织者，能够充分地体会到创造的快乐。自己的兴趣目标可以通过亲手实现，成功体验带来的巨大快乐，这是其他活动所无法替代的。

孩子世界的自我实现与成人在形式上可能会有所区别，但是意义是一样的。在手工制作的过程中，孩子成为制作过程的主人翁，孩子可以进行积极的探索活动。孩子可以根据自己的爱好更换不同的材料放进去，发现更多的乐趣。这样无形中拓宽了孩子游戏活动的途径和形式。

（五）创造更长的学习和体验时间

在手工制作主题活动中，我们一定要设置未完成作品区或半成品区，让孩子根据兴趣的延续，让制作活动可以持续较长的时间，让孩子完整地经历提出问题，进行猜想、假设、实验，最后解决问题的历程。

在孩子的活动过程中只要能带着探究和解决问题为目标，就能支持孩子持续的学习，但问题的复杂程度会影响探究活动中学习的深度，而孩子所能探索和解决问题的复杂程度，既受其发展水平的影响，也受游戏材料和情境的影响。材料的结构越复杂，它所蕴涵的可发现内容就越多，孩子创造性地使用材料的可能性也就越大，但同时材料的难度大了，很可能出现孩子游离于探究活动之外的盲目摆弄现象。

四、在手工制作中培养孩子"工匠精神"的方法

我们都知道在操作活动中,孩子要有详细的计划、形象表征的目标、一个不断尝试修正的过程,才能制作出一件"作品",过程中往往需要克服多种困难,相互帮助,团结协作,才能完成任务。因此,我们要适当运用一些适合孩子发展的方法,引导和帮助孩子进行动手制作,培养孩子不怕困难、团结友爱、乐于助人的良好品德。

(一)用一种主动学习的方式:如项目式、探究式学习

兴趣是最好的老师。有效率的学习一般是通过兴趣来推动的,孩子进行探究性学习的动力,孩子的认知活动受到兴趣的直接影响,他们会以极大的热情积极主动地探索和认识他们感兴趣、感到好奇的事物。

传统的手工制作教学活动方式大致有两种:一种是教师示范,孩子跟着制作;另一种是教师通过让孩子学习看图来操作。这样,孩子对制作活动缺乏积极性,效果也不好。而探究式学习方式可以让孩子自由探索学习中,了解"手工作品"的构成原理、造型规律和简单的装饰方法,发现制作的一些规律,再通过步骤实施,实物操作,塑形成功,让孩子在过程中去发现、感悟、思考一些东西,提高孩子的积极性、主动性和创造性,以及耐心细致、勇于实践的"工匠精神"。

在制作的过程中,根据孩子的不同发展水平,提供多种难度的材料,让不同能力的孩子自由选择,并将主题活动延伸区域游戏,丰富区域活动的内容,在区域活动引导孩子进行自主学习探索,从"随兴玩"引导到"有目标有意义的玩",有目的地让孩子一步一步地深入探索,教师发现孩子活动存在困难时,就及时地引导他们,必要时提醒孩子借助同伴的力量,做的过程中和孩子共同讨论方法,激励孩子们相互学习、相互帮助,培养动手解决问题的能力。

(二)用一些帮助思考的工具:如思维导图

"工匠"精神的另一种体现,就是在制作前先进行设计,先在脑袋中形成一个制作的过程,甚至在脑中进行了多次的制作,通过设计我们可以将这样的过程及自己的想法表征出来,在实际操作中出来的作品才会精益求精。

思维导图作为一种帮助我们思考的创造性工具,可以帮助孩子将自己的想法用涂鸦、绘画来表达,特别对孩子来说,思维导图在帮助孩子理清思路,分类归纳方面有着非常明显的优势。

在手工制作活动中,我们可以通过思维导图的方式引导孩子将制作的过程表达出来,把"做什么""怎么做""用什么做"等关键节点用思维导图的形式表达出来。培养了孩子做事的计划性、条理性,让孩子的思维变得更有组织、更清晰,更有条理。

(三)用一些合作的方法:如小组合作、亲子合作

《3~6岁儿童学习与发展指南》指出"幼儿园应多为孩子提供需要大家齐心协力才能完成的活动,让孩子在具体活动中体会合作的重要性,学习分工合作"。现在的社会发展让社会分工越来越细,合作的程度越来越高,一个人如果不会合作,将不适应这个社会的要求。

"小组合作"是幼儿园进行合作学习的一种基本途径,在这一过程中,孩子可以把自己的思路和别人共享,拥有更多的自由结合、分工协作的机会,以及评价和讨论他人观点

的机会。

在制作活动中，特别是比较大型的制作活动，必须要求孩子用合作的方式才能完成，在小组合作中，成员有共同的学习目标，明确的责任分工。小组成员之间通过充分交流和合作，完成学习任务。提倡孩子"自主、合作、探究"的学习方式，是提高活动主体参与效率、拓展情感交流的重要渠道，是推进主体学习的有效方式。小组成为一种促进个体能力和发现的方式，并把集体作为一种源源不断的动力，推动个体的探索和发现。

小组学习不仅仅局限于儿童，还包括成人，如教师、家长等。家长若能参与孩子的教育，积极与幼儿园合作，让家园教育相辅相成、协调一致，就能有利于孩子发挥各种潜能，获得健全人格的发展。

家长与孩子一起亲子制作是一个让孩子与家长共同学习的很好的活动，也是让家长参与到幼儿园教育，接受幼儿园教育理念指导，提升家庭教育质量的一个重要途径。

五、感悟与反思

"手是思维的镜子，是意识的培育者，是智慧的创造者"。孩子手部肌肉活动越多、越丰富、越精细，就越能开发孩子大脑的潜能，促进智力的发展。要让孩子多动手，"匠心精神"的存在与表现，依托于"巧心劳手以成器物"的制作或创作性质的活动。工匠精神，不但需要专注于一件事，而且在做的过程中需要运用智慧，对所做的成果有艺术的修养，能展现美，能受人喜欢，为人所传承。

参考文献

［1］侯娟珍.自制玩具活动对孩子教育价值探究［J］.太原城市职业技术学院学报,2011（4）.

［2］朱细文.培育孩子的工匠精神［J］.学前教育,2017（10）.

［3］张洁琼.探究式学习方式让幼儿手工活动更有效［J］.中国校外教育（下旬）2015（10）.

"年例"节日教育的实践与思考

■ 茂名市第一幼儿园　陈洪樱

摘　要："年例"是茂名地区的特色节日。挖掘"年例"蕴含的民俗、乡土文化、地方特产、社会交往等各种资源，开发具有本地特色又符合幼儿认知特点的园本课程，开展以传承文明、体验快乐为核心理念，以游戏活动为基本形式，以各领域整合为基础，对"年例"节日主题教育有重要意义。本文结合实例分别探讨了如何进行"年例"节日教育的环境创设，如何开展"年例"节日教育的主题活动和亲子活动，为教师开展地方特色节日教育提供参考。

关键词："年例"节日教育　园本课程　节日主题活动

《幼儿园教育指导纲要》指出："充分利用社会资源，引导幼儿实际感受祖国文化的丰富与优秀，激发幼儿爱家乡、爱祖国的情感。"我国老一辈幼教专家陈鹤琴指导我们"编制课程的第一个原则是民族的，要学会挖掘本国的教育资源，形成具有中国特色的、能反映中华民族悠久历史文化传统美德的'中国化'课程。""年例"是茂名的特色节日，是茂名人的狂欢节。2012年茂名"年例"被正式列入广东省非物质文化遗产名录。"年例"既是庆祝一年辛苦丰收，亲朋好友联络感情的节日，还保留了茂名地区的以民间信仰为特点的传统民间文化，是孕育茂名传统民间艺术的沃土，蕴含着非常丰富的教育资源。

我们把"年例"节日教育引入幼儿园课程，挖掘"年例"节日蕴含的民俗、乡土文化、地方特产、社会交往等各种资源，开发具有本地特色又符合幼儿认知特点的园本课程，让孩子感知、体验热烈喜庆的节日氛围，初步了解健康的民俗习惯，感受和体验本地民俗文化的魅力，培养人际交往能力，初步萌发爱生活、爱家乡的情感，做了环境创设、开展主题活动和亲子活动等实践研究。

一、创设丰富多彩的"年例"节日教育环境

环境对孩子起着潜移默化的作用，因此节日教育应该把握好环境这一隐性的教育因素，积极创设和利用节日环境，使环境发挥应有的教育功能。每年春季开学的第一、二周是笔者所在园"年例"主题活动时间，这时校园里彩旗招展，老师和家长搜集了许多有关茂名"年例"风俗的图片展示在课室主题墙上。在各班区角的设置中也充分体现"年例"节日特色，美术区包括能展现出茂名"年例"味儿具有地方特色的物品；语言区包括一些有关茂名传说和纪念冼太夫人的故事小书等，音乐区有表演木偶戏和舞狮舞龙的道具、音乐。同时教师和幼儿亲自用彩色丝带等材料制作彩旗、鞭炮，布置具有"年例"节日特点的校园环境，渲染"年例"节日气氛，课室还常播放舞龙舞狮音乐、家乡戏（粤剧、木偶戏），让幼儿在身临其境中体验节日带来的感动、欢乐。

二、开展目标明确的"年例"节日主题活动

为了使幼儿能全方位地了解"年例"节日中优美的传说故事、精巧的民间工艺、儒雅的文明礼节以及人们的衣食住行、社会交往关系，我们根据幼儿的认知特点和能力水平，围绕"年例"节日设计系列主题教育活动，内容涉及语言、科学、社会、艺术、健康五大领域，满足幼儿认知、情感、能力等全方面发展的需要，这些主题活动符合三方面要求。

（一）主题化的结构模式层层上升

"年例"节日里孩子们感兴趣的事物较多，因此，在每年正月"年例"节日来临之际，会开展丰富多彩的主题教育活动。小、中、大班各年龄段的发展目标层层上升不断拓展：小班侧重于"年例"节日典型活动的感知，体验节日的欢乐；中班侧重于"年例"节日背景知识的理解，展现"年例"节日多样化的活动；大班侧重于对"年例"节日创造性的表现，丰富"年例"节日深刻的文化内涵。从小班的感知到中班的表现再到大班的创造，其中也在实现着节日中幼儿身份、地位的转换。各年龄段主题网络图如下。

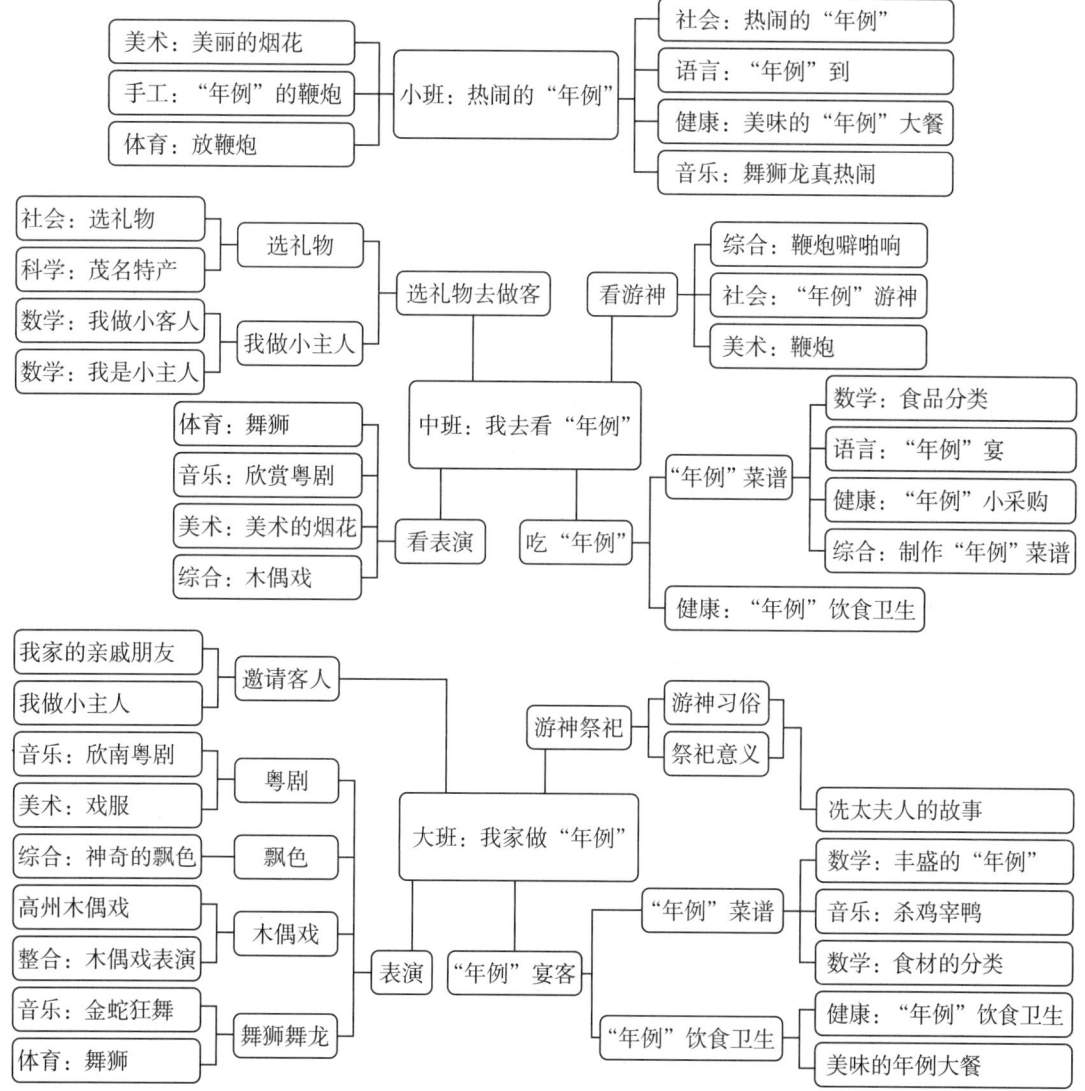

每年春季开学的第一、二周，全园幼儿一起共同延续和感受"年例"的热闹气氛，体验集体生活的快乐。小班段开展了"热闹的'年例'""放鞭炮""'年例'到""烟花真美丽"等活动，通过"撕纸放烟花""放鞭炮"等游戏活动，激发小班幼儿的节日情绪。中班段开展了"选礼物去做客""欢欢喜喜看'年例'""'年例'的饮食卫生"等活动。大班段在小中班的基础上，综合性地开展了系列展示活动"我做小主人""舞狮舞龙""木偶戏""设计戏服"等等。而在"年例"主题活动即将结束的最后一天会有全园性的"年例日"庆祝活动，在老师们精心策划的庆祝活动中，大班幼儿当小主人自信地展现自我，小、中班幼儿做小客人，全园幼儿欢聚一起欣赏舞龙舞狮、粤剧和木偶戏等民俗表演，和同伴一起分享从家里带来的美食，充分感受节日的喜悦。

（二）游戏化的活动形式生动有趣

游戏对于3～6岁幼儿来说，是最主要的学习和发展方式，因为其中有感觉和动作的参与，有情绪和情感的伴随，是身心总动员的学习。"年例"节日的园本化课程探索，我们也是从游戏入手，让幼儿在实践中学习，在感知中提升。让民族与传统的东西在潜移默化中融入每个参与者的内心。"舞狮""舞龙"是传统的民间娱乐项目更是"年例"时必不可少的庆祝活动，为幼儿园开展舞龙舞活动提供了丰富的想象资源。首先我们请幼儿与家长合作，制作了面具狮、盒子狮和竹节龙、稻草龙、盒子龙、塑料彩纸龙等。接下来是舞狮、舞龙，舞狮较简单只要一人负责狮头一个负责狮尾，舞龙则由几个人合作，分别负责龙头、龙身、龙尾，负责龙身和龙尾的幼儿要随着龙头舞动的方向一起舞动。由简单地走着舞，到一个跟着一个协调地首尾舞动、蹲着舞、跑着舞，不仅锻炼了幼儿的手臂力量，而且促进了幼儿身体的协调性、灵敏性以及与同伴合作精神的发展，深刻感受传统活动带给我们的身心愉悦。类似的游戏活动还有很多。

（三）多样化的活动内容渐进展开

"年例"节日历经千年的演绎，承载着丰富的文化意义，因此，我们在设计活动时，以"年例"节日的典型习俗为切入点，深入挖掘、提炼其中蕴含的教育信息，并与幼儿的生活紧密相连，在实践的基础上渐进展开，最终落脚在幼儿现实的发展上。如从"年例"宴客菜谱让幼儿了解地方美食和健康饮食习惯，从"年例"邀请客人让幼儿认识家族亲戚关系及其称谓，从"年例"的由来让幼儿了解冼太夫人的英勇事迹，从"年例"的表演活动让幼儿了解传统文化如粤剧、木偶戏、飘色等。

三、充分利用家长资源开展"年例"节日亲子活动

（一）加强家园互动合作，搭建"年例"节日教育平台

为了赢得家长的支持，我园采用家长讲座的形式宣传家园合作对幼儿进行"年例"节日教育的重要性和作用，并通过"'年例'节日专栏"宣传节日的含义。各班教师还根据幼儿的实际情况，采用"校讯通""家园联系手册""家长园地"等形式，搭建家园之间相互交流"年例"节日教育的信息平台。

（二）开展"年例"亲子活动，体验节日教育的魅力

结合"年例"节日开展丰富多彩的亲子活动，可以让家长参与幼儿园的活动，亲眼看看幼儿在园的表现，同时也增强了父母与孩子之间的亲情，更有助于"年例"节日活动的深入开展，将节日风俗习惯植入到幼儿的心中，充分感受家乡节日民俗的魅力。

"年例"节日前教师给孩子布置任务,让家长利用带孩子去亲戚朋友家做"年例",实地观看茂名各地"年例"的风俗和各种"年例"庆祝活动,这些活动都会给孩子留下深刻的印象。过节后,教师有针对性地组织孩子开展游戏、讨论,或让孩子和家长一起来园进行"年例"为主题的亲子活动,如亲子游戏"舞龙舞狮"、亲子手工制作"'年例'戏服"、做一道亲子菜来园参加"年例"聚餐等。通过亲子活动把孩子对有关节日的所见所闻转化为其内在经验,丰富幼儿的认知与社会交往能力。

　　总之,我园通过挖掘"年例"蕴含的民俗、乡土文化、地方特产、社会交往等各种资源,开发具有本地特色又符合幼儿认知特点的园本课程,初步萌发了幼儿爱生活、爱家乡、友爱、合作等健康情感与品德,培养了幼儿对节日文化艺术的兴趣及对艺术的感知、理解、表现及创造,使幼儿的认知、情感、行为互为促进并得到提高。但我们的实践研究也有一些局限有待日后改进,如在节日教育资源的开发与利用上如何吸取精华,去其糟粕,并结合时代特点进行创新;如何在节日文化的活动中培养幼儿的道德辨析与选择能力,增强道德判断能力;教师如何打破保守的节日活动类型,不断拓宽节日教育的内容,开展更多的寓教于乐、趣味性强的节日活动。

参考文献

[1] 姚莉.中国传统节日文化与幼儿园课程整合性研究[J].学前教育,2004(1)81-83.
[2] 金虹青.节日文化与幼儿园节日课程的开发[J].学前教育研究,2007(3)44-46.

幼儿心理教育探究
——论幼儿的情感需要

■ 肇庆市直属机关第一幼儿园 黄少慧

摘 要：在幼儿的成长阶段，情感的需求是影响其身心素质健康和性格养成的关键因素。由于幼儿的认知水平有限，对于情感的表达存在一定的制约。在幼儿心理健康的发展来看，幼儿的情感需求是重要的心理活动，对于幼儿的成长都具有积极的促进。在目前幼儿学前教育不断发展的过程中，已将幼儿心理教育纳入学前教育的课程教学中，本文以此为研究背景，对于现阶段在幼儿心理教育中幼儿情感教育的发展现状和存在的不足进行深入探究。并在此基础上对如何开展情感教育提出了科学的发展对策。旨在进一步促进幼儿的科学教育与培养。

关键词：幼儿心理教育 情感需求 教育对策

幼儿阶段是身心发育的重要阶段，对于人格的树立具有重要影响。随着我国教育体系的不断优化，对幼儿的学前教育也不断完善，幼儿心理教育作为现阶段，学前教育的重要内容，对于幼儿的健康发展也具有重要的影响。但是在目前幼儿心理教育过程中，幼儿的情感教育仍存在很多问题，制约着幼儿的发展。只有在根本上认清幼儿心理教育中存在的不足，进行科学的情感教育，才能实现幼儿学前教育的科学发展，帮助幼儿健康快乐地成长。

一、当前幼儿心理教育中存在的问题

（一）家长和幼儿教师缺乏科学的情感教育认识

新时期人们文化素质的不断提升，对于幼儿教育给予了科学的关注，相关教育部门也进一步完善了当前的幼儿教育。但是在其发展过程中仍存在很多家长和幼儿教师对于幼儿教育的理解偏差，对于现阶段的幼儿心理健康教育更是存在很多误解。对于幼儿的情感教育也缺乏科学的认识。一方面，家长们由于自身工作原因不能对幼儿开展系统的教育，把幼儿过早地送到学前教育机构，并且过于着重关注幼儿理论和文化知识的汲取和掌握，忽视了幼儿在成长过程中实际的情感需要。与此同时，家长把学习任务强加给幼儿，在生活中忽视对幼儿的陪伴和自身情感的传达。而另一方面，教师在幼儿的教育过程中，也没有给予情感教育应有的重视，教育工作大都停留在与幼儿的知识沟通和游戏活动中，没有在根本上明确幼儿的情感需要。家长和幼儿教师缺乏科学的情感教育认识，对于当前幼儿情感教育工作的开展具有严重的制约作用，无法为幼儿的情感教育营造健康良好的成长氛围。除此之外，家长缺乏和幼儿教学机构的联合教育意识，大多数家长都认为对幼儿的教育与自己无关，忽视了家庭中自身的言传身教对幼儿重要的教学作用，人为地将幼儿园教育和家庭教育割裂开，使幼儿教学效率无法得到提升。

（二）缺乏专业化的教师队伍

目前我国学前教育事业发展的过程中，幼儿教师大都接受的是理论和岗位技能技巧的相关培训，缺乏对专业化的心理健康教育领域知识和技能的掌握，以及情感教育如何开展的有效认知。对于现阶段幼儿成长和学习过程中所表现出来的心理活动和情感需求不能科学地分析和了解，对于幼儿成长过程中其存在的问题也就不能采取科学的教育手段对其引导和纠正，这就造成当下很多幼儿教师无法对幼儿的心理健康教育提供有效的支持。幼儿教师作为幼儿成长阶段重要的引导者，平时生活和学习中接触幼儿时间最长，影响程度最为深远，若教师不能以专业化的理论和技术给予幼儿情感教育，满足幼儿在成长过程中的情感需求，就不能有效地发挥其自身的教学优势，对于幼儿身心素质的健康培养和性格的养成都是不利的。缺乏专业化的教师队伍是当前幼儿心理健康教育领域科学发展最大的瓶颈，解决教师队伍专业化水平较低的问题刻不容缓。

（三）幼儿教育的小学化问题

在新课改不断发展的背景下，学生的课程内容不断优化和改革，对于幼儿教育的课程内容也越来越复杂，现阶段，纵观幼儿学前教育不论是课程内容还是教学方式都更加趋向小学化发展，这种超前的教学现象给幼儿带来很大压力，使得幼儿情感教育需求越来越敏感。幼儿教育的小学化发展具体表现在以下几个方面：首先，教学内容日益增多，珠心算、艺术内容教学以及双语教学等教学内容和教学方式充斥在幼儿成长和学习中。其次，幼儿教学越来越严格化。在幼儿的教学中很多幼儿园对于幼儿要求越来越严格，忽视了幼儿在年龄和认识水平上的局限性。给幼儿的成长和学习带来很大压力，同时也给幼儿的情感抒发带来很大障碍，在此过程中就需要家长和教师的人文关怀和高度情感照顾。最后，在幼儿教育过程中，没有考虑到幼儿自身的特性，由于家长对幼儿教学的理念基本是"不能让自己的孩子输在起跑线上"，这就使得学前教育机构迎合家长的想法，一味地将教学内容向高龄延伸，没有考虑到幼儿身心接受能力无法匹配高龄段的教学内容，幼儿年龄段的心智也更倾向于灌输类教学方法，这种"揠苗助长"的教学方式最终会导致幼儿升到小学阶段后由于这些内容已经学过而产生厌学心理，最终导致学习链条断裂。

二、新时期幼儿心理教育的发展对策

（一）家长和幼儿教师树立科学的教育认识

促进幼儿心理健康教育中情感教育的发展，要积极站在家长的角度上，研究幼儿情感教育，不断优化幼儿的情感教育。首先，相关教育部门要积极加强对情感教育的宣传工作，通过开展针对家长和教师的教育论坛和讲座，帮助家长和幼儿教师汲取科学的情感教育理念，提高他们对幼儿情感教育的认识和应有的重视，以此来实现新时期幼儿情感教育工作的有效拓展。除此之外，家长和教师自身也要积极掌握科学的育儿理念，积极联合学校和教育机构一起开展教育活动，家长要改变传统的育儿观念，通过定期和幼儿园开展家园共育活动，做好幼儿不同成长阶段情况的沟通，发现问题时双管齐下。与此同时，家长还要通过现代化的互联网等平台获取科学的情感教育的理论知识，弥补幼儿培养方面的不足。

（二）进一步提升教师队伍整体水平

针对当前幼儿心理情感教育的发展现状和幼儿教师队伍的滞后性，新时期幼儿心理教育工作，要进一步完善当前的教师队伍，立足于幼儿的实际情感需求，给予孩子高度的人文关怀。首先，要积极加强对现有教师的心理健康教育的技能培训，帮助教师汲取科学的心理健康教育理论思想，让幼儿教师可以在实际的教学环节，科学明确幼儿实际心理活动和情感需求；其次，幼儿园也可以积极聘请专业化的心理健康教师，负责日常幼儿的心理健康教育课程，引导幼儿科学地抒发内心情感，帮助幼儿获得心理上的满足；最后，幼儿教师要提升专业素质，积极增强和幼儿的沟通和互动，科学地疏导幼儿的心理，与幼儿建立良好的情感交流渠道。只有这样才能更好地实现幼儿的心理情感教育，促进幼儿在身心素质和人格方面的健康成长。除此之外，还要通过定期开展教师培训活动，可以外派教师学习先进幼儿心理健康教学理论，并以此为基础做以点带面的培训，从而提升全体教师队伍的心理健康教学水平。通过上述多个方法提升幼儿教师队伍的整体健康教育质量，提升幼儿园的健康教育状况。

（三）进一步优化和治理幼儿心理健康教育

在当前幼儿教育的发展过程中，应积极根据当前学期教育政策的变更和幼儿的实际需要，进一步优化幼儿心理教育，促进幼儿教育的科学发展，降低幼儿成长阶段的学习压力，帮助家长形成正确的育儿观，避免家长在幼儿教育中产生攀比的心理，让家长认识到符合幼儿特点的教育才是最适合的教育。教师在开展教学活动时要采取针对性的教学方式，要根据当前幼儿的实际认知水平和接受能力，避免采用"一刀切"的教学方法，在开展教学工作之前，要充分了解幼儿的性格特点，针对不同的特点将幼儿分成不同教学组，根据不同组别开展差异化心理教育，实现有的放矢的差异化教育，如针对性格相对活泼的幼儿，要适当引导，着重培养幼儿的实践能力和探究能力。对性格相对内向的幼儿，要积极沟通，让幼儿学会表达自身诉求，避免幼儿在独立人格形成时产生自闭倾向。重新规划当前幼儿教育的教学内容和课程规划，避免在幼儿教学过程中将小学阶段的教学内容机械化地加入到教学计划中，提升幼儿阶段教育的趣味性，实现寓教于乐，将需要教学的内容以游戏的形式融入日常教学中，如识字教育可以通过动画的形式开展，通过播放某段动画，将需要掌握的词汇融入动画中，在反复播放后让幼儿形成强化记忆，从而实现游戏与教学有机结合的目的。

三、总结

综上所述，情感的需求和表达是人们最基本的行为方式和人文需要。对幼儿也一样，在现阶段幼儿心理健康教育的拓展过程中，情感教育作为心理健康教育重要内容，对于幼儿的健康成长都具有重要意义。本文在科学论述现有条件下，对当前幼儿心理健康教育情感需求方面存在的不足，以及幼儿情感需求对其成长的重要性，对如何有效地满足幼儿的实际情感需求，进一步开展科学的心理健康教育提出相关建议。在对幼儿的情感教育和培养的过程中，教师的专业素质和教学水平是关键，只有充分落实幼儿的心理健康教育工作，才能更好地促进幼儿独立人格的形成，顺利开展幼儿情感教育。

参考文献

[1]刘丽丽.幼儿心理教育探究——新时期幼儿的情感需要[J].快乐阅读（下旬刊），2012（5）.

[2]秦宇红.浅议教师如何促进幼儿心理健康[J].新课程（小学版），2011（3）.

如何构筑现代家园共育
——家长助教新模式

■ 肇庆市外贸幼儿园 冯 虹

摘 要：幼儿园教育逐渐被更多的人所关注，幼儿园教育对幼儿来说是非常重要的，家长助教是现代家园共育的新模式，让家长们以助教的身份多组织活动能够提高幼儿的成长质量，有更强的综合素质。运用这种模式来培养幼儿，幼师与家长要充分认识到家长作为助教的重要性，并在实践过程当中不断完善策略内容，探究更加适合幼儿的发展途径。本文从家长作为助教的角度出发，提出了几点家长助教模式的策略，希望能够给教育工作者一点启发。

关键词：幼儿教育　家长助教　教育措施　实施策略

幼儿教育处在教育阶段的初期，这一时期对幼儿的成长帮助非常大，因此，人们更要重视这一阶段的教育，它不只是在幼儿园内进行教育，保证幼儿所接受的教育能够完整、同步。所以幼儿园教育与家庭教育要讲究策略，转变对儿童的教育观念，让家长以助教的身份参与幼儿成长使其教育价值能发挥到最大，让幼儿园与家庭之间的信息更加快速、沟通更加流畅。

一、构筑现代家园共育的必要性

如果实行现代家园共育模式进行教育的话，幼儿的监护人就会与幼师们多沟通、了解幼儿的实时情况，及时掌握幼儿信息、了解孩子们的心理变化，可以有效培养孩子的脾气秉性。这样幼儿的监护人也能够学习到一些教育幼儿的科学方法，让自己成为更好的家长，同时还能够对幼儿园进行监督，防止幼儿们出现人身伤害等情况。在了解了家园合作的必要性之后，幼儿园和幼儿的监护人就要共同努力来实现这一科学的教育方式。另外，每一位家长都会具备一定的教育价值，家长要以助教的身份将自己的专长融入幼儿教育当中，不但能够让自己发挥更大的价值，还能够让幼儿园的教育质量更好。

二、构筑现代家园共育——家长助教的策略分析

（一）转变对儿童教育的传统观念

幼儿园要转变传统的教育观念，提高教育儿童的质量，让幼儿能够在幼儿园阶段就养成好的学习习惯、作息习惯，在以后的学习过程中，幼儿的独立性自然就形成了。幼儿在这一时期最重要的是形成良好的性格，这与家长和幼儿园的教育是分不开的，所以幼儿园要多让家长们参与到幼儿的教育当中。可以让家长以助教的身份进行幼儿教育，将家长们的职业经验和自身的特长应用到幼儿的教育当中，让幼儿园的教育综合化、多样化，要让幼儿们感受到自己所接受的教育非常全面。不过在教育的过程中尽量不让幼儿园小学化，

并不是让幼儿们早一点接触到小学知识就是对幼儿有帮助，而是要让幼儿们长见识，了解学习的意义，以及对美好生活的向往。所以家长和幼师都要不断学习，了解更加科学的育儿经验，转变传统的教育观念，将自己的所知、所感融入对孩子的教育当中，不断丰富对幼儿的教育意义。

（二）提高信息交流与共享

让幼儿的家长以助教的身份到幼儿园进行教学，这样老师和家长的交流机会就会增多，教育与沟通是分不开的，教育参与主体都要重视沟通的有效性，这样才能够保证幼儿所接收到的教育体系是一致，所以幼儿园教育要跟家庭教育相结合，建立一个公共平台。在这一平台中，幼师要将助教和幼儿的互动分享出来，让其他家长都感受到孩子每天的变化，同时巩固幼儿学习到的知识，鼓励更多的家长参与进来。在交流平台中，家长也可以将孩子的变化分享出来，并与其他的家长交流经验，进而提高所有家长的情商和教育水平，让家长们都能够将自身的教育价值展现出来，让幼师、其他家长，以及幼儿们都能够相互学习和提高。

（三）形成多样性教学模式

让家长们轮流当助教，以老师的身份参与到幼儿教学当中开展多样化的教学活动，辅助幼儿们成长。每一位家长都有自己社会经历和教育价值，所以幼儿园可以让家长们轮流做助教，在园内组织幼儿们进行活动、体验生活，这样的教育模式能够放大对幼儿的教育意义。比如，有的幼儿家长是烘焙师，那么他就可以在幼儿园开展烘焙的课程，让幼儿们学习一些有关烘焙方面的知识，丰富幼儿的生活。从事医护工作的家长可以组织幼儿们参与医护职业体验的活动，教给他们一些医学知识，让他们保护好自己的身体健康，并且让幼儿们不会害怕去医院。从事播音主持工作的家长可以开展朗诵方面的活动，并组织幼儿们完成朗诵节目，让幼儿们体会语言的魅力。从事花艺工作的家长可以组织幼儿们进行插花活动，让幼儿们体验花艺的工作，感受到自然界中的美，然后反馈于孩子的内心，让幼儿们的情感更加丰富。这种教育资源能够丰富幼儿的学前生活，让各个参与主体都能够感受到教育的价值，让幼儿的发展更加全面。

三、家长助教的成效分析

儿童教育对幼儿的一生来说是非常重要的，幼儿的监护人以助教的身份和幼师进行紧密配合才能够达到最好的培养效果，家长参加了助教后对幼儿园教育的认同程度更高，帮助幼儿们形成稳定的性格和正确的价值观、人生观，为幼儿们以后的学习和发展打下坚实基础，更加愉快地度过学前教育时光，同时家长们的教育经验也会逐渐丰富，在教育孩子方面能够更有策略，也增加了他们对幼儿园教师的理解与支持。

参考文献

[1] 石伟峰. 家园合作的必要性及对策 [J]. 赤峰学院学报（自然科学版），2013（7）.

[2] 冯国荣. 初探幼儿园与家庭合作的意义 [J]. 中国科教创新导刊，2011（18）.

浅谈如何巧用幼儿绘本提高班级主题装饰效果

中山市南朗镇中心幼儿园 王 维

摘 要：幼儿全部的活动都以形象为基础，幼儿阶段的心理特征之一是视觉形象性。幼儿绘本最显著的特点是以画面为载体向幼儿传达信息，在主题教育中，教师引导幼儿放大、组合绘本画面或拆解形象，开展班级主题墙饰布置，既培养了孩子们乐于观察、乐于想象、乐于动手、乐于创作的习惯，又凸显以绘本为载体的幼儿教学的优越性。

关键词：幼儿绘本　主题墙

幼儿绘本是以简练生动的语言和精致优美的绘画紧密搭配而成的儿童文学作品，既有文学内涵，又有色彩丰富、形象鲜明的图画，蕴藏着众多可借鉴的优秀美术资源。以幼儿绘本为载体开展主题墙饰布置，丰富了幼儿对美的感受力、创造力和想象力，也培养了孩子们乐于观察、乐于想象、乐于动手、乐于创作的习惯，为班级主题墙饰布置带来鲜活的生机。

一、放大画面，拓展幼儿感知绘本内容的空间

经典绘本每一本都是一件精彩的视觉艺术，绘本中的每一幅画都能独立成为一幅精品。创作者往往通过富有启导性和象征性的艺术语言来显示时间的流程和空间的拓展。因此，我们将绘本中经典的画面放大、临摹下来，或者将整本绘本逐页放大、临摹下来，按主题要求作为墙饰布置的素材。如张哲铭的《春蝶》《夏雨》《秋叶》《冬雪》，创作者透过他张力十足却细腻动人的绘画，与简捷精巧的文字，让自然界的小鹿、蝴蝶、阳光、急雨、彩虹、秋叶、冬雪带着孩子走进四季，直接感知大自然的美丽、南方的四季。我们将绘本中的几页放大临摹，组合成《我喜欢的季节》《我认识的花朵》《这里的秋天》《南方的水果》《冬天来了》等画面，张贴在主题墙上。

幼儿绘本和其他幼儿文学作品一样，大都以拟人的手法塑造一系列的人物形象，但幼儿绘本中的人物形象由于渗入了画家精湛的绘画艺术，所以相比较于纯文字的幼儿文学作品，这些人物形象就显得更加直观可感，他们或憨态可掬、或聪明可爱、或活泼有趣、或经历了惊险的事情、或具有超凡的能力等。例如英国安东尼·布朗的《我妈妈》、蒂姆·华恩斯的《我爱你和世界一样大》、法国的克里斯托弗·卢比的《幼儿园我来了》、赛尔日·布洛克的《我爱幼儿园》、伊莎贝尔·平的《如果我是一只狮子》都是独具匠心的角色造型，给人留下了深刻而隽永的印象。我们可以通过这些人格化的形象，引导幼儿根据主题需要创作出幼儿所喜爱的形象。幼儿不仅能从他们身上找到自己的影子，创作出墙饰装饰画狮子、小熊、幼儿园、家等，孩子们还从这些人物形象和温馨有爱的环境氛围感知到他们美好的品质和性格，如无私、宽容、诚实、勇敢、自信、乐观等，从而对幼儿产生潜移默化的影响。

二、拆解形象，提高幼儿表现绘本艺术的技巧

优秀的绘本来自世界各国，题材是多种多样的，绘本中有曲折动人的故事情节，更有美丽的画面，趣味夸张的形象，特别符合幼儿的年龄发展特点。教师可以借助优秀的绘本，丰富幼儿的情感世界，提高审美情趣，又可以激发幼儿的创作兴趣，让幼儿通过主题墙饰布置这种外在的符号形式将内心的表现传达给他人，从而获得精神上的满足。

幼儿绘本一个最显著的特点是以画面为载体向幼儿传达信息，经典幼儿绘本的画面能直接给幼儿传达一种美感。如蒂姆·华恩斯的《我爱你和世界一样大》就是通过画面传递美感的经典例子，所有画面都有大量的空白以突出小熊和妈妈的亲密关系，整个画面的安排传递了强烈的爱的温馨，绝大部分画面上的色彩都包含黄色的融合，让画面变得更加丰富和温暖有爱了，幼儿看到这样的画面心情一定是欢欣愉悦的，并能在愉悦的心境中得到美的熏陶。

三、组合画面，培养幼儿感受绘本的艺术美

绘本的图画具备鲜明的视觉像，融合在画中的想象力，变化的线条和形状，象征的、典型的形态，诗的笔触和明朗华丽的色彩，构建了一幅幅引人入胜的画面。好的绘本就是一个美术展，在绘画的构图、色彩选择、绘画方式上都做了精心的考虑和设计。绘本，就像是色彩斑斓的蝴蝶，它在幼儿身边闪动着灵动的翅膀，带给幼儿美的感受和心灵的愉悦。经由视觉刺激来激发儿童兴趣，是开启孩子探访浩瀚知识之钥。

英国安东尼·布朗的绘本《我妈妈》使用的艺术表现形式是重复。前几页妈妈的花裙子不断变换能力：最强女人、神奇画家、大厨师等不断重复出现，让孩子们将花裙子作为妈妈的代号，通过阅读激发幼儿的学习兴趣后，开始在不变的花纹裙子基础上大幅度变换妈妈的形象：生气如狮子、沙发一样舒适的妈妈、犀牛一样强悍的妈妈等等，让孩子们阅读完后请说说自己的妈妈。在分组讨论表达的基础上，最后我请小朋友画妈妈的各种形象……于是各种各样的妈妈形象出现在了小朋友的画纸上，我们将"妈妈们"张贴在主题墙上。

幼儿的思维没有定型，他们的思维活跃，想象力丰富，往往能以别出心裁的方式表现常见的事物。尽管绘本的画面是有限的，可"画外之音"是丰富的，教师如能挖掘出绘本中的这些"留白"之处，将会收到意想不到的效果。比如，对于绘本《好饿的毛毛虫》中的毛毛虫，小班幼儿用玩具拼毛毛虫，中班幼儿用消毒筷子纸套、皱纹纸、毛线球和橡皮筋扎毛毛虫，大班幼儿用装置艺术表现毛毛虫——他们选用红包袋做成圆管，中间有的还加上连珠串连接，做成一串串的毛毛虫挂饰。幼儿结合自身的经验与想象，让艾瑞克·卡尔的"毛毛虫"爬到了我们的墙上。

参考文献

［1］陈晖.论绘本的性质与特征［J］.海南师范学院学报，2006（1）.
［2］李麦浪.幼儿看图书的特点研究［J］.学前教育研究，1999（1）.
［3］心怡.绘本向我们迎面走来［J］.早期教育：教师版，2008（5）.

论幼儿园早期阅读教育的实施策略

佛山市顺德区机关幼儿园　周玉坚

摘　要：早期阅读不仅有助于丰富幼儿经验，体验阅读乐趣，而且关系到幼儿终身阅读兴趣与习惯的养成。以何种方式在幼儿园开展早期阅读教育，充分发挥早期阅读的作用，成为幼儿园语言教育的重要课题。本文结合教育的一般性与幼儿园教育的特殊性，从环境育人、家园共育、融入生活、融于教学以及融于游戏5大方面提出幼儿园早期阅读教育的实施策略，以期为幼儿园开展早期阅读教育提供参考。

关键词：早期阅读　幼儿园　实施策略

书籍与阅读是人类文明传承与进步，建立学习型社会的重要载体。1995年，联合国教科文组织宣布4月23日为"世界读书日"，呼吁全世界开展阅读活动。然而，由于受到多重社会因素的影响，中国人日常读书量有限，并且在读书内容上参差不齐，缺乏质量保障。基于此，2017年与2018年的《政府工作报告》中，分别强调"大力推动全民阅读，加强科学普及""倡导全民阅读，建设学习型社会"。早期阅读作为人生阅读的起点，对于儿童大脑发育和成熟、认知、社会性与情绪情感发展起着重要作用。美国最新脑科学研究表明，脑的信息约八成是通过视觉获得的，大脑在生命早期飞速发展，因而视觉刺激对幼儿早期神经网络的发展至关重要。早期阅读正是这样一种积极的视觉刺激，它通过图文并茂的视觉材料给婴幼儿以积极的刺激，从而加快了大脑神经组织的发育与成熟。全语言教育理念，认为语言是完整的，不是支离破碎的，不能被简单地分解为某种"技能"；语言技能和语言策略的学习是在完整的情景、真实的言语实践中形成的，语言经验渗透在全部的课程中；班级语言学习要与孩子的全部生活融为一体。早期阅读同样如此，阅读内容丰富多彩，与生活、教育情景紧密相连，这为促进幼儿认知、社会性与情绪情感创造条件。幼儿园作为幼儿成长的重要生态系统，是开展早期阅读教育的重要场域。从环境育人、家园共育、融于生活、融于教学以及融于游戏5个方面讨论幼儿园开展早期阅读教育的实施策略。

一、环境育人：创设良好的早期阅读环境

儿童的学习与发展是一个社会与互动的概念，决定互动过程具有人际交往以及社会属性，而且依赖于环境的社会性与物质特征。幼儿园环境为幼儿学习与发展提供外在可能的物质环境，在幼儿学习与发展中发挥着"无声教师"的作用。因此，幼儿园在开展早期阅读过程中，应充分关注幼儿早期阅读环境的创设。第一，有条件的幼儿园可以创设幼儿园图书馆，收集幼儿经典读物，如《大卫，不可以》《神奇的校车》《鳄鱼怕怕，牙医怕怕》《蚯蚓的日记》《海底世界》《逃家小兔》《海底的秘密》等，并且建立图书馆阅读制度，引导各个年龄班开展进馆阅读活动。第二，充分利用园所环境，如主题墙、回廊、

班级墙等，借鉴优秀图书馆环境创设的理念与技巧，营造良好的早期阅读物质环境。第三，结合区角活动，每个班级开辟"快乐阅读区"，配备经典绘本与读物。第四，在创设良好早期阅读物质环境的同时，更需要营造安静祥和的心理环境，教师应充分了解早期阅读的本质，严禁以机械识字、写字为目的的阅读活动，围绕阅读习惯、阅读兴趣营造宽松和谐的精神环境。

二、家园共育：科学开展亲子阅读

美国著名的心理学家、生态学家尤里·布朗芬布伦纳（Bronfenbrenner，1979）提出的生态系统理论认为：影响个体发展的环境有多个子系统，即微观系统、中观系统、外观系统、宏观系统和历时系统（长期系统）。其中，微观系统是指包含发展中的个体在内，并且与个体产生最直接互动的环境，是与个体面对面水平上的交流系统；中观系统指微观系统各要素之间的相互作用和相互影响而形成的环境。对于儿童发展而言，家庭是首个微观系统，随后产生微观系统——幼儿园，家庭与幼儿园相互作用、相互影响，由此而形成儿童发展的中观系统——家园共育。对于早期阅读而言，不仅需要幼儿园方面的努力，更需要家庭方面的通力合作。具体而言，第一，家长需要更新早期阅读观念，早期阅读不等于机械记忆式与强化训练式的识字，早期阅读重在培养幼儿的阅读习惯与兴趣，丰富幼儿学习经验。第二，家长需要掌握开展早期阅读的相关技巧，如鼓励幼儿依据故事画面情节，大胆推测、想象故事情节的发展；家长学会扮演"听者"角色，鼓励幼儿自主阅读，学会用口语描述故事内容等。第三，创造温馨安静的家庭阅读环境，提供一定数量，符合幼儿年龄的特点的图书，如《小房子》《雪人》《逃家小兔》《爷爷一定有办法》《一只与众不同的乌鸦》《小蜡笔头儿》《彩虹色的花》《活了一百万次的猫》等。

三、融于生活：利用生活开展早期阅读教育

"保教结合"是学前教育的基本原则，生活为幼儿园教育提供丰富的养分。"生活世界是人类最根本的家园，蕴藏着丰富的价值和意义"。儿童生活中的学习即"课程"，是儿童在多样化的活动中获得的经验，即不仅包括在正规教学活动中获得的系统知识，同时也包括在各种生活活动、游戏活动等一切互动交往活动中获得的经验。《3~6岁儿童学习与发展指南》指出："要珍视游戏和生活的独特价值，创设丰富的教育环境，合理安排一日生活。"因此，幼儿园与家庭在开展早期阅读过程中，应充分利用幼儿的生活环境，善于发掘生活中的阅读契机。引导幼儿学会阅读各类标识，如认识"注意安全、人行横道、禁止烟火、当心触电、禁止触摸、严禁游泳"等常见标识；结合生活实际，让幼儿体验文字符号的作用，如阅读新玩具说明书上的文字，一边读一边引导幼儿了解体验新玩具的玩法，体验文字的作用等。利用生活情景与幼儿兴趣，帮助幼儿认识生活中文字，如利用超市购物机会，帮助孩子认识超市中的字符；利用旅游机会，帮助孩子认识旅行中的字符等。

四、融于教学：借助教学开展早期阅读

教学活动是幼儿园教育活动的主要组成部分，是相对集中教育的主要形式。因此，教学活动是幼儿园开展早期阅读的重要手段。具体而言，第一，围绕阅读主题，创设多样化

的情景,帮助幼儿感知理解作品,如《有趣的影子》活动,在开展阅读之前,可以组织幼儿在操场上开展影子游戏,与小伙伴合作照出有趣的影子。第二,围绕阅读主题,为"孩子的一百种语言"创建平台,如《有趣的影子》教学活动开展之后,为了促使幼儿进一步理解阅读主题,可以借助绘画、泥塑、角色表演等多重形式表达自身对阅读主题的理解与体验。第三,围绕故事内容,进行多途径角色体验,深化对故事的体悟,如在开展《大脚丫跳芭蕾》阅读活动时,让幼儿扮演"贝琳达"这一角色,体验角色特点,通过角色扮演让幼儿体悟勤能补拙这一活动主题。

五、融于游戏:借助游戏活动开展早期阅读

1989年联合国颁布的第一部有关保障儿童权利且具有法律约束力的国际性约定——《儿童权利公约》第31条明确指出"缔约国确认儿童有权享有休息和闲暇,从事与儿童年龄相宜的游戏和娱乐活动,以及自由参加文化生活和艺术活动"。我国于1991年12月29日批准《儿童权利公约》。这表明儿童不仅有生存权、发展权、受教育权等,而且游戏已经成为一种权利。由此可见,游戏作为幼儿的基本活动,对于幼儿发展来说具有重要价值与意义。早期阅读的开展应充分结合幼儿喜欢游戏、热爱游戏的发展特点,借鉴游戏本质与游戏活动形式,推进早期阅读的游戏化。具体而言,第一,快乐是游戏的重要特点,因此,在开展早期阅读过程中,应充分激发幼儿阅读兴趣,体验阅读带来的乐趣,避免因识字、识记故事情节、理解故事主题等不当要求而造成忽视幼儿阅读兴趣与习惯培养等。第二,借助游戏活动形式,让游戏成为幼儿理解与体验阅读主题的主要形式,如阅读《好饿的毛毛虫》时,创设故事情景,把书中的各种食物图片贴在可以让幼儿爬行的纸箱外,孩子们带上毛毛虫头饰,玩爬行游戏。依据故事情节,孩子们不断从纸箱中爬过,逐个吃掉各种食物。在游戏中,孩子们既熟悉了故事的情节,又锻炼了爬行动作。故事结束后,将相关的故事道具放置到区域中,满足孩子们自主游戏、自主阅读的需要。第三,以故事为主题,开展角色游戏表演活动,如阅读经典绘本《棕熊,棕熊,你看到了什么》时,可以为孩子们准备精美的道具服装,如棕熊、红鸟、黄鸭、蓝马、绿蛙、紫猫、白狗、黑绵羊等,依据故事情节,孩子们挑选自己喜欢的角色,选择服饰并进行表演。表演结束后,将道具投放到表演区,为孩子自主表演、自主阅读创造机会。

参考文献

[1] 吴刚.脑科学研究的教育意涵[J].全球教育展望,2001(5):14-20.

[2] 李霞.全语言教学思潮及其对我国幼儿语言教学的启示[J].学前教育研究,2000(4):10.

[3] [丹]克努兹.伊列雷斯著,孙玫璐译.我们如何学习——全视角学习理论[M].北京:教育科学出版社,2010:24.

[4] 车广吉,丁艳辉,徐明.论构建学校、家庭、社会教育一体化的德育体系——尤·布朗芬布伦纳发展生态学理论的启示[J].东北师大学报(哲学社会科学版),2007(4):155-156.

[5] 衣俊卿.回归生活世界的文化哲学[M].哈尔滨:黑龙江人民出版社,2000.

[6] 陈蓉晖,马云鹏.幼儿园教师生活课程自主决策的个案研究[J].中国教育学刊,2010(9):45.

[7] 教育部.《3~6岁儿童学习与发展指南》[EB/OL]http://www.moe.gov.cn/srcsite/A06/s3327/201210/t20121009_143254.html,2012-10-09.